公司法审判实务与疑难问题案例解析

Case Analyses in Trial Practice and Issues of Corporation Law

第二版

王东敏 著
Wang Dongmin

人民法院出版社

谨以此书献给我的父亲母亲

作者简介
About The Author

王东敏
最高人民法院一级高级法官

个人专著出版书籍

《公司法审判实务与疑难问题案例解析》
《新破产法疑难解读与实务操作》
《破产案件审判实务》

与他人合著出版书籍

《最高人民法院关于公司法司法解释(一)(二)理解与适用》
《民事诉讼法新制度讲义》
《中国民事诉讼法教程》
《新民事诉讼法条文释义》
《各类案件证据的实用》
《民事诉讼法实施问题研究》
《法学基础理论教程》
《中华人民共和国常用法律疑难条文释义》
《中国司法制度教程》
《企业改制司法解释条文精释及案例解析》
《告诉申诉概论》等

1985年中国政法大学本科毕业,1988年该校研究生院毕业并获得民事诉讼法学硕士学位,1998年至1999年美国DUKE大学法学院访问学者。1988年进入最高人民法院工作,在国家法官学院先后任讲师、《法律适用》副编审、记者,2000年到最高人民法院民二庭任法官,2019年至2021年在最高人民法院第六巡回法庭任主审法官,现任民二庭一级高级法官(正局级)、审判长。

在民二庭从事民商事审判工作20多年,办理各类民商事案件数千件,涉及金融、证券、投资、期货、票据、信托、借贷、担保、上市公司债务重组、企业改制、公司内部治理、股东权益、股权转让、对赌协议、破产清算、保险赔偿、融资租赁、资产置换、不良资产处置、股权回购、债转股等各类民商事案件,在审判一线积累了丰富的工作经验。办理的案件中,有些是最高人民法院的大要案。承担对下指导工作,在全国各地人民法院调研并指导民商事案件的审判,在各地方人民法院巡回授课,讲课内容包括《民法典》《公司法》《企业破产法》《民事诉讼法》及司法解释、各类民商审判实务中的疑难问题等。公司法司法解释起草主笔人,参与《企业破产法》《民事诉讼法》《担保法》等司法解释的调研、论证和解释工作。

在国内法学期刊发表论文《公司资本制度的修改对几类民商事案件的影响》《关联公司交易与债权人及股东利益的司法保护》《风险投资的司法保护与对赌协议的效力》《新修订的公司法与审判实务有关的问题》《股东名册与公司登记机关的登记对股权确认的意义》《企业破产法解读》等，有关民商事审判实务论文若干篇。

2018年1月创办个人微信公众号"法律之树"，每周更新一次。利用公众号平台，记录、整理、分析和论证日常审判工作中遇到的各类疑难问题，发布个人司法心得，与同行空中对话，促进沟通与交流，寻求公正处理案件的思路和办法，提升执法水平。目前已发表司法心得、民商事案件疑难问题原创小论文160余篇。"法律之树"上线以来，得到全国各地法官、律师、学者及企业界人士的普遍关注，并给予热情的鼓励。今后也将一如既往地坚持跟踪处理民商事法律适用的前沿问题，在实务中寻求破解难题的办法。

再版说明

本书第一版于 2017 年 8 月出版后,受到业界普遍关注,得到读者的热情鼓励。对书中论及的公司法疑难问题,不断有读者提出研究意见,我都进行了认真的研磨,有些内容重新论证,陆续发布在我的微信公众号"法律之树"中。《民法典》生效后,应广大读者的要求,针对书中原来涉及适用的《民法总则》《合同法》《物权法》《侵权责任法》《担保法》及司法解释等内容,根据《民法典》和最高人民法院新颁布的司法解释的规定,对书中相关内容进行了修改,同时也将后续研究的成果、《公司法若干问题的规定(五)》的相关内容补充到书中。再版后书中的内容,符合《民法典》及新司法解释、《公司法》及司法解释的规定。

本书在修订时增加了两个内容:一个是《民法典》施行后《公司法》内容的变与不变;另一个是《民法典》《民法典担保制度解释》施行后,公司的担保问题,对最高人民法院新颁布的《民法典担保制度解释》中规定的公司担保问题,逐条进行了释义。

《民法典》已于 2021 年 1 月 1 日开始施行,根据《最高人民法院关于适用〈中华人民共和国民法典〉时间效力的若干规定》,对因《民法典》施行前的法律事实引起的民事纠纷,仍适用当时的法律,故本书虽然再版并按新法作了修改,但修改前第一版的内容,是根据旧法进行的著述,对处理旧法有效期间法律事实引起的纠纷,仍有意义。

第一版前言

从 2000 年开始，我陆续审理了大量涉及适用公司法律的民商事案件。与其他类型民商事案件相比较，引起该类纠纷的特殊原因主要有两个：一个是法律规范不健全。我国 1993 年才制定《公司法》，确立了有限责任公司和股份有限公司的营利企业法人形态，该法在 1999 年、2004 年作过修正，2005 年进行修订，2013 年进行修正，此期间又配套出台了一些法律、法规、司法解释等，但这些法律制度的构建，相对于我国市场经济迅猛发展的态势，仍然存在缺位的问题。另一个是参与公司实践的主体规则意识和责任意识不强。公司的股东、董事、监事、高级管理人员等缺乏公司治理经验，在公司内部，不重视法律对公司组织和行为的规制，导致公司治理不顺畅，出现各种矛盾和纠纷；在公司外部，缺乏应有的责任感，对公司债权人等利益保护不足，由此引发他人对公司的诉讼。

在审理此类民商事案件时，每每遇到疑难问题，我都有努力平衡各方利益、公正处理好纠纷的愿望，这促使我研究发生纠纷的症结，思考解决问题的方法。

本书写作的内容，是我在日常工作中不断学习所获得的积累，汇集了曾经发表过的论文、在学术研讨会中的发言、授课时的讲课稿及未曾发表过的文章等。在过去的很多年中，当处理个案遇到疑难问题时，我会广泛收集各方面意见、观点、各国和地区法律制度的规制内容和方法等，经过缜密思考，对有共性的问题归纳总结，利用调研、讲课、起草司法解释并论证的机会，与法官、律师、专家、学者及企业家们交流、探讨。这样逐年的点滴汇聚，形成了现在发表的 81 个疑难问题解析。书中内容琐碎，不成体系，皆因从实务出发，触及的是案件中的多发问题。书中各个问题的解决方案，大部分是与同行们探讨过的，在此感谢与我共同切磋和论证的朋友们。不积跬步，无以至千里，不积小流，无以成江海，愿我们孜孜不倦的共同努力，能够平息纷争，减少疑惑。

书中文字为个人倾向性观点，难免疏漏，且属于学术探讨的范围，不代表任何职务的或者官方的意见，所引用的案例系根据各级人民法院生效判决实录案情改编。案件情节的改动对处理结果影响很大，故敬请各方人士不要简单套用。

写作是一个艰难的过程。回望经过的岁月，对应法官无法回避的案件数量激增的局面，既要处理现实的纠纷，审判一个个案件，又要挤出时间思考破解难题的方法，那些曾经走入的瓶颈、迷茫的探索、各路观点的交锋、锲而不舍的钻研、持之以恒的磨砺、许许多多烧脑的长夜，在今天看来都是非常值得的付出，借用泰戈尔的诗语：你的负担将变成礼物，你受的苦将照亮你的路……

感谢陪伴我的家人给予的鼓励和支持，工作之余还在敲打键盘，占用了本应属于与家人共度的时光。能够将多年累积的文字出版成书，权作是对自己的承诺和家庭温暖的回复，甚有梅花香郁，苦尽甘来的滋味。

王东敏
2017 年 7 月于北京东交民巷 27 号

凡 例

一、法律法规、规章和规范性文件名称中的"中华人民共和国"省略，例如《中华人民共和国公司法》，简称《公司法》。

二、对于本书当中以下出现较多的司法解释，使用缩略语：

1.《最高人民法院关于适用〈中华人民共和国公司法〉若干问题的规定（一）》，简称《公司法若干问题的规定（一）》；

2.《最高人民法院关于适用〈中华人民共和国公司法〉若干问题的规定（二）》，简称《公司法若干问题的规定（二）》；

3.《最高人民法院关于适用〈中华人民共和国公司法〉若干问题的规定（三）》，简称《公司法若干问题的规定（三）》；

4.《最高人民法院关于适用〈中华人民共和国公司法〉若干问题的规定（四）》，简称《公司法若干问题的规定（四）》；

5.《最高人民法院关于适用〈中华人民共和国公司法〉若干问题的规定（五）》，简称《公司法若干问题的规定（五）》；

6.《最高人民法院关于适用〈中华人民共和国民事诉讼法〉的解释》，简称《民事诉讼法司法解释》；

7.《最高人民法院关于适用〈中华人民共和国担保法〉若干问题的解释》，简称《担保法若干问题的解释》；[①]

8.《最高人民法院关于适用〈中华人民共和国民法典〉有关担保制度的解释》，简称《民法典担保制度解释》。

[①] 该解释已于2020年12月29日被《最高人民法院关于废止部分司法解释及相关规范性文件的决定》废止。

目 录 CONTENTS

第一章 《民法典》对《公司法》的影响

1. 《民法典》生效后,《公司法》及司法解释内容的变与不变……（ 3 ）
2. 《民法典担保制度解释》关于公司担保问题作出了哪些规定 …（ 17 ）

第二章 公司设立中的民事责任

3. 设立中公司是否为民事主体,其何时存在与消灭 ………………（ 33 ）
   【案例评析】
   设立中的公司是否应当承担民事责任………………………………（ 36 ）
4. 如何确定发起人的范围 …………………………………………（ 40 ）
   【案例评析】
   公司设立中聘用的人员是否应当承担公司债务责任 ………………（ 42 ）
5. 公司设立阶段发起人之间存在什么样的民事法律关系 …………（ 44 ）
   【案例评析】
   公司是否应当履行原始股东签订的《入股协议》,接收股东投资 ……（ 48 ）
6. 在公司设立中,发起人是否可以转让投资权益 …………………（ 51 ）
   【案例评析】
   在公司设立阶段转让了投资权益,在公司成立后是否可以主张
   获得股权 ………………………………………………………………（ 55 ）
7. 发起人违反其签订的投资协议、发起人协议等,
   是否应当承担违约责任 ………………………………………………（ 58 ）

1

【案例评析】

公司成立后，在公司章程未作出新规定的情形下，是否可以主张发起人或者原始股东继续履行公司设立阶段签订的投资协议…………（60）

8. 在公司设立阶段发起人或者投资人是否可以主张退回投资……（63）

【案例评析】

公司设立阶段，投资人是否可以请求解除投资协议、返还投资款……（65）

9. 发起人承载的设立中公司权利、义务及民事责任有哪些………（68）

【案例评析】

公司设立失败，发起人是否可以承继设立中公司获得的权利…………（70）

10. 公司成立后是否当然承继设立中公司的权利、义务及责任 …（73）

【案例评析】

发起人完成设立公司任务后，合同权利义务由成立的公司承继，发起人对设立过程中的民事行为是否不再承担法律后果…………（79）

11. 公司设立失败后的民事权利、义务及责任由谁承担 …………（81）

【案例评析】

公司设立失败，发起人是否应当分担为设立公司发生的财产损失 …（83）

12. 设立公司协议在公司成立后对股东是否有约束力 …………（85）

【案例评析】

公司设立时的《投资协议》与公司章程规定的股东应缴纳的出资数额不一致的，应当以哪一个文件为标准确定股东的出资义务 …（88）

第三章　出资部分的民事权利、义务及责任

13. 把握《公司法》关于公司注册资本金制度的规定，需要注意的要点 ……………………………………………………（93）

【案例评析】

公司成立后将出资款项从公司账户划走并记账为借款，但长期没有向公司归还欠款，也没有还款计划，是否可以认定为抽逃出资 …（99）

14. 关于注册资本制度，《公司法》修改后新旧法律应怎样

衔接适用 …………………………………………………（101）

【案例评析】

对《公司法》施行前设立的公司，是否可以依据《公司法》
及司法解释的规定认定股东的出资责任 …………………（103）

15. 因企业改制设立的公司，在公司注册资本和股权
    形成上有何特点 …………………………………………（105）
16. 设立公司时，哪些财产可以用来出资 …………………（107）

    【案例评析】

    技术使用权及专利申请中的技术是否可以用于向公司出资 …（112）

17. 公司设立时，全体股东是否可以全部以非货币
    财产出资 …………………………………………………（115）

    【案例评析】

    微信账户是否可以出资 ……………………………………（117）

18. 公司设立时，股东如何向公司缴纳认缴的出资 …………（120）

    【案例评析】

    没有签署获得股权的必要法律文件，是否可以主张获得公司股权
    并请求确认具有公司股东身份 ……………………………（122）

19. 股东以不享有处分权的财产向公司出资，财产权利人主张
    权利的，应如何处理 ……………………………………（123）
20. 股东以犯罪行为所得财产向公司出资的，应如何处理 ………（127）
21. 股东以已经设立了抵押或质押的财产或权利向公司
    出资的，应如何处理 ……………………………………（129）
22. 股东以划拨国有土地使用权向公司出资的，应如何处理 ………（133）

    【案例评析】

    国有划拨土地使用权是否可以用于出资 …………………（136）

23. 股东以尚未办理过户手续的土地使用权或者房屋向公司
    出资，应如何处理 ………………………………………（137）

【案例评析】

以暂时不能办理产权过户手续的房产出资并在公司章程中明确记载的，该出资股东是否应当承担未足额出资的民事责任 ………… （140）

24. 股东以未办理过户手续的汽车、工程车辆等向公司出资，是否可以认定其履行了出资义务 …………………………………… （142）

【案例评析】

公司设立时以工程车辆等出资，车辆及购置发票均已交付给公司，股东选定中介机构对资产价值进行了评估，公司成立后是否可以该中介机构不具备评估资质而否定股东的出资 …………… （143）

25. 股权是否可以用于出资，需要办理哪些手续 ……………… （146）
26. 债权是否可以用于出资，债权出资应当符合哪些条件 ……… （151）

【案例分析】

债权人与债务人签订债转股意向书并开始履行，是否可以请求解除该意向书 …………………………………………… （152）

27. 股东以非货币财产出资，未评估或者评估不实的，针对股东的补缴出资义务，谁有请求权 …………………………… （155）
28. 股东出资未足额，谁有可能承担民事责任 ………………… （158）

【案例评析】

因未履行出资义务而受到股东权利行使限制的股权被转让后，受让该股权的股东是否应当承继该限制 ………………… （161）

第四章　股东资格的确认

29. 民事主体取得公司股权的标准是什么，哪些情形下可以获得股权 ……………………………………………………… （167）

【案例评析（一）】

股权受让人对股东的历次变更是否具有更高的注意义务 ………… （171）

【案例评析（二）】
因企业改制而获得公司股权的股东，是否受企业改制时公司内部
关于股权登记的特殊规定的约束 …………………………………（174）

30. 在有限责任公司成立时获得公司股权应当具备哪些
基本要件 ……………………………………………………………（176）
【案例评析】
出资人协议与公司章程载明的公司注册资本金及股东均不同，
应依据哪个文件确认公司股东 ……………………………………（181）

31. 有限责任公司隐名股东主张显名或者转让股权，
如何办理相关手续 …………………………………………………（182）
【案例评析】
伪造签名的《股权转让协议》《股东会决议》，是否为未成立的
合同和决议 …………………………………………………………（185）

32. 有限责任公司股东未履行缴纳出资义务，公司或者公司其他
股东是否可以请求对其除名 ………………………………………（186）
【案例评析】
对继受取得股权的股东，股东会是否可以未履行出资义务和股东
投资款为由决议解除股东资格 ……………………………………（187）

33. 股东名册与公司登记机关的登记对股权确认有何意义 ………（191）
【案例评析】
股权转让协议生效后，在未支付股权转让款和办理股权变更
登记的情形下，受让方死亡的，股权转让合同是否可以继续履行 …（199）

第五章　股东权益（知情权和异议股份收购请求权）

34. 股东权益有哪些，是否具有可诉性 ………………………………（205）
35. 股东可以查阅哪些公司文件及档案材料 …………………………（209）

【案例评析】

公司被吊销营业执照并开始清算的，是否可以拒绝股东查阅
财务会计资料 ···（213）

36. 股东查阅公司会计账簿的正当目的和不正当目的是指
哪些情形 ··（215）

【案例评析】

股东又投资设立与本公司经营项目基本相同的公司，其在本公司
行使知情权的范围受到限制是否合理 ·························（217）

37. 什么是异议股东股份收购请求权，股东请求公司收购
其股份的条件是什么 ···（219）

【案例评析】

不符合《公司法》第七十四条规定的回购股份情形的，是否可以
请求公司回购股份 ···（225）

第六章 股权转让

38. 《公司法》对有限责任公司股东转让股权有哪些
限制性规定 ··（231）

【案例评析】

股权转让协议安排了股权受让人的可选择性，该选择权利由谁
行使，受让方指定的股权受让人被公司其他股东拒绝的，其是否
可以主张放弃股权转让协议的履行 ····························（237）

39. 有限责任公司半数以上股东不同意对外转让股权，是否可以
与转让股东协商安排受让拟转让的股权 ·····················（239）

40. 有限责任公司股东主张行使优先购买权时，是否需要主张
转让股东对外签订的股权转让合同无效或者撤销该合同 ·····（244）

【案例评析】

有限责任公司股东行使优先购买权，是否可以与转让股东协商
重新确定股权转让条件 ·······································（248）

41. 有限责任公司股东起诉主张行使优先购买权时，应当
    证明哪些主要案件事实 …………………………………（251）
    【案例评析】
    有限责任公司股东对外转让股权，公司其他股东过半数不同意的，
    不同意的股东购买该转让的股权时，是否可以与转让股东重新协商
    确定转让条件 ……………………………………………（256）

42. 有限责任公司股权对外转让的法律事实发生以后，如何保护
    行使优先购买权的股东、股权受让方、股权转让方的权益，
    需权衡考量哪些关键因素 ………………………………（260）
    【案例评析】
    有限责任公司股东向股东以外的他人转让股权时未依法履行通知
    义务，股权受让方、目标公司是否可以据此主张撤销股权转让
    协议或者请求认定股权转让协议无效 …………………（264）

43. 如何看待《公司法》第七十一条第三款规定的同等条件 ……（267）
    【案例评析】
    有限责任公司其他股东不同意股东对外转让股权或者主张行使优先
    购买权的，对股东与股东以外的他人签订的股权转让合同效力是否
    发生影响 …………………………………………………（269）

44. 有限责任公司股东对外转让股权，公司其他股东主张购买的，
    转让股东是否可以放弃转让 ……………………………（274）

45. 在拍卖有限责任公司股权时，如何保障公司其他股东的
    优先购买权 ………………………………………………（277）

46. 有限责任公司章程对股权转让可以作哪些特殊规定 ………（280）
    【案例评析】
    股权转让未告知目标公司的，目标公司通知登记股东行使股东权利，
    是否存在过错 ……………………………………………（283）

47. 《公司法》对股份有限公司股权转让有哪些限制性规定 ……（286）

48. 限制转让的股权是否可以质押 ………………………………（289）

49. 股东向公司认缴的出资未完全缴纳的，股权转让后由谁
    向公司承担缴纳责任 …………………………………………（290）

50. 股权转让合同违反《公司法》或者公司章程规定的，
    合同是否应当无效 ……………………………………………（292）
    【案例评析】
    股份有限公司发起人股东在公司成立一年内签订协议转让股权，
    约定在满足法律规定的办理过户期限时再办理股权变更登记手续，
    该约定是否导致合同无效………………………………………（296）

51. 转让国有股权需要履行哪些手续，未履行相关手续的，
    股权转让合同效力是否受到影响 ……………………………（300）
    【案例评析】
    同一国有资产监督管理机构下属的国有企业之间进行的以股
    抵债交易，是否还需要特别的审批程序 ………………………（306）

52. 哪些因素影响显名股东签订的股权转让协议的效力 …………（308）
    【案例评析】
    股权受让方对隐名股东的实际存在不知情的，已经履行的股权
    转让合同是否受到影响 …………………………………………（311）

53. 受让股权后发现目标公司存在出资不到位、抽逃出资的
    情形时，股权受让方如何获得救济 …………………………（313）

54. 股权转让的预约合同如何认定及纠纷如何处理 ………………（316）

55. 如何认定对赌协议的效力 ………………………………………（319）
    【案例评析】
    对赌协议中约定的目标公司的净利润、某项产品生产利润、公司
    上市及股权激励等内容，是否构成合同无效的因素……………（325）

第七章 公司章程、股东会决议、董事会决议

56. 在公司内部行使权力的机关有哪些，其间权力是
    如何分配的 ……………………………………………………（333）

57. 公司内部有普遍效力的文件有哪些，各文件规定内容相互
矛盾时如何处理 ……………………………………………（338）
　　【案例评析】
　　董事会决议是否可以取消股东资格 ………………………（341）
58. 公司股东会或者股东大会、董事会决议的效力范围 ………（343）
59. 取消股东会或者股东大会、董事会决议的路径有哪些 ……（347）
　　【案例评析】
　　在董事长拖延安排召开股东会的情形下，股东联合公司多数董事
　　召集并主持股东会，在程序上是否违反《公司法》规定 ………（349）
60. 提起股东会或者股东大会、董事会决议不成立、无效及
可撤销之诉，是否有时间限制 …………………………（352）
61. 谁有权提起股东会或者股东大会、董事会决议无效或者
撤销之诉 …………………………………………………（354）
62. 提起股东会或者股东大会、董事会决议撤销之诉的原告，
需要提交哪些证据证明其股东身份 ……………………（355）
63. 股东会或者股东大会、董事会决议无效或者撤销之诉案件，
当事人诉讼地位如何确定 ………………………………（357）
64. 股东以未收到开会通知为由，起诉请求认定股东会或者股东大会
决议无效或者请求撤销决议的案件，法院应如何处理 ………（358）
　　【案例评析】
　　未通知股东开会，伪造股东会决议中的股东签名，是否构成股东
　　会决议无效的因素 …………………………………………（361）
65. 股东起诉认定公司会议机关决议无效或者请求撤销决议的，
公司是否可以股东在会议结束后已经认可或者执行了决议
内容进行抗辩 ……………………………………………（364）
66. 股东会或者股东大会、董事会决议被取消后，依据决议履行的
事项是否会受到影响 ……………………………………（366）

67. 《公司法》涉及公司对外担保问题的规定，是否属于导致担保合同无效的强制性规定 ……………………………（368）

第八章 董事及高级管理人员责任

68. 董事与公司、公司股东、公司职工及公司以外的第三人的关系 ……………………………………………（375）
69. 公司董事有哪些基本义务 ……………………………（379）
70. 董事违反义务应承担怎样的责任或者法律后果 ………（382）
    【案例评析】
    有限责任公司董事、高级管理人员离任后是否具有竞业禁止义务 …（386）
71. 董事承担公司民事责任需要具备哪些基本因素 ………（388）
    【案例评析】
    关联交易所得利益不能归入公司时，是否可以认定相关董事的侵权责任 ……………………………………………（392）

第九章 关联公司与关联交易

72. 什么是关联公司，为什么要依法规制关联公司 ………（397）
    【案例评析】
    关联公司之间拖欠的债务，是否可以主张人格混同导致债权债务关系同归一人而债务消灭 …………………………（401）
73. 关联公司对债权人共同承担民事责任的认定标准有哪些 ……（403）
    【案例评析】
    控股股东利用在公司的控制地位使自己受益，侵害了公司其他股东的合法权益，对其他股东的损失是否负有赔偿责任 …………（410）
74. 关联公司制度对中、小股东（或者外部股东）利益设置了哪些保护 …………………………………………（413）
75. 关联公司制度中对被控制公司利益的保护有哪些安排 ………（417）

第十章　股东代表诉讼

76. 什么是股东代表诉讼制度 …………………………………（421）

　　【案例评析】

　　被股东会会议决议除名的股东，是否可以提起股东代表诉讼 ………（425）

77. 股东代表诉讼的诉因是什么 …………………………………（427）

78. 如何确定股东代表诉讼的原告资格 …………………………（431）

　　【案例评析】

　　提起股东代表诉讼的股东在诉讼中丧失了股东身份，诉讼程序是否还可以继续推进 …………………………………………（434）

79. 哪些人可以被列为股东代表诉讼的被告 ……………………（436）

80. 在股东代表诉讼中如何确定公司的诉讼地位 ………………（437）

81. 什么是股东代表诉讼的前置程序 ……………………………（439）

82. 股东代表诉讼胜诉利益是归属于公司还是归属于股东 ……（440）

83. 股东代表诉讼程序中是否有诉讼费用担保制度 ……………（441）

相关法律

中华人民共和国公司法

　　（2018年10月26日）…………………………………（445）

中华人民共和国合伙企业法

　　（2006年8月27日）……………………………………（481）

中华人民共和国外商投资法

　　（2019年3月15日）……………………………………（495）

最高人民法院

　　关于适用《中华人民共和国公司法》若干问题的规定（一）

　　（2014年2月17日）……………………………………（501）

最高人民法院
　关于适用《中华人民共和国公司法》若干问题的规定（二）
　　（2020 年 12 月 29 日） ………………………………………（ 502 ）
最高人民法院
　关于适用《中华人民共和国公司法》若干问题的规定（三）
　　（2020 年 12 月 29 日） ………………………………………（ 507 ）
最高人民法院
　关于适用《中华人民共和国公司法》若干问题的规定（四）
　　（2020 年 12 月 29 日） ………………………………………（ 513 ）
最高人民法院
　关于适用《中华人民共和国公司法》若干问题的规定（五）
　　（2020 年 12 月 29 日） ………………………………………（ 517 ）
最高人民法院
　关于适用《中华人民共和国民法典》有关担保制度的解释
　　（2020 年 12 月 31 日） ………………………………………（ 519 ）

参考书目 ……………………………………………………………（ 537 ）

第一章

《民法典》对《公司法》的影响

1. 《民法典》生效后,《公司法》及司法解释内容的变与不变

《民法典》是调整平等民事主体之间人身及财产关系的法律规范,《公司法》是有关公司的组织和行为规范,《民法典》在规定法人及法人的民事权利、民事法律行为时,与《公司法》的相关内容有部分重合,在《民法典》施行后,对两部法律有关问题的规定进行梳理,是很有必要的。下文对实务中经常遇到的几个问题,将《公司法》与《民法典》进行对比,根据《立法法》第九十二条规定的新法优于旧法、特殊法优于普通法的法律适用基本原则,对《公司法》及司法解释的有关规定是否继续适用作归纳和分析。

一、公司以全部财产对其债务承担责任的问题

《公司法》与《民法典》关于公司以全部财产对外承担责任的内容是一致的,《民法典》生效后,《公司法》及司法解释规定的相关内容应继续适用。根据《公司法》第三条规定,公司是企业法人,有独立的法人财产,公司以其全部财产对公司的债务承担责任。根据《民法典》第五十八条规定,法人应当有自己的财产或者经费;第六十条规定,法人以其全部财产独立承担民事责任。关于公司以全部财产独立承担其债务责任的问题,《公司法》有更加细化的保障规定。公司财产来源于股东的投资和公司的经营收益,所有公司财产均是清偿公司对外债务的基本保障,《公司法》对保障公司财产完整性的制度安

排，主要体现在两个方面：一方面，股东对认缴的出资应按约足额缴纳，不得抽逃出资，股东有全面履行交付出资的义务，在公司清算或者破产时，股东认缴但尚未实缴的出资，仍属于公司财产，股东应补缴并用于清偿公司对外债务。另一方面，公司经营期间，公司股东、董事、高管等不得侵占公司财产，侵占公司财产的，应向公司返还。公司全部财产是公司债权人实现债权的一般担保，当公司财产受到有机会参与管理公司财产的股东、实际控制人、董事等不当侵占时，债权人有权主张侵权人在侵占范围内承担公司债务责任。《公司法》《公司法若干问题的规定（二）》《公司法若干问题的规定（三）》及《企业破产法》第三十五条和第三十六条的规定涉及上述内容，《民法典》生效后，上述规定仍然有效。

二、关于公司法人人格否认的问题

《公司法》第二十条是关于法人人格否认的原则性规定，该条第三款规定："公司股东滥用公司法人独立地位和股东有限责任，逃避债务，严重损害公司债权人利益的，应当对公司债务承担连带责任。"《民法典》第八十三条第二款对营利法人的出资人规定了相同的内容。公司属于营利法人，《公司法》的规定与《民法典》的规定一致，《民法典》生效后，有关公司法人人格否认的问题，仍应适用《公司法》相关规定的内容。《公司法》第二十条规定否认公司法人人格，由股东承担公司债务责任有两个条件：

（一）股东滥用权利导致公司人格非独立

股东向公司投入限定的资产，在公司对外发生债务时，股东在其投入资产的范围承担责任，不需要再增加投资，这是有限责任公司与其他类无限责任企业的根本区别。对公司的独立民事主体地位，在股东给予其充分保障时，股东才可以享受有限责任，如果股东不能保障，就有可能像合伙企业的普通合伙人一样，对公司的债务承担无限责任。关于哪些情形属于股东滥用公司法人独立地位的问题，以往法律和司法解释均没有具体的规定，但在司法实践中，认定基本形成共识：股东与公司财务、财产混同，人员混同，办公场所混同，业务混同,简称"四同"。第一,财务、财产混同。公司没有独立的财务账簿,不单独核算利润,公司财产或资金经常被股东占用、挪用,股东与公司财产混放一处,统一管理或调配等。第二,人员混同。一般是在公司行使决策或管理职权的董事、高级管理人员、财务人员等,与股东自己或者投资并控制的其他单位的人员混同。人员混同,可能导致股东与公司内部混同管理,使公司失去独立的意志和利益。第三,办公场所混同。通常表现为办公或经营地点相同,股东与公司界限不清,他人很难对股东和公司作彼此区分。第四,业务混同。股东与公司的业务统一协调安排,对外共同交易、互相代表等。

(二)公司债权人利益受到严重损害

公司是股东投资设立的,股东对公司的经营管理和控制,是股东私权利,法律不作干涉。但是,如果行使私权利侵犯他人利益,影响到期债权清偿时,属于股东对权利的滥用,为此有可能对债权人承担责任。一般认为,公司未及时履行清偿债务的义务,或者公司资产明显缺乏偿债能力,根据股东与公司人格混同的状态,债权人有理由怀疑股东对公司进行了过度控制,导致公司财产不当减少。公司全部财产是实现债权的一般担保,动用了公司财产就是侵犯了债权人利益,故债权人可以请求股东承担责任。

公司是市场经济的基本组织单位,司法政策是鼓励和促进各类市场主体发展的,实务中,对否认公司法人人格的认定,应非常慎重,须同时具备上述两个条件。对于人格混同的认定,需要大量证据证明股东与公司之间持续存在上述"四同"的状态,不能因一时一事偶尔表现出"四同"即认定人格混同。对债权人利益受到严重损害的认定,也需要证据予以证明债务人缺乏清偿能力。如果债权人利益没有受到损害,甚至是公司在混同中得到更多的利益,不能认定股东承担责任。例如,在诉讼中债权人申请查封的公司财产价值与其主张的诉讼请求相当,如其胜诉,判决的执行能够得到保障,债权人就无须再起诉股东,这样可以节约诉讼成本。再如,股东投资设立的项目公司,股东与项目公司之间往往存在人格混同,但是,很多情况是股东以自己名义融资后投入项目公司,并未侵占项目公司财产,未损害项目公司债权人利益,也就不能认定股东承担责任。

三、关于关联公司与关联交易的问题

《民法典》第八十四条规定："营利法人的控股出资人、实际控制人、董事、监事、高级管理人员不得利用其关联关系损害法人的利益；利用关联关系造成法人损失的，应承担赔偿责任。"《公司法》第二十一条规定与《民法典》一致。该规定是对关联公司与关联交易的原则性规范，《民法典》生效后，《公司法》及司法解释规定的相关内容应继续适用。关联公司与关联交易是市场主体做大、做强的必然选择。建立关联公司，可以在市场经济中形成合力，排除竞争对手，控制生产、销售、产品价格，还可以减少合作中的猜疑，降低交易成本等，好处很多。但是，关联交易的负面影响也很大，冲击了法人独立人格制度，有可能损害非关联方股东利益、公司利益、公司债权人利益，还可能规避税收、垄断市场、不正当竞争等。为消除关联公司的负面影响，相关法律对关联公司与关联交易进行必要的干预。例如，针对关联公司对市场竞争的破坏，制定反垄断法、反不正当竞争法；针对关联公司对公司独立人格制度的突破，规定关联公司对公司债权人共同承担责任；针对关联公司中的关联方有可能剥夺非关联方的利润、转移公司商业机会等，规定关联方对公司的赔偿责任及股东代表诉讼制度等；针对关联公司的隐蔽性，规定信息披露制度、公示制度，保护可能与公司发生关系的相对人及社会公众利益，维护交易安全；针对关联公司收益的整体性，通过会计法规定合理调整关联公司之间的会计核算，防止规避国家税收；等等。《公司法》及司法解释对关联公司的规范主要体现在以下几个方面：

第一，《公司法》明确了建立关联公司的几个基本制度。《公司法》第十五条规定公司对外投资问题，明确了可以建立关联公司；第二十一条规定禁止利用关联关系损害公司利益的问题；第一百二十四条规定了上市公司董事涉及关联关系的表决回避制度；第一百四十八条第（五）项规定竞业禁止内容，董事不得自营或者为他人经营与所任职公司同类业务的问题，为董事在关联关系中损害公司利益应承担责任提供了具体依据；第二百一十六条对何为关联关系

作出列举性规定。

第二，《公司法若干问题的规定（五）》规定了非关联方股东维护公司利益的路径。该规定第一条和第二条涉及对关联交易的规定，核心内容是，当关联方通过股东（大）会或者公司信息披露程序等方式滥用权利损害公司利益时，公司不行使诉权的，股东可以通过股东代表诉讼挽回公司损失，可以主张关联交易合同无效，或者撤销关联交易，关联方的控股股东、实际控制人、董事、监事、高级管理人员赔偿对公司所造成的损失。该规定的实质是加强了对非关联方股东利益的保护。

第三，最高人民法院发布的第15号指导性案例，判决关联公司对公司债权人共同承担责任。2013年最高人民法院发布的第15号指导性案例，从三个公司运营的基本特征，认定关联公司人格高度混同，判决关联方共同对公司债权人承担责任。即各关联公司由一人控制，人事任免统一管理，关联公司管理人员交叉任职，经理、财务人员等相同；使用共同的资产账户，资金统一支配和使用，三个公司对外债权债务、业绩、返利等均计算在一个公司名下；经营范围及业务模式完全一致，对外发布相同的信息等。该指导性案例保护了关联公司债权人的利益。

四、关于公司清算义务人的问题

《民法典》第七十条规定了法人的清算义务人。该条第二款规定："法人的董事、理事等执行机构或者决策机构的成员为清算义务人。法律、行政法规另有规定的，依照其规定。"公司属于营利法人，《公司法》对公司清算义务人的范围没有作出规定，《民法典》生效后，有关公司的清算义务人问题，应执行《民法典》的规定。清算义务人是指对启动法人清算程序负有责任的人，并非具体负责清算事务工作的人员。在公司出现清算事由时，清算义务人应积极将公司推进到清算程序中，使公司开始清算工作。公司清算分为自行清算和强制清算，自行清算即由公司内部安排成立清算组并开始清算工作，强制清算是在公司内部清算无法正常开展的情况下，向法院提出申请，由法院依法对公司进行清算。最高人民法院《公司法若干问题的规定（二）》涉及对公司清算问题的规定，其中，第十八条至第二十一条规定了公司出现清算事由但未依法清算，以至于不能再清算时，有限责任公司的股东、股份有限公司的董事和控股股东，以及公司的实际控制人对公司债权人承担赔偿责任的问题，这几条规定虽未使用清算义务人的概念，但实际上，对上述人员承担责任性质的确定，是比照清算义务人的身份和职责设定的。

上述司法解释是最高人民法院于2008年颁布的，当时的《民法通则》和《公司法》中均没有涉及清算义务人及责任的规定，为解决实务中存在的公司怠于清算导致债权人无从追偿的问题，最高人民法院规定有机会控制公司的上述人员对债权人的损失承担责任。该司法解释对解决实务中的问题，促进公司积极清算起到了明显的作用，但在实施过程中也存在问题，特别在个别案件中确定了中、小股东承担清算义务责任的范围，甚至超过了其投资数额，对中、小股东在启动清算程序中的过错及其过错与不能清算的因果关系等问题，注意得不够。《民法典》明确清算义务人后，对董事因未启动清算程序；因公司怠于清算且公司财务账册、重要文件丢失，使公司无法进行清算；公司财产丢失、贬值、毁损，以及公司以虚假清算报告注销公司，形成债权人损失的，应由哪些人承担责任，承担责任的具体范围等问题，应作出更加完善的规定。

《民法典》出台后，最高人民法院对公司法司法解释进行了清理，但未增加规定有关公司清算义务人范围的问题，期待有新的相关规定出台。

五、关于公司发起人的责任问题

《民法典》第七十五条规定："设立人为设立法人从事的民事活动，其法律后果由法人承受，法人未成立的，其法律后果由设立人承受，设立人为二人以上的，享有连带债权，承担连带债务。设立人为设立法人以自己的名义从事民事活动产生的民事责任，第三人有权选择请求法人或者设立人承担。"《公司法》中没有设立人的概念，与之对应的概念是发起人。《公司法若干问题的规定（三）》第一条对发起人有明确的定义：为设立公司而签署公司章程、向公司认购出资或者股份并履行公司设立职责的人。《公司法》对因设立公司的责任问题有规定，最高人民法院《公司法若干问题的规定（三）》第一条至第五条对该内容又作了详细的规定，上述规定与《民法典》一致，《民法典》生效后，《公司法》及司法解释规定的相关内容应继续适用。

围绕公司设立的问题，涉及三方民事主体：公司、发起人、第三人；涉及四方面的民事法律关系：发起人与公司之间，发起人之间，发起人与第三人之间，第三人与发起人及公司之间。围绕上述主体及其间的关系，《民法典》《公司法》及司法解释主要规定内容如下：

（一）发起人与公司之间的关系

在公司设立阶段，发起人为设立公司进行的民事活动，无论是以自己名义，还是以拟设立公司名义，产生的民事权利、义务、责任，以及获得的货币或者实物财产，在公司成立后，均属于公司。但是，公司有证据证明发起人利用设立公司名义，为自己的利益与相对人签订合同的，可以主张不承担合同责任，如相对人为善意且公司承担责任后，公司可以再向发起人追偿。

（二）发起人之间的关系

发起人以拟设立公司名义进行的民事活动，在公司未成立时，其法律后果由发起人承受，发起人为二人以上的，享有连带债权，承担连带债务。公司设立阶段，发起人各自为一定民事行为，共同完成设立公司的任务，其间关系特征，符合《民法典》第九百六十七条关于合伙合同关系的规定，对公司设立活动，发起人团体应共享利益、共担风险。在公司设立失败时，发起人在共同对外承担责任后，在其内部，应再按约定的方式或按约定的对拟设立公司的投资比例分担责任，没有约定的，均等份额承担责任；公司设立失败系因部分发起人的过错行为导致的，应根据过错情况，由部分发起人对设立公司的费用和债务承担相应的责任。

（三）发起人与第三人之间的关系

对于第三人来说，在公司未成立时，可以落实的民事主体只能是发起人，第三人可以主张发起人承担责任。一般情况下，发起人以自己名义与第三人签订的合同，根据合同仅对签订的当事人有约束力的相对性原理，第三人只能主张签订合同的发起人承担责任，不得主张合伙人团体共同承担，但发起人以拟设立公司的名义与第三人签订的合同，除有特殊约定的以外，在公司未成立时，第三人可以向发起人团体主张权利。

（四）第三人与公司及发起人之间的关系

发起人为设立公司从事的民事活动，在公司成立后，由公司承继，第三人自愿认可由公司承继的，对第三人也发生法律效力。对于是由发起人承担责任还是由公司承担责任，第三人有选择权。因未产生新的法律关系，第三人选择后，仍按原法律关系享有权利和承担义务。

《民法典》生效后，最高人民法院对《公司法若干问题的规定（三）》第二条进行了修改，修改后内容为："发起人为设立公司以自己名义对外签订合同，合同相对人请求该发起人承担合同责任的，人民法院应予支持；公司成立后合同相对人请求公司承担合同责任的，人民法院应予支持。"

六、关于公司设立的分公司问题

《民法典》第七十四条规定："法人可以依法设立分支机构。法律、行政法规规定分支机构应当登记的，依照其规定。分支机构以自己的名义从事民事活动，产生的民事责任由法人承担；也可以先以该分支机构管理的财产承担，不足以承担的，由法人承担。"《公司法》第十四条是关于设立分公司的规定，该规定的内容与《民法典》第七十四条第一款相同，对《民法典》第七十四条第二款规定的内容，《公司法》未规定，《民法典》生效后，相关问题应适用《民法典》的规定，即分公司以自己的名义从事民事活动产生的民事责任，可先以分公司管理的财产承担，不足以承担的，再由总公司承担。

《民事诉讼法司法解释》第五十二条在规定民事诉讼主体中的"其他组织"时，对法人分支机构，明确为合法成立、有一定组织机构和财产的其他组织，即赋予分支机构独立的民事诉讼主体资格，在民事案件中可直接将其列为诉讼当事人。《最高人民法院关于民事执行中变更、追加当事人若干问题的规定》第十五条规定："作为被执行人的法人分支机构，不能清偿生效法律文书确定的债务，申请执行人申请变更、追加该法人为被执行人的，人民法院应予支持，法人直接管理的责任财产仍不能清偿债务的，人民法院可以直接执行该法人其他分支机构的财产。"该司法解释，完善了分支机构在审判程序中为当事人，在执行程序中为被执行人，但其管理的财产不能满足申请执行人的执行时，以法人财产执行的相关规定。实务中，有的案件将法人和法人分支机构同时列为当事人，这种做法不妥。法人分支机构与法人是一个民事主体，承担一份责任，如果将法人和法人分支机构同时列为当事人，无异增加了该法人的诉讼权利与机会，与对方当事人形成权利与机会的不对等，违反《民事诉讼法》第八条关于"当事人有平等的诉讼权利"的原则。对于由法人分支机构参加诉讼，还是由法人参加诉讼，双方当事人可以自愿选择，当事人对选择有争议时，由法院根据案情作出决定。当然，对该问题，目前尚未有明确的规定，如有司法解释出台，应以司法解释规定为准。

根据《民法典》《公司法》及上述司法解释的规定，公司可以依法设立分支机构，分支机构没有独立的法人资格，分支机构的财产属于公司。根据以分支机构名义从事民事活动产生民事责任的大小，相对人可以选择由分支机构或由公司承担责任。对选择由分支机构承担的，在分支机构管理的财产不足以承担债务责任时，还可以再主张由公司承担。公司承担责任的财产范围，既包括公司直接管理的财产，也包括从事该民事活动的分公司管理的财产及公司设立的其他分公司管理的财产。

七、关于公司法定代表人的问题

《民法典》第六十一条规定："法定代表人以法人名义从事的民事活动，其法律后果由法人承受。法人章程或者法人权力机构对法定代表人代表权的限制，不得对抗善意相对人。"第五百零四条规定："法人的法定代表人超越权限订立的合同，除相对人知道或者应当知道其超越权限外，该代表行为有效，订立的合同对法人或者非法人组织发生效力。"这两条是关于法定代表人代表法人从事民事活动有关问题的规定，该部分内容，《公司法》没有作出规定，《民法典》生效后，公司法定代表人对外行为的认定，应适用《民法典》的规定。

依照《民法典》该两条的规定，公司的对外法律行为以其法定代表人的行为表达，法定代表人以公司名义从事的民事活动，其法律后果由公司承受。公司章程、公司股东（大）会决议对法定代表人权力的限制，不得对抗善意相对人，相对人知道或应当知道法定代表人超越权限与其签订合同的，越权的内容不代表公司。

在适用《民法典》判断法定代表人是否代表公司时，可注意以下几个要件：

（一）法定代表人以法人名义从事民事活动

对于法定代表人以法人的名义从事民事活动比较容易判断。例如，法定代表人的活动属于公司业务范围，法定代表人在工作场所进行的活动，法定代表人签字的合同加盖了公司公章，公司实际履行了法定代表人签订的合同等。

（二）法定代表人有越权行为时，第三人为善意、不知情

该问题是影响公司对越权部分是否承担责任的关键因素。《民法典》第六十一条是总则编的内容，该条使用了"善意"的概念，第五百零四条是合同编的内容，该条使用了"知道或应当知道"的概念。从一般意义上看，第五百零四条是合同编对总则编内容的细化规定。对善意第三人的判断，是以其对参与的法律行为有瑕疵是否知情或应知情为标准的，如果第三人对存在瑕疵知情或应知情而为，应认定其为非善意，如果对存在瑕疵不知情而为，则为善意。具体在合同行为中，在法定代表人代表公司签订合同时，第三人对法定代表人越权知情或应知情，仍将法定代表人行为视为公司行为并继续签订合同的，为非善意，越权内容对公司不生效，否则，第三人为善意，法定代表人的行为对公司生效。

（三）关于第三人"非善意""知道或者应当知道"的举证责任分配问题

《民事诉讼法司法解释》第九十条规定："当事人对自己提出的诉讼请求所依据的事实或者反驳对方诉讼请求所依据的事实，应当提供证据加以证明，但法律另有规定的除外。在作出判决前，当事人未能提供证据或者证据不足以证明其事实主张的，由负有举证证明责任的当事人承担不利的后果。"该条是关

于举证责任的细化规定，即谁主张谁举证，法律对举证责任倒置另有规定的除外原则，公司如主张法定代表人的行为越权，其不应对法定代表人与第三人的交易承担民事责任时，应证明第三人为"非善意""知道或者应当知道"法定代表人有越权行为，如公司不能举证，应视第三人为善意，公司应对法定代表人的行为承担法律后果。

八、关于公司登记的问题

公司登记属于商事登记，登记活动本身不创设新的民事权利，仅是公开展示公司的基本情况。公司登记内容主要包括公司名称、住所、法定代表人、注册资本、公司类型、经营范围、有限责任公司股东或者股份有限公司发起人姓名或者名称。上述内容变化的，要作相应的变更登记。此外，公司歇业或注销等，也要办理相应登记。公司登记内容，是由公司根据相关规定自己填报的，公司登记机关对公司填报的内容进行形式审核后在国家设立的相关企业信息平台上公示。登记的目的主要是保障交易安全和接受国家对商事主体的行政监管。《民法典》第六十五条规定："法人的实际情况与登记的事项不一致的，不得对抗善意相对人。"《公司法》在总则章未概括规定登记的对抗性问题，在分则章中的第三十二条，规定了有限责任公司股东登记的对抗效力，该条第二款规定："公司应当将股东的姓名或者名称向公司登记机关登记……未经登记或者变更登记的，不得对抗第三人。"显然，《公司法》的对抗效力范围与《民法典》的规定不完全一致。一般认为，《民法典》第六十五条中的"善意相对人"，是指因交易关系涉及公司登记事项，基于对登记内容的信赖，与公司及公司股东等发生民事法律关系的人。所谓善意，一般是指对登记背后的实际情况不知情。《公司法》第三十二条使用的是第三人的概念，第三人的范围比善意相对人要宽泛很多，例如，非善意第三人，也属于第三人，但不属于善意相对人。《民法典》生效后，有关公司登记对抗性的问题，应适用《民法典》的规定。因《公司法》第三十二条使用了宽泛的第三人概念，对哪种人属于第三人、登记对哪类第三人有对抗性等问题，在实务中认定标准不统一，最高人民法院对该条的适用作出司法解释，实际上是将该条规定的第三人，限缩为善意相对人。《公司法若干问题规定（三）》第二十五条规定，名义股东将登记于其名下的股权转让、质押或者以其他方式处分，实际出资人以其对股权享有实际权利为由，请求认定处分股权行为无效的，人民法院可以参照《民法典》第三百一十一条的规定处理。《民法典》第三百一十一条是关于善意取得制度的规定，司法解释对相对人权利的保护，采用了《民法典》规定的善意取得标准，也就是说，公司法司法解释确定了公司登记，保护善意相对人合理信赖利益的原则。

《公司法若干问题的规定（三）》第二十五条的规定与《民法典》第六十五条规定的原则一致。《民法典》生效后，最高人民法院根据《物权法》第一百零六条被《民法典》第三百一十一条所吸收的情况，将原司法解释中的《物权法》条文替换为《民法典》条文，其他内容未作任何修改，公司法司法解释的该条规定可以继续适用。

九、关于公司股东（大）会、董事会决议成立的问题

《民法典》第一百三十四条规定："民事法律行为可以基于双方或者多方的意思表示一致成立，也可以基于单方的意思表示成立。法人、非法人组织依照法律或者章程规定的议事方式和表决程序作出的决议，该决议行为成立。"该条是关于民事法律行为成立的规定。一般情况下，法律行为是以民事主体意思表示一致成立的，但法人是由多人投资设立的，多人意思表示一致较困难，如果法律规定由所有投资人意思表示一致才成立法律行为，法律行为成立的机会很低，将不便于法人内部民事法律行为的成立，故《民法典》规定由法人自主安排其内部的意思表示问题，即按法律或者法人章程的规定，以投资人形成决议的方式成立法律行为。公司属于营利法人，其股东（大）会是全体投资人股东形成意思表示的机关，董事会是全体股东授权经营管理公司的执行机关，股东（大）会、董事会形成的决议，代表公司全体股东的意思表示，股东（大）会决议、董事会决议代表投资人股东法律行为成立。《公司法》对会议的召集、主持、议事、表决和决议产生的方式等都作出了具体的规定，但未明确规定决议民事法律行为成立的概念，《民法典》生效后，可以根据《民法典》的规

定，认定公司股东（大）会、董事会决议行为成立或者不成立。《公司法》第二十二条对股东（大）会、董事会决议的问题，仅规定了无效和可撤销的情形，实务中，有些情况既不属于无效，也不属于可撤销的情形，而是属于不成立的情况，为此，最高人民法院《公司法若干问题的规定（四）》规定了公司股东（大）会、董事会决议不成立的问题，该司法解释第五条规定了符合决议不成立的几种情形：未开会、未表决、出席会议的多数不符合《公司法》及章程规定、表决结果的多数不符合《公司法》及章程规定、导致决议不成立的其他情形。《公司法若干问题的规定（四）》的规定，符合《民法典》第一百三十四条第二款的规定，《民法典》生效后，该司法解释可以继续适用。

十、关于公司股东（大）会、董事会决议可撤销的问题

《民法典》第八十五条规定："营利法人的权力机构、执行机构作出决议的会议召集程序、表决方式违反法律、行政法规、法人章程，或者决议内容违反法人章程的，营利法人的出资人可以请求人民法院撤销该决议，但是，营利法人依据该决议与善意相对人形成的民事法律关系不受影响。"《公司法》第二十二条第二款和《公司法若干问题的规定（四）》第二条、第四条、第六条规定的内容与该规定一致，《民法典》生效后，最高人民法院将该《民法典》第八十五条写进《公司法若干问题的规定（四）》的第二条、第四条中，其他内容没有变化，《公司法》及司法解释规定的上述内容，可以继续适用。修改后的第二条为："依据民法典第八十五条、公司法第二十二条第二款请求撤销股东会或者股东大会、董事会决议的原告，应当在起诉时具有公司股东资格。"修改后的第四条为："股东请求撤销股东会或者股东大会、董事会决议，符合民法典第八十五条、公司法第二十二条第二款规定的，人民法院应当予以支持，但会议召集程序或者表决方式仅有轻微瑕疵，且对决议未产生实质影响的，人民法院不予支持。"

关于法律行为的可撤销事由，《民法典》对自然人和法人的具体规定不同。对自然人，一般是因自然人个体的意思表示受到干扰，如受到欺诈、胁迫、乘人之危、重大误解等，意思表示有瑕疵，法律行为虽然成立了，但意思表示的

瑕疵可以作为撤销事由。对于法人，根据《民法典》第一百三十四条关于法人决议行为成立的规定，全体出资人的法律行为是以权力机构会议决议的方式成立的，会议的召集程序、表决方式等形成决议的程序，是全体出资人意思表示形成的过程，程序事项的瑕疵也是意思表示的瑕疵，因程序瑕疵成立的决议民事行为，属于可撤销的决议。法人章程，是出资人通过权力机构决议制作和修改的法人内部执行的总的纲领性文件，如果某项决议内容违反章程，可以理解为权力机构未按修改章程的程序改变了章程内容，既然权力机构也有权决议修改章程，对违反章程内容的决议，也可归类为程序上的瑕疵。从表面文字上看，《民法典》对自然人和法人决议民事行为规定的撤销事由不同，但从法理基础上看，均是将意思表示中的瑕疵，确定为可撤销的事由。

法人决议被撤销后，因考虑法人决议与相对人建立民事法律关系的效力是否受到影响，《民法典》及《公司法若干问题的规定（四）》确定了不得对抗善意相对人的原则，如果相对人为善意时，法律关系不受影响，如果相对人有恶意促成公司股东（大）会、董事会决议的行为时，恶意行为可能会构成影响对外关系效力的重要因素。因对外建立法律关系有多样性，对法律关系效力的具体影响，应根据相关事实和法律规定作出认定。

撤销权属于形成权，须通过诉讼的方式实现，且权利行使是有期限的，期满权利消灭。以瑕疵意思表示成立的法律行为，并非违法行为，在经过一段时间未被诉撤销时，视为瑕疵得到了修复，撤销权消灭，所涉及的法律行为及法律关系是稳定的。《民法典》对自然人的撤销权期限作出了规定，但对法人决议民事法律行为的撤销权期间，未作出规定，《公司法》第二十二条规定了行使撤销权的期间。《公司法》属于特别法，在《民法典》生效后，《公司法》关于撤销权期间的规定应继续适用。

2. 《民法典担保制度解释》关于公司担保问题作出了哪些规定

2021年1月1日《民法典》施行后，最高人民法院颁布了新的《民法典担保制度解释》，该司法解释与《民法典》同步施行。该司法解释对最高人民法院以往司法解释进行了重新清理和编撰，增加了很多新的内容。其中，第七条至第十一条规定涉及公司担保问题，在《民法典》的基础上，增加特殊规定，下文逐条分析：

一、《民法典担保制度解释》第七条

第七条　公司的法定代表人违反公司法关于公司对外担保决议程序的规定，超越权限代表公司与相对人订立担保合同，人民法院应当依照民法典第六十一条和第五百零四条等规定处理：

（一）相对人善意的，担保合同对公司发生效力；相对人请求公司承担担保责任的，人民法院应予支持。

（二）相对人非善意的，担保合同对公司不发生效力；相对人请求公司承担赔偿责任的，参照适用本解释第十七条的有关规定。

法定代表人超越权限提供担保造成公司损失，公司请求法定代表人承担赔偿责任的，人民法院应予支持。

第一款所称善意，是指相对人在订立担保合同时不知道且不应当知道法定代表人超越权限。相对人有证据证明已对公司决议进行了合理审查，人民法院应当认定其构成善意，但是公司有证据证明相对人知道或者应当知道决议系伪造、变造的除外。

释义：本条是规定一般封闭型公司的法定代表人违反《公司法》规定，越权签订担保合同的后果。

（一）第一款规定内容

1. 限定了该条的适用范围，即法定代表人违反《公司法》关于公司对外担保决议程序的情形。

《公司法》关于公司担保的决议程序问题共有两个条文：一个是《公司法》第十六条，另一个是第一百二十一条。在公司对外担保符合《公司法》或者公司章程规定的情形时，法定代表人应召集股东（大）会或董事会进行决议，在会议决议担保时，法定代表人再代表公司签订担保合同。

《公司法》第十六条根据被担保人的身份，对公司担保问题作出不同规定：第一，被担保人是公司股东或者实际控制人的，公司必须依法召开股东会或者股东大会，被担保的股东或代表实际控制人利益的股东应在表决时回避。第十六条第二款规定："公司为公司股东或者实际控制人提供担保的，必须经股东会或者股东大会决议。"第三款规定："前款规定的股东或者受前款规定的实际控制人支配的股东，不得参加前款规定事项的表决。该项表决由出席会议的其他股东所持表决权的过半数通过。"对于《公司法》的明确规定，相对人有充分的注意义务。第二，对于被担保人为非股东或者实际控制人的，公司担保问题由公司章程规定。《公司法》第十六条第一款规定："公司向其他企业投资或者为他人提供担保，依照公司章程的规定，由董事会或者股东会、股东大会决议；公司章程对投资或者担保的总额及单项投资或者担保的数额有限额规定的，不得超过规定的限额。"公司章程属于股东意思自治的合同，根据本公司治理的需要，股东在制定或修改公司章程时，可以规定对外担保的决议程序，也可以对此不作规定。

2. 法定代表人越权签订的合同对公司是否产生效力的问题。

根据《民法典担保制度解释》第七条第一款规定，对法定代表人越权签订的合同，依照《民法典》第六十一条和第五百零四条的规定处理。《民法典》在第一编总则部分的第六十一条、第三编合同部分的第五百零四条中，均对法定代表人越权行为是否可以代表公司的问题作出了规定。其中，第六十一条区分相对人是否善意，明确相对人为善意时，即使法定代表人越权，其行为也代表公司，相对人为非善意时，法定代表人的越权行为不代表公司；第五百零四条区分相对人对法定代表人越权是否知情，相对人对越权不知情的，法定代表人签订合同行为代表公司，合同对公司产生效力，相对人对越权知情的，法定代表人签订的合同不代表公司，合同对公司不发生法律效力。

《民法典担保制度解释》根据《民法典》第六十一条、第五百零四条规定，针对因法定代表人违反《公司法》规定越权签订合同行为引起的纠纷，作出了在实务中更便于操作的区分认定标准。该司法解释第七条第一款区分善意和非善意两种情况，第三款对何为善意又作进一步解释，即以相对人对法定代表人越权是否知情为善意的判断标准。合同是双方法律行为，合同成立须双方自愿且意思表示一致，相对人明知法定代表人越权，不代表公司的意志，但其仍促成双方的合同行为，拟强行与公司建立民事关系，在此场合下，相对人的行为是非善意的。反之，如果相对人对法定代表人越权不知情，即可认定其是善意的，公司应依法承担法定代表人行为的后果。可见，《民法典担保制度解释》规定法定代表人越权签订担保合同对公司是否有效的核心问题，取决于相对人对越权是否知情。相对人不知情的为善意，合同对公司生效，公司承担担保合同责任；相对人知情的为非善意，合同对公司不发生法律效力。

3. 因法定代表人越权对公司不生效的担保合同，各方承担缔约过失责任。

《民法典》第一百五十七条规定："民事法律行为无效、被撤销或者确定不发生效力后……有过错的一方应当赔偿对方由此所受到的损失，各方都有过错的，应当各自承担相应的责任。"《民法典》该条将无效、撤销和不发生效力，列为同一类情形统一规定，各方在取消合同后按缔约过失承担责任。在法定代表人越权签订担保合同的场合，相对人明知越权时，担保合同对公司不发生效力，相对人与公司应按缔约过失承担责任。《民法典担保制度解释》第十七条已经对担保合同被认定无效，各方应承担责任的情况作出了规定，为避免立法内容上的重复，第七条直接规定参照本司法解释第十七条的规定处理。按照《民法典担保制度解释》第十七条规定，相对人请求公司承担责任，主合同有效时，公司和相对人均有过错的，公司承担责任不超过债务人不能承担清偿部分的一半，公司有过错而相对人无过错的，公司对债务人不能清偿的部分承担责任，公司无过错的，不承担责任。

（二）第二款对法定代表人超越权限签订担保合同应承担的个人责任作出规定

该款规定源于《公司法》。法定代表人一般是由董事或其他高管担任，对法定代表人等公司高管的责任，根据《公司法》第一百四十七条规定，公司董、监、高应遵守法律和公司章程，对公司负有勤勉义务。第一百四十九条规定，董、监、高执行公司职务时违反法律规定，给公司造成损失的，应当承担赔偿责任。《公司法》对法定代表人依法履职的责任及后果已作出了明确规定，《民法典担保制度解释》在此再次明确法定代表人的个人责任，意在提醒法定代表人在签订担保合同时应更加慎重。对《公司法》规定对外担保须召开股东（大）会的几种情况，公司外部的相对人除对公司明确登记的显名股东、上市公司披露的财务报告比较容易知情外，对隐名股东、实际控制人，或者上市公司动态的资产状况，在签订合同时是否达到上限，很难知情，而法定代表人应是知道所有情况的关键人物，对公司是否应召开股东（大）会，有明确的义务和责任，如果法定代表人冒险违反《公司法》，擅自越权签订担保合同，因该笔担保引起的债务，将有可能最终落实到其个人身上，由其个人承担赔偿责任。

《公司法》第十六条第二款、第一百二十一条规定公司对外担保必须召开股东（大）会的目的，是保护公司内部的中、小股东和广大股民（潜在小股东、散户）的利益，《公司法》第十六条第三款还规定了表决回避制度，即涉及被担保的股东或实际控制人支配的股东，不得参加表决。一般情况下，法定代表人是大股东或实际控制人指派的，履行职务时往往有利益倾向性，故《公司法》作出强制性规定，明确在遇到公司为股东或实际控制人提供担保，上市公司担保数额达到上限时，须经股东（大）会决议同意，意在限制董事会、董事及法定代表人的权力。很多情况下，公司为股东或实际控制人提供担保是为该股东或者实际控制人带来好处，但也不排除有的融资是以公司股东或实际控制人名义进行，但实际上是替公司融资，或者公司的担保行为系为公司带来利益，故对公司是否可以提供担保，须经股东（大）会决议，由与担保没有关系的股东进行表决，避免法定代表人滥用职权，损害公司其他股东或潜在股东利益。

（三）第三款是对何为善意的进一步解释和认定

善意是在《民法典》颁布前的法律、法规及司法解释中就有的概念，在长期的立法和司法实践中，对何为善意已基本形成共识。一般认为，行为人的行为符合法律规定、交易习惯、社会秩序或道德标准；行为人正当行使权利、正当交易；行为人尽到谨慎、合理的注意义务，采取适当的方式控制了交易中的风险，没有以不合理的方式导致他人不利益的行为等，都可以视为善意。担保是单务合同关系，担保人只有义务，没有权利，而相对人则仅有权利，没有义务，相对人对担保人不须支付任何对价。针对这种无须给付的合同关系，相对人在签订合同时须有善意，除关注担保人的经济实力外，还应关注担保人的行为是否损害了他人利益，相对人得到的担保权益，不能建立在损害他人利益的基础上。但相对人的这种关注应设定在合理的范围内，过分抬高谨慎的标准，超出相对人的判断能力，势必影响到担保资源，妨碍经济的发展。立法或司法中，在确定相对人的行为是否善意时，既要考虑交易的迅捷，又要考虑谨慎的必要性，拿捏把握好尺度不是件容易的事情。《民法典担保制度解释》将相对人对法定代表人越权是否知情作为认定善意的标准，且明确相对人的审查义务应在合理的范围内。公司主张相对人未尽到合理的审查义务时，应承担举证责任，证明相对人知道或应当知道法定代表人越权签订合同。公司主张其自己的决议文件有伪造、变造内容的，还要进一步证明相对人对伪造、变造知情，否则，不能证明相对人是非善意的。

二、《民法典担保制度解释》第八条

第八条 有下列情形之一的，公司以其未依照公司法关于公司对外担保的规定作出决议为由主张不承担担保责任的，人民法院不予支持：

（一）金融机构开立保函或者担保公司提供担保；

（二）公司为其全资子公司开展经营活动提供担保；

（三）担保合同系由单独或者共同持有公司三分之二以上对担保事项有表决权的股东签字同意。

上市公司对外提供担保，不适用前款第二项、第三项的规定。

释义：本条是针对《民法典担保制度解释》第七条作出的例外规定。

《民法典担保制度解释》第七条规定了法定代表人违反公司法规定越权签订担保合同的行为，对公司、法定代表人及相对人的后果，第八条则规定了法定代表人的越权行为对相对人不发生对抗效力的几种情形。

（一）金融机构开立保函或者担保公司提供担保

一般情况下，金融机构开立的保函有两种情况，一种是独立保函，一种是符合一般担保关系特征的非独立保函。对于独立保函的认定标准及法律适用问题，最高人民法院作出了专门的司法解释。根据《民法典担保制度解释》第二条第二款规定，因金融机构开立的独立保函发生的纠纷，适用《最高人民法院关于审理独立保函纠纷案件若干问题的规定》。《民法典担保制度解释》第八条与第二条使用的概念不一致，第二条明确是独立保函，而第八条未区分独立保函和非独立保函，在该条再次规定金融机构开立保函的问题时，应指金融机构开立的非独立保函，即不具有独立保函特征的一般保函。对独立保函，应按《民法典担保制度解释》第二条的规定，适用最高人民法院的专门司法解释。

金融机构开立保函，无论独立保函还是非独立保函，系以其金融实力和信誉提供担保业务，属于其经营范围，是其从事的一项专门经营活动。对金融机构的常规业务，法定代表人的行为无须专门授权，故公司不得以法定代表人违反《公司法》关于召开会议的规定为由，对抗相对人。同理，担保公司的主营业务是担保，法定代表人签订担保合同的行为是日常经营活动，无须逐单授权，公司不得以越权为由对抗相对人。

（二）封闭型公司为其全资子公司担保或占三分之二以上多数表决权的股东明知的担保

封闭型公司是指有限责任公司和未上市的股份公司。封闭型公司担保问题的处理，仅涉及对公司内部中、小股东权益的保护问题。该条规定的情形发生时，公司不得以其未召开会议为由，对抗公司外部的相对人。该条规定了两种情况：

第一，公司为全资子公司提供担保。全资子公司属于公司的财产权益，为全资子公司担保应推定符合公司利益，即符合公司全体股东的利益，故公司不得以未形成公司决议，存在损害公司中、小股东利益的因素为由，对抗公司外部的相对人。

第二，占三分之二以上多数表决权的股东对担保事项明知。实务中，公司为股东或者实际控制人提供担保，很多担保事项是符合公司利益的，公司其他股东对担保事项多数都知情，有的甚至是公司和其他股东共同为相对人提供担保，事后又反悔，以公司未决议为由对抗相对人。对于这种现象，司法解释从解决实际问题的角度出发，对签订合同时占三分之二以上多数表决权的股东均知情的情形作出规定，明确在符合《民法典担保制度解释》第八条规定的情形时，公司不得再以未决议为由对抗相对人。

上市公司是开放型公司，具有公众性，涉及的情况更复杂一些，故司法解释排除了上述两种情形对上市公司的适用。

三、《民法典担保制度解释》第九条

第九条　相对人根据上市公司公开披露的关于担保事项已经董事会或者股东大会决议通过的信息，与上市公司订立担保合同，相对人主张担保合同对上市公司发生效力，并由上市公司承担担保责任的，人民法院应予支持。

相对人未根据上市公司公开披露的关于担保事项已经董事会或者股东大会决议通过的信息，与上市公司订立担保合同，上市公司主张担保合同对其不发生效力，且不承担担保责任或者赔偿责任的，人民法院应支持。

相对人与上市公司已公开披露的控股子公司订立的担保合同，或者相对人与股票在国务院批准的其他全国性证券交易场所交易的公司订立的担保合同，适用前两款规定。

释义：本条是对开放型公司的特殊性规定。

《民法典担保制度解释》第七条是关于一般封闭型公司对外担保问题的规定，法定代表人签订的担保合同对公司是否生效，取决于相对人是否善意，本条针对开放型公司（上市公司）规定了相对人善意的标准及其非善意时的后果。

根据该条第一款和第二款的规定，相对人要证明自己善意时，应提交上市公司公开信息披露了公司董事会或者股东大会关于担保事项决议的证据，上市公司须有两个行为：第一个是决议，第二个是信息披露。公司抗辩不承担责任时，应提交其未信息披露的相关证据。

2005年《公司法》修订后，证监会、银监会即发布了《关于规范上市公司对外担保行为的通知》［证监发（2005）120号］，明确要求上市公司和银行业金融机构在办理担保业务时的操作规范。该通知一方面要求上市公司要作出董事会或股东大会决议并依法公开披露，在签订合同时提交给被担保人；另一方面又要求银行业金融机构在与上市公司签订担保合同时，审核上市公司的相关决议及信息披露情况。

上述通知第一条中的第（六）项规定："上市公司在办理贷款担保业务时，应向银行业金融机构提交《公司章程》、有关担保事项董事会决议或股东大会决议原件，刊登该担保事项信息的指定报刊等材料。"第（七）项规定，上市公司控股的子公司的对外担保，比照上述规定执行。第二条第（二）项规定，各银行业金融机构，应认真审核上市公司对外担保履行董事会或股东大会审批的情况、上市公司履行信息披露义务的情况。

证监会和银监会的通知自2005年发布至今已经实施了16年，在上市公司、银行及非银行金融机构业界的融资担保中，对行业监管要求签订担保合同的规范方式，已形成了交易习惯，《民法典担保制度解释》是对上述行业监管及交易习惯的肯定，对符合行业监管模式签订的担保合同，人民法院予以支持。

上市公司属于公众公司，对资产处置、对外担保等重大事项的处理，不仅涉及保护公司中小股东利益，还涉及保护证券市场的投资者权益，控制股市交易风险、股价异常波动及维护股市稳定等问题，法律、法规及行政手段的严格管控，始终未放松。2020年新修订的《证券法》又进一步强化了对上市公司信息披露的要求，其中，第五章信息披露有关条款专门规定，发生可能对上市公司、股票在国务院批准的其他全国性证券交易场所交易的公司股票交易价格产生较大影响的重大事件，公司应立即报送国务院证券监管机构和证券交易场所并公告。公司营业用主要资产抵押、质押及公司提供重大担保事项，被《证券法》明确列为重大事件。《民法典担保制度解释》也落实了新修订《证券法》的有关内容。

上市公司是经济实力比较强的公司，能被上市公司提供担保的相对人，也应属于具有较高层次经济地位的企业或个人，其对法律、法规、行政监管政策及市场风险等应具备较高的辨识能力，对上市公司中小股东权益及合同外的其他投资人权益、股市风险等，应有较高的注意义务。《民法典担保制度解释》根据《民法典》《证券法》《公司法》及相关行政监管法规、政策，对上市公司、上市公司公开披露的控股子公司、股票在国务院批准的其他全国性证券交易场所交易的公司担任担保人的，对相对人规定了比较高的善意认定标准。

四、《民法典担保制度解释》第十条

第十条 一人有限责任公司为其股东提供担保，公司以违反公司法关于公司对外担保决议程序的规定为由主张不承担担保责任的，人民法院不予支持。公司因承担担保责任导致无法清偿其他债务，提供担保时的股东不能证明公司财产独立于自己的财产，其他债权人请求该股东承担连带责任的，人民法院应予支持。

释义：本条是对一人有限责任公司担保的特殊规定。

一人公司的对外担保问题，不适用《民法典担保制度解释》第七条的规定。《公司法》规定，一人有限责任公司是由一个自然人或者一个法人设立的，股东只有一个人，不设立股东会，故《公司法》第十六条关于公司对外担保须召开股东会的有关规定，不适用于一人公司。因不设股东会，法定代表人的行为不存在须经股东会决议批准的问题，故如公司以此为由主张担保合同对其不发生效力，没有法律依据。一人公司的担保不涉及公司内部其他股东的利益，但有可能涉及公司外部其他债权人的利益，该条对实务中的具体问题也作出了规定，明确了以下三点：

第一，公司其他债权人可以请求被担保的股东承担连带清偿责任。被担保的股东如转让了股权等，失去公司股东身份，也不能因此摆脱其应承担的责任。

第二，被担保股东承担责任的前提是其财产与公司财产混同。该规定源于《公司法》关于一人公司财产与股东财产须有效隔离的规定。《公司法》第六十三条规定："一人有限责任公司股东不能证明公司财产独立于股东自己的财产的，应当对公司债务承担连带责任。"

第三，具备因果关系要件，公司因承担担保责任导致无法清偿其他债务。例如，公司以全部财产为股东提供融资担保，在承担担保责任后，公司财产所剩无几，使其他到期债权无法得到清偿。如果公司承担的担保责任与其他债务的清偿无关，不适用本条规定。例如，在其他债务发生时，公司的担保义务已经承担完毕，公司的财产状态是支付担保债务后的状态，担保责任承担在先，其他债务发生在后，对其他债务的清偿能力，与公司承担担保责任无关，这类债务对应的债权人，不适用本规定。

此外，对不具备上述要件的其他情况，公司其他债权人还可依照《民法典》的规定，以代位权人身份向被提供担保的股东追偿。《民法典》第五百三十五条规定："因债务人怠于行使其债权或者与该债权有关的从权利，影响债权人的到期债权实现的，债权人可以向人民法院请求以自己的名义代位行使债务人对相对人的权利，但是，该权利专属于债务人自身的除外。"因担保债务属于从债务，公司承担担保责任后可以向被担保的股东追偿，如公司未向股东追偿的，债权人可以根据《民法典》的规定行使代位权，股东应在公司承担担保责任的范围内对债权人承担清偿责任。

五、《民法典担保制度解释》第十一条

第十一条 公司的分支机构未经公司股东（大）会或者董事会决议以自己的名义对外提供担保，相对人请求公司或者其分支机构承担担保责任的，人民法院不予支持，但是相对人不知道且不应当知道分支机构对外提供担保未经公

司决议程序的除外。

金融机构的分支机构在其营业执照记载的经营范围内开立保函，或者经有权从事担保业务的上级机构授权开立保函，金融机构或者其分支机构以违反公司法关于公司对外担保决议程序的规定为由主张不承担担保责任的，人民法院不予支持。金融机构的分支机构未经金融机构授权提供保函之外的担保，金融机构或者其分支机构主张不承担担保责任的，人民法院应予支持，但是相对人不知道且不应当知道分支机构对外提供担保未经金融机构授权的除外。

担保公司的分支机构未经担保公司授权对外提供担保，担保公司或者其分支机构主张不承担担保责任的，人民法院应予支持，但是相对人不知道且不应当知道分支机构对外提供担保未经担保公司授权的除外。

公司的分支机构对外提供担保，相对人非善意，请求公司承担赔偿责任的，参照本解释第十七条的有关规定处理。

释义：本条是对公司分支机构对外担保的规定。

根据《民法典》第七十四条的规定，法人分支机构以自己的名义从事的民事活动，产生的民事责任由法人承担；也可以先以分支机构管理的财产承担，不足以承担的，由法人承担。本解释对分支机构的公司担保问题作出特殊规定。

第一款是对一般公司分支机构担保的规定。

1995年颁布的《担保法》第十条规定，企业法人分支机构、职能部门不得作为保证人，企业法人的分支机构有书面授权的，可以在授权范围内提供保证。2000年最高人民法院颁布的《担保法若干问题的解释》第十七条规定，企业法人的分支机构未经法人书面授权提供保证的，保证合同无效。因此给债权人造成损失的，应当根据《担保法》第五条第二款的规定处理。企业法人的分支机构经法人书面授权提供保证的，如果法人的书面授权范围不明，法人的分支机构应当对保证合同约定的全部债务承担保证责任。因《担保法》及司法解释已经实施了20多年，法人分支机构不能提供担保及提供担保必须由法人书面授权的观念已被普遍接受，实务中法人分支机构提供担保基本沿袭这样的做法。

《民法典担保制度解释》对法人分支机构担保的合法方式有修改，将原来的须由法人书面授权，修改为由法人股东（大）会或者董事会决议。法人书面授权与法人股东（大）会、董事会决议不是同一个文件，因旧法与新法司法解释规定不一致，需研究新旧法律衔接时的法律适用问题。根据《最高人民法院关于适用〈中华人民共和国民法典〉时间效力的若干规定》第二条规定，《民法典》施行前的法律事实引起的民事纠纷案件，当时的法律司法解释有规定，适用当时的法律、司法解释的规定，但是适用《民法典》的规定有利于民事主体合法权益，更有利于维护社会和经济秩序，更有利于弘扬社会主义核心价值观的除外。根据上述规定，除发生规定中的但书部分所涉及的情况外，对2021年1月1日以前签订的合同，仍应适用旧法，即1995年的《担保法》及2000年的《担保法若干问题的解释》规定，法人对分支机构有书面授权的，担保合同对公司发生法律效力，2021年后签订的合同，适用新的《民法典担保制度解释》的规定。

第二款是对金融机构的分支机构作出的特殊规定。

从法律意义上看，金融机构开具的保函属于保证担保。因保函属于金融机构的一项常规业务，分支机构根据经营范围规范操作出具保函的行为，直接视为金融机构法人行为，不须逐单授权，对不属于分支机构经营范围的，须有权从事担保业务的上级逐单授权，经授权的，法律后果由法人承担。

对于金融机构信用证及保函业务外的其他担保行为，因不属于其常规业务范围，以分支机构名义签订担保合同的，仍须经法人同意。结合《民法典担保制度解释》第七条、第八条的规定，一般担保不属于保函，不属于第八条规定的保函，应适用《民法典担保制度解释》第七条的规定，履行一般公司签订担保合同的相关手续，须有公司决议。

第三款是对担保公司分支机构作出的特殊规定。

对担保公司分支机构的担保，仍延续了1995年《担保法》第十条及2000年《担保法若干问题的解释》第十七条规定的内容，由公司授权。担保公司非一般公司，其主营业务是担保。对照本条第一款，担保公司分支机构的担保程序与一般公司分支机构的程序不同，不适用一般公司分支机构担保须经公司股东（大）会或董事会决议的规定。结合《民法典担保制度解释》第八条的规定，担保公司担保无须公司决议，其分支机构担保，也应无须决议，由担保公司授权即可。对照本条第三款，担保公司非金融机构，虽担保是其主营业务，但也不能比照金融机构在其经营范围内开立保函无须决议的规定，担保公司分支机构的担保，须公司授权。

前三款规定内容均有但书，相对人不知道或不应当知道公司未决议或未授权的除外。对于相对人不知道或不应知道的问题，属于对案件事实的认定，实务中，可根据发生的具体情况作出判断，以此区分相对人是否为善意。

本条第四款规定了相对人非善意时，公司应承担责任的标准。该规定与本解释第七条第一款中的第（二）项规定相同，可参考前文对《民法典担保制度解释》第七条相关内容的论证。

第二章

公司设立中的民事责任

3. 设立中公司是否为民事主体，其何时存在与消灭

根据《民法典》第二条的规定，民事主体包括自然人、法人和非法人主体。公司设立前，以设立中公司名义进行民商事活动的现象大量存在，设立中的公司是否属于《民法典》规定的民事主体，以及其何时存在与消灭呢？

《公司法》规定了公司设立的程序和方法等，没有设立中公司的概念，对设立中公司的概念及法律地位等问题，其他法律也没有相应的规定，但在现实经济生活中，设立中公司作为一个组织单位在短时期内是实际存在的，且其时常发生民事行为并建立民事法律关系，偶尔也发生涉及以设立中公司为民事主体的民事纠纷，故探讨设立中公司的民事主体地位及相应的法律后果等问题是非常必要的。

公司的设立往往不是一天完成的，尤其是以募集方式设立的股份有限公司，仅募集股份一项工作就需要安排一个持续的期间。此外，设立一家公司还有筹备、申报等其他复杂的活动占用时间。例如，在我国成立矿山企业、中外合资企业、外资企业等特殊类型的公司，还需要办理相关的审批手续，由发起人依法向相关国家行政管理机关申请办理审批手续等。在设立公司过程中，为筹建公司、准备公司成立后的营业等可能需要在社会中与第三人发生交易，例如雇佣公司职员、购买必要的办公设备、租用厂房等，这些民事活动是由设立中公司进行的，为设立中公司设定权利及义务。在设立公司的过程中，公司虽然未获得主体资格，但承担设立公司任务的人已经以拟设立公司的名义或者其他主体的名义为设立中公司安排了民事活动，设立了民事法律关系，或者参

了行政法律关系,在公司未获得法人民事主体资格之前,设立中公司有可能实际成为法律关系的一方当事人。

由于设立中公司有临时性和过渡性的特点,我国《民法典》《公司法》对其是否为民事主体及其权能等问题没有明确规定,在学术界与实务界对此有积极的探讨和关注,存在普通组织商号说、无权利能力社团说、合伙组织说、与公司同一体说、折衷说、非法人团体说及具有自身特性的非法人团体说等。我国台湾地区学者柯芳枝认为:"按公司为社团法人而享有人格,则设立中公司因尚未取得人格,论其性质,应属无权利能力社团,而以发起人为其执行事务及代表之机关"。① 国外立法和学术界对此也有不同立场,例如,德国将其归入无权利能力社团,《德国股份公司法》第41条第1款规定:在商业登记簿登记注册前以公司名义进行商业活动者,由个人承担责任;如果是几个人进行活动,他们则作为连带债务人来承担责任。② 瑞士将设立中公司归入合伙组织,《瑞士民法典》第62条规定:无法人人格或尚未取得法人人格的社团,视为合伙。日本法律将正在设立中的公司归为无权利能力的社团。③ 从学术界对设立中公司性质的探讨和上述对设立中公司地位的规定可以看出,设立中公司的民事主体地位是得到普遍肯定的,其分歧在于如何归属或者落实设立中公司发生的民事法律行为后果。

设立中公司以设立公司为目的进行活动,其活动有可能涉及民事行为,例如,筹备设立公司需要租用一定的办公场所、购买基本的办公设备等,故赋予设立中公司有限的权利能力和行为能力符合设立公司需求,甚至是设立公司必备的条件。在经济生活实践中,基于对公司成立的可预期、对发起人的信任及对商业机会的选择考量等,设立中公司的独立民事主体地位有时是被交易对方认可的,例如,直接以设立中公司名义与招募股东签订投资协议、与转让方签订合同、购买公司预期经营的项目资产等。设立中公司在实务中的独立民事权

---

① 参见柯芳枝:《公司法论》,中国政法大学出版社2004年版,第18页。
② 参见毛亚敏:《公司法比较研究》,中国法制出版社2001年版,第72页。
③ 参见〔日〕末永敏和:《现代日本公司法》,金洪玉译,人民法院出版社2000年版,第36页。

利能力和行为能力的被需求和被认可的事实是不能回避的，认可设立中公司的法律地位，确认设立中公司民事权利、义务及责任归属，有利于社会经济秩序的稳定发展。全体发起人以设立公司为共同目的，安排起草公司章程、募集资金及其他申请登记设立公司事务，通过签订发起人协议、投资协议等，以合同关系建立设立中公司的组织构架。实务中，设立中公司的状态千差万别，各有不同，有的设立中公司有确定的发起人、确定的财产、有一定的组织机构、进行了预登记，这类设立中的公司，符合《民法典》第二条规定的"非法人组织"特征的，可以归类为非法人组织，具有独立的民事主体资格。对于那些存在时间短、不完全符合非法人组织特征的设立中公司，可以根据发起人之间的关系作出判断。对于发起人或者组织成员之间存在紧密的合同关系，明确以共同设立公司为目的，符合合伙合同关系特点的，可以认定发起人之间为合伙合同关系，将设立中的公司作为合伙关系的团体看待，设立中的公司虽然没有独立的民事地位，但可以区分合伙人团体内部关系和外部关系，对外发起人共同享有民事权利、承担民事义务及责任，对内发起人关系从约定。

有些设立中的公司，符合《民事诉讼法》在民事诉讼主体中规定的"其他组织"特征。根据《民事诉讼法》第四十八条规定，除公民、法人可以成为民事诉讼主体外，其他组织也可以成为民事诉讼主体，《民事诉讼法司法解释》第五十二条将其他组织界定为合法成立、有一定的组织机构和财产，但又不具备法人资格的组织。对于设立中的公司，符合《民事诉讼法》规定的"其他组织"的特征时，可以成为民事诉讼主体，独立享有民事诉讼资格。

设立中公司存在时，以设立中公司名义进行活动或者以设立中公司名义为其设定权利义务，应当被认为是合理的，如果设立中公司尚未存在，还不具有承载法律关系主体的雏形，任何民事主体均不得向其推卸义务或者责任。我们需要界定设立中公司是何时产生并存在的，这样才能合理分配各法律关系参与主体的权利、义务与责任。

设立中公司是何时产生的。一般情况下，公司设立活动必须完成三项工作：第一，发起人签订设立公司协议并制作公司章程；第二，认股人向公司认缴股份或者缴纳出资；第三，办理申报审批、登记手续等。这几项工作一般是依次顺序进行的。首先，发起人合意形成一致的意思表示，签订设立公司协议、投资人协议等，按照协议的安排签署公司章程；其次，发起人认缴股份，向他人募集股份或者接受缴纳的出资；最后，办理审批、登记手续等。在实务中，也可能这些活动被记载是同一天完成的。一般认为，除当事人有特殊约定外，自签订设立公司协议或者投资人协议之日起即应认定为开始了设立公司的活动，设立中公司即存在了。如果发起人未签订设立公司协议，直接签署公司章程，也可以认定签署公司章程之日是设立中公司产生之日。因此，自发起人签订设立公司协议或者公司章程之日起，应当认定设立中公司产生了。特殊情况下，也可以结合其他事实或者证据，以这几项工作被记载的最早时间确定设立中公司产生的时间。

设立中公司何时消灭。公司登记成立之日，应为设立中公司终结之时。公司成立后，设立中公司的使命完成，其创设的民事主体已经产生，临时替代公司的预备载体应不复存在，设立中公司应当消灭；公司设立失败或者设立取消的，设立中公司应当消灭；公司设立活动开始以后，申报设立公司未获得相关国家管理机关批准、发起人协议解除设立公司协议或者以其他方式放弃设立公司等导致设立公司活动终止的，设立中公司应当消灭。

[结论] 发起人以设立公司为共同目的，以合同关系建立设立中公司的组织构架，设立中公司具有临时性和过渡性的特点，在经济交往中其独立民事主体地位时常是被交易对方认可的，设立中公司符合《民法典》和《民事诉讼法》对民事主体和民事诉讼主体确认标准的，在民事交往中可以作为独立的民事主体，在民事诉讼中可以具有独立的民事诉讼主体地位。

【案例评析】

设立中的公司是否应当承担民事责任

焦点问题：

1. 设立中的公司是否应当承担民事责任？

2. 钢贸公司股东乙、A、B是否构成抽逃出资，并对钢贸工商债务承担补充责任？

第二章 公司设立中的民事责任

原告：甲

被告：乙、A、B、钢贸公司

诉讼请求：乙向甲支付货款，钢贸公司其他发起人股东A和B对支付剩余货款承担连带责任。

图示：

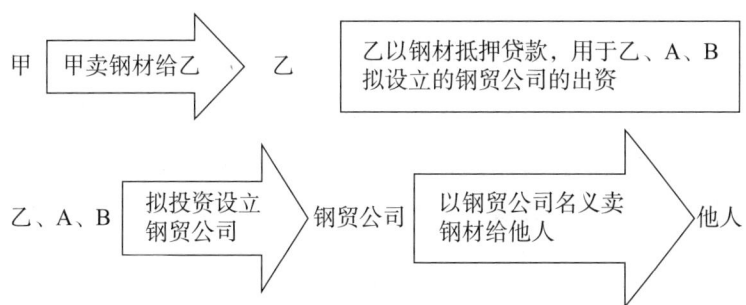

2014年10月，乙以自己的名义向甲购买一批钢材存放于某公司仓库，约定卖出钢材后乙再向甲支付货款。由于市场行情发生变动，钢材市场价格全面下跌，乙未卖出全部钢材，尚欠甲部分货款。同年10月，乙与A、B以公司发起人名义签署了设立钢贸公司协议、公司章程，并约定了发起人各自认缴的股份。乙与A、B分别向某工商银行贷款1000万元、500万元、500万元，共计2000万元，该笔款项由某工商银行直接划入拟设立的钢贸公司在该行开立的验资账户，用于乙与A、B对钢贸公司出资。钢贸公司在工商行政管理机关登记的验资报告载明，分别收到乙、A、B出资款1000万元、500万元、500万元。存放于某公司仓库的涉案钢材中，一部分以钢贸公司的名义签订货物买卖合同卖出，剩余部分为乙与A、B上述向某工商银行的贷款提供了财产抵押担保。因贷款期限届满时乙与A、B未予归还，案涉钢材被拍卖后所得款项用于归还了某工商银行借款。在甲与乙签订涉案合同时，乙与A、B即开始了申报登记设立钢贸公司的活动，至发生本案纠纷时，钢贸公司已正式登记成立。

甲在向乙催要货款时发现了乙与A、B筹划设立钢贸公司的有关情况，甲认为其与乙签订合同时设立中的钢贸公司是存在的，并且案涉钢材是以钢贸公司的名义转让的，钢贸公司在设立后使用了该批钢材。针对这样的案件事实，甲向三方当事人提起诉讼：一个是合同当事人乙，另一个是设立中的钢贸公司，还有一个是钢贸公司的其他发起人A和B。甲认为乙购买案涉钢材交给了设立中的钢贸公司使用，主张成立后的钢贸公司和乙共同支付剩余货款。因设立钢贸公司的股东乙与A、B是用钢贸公司的财产抵押贷款，在乙与A、B未偿还银行贷款的情况下，涉案钢材被拍卖后用于偿还了某工商银行的贷款，钢贸公司的股东存在抽逃出资的情况，对钢贸公司不能支付的货款，抽逃出资的股东乙与A、B应承担本案还款责任。钢贸公司抗辩主张，乙购买货物时钢贸公司尚未成立，涉案货物与钢贸公司无关，根据合同相对性原理，钢贸公司不应承担责任。乙与A、B抗辩主张，其是以现金出资，已经实际向钢贸公司汇款且经过验资，不存在虚假出资或抽逃出资的问题，其应对钢贸公司债务承担有限责任，对钢贸公司的债务不应承担还款责任。

本案焦点问题有两个：

第一，设立中的公司是否应当承担民事责任？

该案例中，甲与乙签订协议时，发起人乙与A、B已经开始了设立公司活动，包括签订设立公司协议、制定公司章程、约定认缴股份等，设立公司行为均发生在买卖合同的签订和履行期间，此时设立中的公司是存在的。甲方提供的相关证据证明设立中的公司使用了涉案钢材，有两个情节：一个是以钢贸公司的名义转让了涉案钢材；另一个是该钢贸公司的注册资本金系发起人贷款资金注入的，而涉案钢材为该笔贷款资金提供了财产担保。上述事实表明，乙签订合同后获得了钢材的所有权，但实际上利用涉案钢材的人除乙之外还有其他人，即设立中的钢贸公司及其发起人股东A和B。

乙是名义上的合同当事人，但实际上，设立中的公司像影子一样存在着，甚至处于支配地位，实际享有合同利益，是真正的合同受益人。鉴于设立中公司的特殊情况，公司法律上对此有特殊安排，在公司成立后具有民事主体资格时，追认设立中公司的行为为成立后的公司行为，使实际享有合同利益的民事主体承担合同责任。《公司法若干问题的规定（三）》（2011年）第二条规定："发起人为设立公司以自己名义对外签订合同，合同相对人请求该发起人承担合同责任的，人民法院应予支持。公司成立后对前款规定的合同予以确认，或者已经实际享有合同权利或者履行合同义务,合同相对人请求公司承担合同责任的,人民法院应予支持。"本案中存在以设立中的钢贸公司名义转让涉案钢材的事实,设立中的钢贸公司实际享有了合同利益,钢贸公司正式成立后应承继设立中公司的民事行为,对此行为的后果应承担民事责任。故甲请求钢贸公司支付剩余货款符合《公司法若干问题的规定(三)》第二条规定的情形,钢贸公司可以承担支付货款义务。

甲向签订合同的当事人乙主张权利的,是否可以同时再向实际享有合同利益的当事人钢贸公司主张权利?根据《民法典》第七十五条第二款的规定,答案是否定的。《民法典》第七十五条第二款规定:"设立人为设立法人以自己的名义从事民事活动产生的民事责任,第三人有权选择请求法人或者设立人承担。"合同当事人只有一个,除当事人之间在合同中有特殊约定外,相对人可以选择公司或者合同签订人主张权利。

合同的当事人名义上是乙,但实际上乙是为拟设立的钢贸公司设定法律关系,乙与拟设立的钢贸公司之间存在的一定法律关系,为拟设立公司处理事务,可以视为其间存在委托代理关系。当公司未成立前,这种委托人的承载主体可以视为全体发起人,当公司成立后,公司应当承继委托人的地位。根据受托人以自己名义处理委托人事务的性质,这种以自己名义处理公司事务的行为可以视为代理,当委托人公司成立后可以直接介入合同,此时相对人有选择委托人或者受托人为合同当事人的权利。该法律原理体现在《民法典》第九百二十六条第二款规定的第三人的选择权制度中。该条款规定:"受托人因委托人的原因对第三人不履行义务,受托人应当向第三人披露委托人,第三人因此可以选择受托人或者委托人作为相对人主张其权利,但是第三人不得变更选定的相对人。"本案中,甲起诉时同时主张乙和钢贸公司承担合同责任,似有不妥。甲应选定其中一个民事主体主张权利,甲系基于合同法律关系起诉的,合同相对人只能选择一个,即签订合同的名义当事人乙或者实际享有合同利益的成立后的钢贸公司。

第二,钢贸公司股东乙、A、B是否构成抽逃出资,并对钢贸工商债务承担补充责任?

乙与A、B实际上是以涉案钢材为抵押财产融资获得贷款，三个发起人股东并没有自有资金投入钢贸公司，乙以买卖合同的方式获得货物，以该笔钢材抵押获得银行贷款后，再将贷款资金注入钢贸公司作为三个股东的出资。贷款到期后因三股东未偿还贷款，该笔钢材已经被拍卖用于还款。乙买入的钢材投放到钢贸公司，钢贸公司作为钢材买卖合同的当事人被诉并承担了还款责任，乙、A、B以案涉买卖合同的钢材抵押获得的融资后，作为出资投入钢贸公司，经过几轮财产方式的转换后，三股东并未实际出资，而是以钢贸公司的财产抵押获得的贷款出资，该贷款最终由钢贸公司替其偿还，从公司法的角度看，三股东的该安排，实际上构成了变相抽逃出资，对抽逃出资的部分，公司债权人可以请求股东承担补充赔偿责任。从担保法律关系上看，钢贸公司为三股东承担担保责任后，有权向三股东追偿，在钢贸公司未追偿到期债权的情况下，甲可以债权人的身份行使代位权，代替钢贸公司向乙、A、B催缴出资，故甲可以请求乙、A、B对甲的债务承担补充赔偿责任。

4. 如何确定发起人的范围

一般情况下，发起人是指签订设立公司协议、履行设立公司职责并向公司认缴出资的人。《公司法》中有发起人的概念，出现在股份有限公司的设立一章中，在有关有限责任公司的设立中，没有发起人的概念，最高人民法院出台的司法解释将发起人的概念扩大到有限责任公司的原始股东。最高人民法院颁布的《公司法若干问题的规定（三）》第一条规定："为设立公司而签署公司章程、向公司认购出资或者股份并履行公司设立职责的人，应当认定为公司的发起人，包括有限责任公司设立时的股东。"按照上述规定，发起人有如下几个特征：

第一，发起人是签署设立公司协议或者发起人协议及公司章程等文件的人。在设立公司协议或者发起人协议等文件中明确各发起人负责筹备设立公司的具体任务，各发起人认缴出资及在公司成立后成为按比例持股的股东等基本内容。在发起人签署的文件中，《公司法若干问题的规定（三）》仅规定了公司章程，没有列明发起人协议、投资协议等文件，这些文件是公司设立活动中可能存在的文件，实务中有两种常见的情况需要结合发起人协议、投资协议等确定发起人：一种是公司设立活动已经开始，但尚未制作公司章程。由于设立公司活动可能持续很长时间，制作和签署公司章程仅是公司设立活动中的一个内容，且公司章程往往是在申请公司登记时制作并提交到登记机关的，在提交申请前有可能已经根据发起人协议、投资协议等法律文件开始了公司设立的其他活动，包括设立了一些民事法律关系，需要有民事主体或者发起人对此承担责任。对于尚未制作公司章程，仅有发起人协议、投资协议等文件的，如果能够确认公司设立活动已经开始，发生法律关系时，发起人同样要承担该法律关系的后果。另一种是隐名股东带来的问题。发起人设立公司时以自己的名义签署发起人协议、投资协议等文件，公司成立后委托他人显名，提交公司登记机关公示的公司章程由显名股东签署，出现发起人协议、投资协议与公司章程签署人不一致的情况。对于仅签署发起人协议、投资协议而未签署公司章程的人，如果能结合向公司缴纳出资、隐名股东和显名股东之间的协议等情形，可以认定其为公司的发起人或者实际股东，发起人责任由签署发起人协议、投资人协议的人承担，而不是由签署公司章程的显名股东承担。对于实际发起人与隐名股东的问题，实务中注意区分发起人签署发起人协议后中途退出设立公司的情形。从表面上看，中途退出的发起人与其他发起人签署过发起人协议、投资协议等文件，但中途退出的发起人未签署公司章程，这一点与委托他人持股的发起人可能相似，但中途退出的发起人可能未继续认缴出资，或者与其他发起人有解除设立公司协议、退股协议等，而隐名股东可能存在委托持股协议等。

第二，发起人是履行筹备设立公司职责的人，其完成计划、安排并实施设立公司活动等。设立公司活动一般包括签订发起人协议，安排募集股份、认缴出资、评估非货币出资及验资，召集创立大会，起草制作招股说明书、公司章程，选举董事会董事和监事会监事，向主管机关报送审批及登记申请材料等。在公司设立失败时，发起人的职责是负责对设立中公司事务进行清算。

第三，发起人是准备认缴出资并在公司成立后成为公司股东的人。发起人向拟成立公司认缴出资，其利益与设立中公司最为密切，与设立中公司及拟成立公司的利益是捆绑在一起的。在公司设立中参与公司设立活动的人，除发起人外还有其他人，例如，雇佣帮助工作的劳务人员，聘用熟悉公司设立业务的专门人员，公司设立阶段选举的董事、监事、经理及财务人员等。他们中有些人参加公司设立活动的原因系基于劳动合同关系、委托代理合同关系或者其他关系等，他们与设立中公司及拟成立的公司没有直接的利益关系，并非发起人，而是与发起人建立各种类法律关系的人。股份有限公司发起设立比较复杂，往往在公司设立阶段就成立董事会、监事会，选任董事、监事。从法理上看，董事会及董事是受股东委托具体执行公司经营管理事务的机关，监事会及监事是受股东委托监督董事会是否正当行使经营管理权的机关。在公司设立阶段，董事会及董事、监事会及监事的使命是接受发起人团体委托办理公司设立事务，筹备设立公司。董事会和监事会并非发起人，有些董事或者监事个人符合发起人特征，是将要成为公司股东的人，属于发起人，有些董事或者监事不符合发起人特征，不属于发起人。

设立中公司是由发起人运营的，发起人团体是设立中公司的载体，发起人对设立中公司的民事行为共同负责。发起人存在于设立中公司，公司成立后发起人任务完成，其法律地位随之取消，发起人身份转换为公司股东，即公司原始股东或者发起人股东。

[结论]《公司法》及司法解释确定的发起人范围，是参加设立公司并将成为公司原始股东或者发起人股东的民事主体。

【案例评析】

公司设立中聘用的人员是否应当承担公司债务责任

原告：李某

被告：甲、乙、丙

第二章 公司设立中的民事责任

诉讼请求：李某请求发起人甲、乙、丙承担设立中公司的欠款责任。

图示：

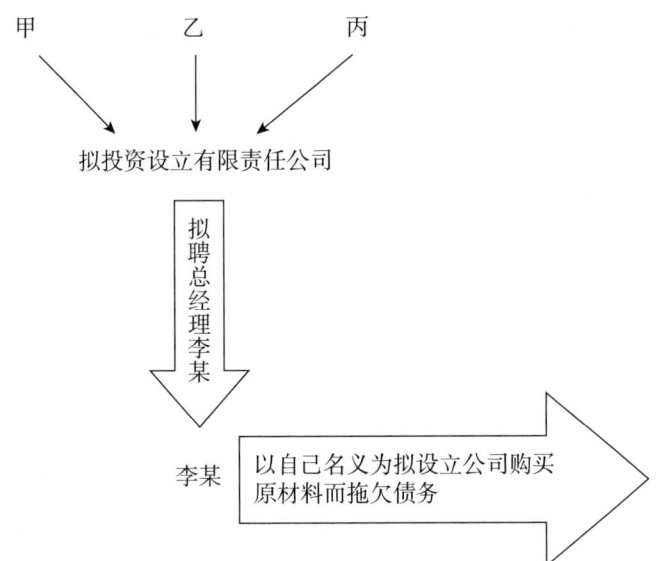

甲、乙、丙三人签订《投资协议》，约定共同投资设立一家有限责任公司，主要经营对外加工业务。因甲有对外关系，在公司未获得法人资格前，甲联系了对外委托加工业务并安排生产。由于甲、乙、丙不懂企业经营管理业务，遂聘任李某为拟设立公司的总经理，负责组织安排企业生产经营的具体事项。因受国际经济形势的影响，对外加工业务缩减，甲、乙、丙认为拟设立的公司盈利困难，决定放弃设立公司。在清理拟设立公司业务中发现对外拖欠很多债务，有些欠条是李某以自己的名义签字的，甲、乙、丙拒绝承担该笔债务，双方为此发生争议。

李某以甲、乙、丙三人为被告向人民法院提起诉讼认为，李某是受甲、乙、丙三人委托经营管理企业的，所欠债务系为拟成立公司购买原材料拖欠的，因公司未成立，没有公章，所以自己以拟成立公司总经理的身份签了名，拟成立公司是甲、乙、丙的，该债务应当由甲、乙、丙共同承担。

甲、乙、丙抗辩称，拟设立公司的生产经营是由李某组织的，由于其管理能力的欠缺，未尽勤勉义务，导致经营亏损，形成很多债务，李某对此应分担责任，对其他债务不再追究李某的责任，对以李某个人名义形成的债务，李某应自行承担。

本案在审理中确认李某签字的欠条形成的债务，是为拟成立的企业生产购买原材料拖欠的货款。

本案中，原告李某主张的债务是为拟设立的公司生产经营形成的，属于拟设立公司的债务，在公司设立失败时，公司对外拖欠的债务，依法应当由发起人团体承担。甲、乙、丙三人签订《投资协议》，约定成立有限责任公司并开始实施了拟设立公司的经营活动，甲、乙、丙为拟设立公司的发起人，依法应承担拟设立公司对外拖欠的债务。李某为甲、乙、丙三人委聘的拟设立公司总经理，其未与甲、乙、丙签署《投资协议》，没有计划成为拟设立公司的股东，不属于拟设立公司的发起人，对拟设立公司对外形成的债务，依法不应承担责任。发起人对外承担拟设立公司的债务责任后，如果存在发起人与参与拟设立公司的其他人员对承担责任有特殊约定的，可以根据特殊约定分担责任。本案中，甲、乙、丙与李某之间是委托聘用关系，甲、乙、丙聘任李某为公司总经理，委托经营管理公司，甲、乙、丙未能提供关于李某应分担公司设立期间经营亏损等责任的特殊约定，未能举证证明李某在管理企业过程中有重大失误，故其要求李某分担责任的抗辩主张难以成立，依法很难得到支持。

5. 公司设立阶段发起人之间存在什么样的民事法律关系

公司设立阶段发起人之间实际存在相对稳定的法律关系，该关系约束其间彼此分工协同完成设立公司的任务。一般情况下，公司设立阶段发起人之间通过签订设立公司的发起人协议或者投资协议，约定拟设立公司经营项目、发展目标及公司前景、公司拟募集的资本金等，最重要的是约定发起人或者投资人的投资比例、投资具体数额、投资方式及投资时间，公司成立后各投资人的表决权、分红权等。发起人活动目的是设立公司，拟设立公司的组织机构和财产的形成等依赖发起人合意的意思表示及必要的设立行动，需要发起人依照发起人协议安排完成必要的民事法律行为，特别是认缴出资事项。这些事项涉及发起人的民事权益，需要严谨的法律关系予以保护。发起人之间在设立公司过程中受其间存在的民事法律关系约束，该法律关系促使其为共同的目的和利益一致行动，完成公司设立所必需的签署公司章程、公司登记及股东出资或者签署认缴出资协议及实际缴纳出资等行为。发起人之间的法律关系对其完成公司设立行为具有约束力。公司法律或者其他法律对公司设立阶段发起人之间法律关系的规定相对较少，而实务中迫切需要解决该问题。对发起人之间法律关系性质的研究和探讨，除解决发起人之间民事权利义务关系外，对确定发起人与拟设立公司的关系、发起人与公司以外的他人之间的关系等，也有重要的现实意义，对处理公司设立阶段发生的各类民商事纠纷有实际的参考价值。

从参与民事法律行为主体的数量观察，民事法律行为分为单方法律行为和多方法律行为，而多方法律行为又可以划分为契约行为和合同行为。① 有学者将多方法律行为划分为双方法律行为和多方法律行为（多方法律行为准确称为"共同行为"）。② 《民法典》将法律行为划分为双方、多方和单方法律行为，《民法典》第一百三十四条第一款规定："民事法律行为可以基于双方或者多方的意思表示一致成立，也可以基于单方的意思表示成立。"

一般情况下，根据法律关系的内容，可将法律关系划分为契约关系与共同行为合同关系。契约以当事人互相意思表示一致而成立，互相意思表示一致有两个意思表示，前者为要约，后者为承诺。共同行为合同关系是由同一内容的多数意思表示合致而构成，即由两个以上多方共同意思的一致而成立的民事法律行为，如社团的设立行为。契约行为和共同行为合同均为多方法律行为，存在多个民事主体为意思表示、设立权利义务关系等共同特点。二者也有区别：

---

① 王泽鉴：《民法总则》，中国政法大学出版社2001年版，第260~261页。
② 参见邱聪智：《民法总则（上）》，我国台湾地区三民书局2005年版，第463页。

首先，意思表示成立不同。契约通过要约和承诺形成，要约方发出交易的意思表示，请求对方接受其给付利益的同时承担义务，承诺方同意其关于交易的要约内容，经过一次或者多次相互的要约和承诺，在承诺方完全同意要约内容的情形下，即双方当事人一致同意要约与承诺内容时共同意思表示成立，契约成立。共同行为合同一般采取多数决的方式形成，通常情况下，加入合同成为社员时参与的民事主体是完全自愿的，但在民事主体成为社员后，合同的意思表示并非以全体社员当事人的共同意志决定，而是采取多数决的方式形成意思表示，少数社员不同意合同内容时也不影响合同意思表示成立，合同内容不代表少数社员意愿的情形时有发生。基于此特点，德国学者主张人合组织、合伙、法人的组织机构，通过语言形式表达出来的意思形成的结果，应将决议从合同中分离出来。[①] 我国《民法典》第一百三十四条第二款规定："法人、非法人组织依照法律或者章程规定的议事方式和表决程序作出决议的，该决议行为成立。"其次，意思表示的目的不同。契约中的要约和承诺体现的是交易内容，契约当事人在意思表示中各有不同的追求目标，将实现的结果是完全不同的。共同行为合同的意思表示内容是一致的或者是共同的，为完成同一目的，当事人之间保持紧密联合或者合作关系，其追求的目标实现时全体社员分享成果，共同享有权利并承担义务。最后，约定的权利义务方向不同。契约约定当事人之间的权利义务通常是对立的，相互咬合，相反又相承，如买卖、租赁等相互交易的契约。一方当事人不履行义务，直接影响对方当事人权利的实现。共同行为合同约定的权利义务不是针对合同当事人的，而是一致向社团的，如合伙合同、合作协议、联营合同等。参与合同的当事人彼此之间没有对等的权利义务关系，其间存在紧密的合作关系，一方当事人不履行合作关系约定的内容，对其他当事人的权利义务会间接发生影响。

《公司法》虽然未规定发起人协议的问题，但《公司法》中对发起人股东出资责任的规定，体现了股东之间关系的性质为共同行为合同关系。《公司法》第二十八条规定："股东应当按期足额缴纳公司章程中规定的各自所认缴的出

[①] ［德］卡尔·拉伦茨：《德国民法通论（下）》，王晓晔译，法律出版社2003年版，第433页。

资额。股东以货币出资的,应当将货币出资足额存入有限责任公司在银行开设的账户;以非货币财产出资的,应当依法办理其财产权的转移手续。股东不按照前款规定缴纳出资的,除应当向公司足额缴纳外,还应当向已按期足额缴纳出资的股东承担违约责任。"该规定不符合契约合同原理,但符合共同行为合同原理。公司设立时股东需要向公司履行缴纳出资义务,按契约合同原理,公司对股东有请求权,股东不履行义务时应向公司承担违约责任,但《公司法》该条规定的违约责任给付对象并非公司,而是全面履行合同义务的其他原始股东,合同义务和违约责任存在错位,没有衔接关系。《公司法》的该条规定以契约合同法律原理解释不通,但以共同行为合同法律原理解释就比较合理了。该条规定符合共同行为合同原理,系对共同合同当事人原始股东之间合同法律关系的具体规定。该条规定的权利和义务是针对所有原始股东的,适用条件和内容完全相同,所有原始股东均有同等的权利和义务。在公司设立时原始股东存在共同的权利义务关系,因此,当遇到相同法律事实情形出现时,各原始股东的权利义务是相同的。如果原始股东不履行出资义务有可能导致公司设立失败,其期待的共同合同目的无法实现,如果公司成立后原始股东未按期足额缴纳出资,其结果为设立公司的注册资本存在瑕疵,公司资产实力未能达到预期目标,原始股东在公司的利益间接受到损失。可见,原始股东的未全面履行出资义务行为,足以影响其间的紧密合作关系,故《公司法》规定不全面履行合同义务的股东应向全面履行合同义务的股东作出赔偿。

《公司法》第九十三条第一款规定:"股份有限公司成立后,发起人未按照公司章程的规定缴足出资的,应当补缴;其他发起人承担连带责任。"该条规定也是关于共同行为合同当事人法律关系的规定。因股份有限公司与完全封闭的有限责任公司不同,其具有开放的可能性,故发起人负担的责任要多于有限责任公司,除发起人之间关系外,还要承担对后续加入公司股东的保证责任,保证公司设立时披露的信息均是真实的,故规定发起人对个别发起人未缴足的资金承担连带的填补义务,该义务是基于发起人之间存在共同合同关系,基于其间作为一个团体一致对外,因对拟定开放式地接收更多加入公司的民事主体的共同责任而负担的义务,是基于对外的共同担保责任而规定其间的相互牵制的合同责任,并非发起人之间存在对立的权利和义务关系,该规定也体现了共同合同关系的一致合同目的和同一的合同权利与义务。

我国《民法典》第三编系对合同关系的规定,其中第二十七章专门规定了合伙合同,《民法典》第九百六十七条规定:"合伙合同是两个以上合伙人为了共同的事业目的,订立的共享利益、共担风险的协议。"一般认为,公司设立阶段的发起人之间的关系,类似于合伙合同关系,对其间协议符合合伙合同的特征,可以据此调整发起人之间的法律关系。

[结论] 公司设立阶段发起人之间存在以共同民事行为完成的合同关系,其权利义务是共同针对设立公司的,该合同关系对各方当事人均有同等的约束力。

【案例评析】

公司是否应当履行原始股东签订的《入股协议》,接收股东投资

原告:联营客运队

被告:到家客运公司、东方公司

诉讼请求:联营客运队请求到家客运公司和东方公司按照《入股协议》接收其约定出资的财产。

图示:

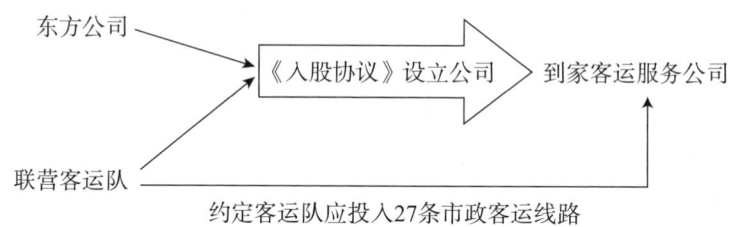

约定客运队应投入27条市政客运线路

某市联营客运队于2000年与某市运输管理部门签订合同,承包该市27条市政运输线路的客运,联营客运队应当按某市运输管理部门安排的时间,保障每天不低于两次往返客运,没有运输管理部门的特别通知,联营客运队不得擅自停止客运。2001年12月,联营客运队与东方公司签订《入股协议》,约定设立到家客运服务公司,经营联营客运队拥有的27条市政运输线路的客运,联营客运队以上述经营线路每班次均价35万元作价入股。联营客运队为持股

30%股东,东方公司为持股70%的股东。联营客运队负责向某市交通运输管理部门申请办理调整运营单位的相关手续。到家客运服务公司章程规定,联营客运队以27条运输线路的经营权出资,估价300万元,联营客运队持股30%,东方公司持股70%等。《入股协议》签订后,到家客运服务公司登记设立,联营客运队于2002年5月29日经省、市交通运输管理部门批准,办理了27条线路的《公路客运经营调整通知单》,开始将其经营线路陆续更名过户给新设立的到家客运服务公司。到家客运服务公司在接收了8条线路后,对剩余的线路不予接收。主要原因是剩余线路客流量比较少,连续多年亏损。

联营客运队以到家客运服务公司和东方公司为被告提起诉讼,请求其履行《入股协议》的约定,办理剩余线路的过户手续。

到家客运服务公司在诉讼中答辩称:用27条线路入股是联营客运队与东方公司在到家客运公司成立以前商定的,到家客运服务公司未签订《入股协议》,27条线路是联营客运队向到家客运公司的出资,出资资产应当有财产价值,现在联营客运队要移交给到家客运公司的其他客运段是亏损路线,没有财产价值,如果接收这些线路,还要增加运营投入,每发一次车都赔钱,接收其余线路会损害公司整体利益,因此,不同意接收联营客运队的亏损线路,但同意联营客运队按原来的约定持有公司30%的股权。

东方公司答辩称:到家客运公司设立前,虽然与联营客运队签订合同并同意其以全部线路入股,但公司成立后公司有独立的法人资格,接收线路问题应当由公司决定,与东方公司无关。到家客运公司从公司整体利益出发不接收其余线路,符合公司整体利益,且联营客运队也是公司股东,公司盈利对其也有好处。

该案中联营客运队的27条线路是市政交通运输项目,无论是否盈利,每条线路都不能停运,27条线路有的盈利有的亏损,按《入股协议》的约定,联营客运队将27条线路捆绑在一起出资,各方当事人对上述情况应当是明知的。现东方公司以其不是出资财产的接收方为由主张其没有违约,而到家客运公司以不是《入股协议》合同当事人为由主张从公司利益出发接收有价值的财产出资,两方当事人似乎都可以回避问题,使联营客运队的投资计划落空。

联营客运公司依据《入股协议》提起诉讼，请求其与东方公司设立的到家客运服务公司接收其出资。《入股协议》的合同当事人是东方公司，依合同约定，东方公司没有接收27条线路资产的义务，合同约定到家客运公司应当接收27条线路，但到家客运公司不是合同当事人。东方公司和到家客运公司是否可以撇清联营客运队主张的接收27条线路责任，本案当事人主张的法律关系义务主体是谁，这是需要解决的问题。

《入股协议》是联营客运队与东方公司在设立到家客运公司前签订的，该协议约定的内容不违反法律规定，应为有效协议，对联营客运队和东方公司均有约束力，联营客运队有权要求东方公司执行该协议约定。由于《入股协议》是共同行为合同，并非契约合同，当事人之间虽然没有对待的给付义务，但不影响一方当事人请求另一方当事人履行合同约定内容。受《入股协议》约束，东方公司在参与到家客运公司经营管理过程中不能作出违反合同约定的决定，否则，其违反《入股协议》约定，应承担相应的法律后果。到家客运公司只有两个股东，即联营客运队和东方公司，且东方公司为控股股东，根据到家客运公司不接收联营客运队的亏损线路的情形，在没有相反证据的情况下，可以推定东方公司存在违反《入股协议》约定的行为，利用对到家客运公司的控制地位，阻止其接收亏损线路。根据联营客运队与东方公司签订《入股协议》的合同性质和联营客运队在本案中请求交付出资财产的事项，东方公司系该法律关系的义务主体，有义务保证《入股协议》约定内容的履行。到家客运公司虽然不是《入股协议》的签订主体，但该《入股协议》约定了设立公司应当接收的出资财产是27条线路捆绑在一起的整体，到家客运公司应当按照《入股协议》的约定整体接收财产，其有选择性地接收财产的行为，不符合《入股协议》的约定。27条线路整体经营时有亏有盈，整体上能够保持盈利，如果到家客运公司拿走盈利的，将亏损的留给联营客运队，其后果很明显是联营客运队的利益受到损失，这对联营客运队是不公平的。《入股协议》是联营客运队与东方公司之间为设立公司而共同签订的合同，该合同中当事人权利义务的对象是新设立的到家客运公司，联营客运队向到家客运公司交付出资，到家客运公司应当按照《入股协议》的约定接收股东出资，为股东办理股权登记及保证股东享有股东权利等。

综上，联营客运队与东方公司在公司设立时签订《入股协议》，明确约定了出资财产的具体内容，到家客运公司是基于《入股协议》接收股东出资的，在该协议约定依法有效的前提下，东方公司和到家客运公司应当履行该约定，到家客运公司应当接收联营客运队的剩余线路。

6. 在公司设立中，发起人是否可以转让投资权益

有些公司的设立过程相对复杂，持续时间长，在公司设立过程中，参与公司设立的发起人或者原始股东有退出设立公司的需求，对已经投资的部分或者在公司设立过程其可能享有的财产权益，其在退出公司设立时希望以合理的对价将其参与设立公司形成的财产权益让渡给其他发起人、原始股东或者转让给没有参加设立公司的他人，而其他发起人、原始股东及没有参加设立公司的他人，基于公司设立过程中形成的财产权益及将来公司成立后的成长利益等，也有购买原始投资或者席位的意愿，在公司设立过程中对产生的财产权益及认购资格等进行交易的现象时有发生。在公司设立中形成的投资权益，主要是围绕拟成立公司的股权形成的权益及在设立公司过程中形成的其他财产权益。例如，以拟成立公司股东身份缴纳的出资形成的财产权利；尚未缴纳出资的，因签订认缴股份协议产生的拟成立公司的股东地位或者资格，可期待的公司成立后的股权增值；设立中公司获得的其他财产权益，发起人可以享有一定的份额等。这些权益有现实的或者可期待的财产利益，在不违反法律、法规规定及其他发起人利益的情况下，发起人投资权益是可以转让的。此阶段的财产权益或者预期利益及相关交易是现实经济生活中客观存在的，由此引发的纠纷为数不少。

关于转让公司设立阶段的投资权益涉及的不仅仅是财产权益，还涉及设立

公司的席位让渡问题等,如果发生纠纷除涉及财产问题外,还涉及共有人之间的共有财产和身份牵连关系等,其复杂程度,不逊于公司成立后的股权转让。

由于公司并未设立,转让权益时应当如何适用法律,涉及哪些民事主体的利益等,容易认识不清,这里仅梳理实务中比较多发的几个疑难问题,并对此作简单探讨。

第一,公司设立阶段转让投资权益涉及适用的法律。在设立公司过程中,发起人之间的关系类似于合伙法律关系。参与公司设立的发起人或者原始股东之间无论是否签订书面协议,其间实际上是存在合同关系的,各发起人或者原始股东受合同约束,共同承担合同权利和义务。在这种合同关系中,其间的权利义务方向是一致的,共同完成一个合同目的,即设立公司。对拟设立的公司,当事人对投资份额有不同的约定,对设立公司中的任务,当事人有不同的安排,当然,他们共同的目标是完成设立公司。投资人之间很少约定有相互对待的给付权利义务关系,发起人之间是团体法律关系,并非《民法典》合同编调整的契约法律关系,适用《民法典》合同编时应当慎重,对纠纷的处理,更多应当考虑适用或者参照适用涉及调整合伙合同关系的法律、法规等。

转让投资权益兑现的是财产价值,但其交易行为不仅涉及财产利益,还涉及身份关系的变动,应当考虑依法保护基于身份关系形成的相互依存的利益。

投资权益是设立公司过程中产生的,投资权益的转让产生席位让渡的问题,涉及保护现有共同发起人权益,同时也涉及保护拟加入并参与设立公司的投资人权益的问题,即转让投资权益时既要保护现有其他发起人、原始股东利益,也要保护将要加入并参与设立公司的发起人或者原始股东的利益。

对设立有限责任公司的,由于有限责任公司具有人合性,投资人身份关系比较紧密,故在转让投资权益时也应履行《公司法》第七十一条规定的股权转让的程序性规定,不能简单地仅追求转让价值最大化而不顾及其他原始股东的合法利益。在确保转让的前提下,保障价格的合理,保障其他原始股东的优先购买权。对原始股东之间有特殊约定的,应当根据诚信原则,遵守约定,保障各方权益。

对设立股份有限公司的,《公司法》对发起人有转让股权时间的限制,即一年内发起人不得转让股份。该规定的立法目的是捆绑发起人和公司利益，延续发起人对设立公司的责任，以维护其他投资人的投资安全，防止发起人以设立公司为手段非法募集资金，欺诈其他投资人。公司设立阶段这种非法募集资金及欺诈的可能性是存在的，故关于《公司法》对捆绑的理念，在公司设立阶段也可以参考贯彻。由于《公司法》是向后规定的，即对公司成立后股权转让的规定，对公司设立前仅有公司设立失败时和公司设立中因发起人过失致公司利益受损的发起人的责任规定（《公司法》第九十四条），对设立中投资权益及席位等的转让没有规定。股份有限公司发起人转让股权着重考虑的是发起人利益与公司利益捆绑的问题，有限责任公司考虑的是股东之间的人合性问题，二者侧重点不同。故在股份有限公司设立阶段转让投资要排除欺诈的可能性，排除非法募集资金及欺诈的可能性，在排除这些问题后，交易是应当受到维护和促进的，转让设立中的席位或者投资权益，属于发起人的正当权利。

在股份有限公司设立后，《公司法》对发起人股份转让有限制性规定，对其他投资人是没有限制的。股份有限公司的设立方式有两种，募集设立和发起设立，对公司成立后转让股份的限制仅局限于发起人，对在公司设立中被募集的其他投资人转让投资权益没有任何限制，故对股份有限在公司设立中转让投资权益的限制，应当区分是否为发起人。关于发起人的概念，最高人民法院颁布的《公司法若干问题的规定（三）》第一条明确规定："为设立公司而签署公司章程、向公司认购出资或者股份并履行公司设立职责的人，应当认定为公司的发起人，包括有限责任公司设立时的股东。"符合该规定要件的发起人，转让设立公司中的投资权益时，受共同投资人共有利益捆绑的约束。

第二，法律、法规对转让投资权益有限制性规定的，应当符合法律、法规规定。对于一般类型的企业，法律、法规对发起人或者发起人股东身份没有特殊规定，但对特殊行业，出于对资源或者市场控制监管等因素的考虑，行政法规往往对准入市场资格作限制性规定。例如，中外合资企业、金融企业类公司等。企业资格或者股东资格在获得相关行政主管部门批准后才可以在工商行政管理部门获得法人主体资格登记。对该类型公司，行政法规对股东身份有特殊规定的，一般应理解为不宜转让投资权益。但如果当事人有特殊需要转让股东权益的，已经办理申请批准手续的，应当重新办理审批手续，获得行政机关批准后，转让协议才产生法律效力。对于普通类型公司，《公司法》对股份有限公司发起人转让股份有限制性规定。根据《公司法》第一百四十一条规定，发起人持有的本公司股份，自公司成立之日起一年内不得转让。该规定是对公司成立后发起人转让股份的限制性规定，是否可以解读为在公司设立阶段发起人转让投资权益也应受到限制呢？《公司法》该规定是针对股份有限公司的，其立法目的是将发起人的利益与公司的利益捆绑在一起，防止发起人以募集股份的名义非法集资，在并无真实经营公司实体目的的情况下套取资金，公司成立后立即转让股份非法获利。该规定是对公司成立后发起人股份转让的限制规定，对公司成立前《公司法》未作限制性规定，在公司设立阶段也可能存在发起人以非法募集资金获利后立即退出的情形，但公司成立前发起人之间系合伙关系的法律性质，可以阻止发起人逃避债务。合伙组织成员对其参加合伙期间形成的债务应当承担连带责任，即使合伙组织成员退出合伙，其对外的债务责任也不因此免除。根据这个法律原理，股份有限公司的发起人在公司设立阶段转让投资权益的，不能豁免其在参加公司设立阶段的民事责任，转让投资权益仍可以追究其民事责任。

第三，发起人之间关于转让投资权益有特殊约定的，应符合约定。发起人之间关于公司设立中转让投资权益有特殊约定，且约定不违反法律、法规规定的，应按约定的内容执行。发起人之间关于转让投资权益的约定，可能是关于是否可以转让发起人席位、转让投资权益时，其他发起人的优先购买权、发起人中途退出发起设立公司后的责任和对外债务的承担等。发起人之间的协议属于合同范畴，但该合同与具有契约属性的债权合同有明显不同，发起人之间的合同是关于共同设立公司的合同，其间是以共同达到一个目的而安排的一些权利义务关系，发起人之间的权利义务并非对立的契约关系，因此，对其间的合同审查应有别于一般的债权合同。对发起人的约定，意思表示真实，不违反法律、法规规定的，应予以保护，对违法的不予支持。发起人之间的约定，仅在发起人内部产生法律效力，不能以内部约定对抗外部的第三人。

第四，发起人转让投资权益时，其他发起人可以行使优先购买权。发起人协议设立公司，其间除有共同的权利、义务关系外，还存在彼此协作及互相信任的人合因素，因此，发起人转让投资权益时，其他发起人在保障其对外转让权利实现的同等条件下，享有优先购买的权利，转让投资人权益的发起人应保障其他发起人的利益，保证其他发起人行使优先购买权。

第五，退出设立公司的违约赔偿问题。转让投资权益要考虑维持公司设立的持续，确保其转让投资权益后不影响公司设立目的的实现，如果影响到公司设立目的，应当考虑违约赔偿问题。考虑违约赔偿时，应首先看发起人或者原始股东的约定，有约定的按约定执行，没有约定的依法酌定。考虑一方转让投资权益是否会导致公司设立失败、其他发起人或者原始股东是否有损失等，如果有损失可以考虑适当赔偿。由于一个发起人或者原始股东转让投资权益导致设立公司利益受损害的，考虑其承担赔偿责任，也是在情理之中的。但这种承担责任，也应当适当考虑过失问题。《公司法》第九十四条第（三）项规定："在公司设立过程中，由于发起人的过失致使公司利益受到损害的，应当对公司承担赔偿责任。"

[结论]（1）公司设立过程中的投资权益可以转让。转让时应当依法或者依据约定保护其他共有人的相关权益，对其他共有人权益或者拟设立公司利益造成损失的，可以考虑给予适当的赔偿。

（2）设立中公司发起人投资权益可以转让，但要符合法律、行政法规及发起人协议的约定，要依法保护其他发起人的合法利益。

【案例评析】

在公司设立阶段转让了投资权益，在公司成立后是否可以主张获得股权

原告：夏园公司

被告：宏达公司、金鑫公司

诉讼请求：确认夏园公司具有煤业有限责任公司股东资格。

图示：

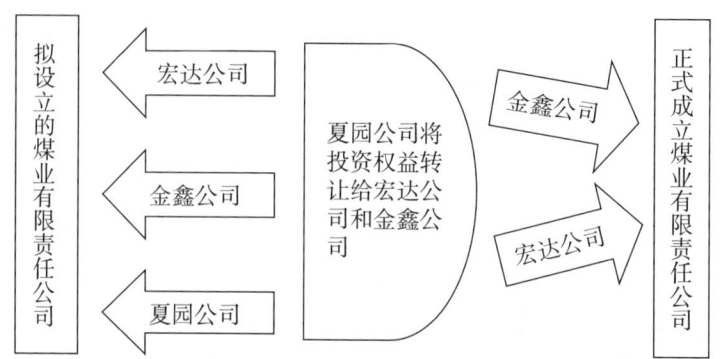

宏达公司、金鑫公司与夏园公司于2003年6月18日经充分协商签订《成立煤业有限责任公司协议书》一份，该协议书约定：宏达公司、金鑫公司为申请采矿权已做了一定的前期工作，因缺乏资金，约定由夏园公司出资支持继续申办工作，并将夏园公司的出资作为向煤业有限责任公司的投资。由三方作为股东共同成立煤业有限责任公司，注册资本为300万元，夏园公司出资270万元占股80%，宏达公司出资20万元占股15%、金鑫公司出资10万元占股5%。此外，夏园公司还需支付申办采矿权的代理费用和各种手续费共计3888万元。夏园公司委托宏达公司、金鑫公司代办申领所有证照手续和批复文件。

2003年6月19日，由省工商局颁发《企业名称预先核准通知书》，确认夏园公司投资270万元占股80%，宏达公司投资20万元占股15%，金鑫公司投资10万元占股5%，三方股东成立"煤业有限责任公司"。此后，夏园公司向宏达公司、金鑫公司支付现金700万元。因夏园公司未将后续的费用划入指定账户，宏达公司、金鑫公司与夏园公司于2003年12月12日又签订《投资权益转让协议》，约定：宏达公司、金鑫公司向夏园公司退还出资本息及各项补偿共计2600万元，夏园公司同意将其在煤业有限责任公司所享有的出资、投资及股东的各项权利义务全部转让给宏达公司、金鑫公司或其指定的受让主体。同日，宏达公司、金鑫公司、夏园公司三方又以股东会决议的形式载明了上述投资权益转让的内容，并进一步明确，夏园公司在收到2600万元后有义务配合办理各项变更登记手续。

2004年3月23日，由省国土资源厅颁发《采矿许可证》，明确采矿权人为煤业有限责任公司，备案材料中有省工商局2003年6月19日颁发的《企业名称预先核准通知书》，煤业有限责任公司投资人为夏园公司、宏达公司、金鑫公司等材料。事后，经资产评估机构评估确认煤业有限责任公司享有的采矿权价值为2.0232亿元。2005年1月，经宏达公司、金鑫公司申请煤业公司注册成立，股东为宏达公司和金鑫公司。

夏园公司遂提起诉讼，请求确认其为煤业有限责任公司股东。

宏达公司、金鑫公司抗辩称：夏园公司投资权益在公司设立阶段已经转让，且宏达公司、金鑫公司依据三方签订的《投资权益转让协议》向夏园公司支付了全部款项。

该案中，当事人申请设立的是矿山企业，设立公司和申请采矿权需要同时进行，只有具备采矿权才能申请设立矿山企业，因此当事人在申请设立公司时一般是以预登记公司的名义申请受让采矿权。采矿权的出让属于行政许可范畴，系国家相关行政管理机关的单方职权行为，从申请采矿权民事主体的角度看，其提出的采矿权申请是否获得批准，存在不确定因素。本案中夏园公司作为申办矿山企业的发起人之一，对申办矿山企业的程序、向国家申请受让采矿权的风险应当是知情的。虽然以煤业有限责任公司的名义申请受让采矿权已经缴纳了一定的手续费等，但在采矿权未获得批准前，已经缴纳的手续费等投资是否能够有预期的回报是不确定的。夏园公司当时向煤业有限责任公司缴纳出资及申请采矿权的手续费700万元，在采矿权未获得批准之前，宏达公司、金鑫公司、夏园公司三方当事人在《投资权益转让协议》中将夏园公司上述投资权益的转让价格确定为2600万元，是充分考虑了煤业有限责任公司将来获得采矿权时股东投资的预期利益及申请的采矿权未能获得批准后的投资风险等因素的。夏园公司在采矿权未获得批准前即与宏达公司和金鑫公司签订《投资权益转让协议》，将该投资权益作价转让给宏达公司、金鑫公司，并且宏达公司、金鑫公司已经支付了转让对价，办理了股权预登记手续。该法律关系及由此形成的经济秩序是应当依法受到保护的。《投资权益转让协议》中当事人的意思表示清楚、明确，内容不违反法律、行政法规的规定，夏园公司在煤业有限责任公司获得采矿权后反悔,没有法律和合同依据,很难获得支持。

7. 发起人违反其签订的投资协议、发起人协议等,是否应当承担违约责任

在公司设立阶段,发起人签订投资协议或者发起人协议的目的是设立公司,涉及为自己创设股权并获得股东权利。在公司设立阶段,发起人股东签订协议,逐步安排设立公司并获得股权的计划,并通过发起人股东的共同努力,最后实现协议目的。在公司设立阶段的发起人协议属于共同行为合同,违反共同合同的约定,涉及哪些民事主体的民事权利?是否应当向其承担违约责任呢?一般情况下,发起人投资协议涉及发起人具体行为的主要内容包括两部分:第一部分,发起人股东完成拟设立公司的公共事务,例如,约定由谁申报拟设立公司项目、办理公司登记的相关手续等;第二部分,涉及发起人股东个体权益的具体内容,例如,明确落实发起人股东的具体人员、投资数额与时间、投资财产形态和投资方式等。

在第一部分内容中,发起人股东约定设立公司的公共事务。在该部分内容中,当事人期待的合同目的是共同的,实现设立公司并在设立公司中享有股东权利等。各当事人在合同中可能有关于设立公司的不同分工,但其权利义务的方向是平行一致的——履行设立公司的义务并向拟设立的公司履行投资义务。在公司设立阶段发起人对公司的承诺和发起人之间的承诺是相辅相成的,发起人承诺的内容落空,有可能导致公司设立失败,最终影响的是全体发起人的利益。例如,一发起人承诺以采矿权向公司出资,公司得到此采矿权方可以设立为矿山企业,其他发起人承诺以货币出资,所有发起人实现投资目的的核心是设立的公司获得采矿权。如果作出承诺的发起人未能如期安排将采矿权过户给公司,矿山企业的设立可能会失败,其他发起人承诺的投资目的会落空;相

反，如果其他发起人承诺的投资未能如期到位，不能缴纳受让采矿权使用权的价款，拟设立公司无法取得采矿权，设立公司的目的仍无法实现。因此，发起人出资往往既是对拟设立公司的承诺，也是对其他发起人的承诺。违反承诺的出资义务，可能对公司和其他发起人的权益均发生影响，任意一方都有可能被追究违约责任。发起人变更投资方式、放弃投资、向他人转让投资权益、泄漏商业秘密等，都有可能影响其他发起人的权益。违反发起人之间投资协议约定的，应当承担违约责任，造成损失的，承担赔偿责任，这应当是题中应有之义。

在第二部分内容中，约定发起人股东在设立公司中的个人权利和义务等。该部分看似约定股东个人权利，但实际上仍然存在发起人股东对公司的共同权利、义务和责任，存在发起人股东之间的相互权利和义务关系。

在公司设立阶段，发起人之间没有对应的权利义务关系，所有发起人为设立公司的共同权利义务人，如果出现违约，应当向公司共同承担违约责任。例如，《公司法》第二十八条第二款规定："股东不按照前款规定缴纳出资的，除应当向公司足额缴纳外，还应当向已按期足额缴纳出资的股东承担违约责任。"该条规定明确，股东违反出资义务，除向公司承担补缴出资义务外，还可能向其他发起人股东承担违约责任。该规定系基于对发起人股东共有权利关系的维护。

《公司法》第三十条规定："有限责任公司成立后，发现作为设立公司出资的非货币财产的实际价额显著低于公司章程所定价额的，应当由交付该出资的股东补足其差额；公司设立时的其他股东承担连带责任。"《公司法》第九十三条第一款规定："股份有限公司成立后，发起人未按照公司章程的规定缴足出资的，应当补缴；其他发起人承担连带责任。"《公司法若干问题的规定（三）》第十三条第三款规定："股东在公司设立时未履行或者未全面履行出资义务，依照本条第一款或者第二款提起诉讼的原告，请求公司的发起人与被告股东承担连带责任的，人民法院应予支持；公司的发起人承担责任后，可以向被告股东追偿。"上述规定还表明，发起人股东权利和义务的对象虽然是公司，但基于其间的共有关系，发起人股东之间的权利义务也是互相制约的，无论是行使权利还是履行义务，应当彼此关照对方的利益，相互之间在法律层面上基于共有关系存在特定的制约。当然，发起人股东还可以作出例外的特别约定。发起人股东违反法定义务或者约定义务的，也应承担违约责任。

［结论］在公司设立阶段发起人违反投资协议应依法或者依约定承担违约责任，除向公司承担补缴出资义务外，还可能向其他发起人股东承担违约责任。

【案例评析】

公司成立后，在公司章程未作出新规定的情形下，是否可以主张发起人或者原始股东继续履行公司设立阶段签订的投资协议

原告：旭日公司

被告：基石投资公司、世纪家园房地产开发公司、华业房地产开发公司

诉讼请求：基石投资公司履行和世纪家园房地产开发公司的《投资协议》，将华业房地产开发公司名下的股权过户到基石投资公司名下。

图示：

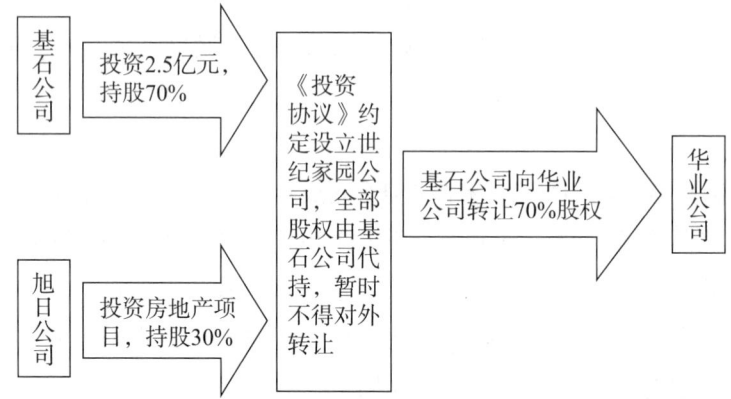

2005年1月，基石投资公司与旭日公司签订《投资协议》约定，旭日公司已经获得某市繁华商业区A地段房地产项目的开发权，相关土地使用权的受让手续及项目审批手续等正在办理中。基石投资公司与旭日公司共同设立世纪家园房地产开发公司，旭日公司以该房地产开发项目入股新设立的世纪家园公司中，占公司30%股份；基石投资公司投资2.5亿元，占公司70%股份。因旭日

公司的特殊主体身份，暂时不能以股东名义持股，在办理公司登记时，暂时登记基石投资公司为持有世纪家园公司100%股份的股东。为此双方特别约定，在旭日公司正式办理股东登记前，基石投资公司暂时不得转让其持有的100%股份，包括其自己持有的70%股份和代旭日公司持有的30%股份。协议签订后，双方当事人履行了合同约定的义务，旭日公司成功将相关土地使用权及某商业区A地段项目的开发权办到成立后的世纪家园公司名下，基石投资公司向世纪家园公司投资2.5亿元并登记为持有100%股份的股东。随后不久，基石投资公司以高于其投资三倍的价格将其在世纪家园公司70%的股权转让给华业房地产开发公司，并办理了工商变更登记手续。

旭日公司遂向人民法院提起诉讼，请求基石投资公司履行《投资协议》，世纪家园公司和华业房地产开发公司将涉案股权变更到基石投资公司名下。

基石投资公司、世纪家园公司抗辩一致认为，基石投资公司转让股权时已经按照《公司法》第七十一条的规定，向旭日公司履行了告知义务，明确了转让价格和条件等，旭日公司在约定期限内未答复，故基石投资公司与华业公司的股权转让未影响旭日公司的权利。基石投资公司有权处分自己的资产，有权追求投资利益最大化，其转让股权不违反《公司法》及公司章程的规定，故拒绝办理股权变更登记。华业房地产开发公司在诉讼中表示，如果判决变更登记其名下股权，应当判决基石投资公司先行返还其已经支付的部分股权转让款及占用资金期间的利息。

在该案中，基石投资公司在抗辩理由中引用了《公司法》第七十一条，该条第二款规定："股东向股东以外的人转让股权，应当经其他股东过半数同意。股东应就其股权转让事项书面通知其他股东征求同意，其他股东自接到书面通知之日起满三十日未答复的，视为同意转让。其他股东半数以上不同意转让的，不同意转让的股东应当购买该转让的股权；不购买的，视为同意转让。"该条第四款规定："公司章程对股权转让另有规定的，从其规定。"根据该条的规定，基石公司履行了必要的告知义务，旭日公司未购买股权且其在本案诉讼中仍然不主张购买基石投资公司名下的股权，世纪家园公司章程对转让股权未作出特殊规定，基石投资公司的抗辩理由似乎符合法律规定。实际上，根据该案当事人之间的约定，基石投资公司的抗辩理由不能成立。基石投资公司转让股权未违反《公司法》第七十一条的规定，但违反了当事人之间的特殊约定。该案在世纪家园房地产开发公司设立前，旭日公司和基石投资公司签订了《投资协议》，该协议对发起人股东的投资、股权登记及转让等有明确的约定。该约定对发起人股东基石投资公司和旭日公司有约束力，基石投资公司应当保证在旭日公司正式登记为公司股东之前维持其间的二人股东地位。很明显，该案中旭日公司拿地、拿项目并投入到新设立的公司，是世纪家园房地产开发公司成立后股权升值的一个重要因素，这是双方当事人在决定设立公司时可以预测的投资利益。因旭日公司的身份问题暂时不能办理股权登记，并特殊约定在旭日公司能够办理股权登记前，基石投资公司不得转让自己名下的股份，维持公司的人合因素。基石投资公司和旭日公司之间的《投资协议》符合《合同法》关于有效合同的基本约定，不违反《公司法》的规定，系为有效合同，对各方当事人有约束力。世纪家园房地产开发公司章程是公司成立时旭日公司和基石投资公司作为发起人股东共同制定的，可以视为股东之间的合同，该案中的公司章程对股东之间的股权转让没有特殊规定，应视为当事人之间对此前的《投资协议》安排的内容未作变更，涉案《投资协议》在公司成立后仍然有效。基石投资公司未按《投资协议》约定保持其股东身份，对此应承担违约责任。旭日公司主张基石投资公司恢复变更登记其股东身份，系主张基石投资公司继续履行《投资协议》约定的内容，该案中，华业房地产开发公司也同意放弃股东身份，故旭日公司关于继续履行合同的目的是可以实现的，其主张应当获得支持。

8. 在公司设立阶段发起人或者投资人是否可以主张退回投资

在公司设立失败的情形下,发起人或者投资人可以请求退回投资。在公司设立阶段,发起人或者投资人的民事活动是创设公司并在创设成立的公司中享有股权,股权是社员权中的一种,其包含的内容很丰富,并非单纯的财产权,还包含身份权利的内容。从发起人或者投资人与拟设立的公司之间的关系看,全体发起人或者投资人在公司成立前可以终止设立活动,单方决定放弃创设公司及其将有可能获得的社员权。在公司未设立时这个组织是虚拟的,发起人或者投资人可以随时终止设立活动,学理上称该终止公司设立活动的结果为公司设立失败。在公司设立失败的情形下,发起人或者投资人并未与拟设立的公司建立身份关系,发起人未成为股东,其已经提交的投资资金当然可以请求返还。在公司设立失败时如何返还投资,可以分情况考量。对有限责任公司,发起人和投资人身份地位等同,在公司设立失败时承担相同的义务,对设立公司活动中产生的费用发起人之间应合理分担,扣除应分担的部分后应返还其余投资。股份有限公司发起人与投资人身份不完全相同,发起人对公司设立活动承担相应的义务,一般投资人关于投资问题没有约定特殊义务的,不承担公司设立活动发生的费用等,其投资可以获得如数退还。股份有限公司发起人承担公司设立阶段的义务是法定的,而一般投资人或者认股人,没有法定义务,在公司设立失败时不承担责任。《公司法》第九十四条规定:"股份有限公司的发起人应当承担下列责任:(一)公司不能成立时,对设立行为所产生的债务和费用负连带责任;(二)公司不能成立时,对认股人已缴纳的股款,负返还股款并加算银行同期存款利息的连带责任……"

在公司设立过程中,未出现公司设立失败的明确情形,部分发起人或投资人请求退回投资的，应遵从其间合同约定。公司设立阶段发起人或者投资人之间存在合同关系，发起人或者投资人一般通过签订协议明确约定其间需要共同享有的权利及应承担的各类必要义务和责任，如果合同对是否可以退回投资有明确约定的，应遵从合同当事人的意思自治，维持合同法律关系秩序。发起人或者投资人既可以约定随时无条件退回投资，退出参与创设公司及设立股权，也可以约定不得退出公司设立及退回投资等内容，只要其约定内容是真实意思表示，不违反法律规定即应是有效的。

在公司设立过程中，未出现公司设立失败的明确情形，当事人对是否可以中途退出投资没有约定时，如果退出方有正当理由的，一般应当允许退出。从发起人或者投资人个人参与设立公司追求的根本目的来看，应当允许发起人在发起设立公司阶段退出投资。发起人参与发起设立公司的目的是通过投资取得股东身份，以股东身份的名义获得公司经营或者股权增值的财产利益，公司未设立之前发起人或者投资人还未取得股东身份，其获利的共同体公司及股权是没有实际存在的，故发起人或者投资人可以单方选择终止为自己设立身份权利，他人不得违背发起人或者投资人的意愿，利用发起人、投资人的名义或者强迫捆绑发起人、投资人继续设立公司，为发起人或者投资人创设身份权利。在公司成立前股东身份还未产生，发起人或者投资人可以终止设立身份权利，退出参与设立公司活动。从发起人或者投资人在设立公司阶段的关系看，应当允许任一发起人单方解除协议，可以随时选择退出参加公司设立行为。在公司设立阶段，发起人或者投资人之间是协同合同关系或者合作关系，其间没有对待给付义务的制约，是基于相互信任分工合作，共同完成设立公司行为，人合性是非常重要的。如果一方发起人或者投资人不想继续合作，而其他发起人或者投资人违背预备退出方的意愿，强迫将他们捆绑在一起，人心背离很难达到共同追求的目的，当事人之间的人合性遭到破坏，违背合作合同的根本属性，故在公司设立阶段应当赋予参与设立公司的发起人或者投资人退出的权利，保障合作各方随时终止合作的权利。实务中，发起人中途退出投资的现实需求有多种情形，例如，经济状况发生变化，无法继续投资或者继续投资不符合其经济利益，对其他发起人或者投资人失去信任，不愿继续捆绑在一起设立公司等。

一般情况下，发起人或者投资人在公司设立阶段是可以退出的，但退出合作是否能够如数退回投资要具体分析。在设立公司阶段发起人或者投资人存在合同关系，他们之间虽然没有互为权利义务的对应关系，即一方的权利是另一方义务的契约关系，但是，因为他们有共同的合同目的，他们权利或者义务是相互牵制的，在某种情况下其利益是捆绑在一起的，因此，当一方发起人选择退出，未履行原合同约定的内容，有可能导致公司设立失败或者加重公司设立成本等，影响其他人发起人或者投资人的财产利益，给其他发起人或投资人造成损失。当满足一方发起人关于退出的利益时，从公平角度看，对其他发起人或者投资人造成的损失，退出方应当给予适当的赔偿。另外，在设立公司活动中，如果存在已经实际消耗掉的费用，例如，设立公司支出的劳务费、租用临时办公场所支付的租金等，应为发起设立公司的共同费用，由所有参与人共同分担，发起人或者投资人在退出公司时应当对此类财务问题进行清算，截至其退出时已经发生的费用，各发起人或者投资人应当合理分担，在退回发起人或者投资人投资时应当合理扣减。

关于设立阶段发起人或者投资人之间的合同关系，可以参照适用《民法典》关于合伙合同关系的规定。《民法典》第九百七十六条第三款规定："合伙人可以随时解除不定期合伙合同，但是应当在合理期限之前通知其他合伙人。"对合伙合同没有特殊约定的，适用《民法典》第三编第七章关于解除合同的相应规定。

［结论］在公司设立阶段发起人或者投资人是可以选择退回投资的；但是，发起人或者投资人之间有特殊约定的除外。因发起人或者投资人退出对其他发起人造成损失的，应当给予适当的赔偿。

【案例评析】

公司设立阶段，投资人是否可以请求解除投资协议、返还投资款

原告（反诉被告）：南方公司

被告（反诉原告）：天意公司、威力公司

诉讼请求：退出《合作投资协议》，请求返还投资款。

反诉请求：继续履行《合作投资协议》，支付剩余投资款。

图示：

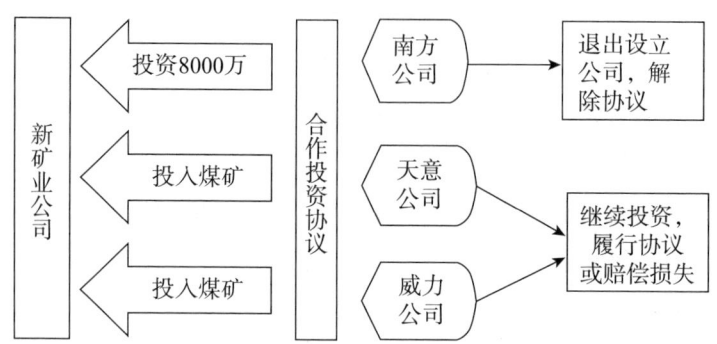

某省政府决定整合当地煤矿资源，将天意公司、威力公司及案外人分别所有的三处小煤矿合并为较大的 A 矿区，要求原企业合并后设立一个新矿业公司。因案外人无意参加设立新矿业公司，天意公司和威力公司遂决定收购案外人矿区，在招募新股东后共同设立新矿业公司。南方公司是天意公司和威力公司共同同意招募的新股东。天意公司、威力公司与南方公司共同签订《合作投资协议》，约定天意公司、威力公司以其所有的探矿权及采矿权投资，占新矿业公司 75% 的股份，南方公司需投资 8000 万元，用于收购案外人矿区作为新设矿业公司的出资和股东投资，南方公司持有新矿业公司 25% 的股份。在新矿业公司设立前，南方公司需先行支付 3000 万元，用于收购案外人所有的煤矿等。天意公司和威力公司负责办理收购案外人煤矿、矿区合并申报及设立新矿业公司的申请注册手续等。在新设矿业公司成立之前，南方公司参与天意公司和威力公司所属两煤矿企业的利润分配。合同签订后，南方公司向天意公司支付首付款 3000 万元，南方公司共分配天意公司和威力公司所有两个煤矿的利润 500 万元。天意公司、威力公司与案外人签订煤矿收购合同，向工商行政管理机关申请办理了以天意公司、威力公司和南方公司为股东的新矿业公司的企业预登记手续，以合并后的三个矿区为新设矿区公司资产的相关审批手续也已经报到当地相关行政管理部门审批，但新设矿业公司尚未正式成立。在等待新设矿山企业审批登记的期间，全国煤炭价格严重下滑。南方公司投资款系集资而来，参与集资的人不再继续投资，南方公司集资筹款目的落空。南方公司因没有后续投资能力，向天意公司和威力公司明确表示不再继续参加拟设立的新矿业公司，不再继续向新矿业公司投资，请求返还投资款。天意公司和威力公司不同意，双方发生纠纷。

南方公司向法院提起诉讼，请求解除《合作投资协议》，由天意公司和威力公司返还其已经支付的3000万元的投资款。

天意公司和威力公司不同意返还南方公司投资款项，并在答辩的同时提出反诉，请求南方公司继续履行《合作投资协议》或者赔偿因其不履行《合作投资协议》给天意公司、威力公司造成的损失。天意公司和威力公司认为设立新矿业公司的申办审批手续已经上报相关行政管理机关，无法撤回申报文件，南方公司分配了正在经营的两个矿区的盈利，如果南方公司撤回投资，将导致新矿业公司的设立失败，故不同意南方公司退出新设矿业公司。

本案中，起诉和反诉请求涉及在公司设立阶段，发起人是否可以退出公司设立，如果退出公司设立，是否应当对其他发起人的损失予以赔偿。南方公司主张退出拟设立的新矿业公司并返还投资，而天意公司和威力公司的请求是选择性的，要么继续履行协议，要么赔偿不履行协议对其造成的损失。

在公司设立阶段，发起人之间是协作合同关系或者共同合作关系，发起人股东之间基于信任、友好或者共同目的合作设立公司。发起人股东参加设立公司，追求完成其财产权利的转换，以设立公司的形式创设股权，将其投入拟设立公司的财产转换为股权，以股权的方式追求更多的投资回报。除发起人股东之间有特殊约定外，发起人股东有自由处分自己财产的权利，在公司未成立之前，其拟投入公司的财产并未转换为公司财产，发起人股东有权决定停止投资，退出创设公司及股权的活动。在公司设立阶段，除发起人之间有特殊约定外，其间没有对待的给付义务，没有直接的权利义务关系相互制约，但因设立公司及创设股权是所有发起人共同行为完成的，发起人股东在处分自己权利时应当兼顾其他共同合同关系人的利益，当其选择终止履行投资协议时，有可能导致公司设立失败或者公司设立成本增加，为此损害其他发起人利益的，应当对此给予适当赔偿。案涉南方公司与天意公司、威力公司已经发生争议,不再具有继续合作的基础和可能,捆绑在一起继续完成设立公司活动违背民事主体的自由意志,故解除三方签订的《合作投资协议》似是最佳选择,应当支持南方公司关于解除《合作投资协议》的请求,并在解除协议后对公司设立活动中发生的财产关系进行清理。南方公司单方撤出公司设立活动,应当对解除《合作投资协议》之前设立公司发生的合理费用予以分担;对分配的天意公司、威力公司利润应予以退回;如果因其退出投资导致新矿山公司设立失败,对天意公司、威力公司的投资机会丧失产生的损失也应当予以适当赔偿。在充分公平考虑上述利益后,在清算的基础上退回南方公司投入的剩余资金,应当是一个妥善的解决方案。

9. 发起人承载的设立中公司权利、义务及民事责任有哪些

设立中公司是处于公司法人资格被批准之前准备阶段的一个预备组织,在筹备公司设立阶段有可能围绕设立中的公司发生民事行为,从而产生民事权利、义务及责任,这就需要在法律上落实承载设立中公司民事权利、义务及责任的主体。

公司设立活动是由发起人进行的,发起人是具有民事权利能力和行为能力的民事主体,设立中公司发生的民事权利、义务及责任最终有可能落实到发起人。设立公司需要召集投资人、募集股份、安排公司经营项目、拟定投资人协议及公司章程、向公司登记机关申办公司设立等。在筹划公司设立阶段可能发生民事法律行为并需要落实民事行为的主体。例如,在公司设立未成功时或者投资人反悔时存在由谁返还募集到的资金的问题;公司拟投资经营的项目是在准备设立公司阶段向他人购买的,存在以哪个民事主体的名义购买的问题;设

立公司过程中有可能要聘用辅助工作人员，存在以谁的名义签订劳动合同及支付工作报酬问题；发起人及聘用人员因设立公司行为对外发生侵权或者公司设立活动对外发生其他债务，存在由谁承担赔偿责任的问题；等等。公司设立活动是由发起人组织进行的，除发起人有特殊约定外，在公司成为具有法人资格的民事主体之前，发起人有可能承担相应的法律后果。

除一人公司外，大部分情况下发起人是由多人组成的。设立公司一般是发起人以签订发起人协议、投资人协议等合同方式约定投资、设立公司事务及公司成立后的股东权益等事项。在公司设立阶段发起人对设立公司任务有不同的分工，他们之间存在合同关系，但这种合同关系与我们通常接触的权利义务相互对应的契约关系不同。一般情况下，在契约合同关系中一方的权利是对方的义务，对方的义务恰恰又是一方的权利，一方权利的实现依赖于对方对合同义务的履行，对方的合同义务应当向权利一方履行，合同当事人相对方互为权利义务关系。而在发起人之间的合同关系中，发起人之间是共同法律关系或者称为团体法律关系，当事人的合同目的是一致的，共同完成一项或者多项任务，推向共同的目标，合同目标是指向团体关系之外的。发起人之间没有对立的地位，没有相互制约或者相互咬合的权利义务关系。公司设立中，发起人之间无论是否签订发起人协议或者投资协议，基于其间存在共同设立公司的目的和行为，均可以认定其间存在团体合同关系，发起人在公司设立阶段可能被分配了不同的任务，且他们不是互为行使权利、履行义务的对象。发起人的合同目的和行为是对合同以外的第三人或者是公众的，发起人对第三人及公众发生的行为产生的法律后果应当由发起人团体承担。

《民法典》第七十五条第一款规定："设立人为设立法人从事的民事活动，其法律后果由法人承受；法人未成立的，其法律后果由设立人承受，设立人为二人以上的，享有连带债权，承担连带债务。"公司设立时发起人是多人时，除发起人对外享有连带债权、承担连带债务和责任外，仍然存在其间内部权利、义务及责任的划分问题。在公司设立阶段发起人之间是合同关系，如果发起人合同对此有具体约定，执行其约定；如果没有约定，按投资比例确定；如果没有约定投资比例，各发起人平均享权利或承担义务及责任。当然，如果发起人有过错，发起人的过错行为也被认为是分享权利或者承担义务及责任的因素。

《公司法》第九十四条规定："股份有限公司的发起人应当承担下列责任：（一）公司不能成立时，对设立行为所产生的债务和费用负连带责任；（二）公司不能成立时，对认股人已缴纳的股款，负返还股款并加算银行同期存款利息的连带责任；（三）在公司设立过程中，由于发起人的过失致使公司利益受到损害的，应当对公司承担赔偿责任。"对于有限责任公司，由于公司设立比较简单，《公司法》未规定发起人的概念及责任，但实务中有限责任公司在设立阶段也同样存在发起人应承担设立中公司民事责任的问题。《公司法若干问题的规定（三）》第一条补充规定，发起人包括有限责任公司设立时的股东。根据该司法解释，有限责任公司设立时的股东为发起人，公司未成立时，设立中公司的民事责任也应当由发起人承担。《公司法若干问题的规定（三）》第四条规定："公司因故未成立，债权人请求全体或者部分发起人对设立公司行为所产生的费用和债务承担连带清偿责任的，人民法院应予支持。部分发起人依照前款规定承担责任后，请求其他发起人分担的，人民法院应当判令其他发起人按照约定的责任承担比例分担责任；没有约定责任承担比例的，按照约定的出资比例分担责任；没有约定出资比例的，按照均等份额分担责任。因部分发起人的过错导致公司未成立，其他发起人主张其承担设立行为所产生的费用和债务的，人民法院应当根据过错情况，确定过错一方的责任范围。"

［结论］设立中公司有独立财产的，以独立财产对外承担责任；没有独立财产的，由全体发起人共同对外承担民事责任。在发起人内部，按约定执行；没有约定的，按出资比例、违约情况、过错情形等因素考虑分享权利、承担义务及责任的份额。

【案例评析】

公司设立失败，发起人是否可以承继设立中公司获得的权利

原告：甲、乙、丙三个小股东

被告：某房地产开发公司、普诺股份有限公司

第三人：张某、贾某、方某

诉讼请求：原告请求确认某房地产开发公司名下的股权归属于甲、乙、丙三个小股东；第三人请求确认某房地产开发公司名下的股权归属于张某、李某、方某。

图示：

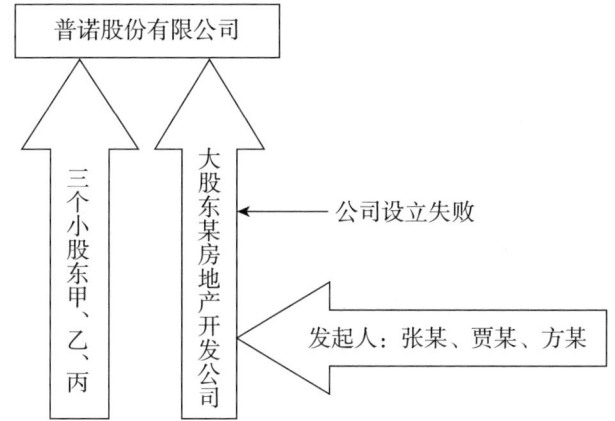

普诺股份有限公司股东因对公司的经营理念不同发生矛盾，甲、乙、丙三个小股东主张分配利润，大股东某房地产开发公司主张再投资，公司股东关系陷入僵局。甲、乙、丙三个小股东在查阅工商登记档案时发现大股东某房地产开发公司在工商登记机关没有注册登记为法人，进一步调查时发现该大股东实际系三个自然人张某、贾某和方某拟设立的公司，在普诺股份有限公司设立时该大股东某房地产开发公司也处于申请设立阶段，曾经向工商登记机关提交过名称预登记申请等材料，后因未如期拿到目标地块，没有开发项目，某房地产开发公司设立活动停止。至此，大股东某房地产开发公司实际上是不存在的，没有法人资格。

甲、乙、丙三个小股东遂以大股东某房地产开发公司和普诺股份有限公司为被告向法院提起诉讼，主张大股东某房地产开发公司不存在，没有法人资格，不是民事主体，不具有民事权利能力和行为能力，不能成为公司股东，大股东单位名称是假冒的，该行为构成欺诈。甲、乙、丙三个小股东请求以公司净资产为标准评估作价，由甲、乙、丙三个小股东按出资比例认购该股份，并将股权分别过户到甲、乙、丙三个小股东名下。

大股东某房地产开发公司抗辩称：某房地产开发公司是设立中的公司，已经向工商登记机关提出过预登记申请，且其已经履行了出资义务，可以持有普诺股份有限责任公司股份。

在诉讼中，张某、贾某、方某以有独立请求权第三人的身份请求参加诉讼，主张某房地产开发公司是由他们三人发起设立的，因房地产开发项目未获得，所以设立终止。但是，向普诺股份有限公司的出资是由张某、贾某、方某以某房地产开发公司名义共同出资的，如果某房地产开发公司设立失败，设立中公司的权益当然应由发起人承继，因此，登记在某房地产开发公司名下的股份应当属于张某、贾某、方某，故请求将股权变更到其名下。

本案中，当事人在诉讼中主张的某房地产开发公司的设立情况及已经终止设立活动的情况均属实。需要解决的问题是某房地产开发公司现在系不存在的民事主体，不能再以该公司名义持有普诺股份有限公司股份，其名下股份如何处理。

张某、贾某、方某发起设立某房地产开发公司，在公司设立阶段，对以拟设立公司的名义进行的民事活动应当享有民事权利，承担民事义务和责任。某房地产开发公司在设立阶段认购了普诺股份有限公司的股份，某房地产开发公司设立失败，设立中公司的权利应当由发起人张某、贾某、方某承继。再考量该案中以某房地产开发公司名义持有的股份已经缴纳了出资，形成了股权，而张某、贾某和方某三人为实际出资人，且普诺股份有限公司属于具有资合性特征的股份公司，法律对符合本案特征的股权转让没有特殊规定，因此，张某、贾某和方某以实际出资人及设立失败的某房地产开发公司发起人的身份主张该股权归其所有，应当能够获得到支持。甲、乙、丙三个小股东主张某房地产开发公司名称是假冒的，理由不够充分。由于某房地产开发公司在工商行政管理机关有过预登记申请，预登记是一种公示行为，除非有特别阻碍知情的情形，根据预登记的公示行为可以排除欺诈的可能性。张某、贾某、方某为某房地产开发公司办理了公司名称预登记，并且有申请房地产项目的行为，设立某房地产开发公司的法律行为是真实的，依法应当受到保护。在发起设立公司阶段又以拟设立公司的名义去参加另外的公司设立并为拟设立的公司创设了股权,在法律上是不受限制或者禁止的,以设立中公司名义完成的民事行为及产生的民事权利,在公司设立失败时由发起人承继,故本案的原告甲、乙、丙三个小股东的请求,获得司法程序支持的可能性很小。

10. 公司成立后是否当然承继设立中公司的权利、义务及责任

设立中公司是拟成立公司的预备组织,其活动主要是围绕设立公司和拟成立公司的经营业务。公司成立时设立公司的任务完成了,但围绕公司经营业务开展的各事项还要继续,一般情况下,对成立后的公司承继设立中公司的权利、义务及责任没有异议,但实务中情况比较复杂,为此发生争议诉至法院的案件也很多。针对当事人因设立公司权利、义务及责任的承继问题发生的纠纷,可以首先区分公司内部关系和外部关系,然后再根据引起纠纷的法律关系性质和特征确定处理原则。

所谓因内部关系发生的纠纷,主要是指发起人之间、发起人与成立后的公司之间因民事权利、义务及责任是否应当由公司承继发生的纠纷。例如,发起人主张以其名义签订的租赁合同是为公司利益的,设立中公司曾将该租赁的房屋作为临时办公用房,公司成立后应当补偿发起人已经垫付的房租,而公司则以该租赁合同是发起人以其个人名义签订的,租赁合同与公司无关为由拒绝支付租金。该纠纷系发起人与公司之间发生的,属于因内部关系发生的纠纷,发起人已经对外支付了房租,请求公司承继设立中公司的义务,偿还发起人垫付的房租。又如,公司设立阶段,发起人购买电脑、办公家具、车辆等办公设备,供发起人及聘用人员办公使用,公司成立后拒绝发起人提出的由公司支付该笔费用的主张,该纠纷也属于发起人与公司之间的内部关系争议。

对于因公司内部关系发生的争议，在确定权利、义务及责任时，可以考虑发起人之间的约定，有约定且约定不违反法律、法规规定的，应按约定认定权利、义务及责任。例如，在公司设立阶段以某发起人名义受让的土地使用权、探矿权、采矿权、股权等，发起人之间事先约定权利获得后属于公司的，公司成立后可以主张享有该财产权利，某发起人不能据为己有。当然，上述财产权利过户时需要经过行政审批或者变更登记，例如，土地使用权、探矿权、采矿权转让的审批或者变更登记问题。对于能够获得批准的，应当过户到公司名下；不能获得批准的，公司对由此失去的财产利益，可以向某发起人主张补偿。股权过户不需要审批，但有些股权的转让是受限制的，例如，有限责任公司股权、股份有限公司发起人股份转让时间等，对于股权转让的限制，可以采取隐名持股、信托持股的方式获取权益。

发起人关于公司成立后权利、义务及责任没有约定的，要根据发生的法律事实与设立公司行为和拟成立的公司经营管理活动是否有关联，是否为公司利益等情形判断。根据《民法典》第七十五条规定，设立人为设立法人从事的民事活动，其法律后果由法人承受。根据《民法典》该条规定确定的原则，凡是与设立公司有关的，或者系为设立公司利益的，可以推定是为拟成立公司设定权利，公司成立后当然承继该民事行为发生的法律后果。反之，由发起人自行承担。例如，发起人以拟成立公司名义对外借款，但发起人自己实际使用了该笔款项，公司对外还款后向发起人主张返还，由此引起纠纷。该笔款项的借贷行为发生在公司设立阶段，但发起人实际使用了款项，该借款用途与公司利益无关，应当由发起人自己承担，公司对外承担责任后再向发起人主张权利的，该主张应当获得支持。相反，如果是发起人以拟成立公司名义或者以自己名义借款，该款项用于公司，公司当然应当承担还款义务，如果发起人对外承担了还款责任，发起人也可以向公司主张返还。

所谓因外部关系发生的纠纷，是指一方当事人是设立中公司、发起人及成立后的公司等，另一方当事人是与设立公司及拟成立的公司无关的人。例如，公司成立前发起人以自己名义向供货方购买了一批货物，签订了货物买卖合同，公司成立后实际使用了该批货物，供货方发现系公司使用了该批货后主张公司承担支付货款的义务，该纠纷属于公司以外的人与公司及发起人之间发生的，属于外部关系。在公司设立阶段对外发生的民事法律关系一般是合同关系、侵权关系、物权及知识产权关系等，此外可能还有行政法律关系产生的财产利益或者行政财产处罚等，公司承继的可能是权利，也可能是义务或者责任。

因外部法律关系发生纠纷的，公司以外的一方当事人是很明确的，但公司一方当事人往往不容易确定。由于设立中公司具有临时性，其在未获得民事主体资格之前，存在替代主体签订合同、履行合同或者替代其他民事行为的问题，容易产生签订合同、履行合同或者其他民事行为不是同一主体或者有不同民事主体参与的情形。例如，发起人以自己名义签订合同，合同签订后公司成立，公司实际履行了合同，享有了合同权利，承担了合同义务；又如，发起人以拟设立公司的名义签订合同，但发起人自己享有合同权利，履行了合同义务；再如，发起人以自己或者拟设立公司名义签订合同，在履行合同过程中发起人和公司混同参与；等等。类似这些情况，在发生纠纷时公司一方应当由谁享有权利、承担义务或者责任，是由发起人或者公司单独为一方当事人，还是由发起人和公司为共同当事人享有权利、承担义务及责任，相对方对此是否有选择民事主体的权利等，值得认真研究。

对因合同产生的权利、义务及责任问题，当事人之间有约定的，应当遵守约定，当事人没有约定的可以参照以下规则处理：

第一，发起人以个人名义签订的合同，公司承继合同权利的，发起人或者公司可以按照《民法典》关于债权转移的规定，在通知了合同相对人后，公司可以向相对人主张权利。公司承继合同义务或者责任的，应当经相对人同意，相对人不同意的，公司不能承继合同义务及责任；经相对人同意的，公司可以承继合同义务及责任。对于公司承继合同权利、义务及责任的，一般应视为公司替代了发起人的合同地位，发起人不再享有合同权利，无须承担合同义务及责任，但相对人与发起人、公司有特殊约定的，可以按照特殊约定的内容执行。

关于公司承继合同义务或者责任，应经相对人同意的内容。《民法典》从相对人向设立后的公司主张权利，还是向签订合同的发起人主张权利的角度，对该问题作出了规定。《民法典》第七十五条第二款规定："设立人为设立法人以自己的名义从事民事活动产生的民事责任,第三人有权选择请求法人或者设立人承担。"《民法典》生效后,最高人民法院对《公司法若干问题的规定(三)》第二条的内容进行了修改,该条规定:"发起人为设立公司以自己名义对外签订合同,合同相对人请求该发起人承担合同责任的,人民法院应予支持;公司成立后合同相对人请求公司承担合同责任的,人民法院应予支持。"公司法司法解释修改时删除原来规定的公司对合同确认或已经实际享有合同权利或者履行合同义务时,合同相对人可以选择起诉公司的内容。实际上,公司法司法解释原规定的内容涉及事实认定的问题,因合同是发起人以个人名义签订的,该司法解释涉及的是发起人在签订合同时未向相对人披露合同是为拟设立公司设定权利义务的有关情况,当合同内容未载明是为拟设立公司设定权利义务关系时,在公司成立后,相对人认为公司更有履行能力,并证明公司参与了合同的履行时,可以请求公司承担合同责任。如果合同未载明是为公司设立的,发起人也未向相对人告知相关情况,相对人认为公司没有履行能力,而签订合同的发起人更有经济实力时,也可以请求签订合同的发起人承担合同责任。当然,如果在签订合同时发起人已经向相对人披露了合同是为拟设立公司签订的,即在签订合同时相对人就知道是为拟设立公司设定的权利义务关系时,在公司成立后,相对人没有选择的权利,只能请求公司承担。对《民法典》及《公司法若干问题的规定(三)》规定的内容,需要掌握四个基本要素:(1)民事行为发生在法人设立阶段;(2)设立人以自己的名义发生民事行为;(3)为设立法人进行的民事行为,并非为自己或者他人目的而进行的民事行为;(4)相对人对合同是为拟设立公司签订的知情,否则,如果签订合同时相对人不知道是为拟设立公司签订的,相对人有选择权,选择设立人或者法人承担责任,不能要求设立人及法人同时承担责任。

第二,发起人以拟设立公司名义签订合同,公司成立后可以直接承继合同的权利,但对义务和责任要区分不同情况。对于合同权利,公司成立后可以向合同相对人主张。一般情况下,在公司设立阶段发起人以拟设立公司名义签订的合同,合同相对人在签订合同时即明知对方当事人的状态,属于设立中公司,系公司的预备组织,签合同时未取得法人资格,随时可能成为具有法人资格的民事主体。相对人在签订合同时已经接受了上述事实,对公司获得法人资格及承继合同有预期和准备,是符合其本来意思的。因此,公司成立后当然可以直接向合同相对人主张权利。

对于合同的义务或者责任的态度,与权利不同。一般情况下,公司成立后合同相对人也可以直接向公司主张权利,也就是成立后的公司应承继合同的义务及责任。但是,如果公司有证据证明该合同与公司利益无关,系发起人与合同相对人恶意串通,向公司转嫁债务时,公司可以拒绝承担合同义务及责任。例如,某发起人在设立公司过程中,以拟设立公司名义与自己的关联公司签订投资协议,在投资风险出现后主张系公司的合同,应由公司承担责任。经公司举证证明该投资行为与公司设立活动及公司所经营的业务范围无关,且其他发起人对以公司名义签订投资合同的事实均不知情,结合合同相对人为发起人的关联公司等情形,可以推定相对人知道公司业务范围,其他发起人对签订该合同不知情、未授权等情况,公司拒绝承担该合同义务及责任,有可能获得司法支持。

《公司法若干问题的规定(三)》第三条规定:"发起人以设立中公司名义对外签订合同,公司成立后合同相对人请求公司承担合同责任的,人民法院应予支持。公司成立后有证据证明发起人利用设立中公司的名义为自己的利益与相对人签订合同,公司以此为由主张不承担合同责任的,人民法院应予支持,但相对人为善意的除外。"司法解释该条文系对以设立中公司名义签订的合同,成立后的公司如何承继合同义务及责任的规定。

对公司法司法解释该条规定的适用应把握几个要点:

(1)合同是在公司设立阶段以拟设立公司名义签订的,实务中一般以某公司筹备处、公司设立阶段的临时名称、预核准登记名称等名义签订。有些合同直接加盖了某公司筹备处的公章,有些合同首部当事人栏目中填写某公司名称,在合同尾部未加盖公章,但有发起人签字。这类合同均可以认定为是以设立中公司的名义签订的合同。

(2)公司成立后应承继合同的义务及责任。这类合同存在合同当事人不确定的问题,在合同履行期限到来时公司有可能成立、设立失败或者公司尚未成立,相对人及发起人对此应有明确的预期,在合同中可以约定公司成立、设立失败及公司尚未成立时的合同主体承继问题。合同有约定且约定不违反法律、法规的，按约定处理；合同没有约定，公司成立后直接承继合同内容，公司设立失败或者尚未设立的，可以适用《公司法若干问题的规定（三）》第四条第一款"公司因故未成立，债权人请求全体或者部分发起人对设立公司行为所产生的费用和债务承担连带清偿责任的，人民法院应予支持"的规定。公司成立的标志应当是领取企业法人营业执照。

（3）相对人须为善意的，才可以向成立后的公司主张权利，否则公司有权利拒绝承担合同义务及责任。善意与恶意是对立的概念，属于主观活动，看不见摸不着，需要以客观存在的事实判断民事主体为一定民事行为的目的，是为正当经济利益合理规避风险，还是损人利己向他人转嫁损失。

具体到判断相对人与设立中公司签订合同时是否为恶意的场合，应考虑以下因素：首先，应考量相对人是否尽到充分合理的注意义务。设立中公司属于尚未成立的组织，除已经开始名称预登记的以外，对没有预登记申请的公司，没有可以查询的资讯，甚至有的设立中公司没办公场所等可以被识别的平台等。设立中公司是否真实存在是比较模糊的，相对人在交易时对此应存有合理的疑惑，应当更为谨慎。设立中的公司有发起人，发起人之间可能已经签订了发起人协议或者公司章程等文件，发起人之间的关系或者设立公司的文件等应当是客观存在的，是相对人判断设立中公司可以信赖的法律事实。相对人在与设立中的公司签订合同时，应将发起人团体作为一个合伙组织看待，可以根据投资协议、设立公司协议或者发起人协议等内容确认发起人的组成及设立中公司的存在，相对人与设立中公司的合同内容应获得全体发起人的认同，或者是全体发起人签字同意，或者是全体发起人授权某个发起人与相对人签订合同，相对人与设立中公司签订合同时至少要求设立中公司一方提供代表全体发起人意思表示的文件等。其次，合同内容是符合公司利益的，如果合同内容与公司利益无关而与发起人利益有关，则很可能有发起人与相对人恶意串通的嫌疑。有限责任公司的发起人即为公司的全体原始股东；公司利益和全体发起人利益是一致的，股份有限公司的发起人与公司设立时的原始股东有时是不完全相同的，以发起方式设立公司的，发起人即为公司原始股东，以募集方式设立公司的，原始股东除发起人外，还有在募集中认购股份的股东。从发起人与公司及公司股东利益的角度看，个别发起人甚至是全体发起人一致同意的行为，也不排除系为其自身利益而不是为公司及公司全体股东利益的行为。因此，相对人与设立中公司签订的合同应当符合公司利益，公司才承继合同的义务和责任，如果公司有证据证明该合同不符合公司利益，而是为了相对人与发起人共同安排的其他利益，公司可以拒绝承担义务和责任。

[结论]公司成立后可以承继公司设立阶段的权利、义务及责任，但对设立阶段公司名义被他人利用的、并非为设立公司发生的民事行为，公司可以依法不予承继。

【案例评析】

发起人完成设立公司任务后，合同权利义务由成立的公司承继，发起人对设立过程中的民事行为是否不再承担法律后果

原告：甲公司、乙公司

被告：A公司、某咨询公司

诉讼请求：A公司和某咨询公司履行股东追加投资的义务。

图示：

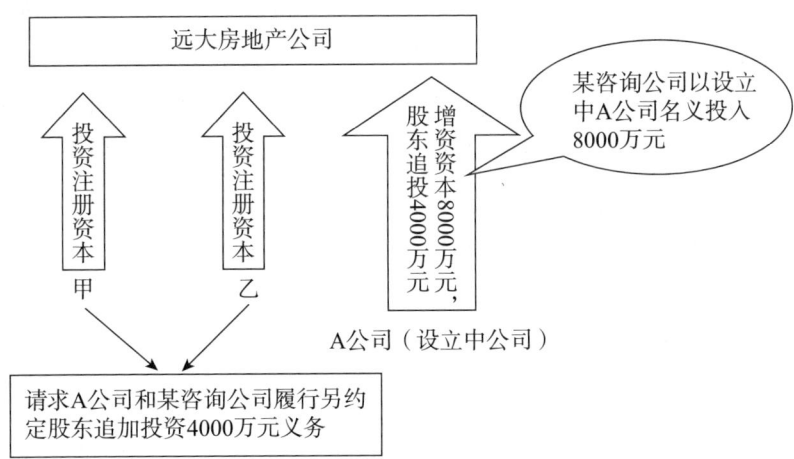

某咨询公司以拟成立的独资子公司 A 公司名义与甲公司、乙公司签订《合作协议》，约定：甲公司、乙公司两家公司共同投资设立了远大房地产开发公

司，拟开发某市淡水湾项目，远大房地产开发公司已经以1.47亿元的价格竞拍总面积为800亩、一期约300亩的国有土地使用权。因资金问题决定对远大房地产开发公司增资，甲、乙两公司愿意放弃优先认购权，同意吸收A公司为远大房地产开发公司股东，由A公司向远大房地产开发公司投入1.2亿元，其中8000万元为公司增加注册资本金，4000万元为A公司作为股东应向远大房地产开发公司的追加投入资金。《合作协议》签订后某咨询公司以A公司名义向远大房地产开发公司出资8000万元。随后不久，A公司成立，远大房地产开发公司办理了公司注册资本金变更登记和股东变更登记手续，A公司成为远大房地产开发公司股东。因A公司未向远大房地产公司投入《合作协议》约定的4000万元股东投入资金，甲、乙两公司以A公司和某咨询公司为被告向人民法院提起股东代表诉讼，主张A公司向远大房地产公司履行追加投资义务，因A公司没有实际投资能力，且协议是由其母公司某咨询公司以其名义签订的，某咨询公司对4000万元的追加投资应承担连带责任。

  该案中，甲、乙两公司起诉依据的《合作协议》系某咨询公司以拟成立的A公司名义签订的，从合同的内容看，拟成立的A公司为合同的当事人，应承继合同权利、义务及责任，该约定是很明确的，在没有其他特殊约定的情况下，A公司成立后为合同一方当事人，应当然享有合同权利、承担合同义务和责任。甲、乙两公司向A公司主张履行合同义务，应当得到支持。某咨询公司为A公司的母公司并且是唯一发起人，在A公司未设立的情况下其以A公司名义与甲、乙两公司签订本案《合作协议》，甲、乙两公司在签订合同时对该情形是明知的。某咨询公司设立了A公司，使A公司成为能依法独立承担民事责任的民事主体，某咨询公司促成了《合作协议》的履行条件，甲、乙两公司应当按照合同的约定主张权利。本案《合作协议》中未对某咨询公司设定任何权利、义务及责任，某咨询公司与甲、乙两公司签订合同是为第三方设定权利、义务，第三方在签订合同时是未设立的，但在履行合同过程中设立了，具备了独立的法律人格，这是当事人在签订合同时有预期的。在A公司成立后，合同权利、义务的主体获得了独立的法律人格，依照合同的约定享有合同权利，承担合同义务及责任。甲、乙两公司未提出A公司在法律人格上存在欠缺的情形，例如举证证明资本不充实、发生人格混同等问题，甲、乙两公司向某咨询公司主张权利，没有任何依据，依法难以获得支持。某咨询公司完成了A公司的设立，其为他人A公司设定权利义务，A公司对此没有异议，对此安排予以接受，故某咨询公司依法不再承担A公司设立过程中以A公司名义签订合同行为的法律后果。

11. 公司设立失败后的民事权利、义务及责任由谁承担

公司设立失败时，全体发起人应共同承担设立中公司的民事权利、义务及责任。公司设立失败和公司未成立是两个概念，公司未成立包括两种情况：一是民事权利、义务及责任发生时，公司仍没有获得注册登记，但公司的设立活动还要继续，没有明确要停止设立公司活动，此时属于存在设立中公司的情形。例如，公司名称预核准登记的时间没有届满、获得批准登记的时间没有到来、需要等待公示期届满等。二是由于某些原因，发起人放弃设立公司或者申请设立公司的请求未被批准，公司最终未能成立，公司设立失败。可以说，第一种情形属于广义的公司未成立，第二种情形公司设立失败为狭义的公司未成立。《公司法若干问题的规定（三）》第四条规定的"公司因故未成立"，应当是针对狭义的公司未成立，即公司设立失败时公司的债务及责任分担的规定。

根据《民法典》第七十五条规定，法人未成立的，其法律后果由设立人承受，设立人为二人以上的，享有连带债权，承担连带债务。《公司法若干问题的规定（三）》第四条规定："公司因故未成立，债权人请求全体或者部分发起人对设立公司行为所产生的费用和债务承担连带清偿责任的，人民法院应予支持。部分发起人依照前款规定承担责任后，请求其他发起人分担的，人民法院应当判令其他发起人按照约定的责任承担比例分担责任；没有约定责任承担

比例的，按照约定的出资比例分担责任；没有约定出资比例的，按照均等份额分担责任。因部分发起人的过错导致公司未成立，其他发起人主张其承担设立行为所产生的费用和债务的，人民法院应当根据过错情况，确定过错一方的责任范围。"

设立中的公司存在，公司尚未成立，但对外合同约定的履行期限已经届满，相对人请求履行合同义务的，除有特殊约定外，发起人不得以公司未成立为由拒绝履行义务。如果公司最终未能成立，没有获得有限责任的法人资格，以公司筹备组等名义进行的活动，相当于发起人团体进行的活动，发起人对权利可以共同享有，对对外的义务和责任应承担无限连带责任。因此，当公司未能成立时，无论是哪种情况，除非与相对人有特殊约定，全体发起人对相对人共同享有权利、对债务承担连带清偿责任。

公司设立失败时存在的债务可能有三种：一是发起设立公司的费用，二是对外履行的合同，三是侵权行为产生的债务。

对设立公司时发生的费用和合同债务，可以采取同样的态度：对可以认定为是设立中公司行为发生的，发起人全体对外承担无限连带责任，相对人可以向发起人全体主张权利，也可以选择向部分发起人主张权利。发起人对外承担责任后，可以请求在发起人内部分担责任。有约定的按照约定承担责任；没有约定的，按照约定的出资比例承担责任；没有约定出资比例的，按照均等份额承担责任。

对于侵权责任，发起人因履行设立职责给他人造成损害而产生的侵权责任，应当首先由全体发起人承担连带赔偿责任。无过错的发起人承担赔偿责任后，可以向有过错的发起人追偿。

对公司设立失败有过错的，例如，因某发起人的过错导致公司不能成立的，其他发起人主张其承担设立行为所产生的费用和债务的，人民法院应当根据过错情况，确定过错一方的责任范围。

对于设立中的公司名义被冒用的情况，公司可以不承担责任，但相对交易人为善意的除外。公司名义被冒用，是指冒用设立中公司名义，合同的实际受益人为他人，并非公司，该合同并不代表设立中的公司。设立中公司的名义被利用，公司也是被侵权的对象，因而，其成立后可以主张免责。一般情况下，如果能够认定发起人利用设立中公司的名义，为自己的利益与相对人签订合同，向公司转嫁债务的，公司不承担民事责任。特殊情况下，公司要承担责任。特殊情况是指相对人为善意的情况。由于公司设立时的特殊情况，没有独立的实体存在，代表机构、经营场所等均不确定，相对人很难识别合同的受益人是否为公司，因此，如果相对人能够证明自己对此不知情，尽到了充分的注意义务，且其已经履行了合同的义务，应推定其主观上没有恶意，可以向成立后的公司主张权益。公司对外承担责任后再处理内部关系，主张出资人、发起人或者他人返还合同利益或者承担相应的赔偿责任。

[结论] 公司设立失败，民事责任的承担有约定的按约定，没有约定的按出资比例由发起人承担，没有约定出资比例的，按均等份额承担。发起人在设立公司中的过错大小，也是承担责任范围的一个考量因素。

【案例评析】

公司设立失败，发起人是否应当分担为设立公司发生的财产损失

原告：乙方

被告：甲方、丙方

诉讼请求：甲方对支付的4000万元土地出让金形成的损失，承担赔偿责任，丙方承担连带责任。

图示：

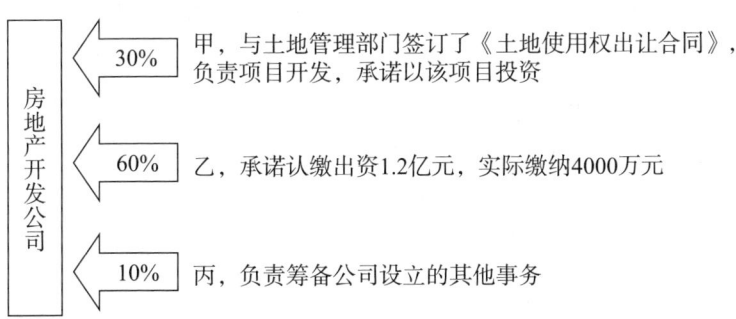

甲、乙、丙三方协商出资设立一家房地产开发公司，以此为平台共同对目标地块进行房地产项目开发，合作的前提和基础为甲公司已经与某市国土资源

和房地产管理局签订了《土地使用权出让合同》,通过挂牌方式将目标地块出让给甲,甲承诺将取得的目标地块使用权转入到拟成立的房地产开发公司名下。乙方承诺提供1.2亿元资金用于缴纳该宗土地使用权出让金,丙方负责筹备房地产开发公司的其他事务。三方签订了《发起人协议》及《公司章程》等,确定了上述内容,还约定了公司持股比例,甲方持股30%,乙方持股60%,丙方持股10%。《发起人协议》签订后,乙方即提供4000万元资金汇入某市土地出让金财政专户。因未按期足额缴纳全部土地使用权出让金,某市国土资源和房屋管理局通知甲方解除《国有土地使用权出让合同》,收回目标地块,已经缴纳的4000万元属于履约保证金,不予退还。相关政府管理部门终止履行土地使用权出让合同后,该目标地块已经在某市房地产交易登记中心重新公开挂牌出让,甲、乙、丙三方设立房地产公司的目的落空,商议终止设立公司并清理设立中公司事务。因已经缴纳的4000万元履约保证金国土资源和房地产管理局不予退还,形成损失,甲、乙、丙关于如何承担该损失发生争议,引起诉讼。

乙方主张该目标地块是以甲的名义受让的,甲方应向乙方返还,丙方承担连带责任。甲方主张是乙方承诺的缴纳土地出让金,因缴纳资金不足构成违约导致《国有土地使用权出让合同》终止履行,乙方应当责任自负,拒绝承担责任。丙方主张《发起人协议》约定其负责筹备公司设立事务,公司设立失败与其无关,丙方不应承担该4000万元损失的责任。

该案中,公司设立失败的原因是没有如期拿到约定的土地项目,致使公司设立的目的落空。在公司设立中为公司设立事务已经支付了4000万元,该笔款项不能收回形成设立中公司的损失。因涉案当事人对公司设立失败如何承担损失没有约定,只能根据发生的法律事实予以确定。一般情况下,确定责任分担要考虑两个因素:一个是约定的投资比例,另一个是导致公司设立失败的过错。本案中公司设立失败的主要原因是明确的,拟设立公司的持股比例也是确定的,需要首先明确设立失败这一法律事实对整个损失事件应当分担的责任。公司设立失败的主要原因是乙方的过错造成的。乙方的资金没有到位,导致拟设立的公司未能取得预期要经营的项目,设立房地产开发公司的目的落空,故乙方的该过错是导致公司设立失败的主要原因，对发生的损失至少应分担一半以上的责任，即至少应分担 2000 万元以上的损失。对剩余 2000 万元以下的损失，参与公司设立的其他发起人应当合理分担。根据公平原则，按照投资风险与获利对等的预期，按案涉当事人约定的出资比例分摊剩余损失是比较合理的。根据本案各发起人关于持股比例的约定，可以考虑由乙方承担 60%，甲方承担 30%，丙方承担 10%。

12. 设立公司协议在公司成立后对股东是否有约束力

　　一般认为，公司成立后公司章程、股东会或者股东大会决议、董事会决议是公司运营的主要法律文件。公司章程，在公司中具有宪章或者是总合同地位，对股东权益及公司的经营管理等原则性问题作出规定。股东会或者股东大会是公司的最高权力机关，会议决议具有一事一议的特点，决策股东及公司运营中的具体事项。股东会或者股东大会有权修改公司章程，但股东认为股东会或者股东大会决议违法或者违反公司章程的，可以请求认定会议决议无效或者撤销股东会或者股东大会决议。董事会是受股东委托经营管理公司的机关，董事会决议的效力低于股东会或者股东大会决议的效力。设立公司协议是在公司设立过程中产生的，公司成立后，一整套完备的公司治理机制重新规定了公司运营及股东权益等问题，无论是从内容上、时间上还是效力上均取代了设立公司协议的地位。设立公司协议在公司成立后其使命完成，对成立后的公司及股东一般应不再有约束力。对成立后的公司各事项，完全可以依照公司章程、股东会或者股东大会决议的规定进行处理，公司章程和股东会或者股东大会决议是公司运营期间的最高效力文件，对全体股东及公司董事等高管有约束力。但是，实务中的具体情况比较复杂，对小型封闭公司，可以根据具体情况确定。

　　我国准许个人进入市场参与投资办企业的历史不长，个人投资经验一般是从个体经营户或者开办合伙企业开始逐渐积累起来的，即使设立有限责任公司或者股份公司，投资人仍然按原来开办合伙企业的理念经营公司。有些小型封闭公司，对一些事项，股东习惯在事先说清楚，在设立公司协议中就作出明确具体的规定，成立后的公司按照事先约定好的模式经营。而公司章程往往是在设立公司时按照公司登记机关提供的格式样本随便填写，或者是搬抄其他公司的章程，有的更随意，章程上股东的签名是由经办人一个人代替签署的。有的小型封闭公司从不召开正式的股东会，股东依据设立公司协议约定的权限经营管理公司。实务中对这种小型封闭公司股东之间的争议，对公司成立前签订的投资协议在公司成立后对股东的约束力，可以根据具体情况予以特殊考虑，不可以一概否决其约束力问题。

一般情况下，对小型封闭公司在公司成立前签订的设立公司协议或者投资协议是否还有效，可以综合考察下列因素：

第一，公司没有有效的公司章程和股东会决议。《公司法》第十一条规定："设立公司必须依法制定公司章程。公司章程对公司、股东、董事、监事、高级管理人员具有约束力。"第二十五条规定了有限责任公司章程必须记载的事项，同时规定股东应当在公司章程上签名、盖章。根据《公司法》上述规定，公司章程应当是在公司设立阶段制作并经全体发起人股东同意并签署的文件，但在实务中，有的小型有限责任公司或者股份公司，发起人股东并不重视公司章程的制作，往往将公司章程看作是设立公司提交的申请文件，系应对政府批准设立公司的文件，没有将章程和自己的权益挂钩，忽视章程的内容。有的小型公司的公司章程规定的股东出资方式、出资数额和持股比例等与投资人协议或者发起人协议内容不一致，而投资人协议或者发起人协议所载明的股东投资数额、方式、持股比例及分红等反映的是实际情况；有的小型公司的公司章程还存在制作章程的人代替其他股东签名等问题，轻视公司章程的制作，导致发生纠纷时公司章程的真实性不易确定；有的小型有限责任公司股东数额很少，股东只有两三个人，从不召开股东会，公司经营中的权限是在投资协议、发起人协议中明确约定，且在公司成立后按此执行；更有些公司在日常的经营和管理中处理公司的具体事项采取口头协商的方式，不召开股东会议，没有书面文字记载股东决定的记录；等等。

第二，公司章程或者股东会决议没有涉及设立协议约定的内容，或者没有变更设立协议涉及的内容。投资协议约定的内容在公司章程、股东会决议中没有涉及，或者公司章程及股东会决议没有改变投资协议约定的内容，可以认定投资协议的约定仍是当事人对某特殊事项的处理决定。尤其是投资协议约定的内容属于公司设立中的事项或者权利、义务及责任安排等，公司成立后不再涉及，没有对此重新形成新的意思表示，原来的约定仍然是当事人之间的合同，对当事人仍然有效。

第三，公司成立后股权结构未发生变更。公司股权结构的变化可能是两种情况：一种是公司增加或者减少股东，股东人数发生了变化；另一种是股东人数未发生变化，但股东之间的持股比例发生了变化，股东之间发生了股权转让或者赠与等。如果公司股权结构发生变化，发生股东人数增减或者股东持股比例变化时，当事人可以以此为由抗辩投资协议已经失效。股东持股比例的变化，可能会导致其在公司中的话语权重发生变化，影响公司章程的修改，改变原来约定的内容，故在股权结构变化时不能简单确定仍适用原来的投资人协议，应当考虑该变化对原来投资人协议约定的内容是否造成根本改变，执行原协议是否引起不公平等。

第四，协议内容不违反法律、法规的规定，不损害他人合法权益。上述第一、第二个条件已经排除了协议不符合公司章程或者股东会决议的因素，符合了第一、第二个适用条件，也就不违反公司章程，此外，还要审查协议内容是否违反法律、法规的规定，是否损害他人合法权益，依照《民法典》的规定是否有效等。

[结论] 对公司设立中发起人签订的协议，在公司成立后不能简单否定其对签订协议发起人的约束力。

【案例评析】

公司设立时的《投资协议》与公司章程规定的股东应缴纳的出资数额不一致的，应当以哪一个文件为标准确定股东的出资义务

原告：某技术投资公司

被告：杨某

诉讼请求：认定杨某未实际履行出资义务，不具有远望教育咨询公司股东资格，其名下的股权判归实际出资人某技术投资公司所有。

图示：

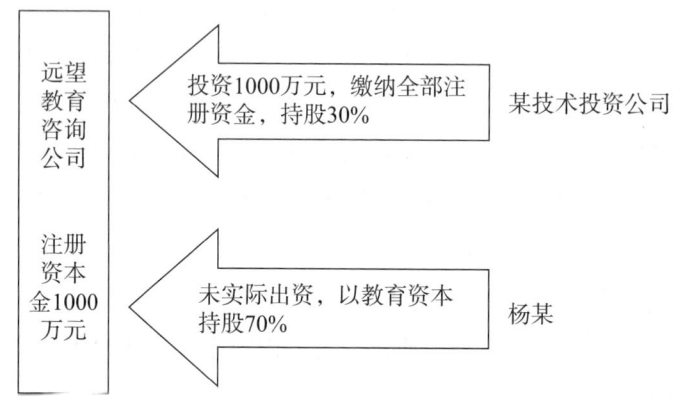

某技术投资公司与杨某签订《投资协议》，约定：双方合作成立远望教育咨询公司，以远望教育咨询公司名义与某大学签署合作协议，建立某大学分校工程技术学院。远望教育咨询公司负责建立和运作该学院。对成立的远望教育咨询公司，某技术投资公司负责全部投资7000万元，其中1000万元为注册资本金，其余为建设用投资。杨某以教育资本（教育理念与理论、教育资源整合与引入、教育经营与管理团队、教育项目的策划与实施）为投资投入。其中，杨某占远望教育咨询公司70%股份，某技术投资公司占远望教育咨询公司30%股份。在某技术投资公司收回投入的7000万元资金之前，每年按杨某20%、某技术投资公司80%的比例分红。在某技术投资公司的7000万元成本收回后，按杨某和某技术投资公司的持股比例分红，即按杨某70%、某技术投资公司30%的比例分配利润。双方又制作并签署了《公司章程》，规定：远望教育咨

询公司注册资金1000万元，杨某认缴700万元，比例为70%，某技术投资公司认缴300万元，比例为30%。各股东应当于公司注册登记前足额缴纳各自所认缴的出资额。《公司章程》与《投资协议》内容有冲突的，以《投资协议》为准。协议签订后，远望教育咨询公司成立并顺利与某大学签订协议，建立了某大学分校工程技术学院。按约定该学院由远望教育咨询公司负责运作和管理。某技术投资公司陆续投资7000万元，用于某大学分校工程技术学院的建设和管理。在建设某大学分校工程技术学院的过程中，某技术投资公司与杨某产生分歧，某技术投资公司认为杨某未实际向公司出资却控制公司，损害其合法权益，致使其投资权益的回收难以保障，其派出的董事长无法行使董事长权力。此外，双方在是否继续与大学合作的问题上也发生争议，股东关系陷入僵局。

某技术投资公司向人民法院提起诉讼，请求认定杨某以教育资本出资不符合《公司法》的规定，《公司章程》明确规定了杨某应当认缴的出资额，其未实际履行出资义务，应不具有远望教育咨询公司股东资格，请求判决远望教育咨询公司的股权全部归实际出资人某技术投资公司所有。

杨某抗辩称：其已经履行了出资义务，双方在《投资协议》中明确杨某以教育资本出资，在杨某的积极协调下，远望教育咨询公司已经与某大学签订协议并顺利合作建立了某大学分校工程技术学院，杨某是用其个人在教育领域中的地位、影响和职业能力等资源管理和运作公司。《投资协议》约定的注册资金及实际投入的资金全部由某技术投资公司负责，远望教育咨询公司的注册资本金已经全部到位并进行了验资，其已经获得股权登记，具有远望教育咨询公司的股东资格。

该案中，当事人争议的焦点问题是《投资协议》在公司成立后对股东是否有约束力，杨某未实际缴纳出资，是否可以否定其股东资格。杨某与某技术投资公司在设立公司时签订了《投资协议》，共同制定了《公司章程》，并在《公司章程》中约定《公司章程》与《投资协议》内容有冲突的，以《投资协议》为准。《公司章程》关于《公司章程》与《投资协议》内容有冲突时以《投资协议》为准的规定，实际上是赋予了《投资协议》具有《公司章程》的地位，已经将《投资协议》的内容植入到《公司章程》中，同时还约定在内容不一致时，以《投资协议》为准，赋予《投资协议》的优先适用效力。在《公司章程》该规定没有作修改的情况下，《投资协议》仍然具有优先适用的法律效力。根据《公司章程》的规定，杨某应当认缴的出资额为700万元，而根据《投资协议》的约定，远望教育咨询公司的全部注册资本金由某技术投资公司单方投入，实际履行情况是公司注册资本金已全部由某技术投资公司缴纳，杨某没有向公司缴纳出资资金。可见，关于向公司缴纳出资的问题，当事人之间当时履行的是《投资协议》而不是《公司章程》。远望教育咨询公司的注册资本金全部缴足到位，符合《公司法》关于资本制度的规定。《公司章程》中规定的杨某应当认缴的700万元注册资本金，实际上是由某技术投资公司根据《投资协议》的约定代替杨某缴纳的，这个履行方式是杨某和某技术投资公司的真实意思表示，不违反法律规定，应当有效。由于《公司章程》和《投资协议》均是由设立时的原始股东签署的，且在公司成立后股权结构始终没有发生变化，《公司章程》也未修改，因此，《投资协议》的约定对本案当事人仍然具有法律效力。公司已经成立，杨某在《公司章程》中认缴的出资，由某技术投资公司根据《投资协议》的约定代替实际缴纳，杨某应当具有公司股东资格。某技术投资公司因与杨某发生矛盾反悔当初的承诺，违反了《公司章程》及《投资协议》的约定，依法难以获得支持。

第三章

出资部分的民事权利、义务及责任

13. 把握《公司法》关于公司注册资本金制度的规定，需要注意的要点

公司注册资本金，是指公司设立时对外宣示其拥有的财产数额或者经济实力。公司并非政府管理机关或者公益事业单位，公司是直接参与社会商品经济活动的组织。在生产销售领域，公司通过提供产品、技术、信息、劳务等获得经营利润；在资本市场，公司通过提供资金、投资或者借贷给其他公司间接获得其他公司经营成果。公司是通过参与商品经济的生产、交易、资本运作等活动实现经济利润的组织，故一般情况下，公司必须投入自己的经济成本，有自己的资金或者财产保障。注册资本金是公司参与商品经济活动中追逐获利的经济基础，是成立公司的必要物质条件。从发明公司这个组织单位时起，注册资本金制度就相伴而生了。注册资本金是展示一个公司财产或者经济实力的基础，是彰显一个公司基本资信能力的初始标准。无疑，注册资本金越大，表明公司的经济实力越强，有坚实可靠的物质财产基础，在商品经济市场上会更具有竞争优势。

公司注册资本金是由股东出资汇集形成的，股东将自己的财产（货币或者实物）让渡给公司后兑换公司的股权，股东依据股权依法分享公司所有权，股东投资到公司的财产汇集成公司的注册资本金，注册资本金是公司成立之初的基本财产。自公司制度产生至发展到当世，公司资本制度几经改革和发展，注册资本金的形成有很多种模式，股东对公司的投资既有实际投入方式，也有虚

拟投入方式，注册资本也有实缴资本和认缴资本之分，公司资本制度也有法定资本制、授权资本制度和折衷资本制度的分野等。

法定资本制度（实缴资本制度）、授权资本制度（认缴资本制度）及折衷资本制度，是目前公司法学界对公司资本制度比较集中的理论分类方法，这三种公司资本制度各有利弊。

法定资本制度的核心是公司资本法定，依据公司章程发行全部资本并实缴后才能设立公司。比较典型的法定资本制度要求在公司成立前，公司章程必须确定公司注册资本金，股东必须将其出资全部交付给公司，经过验资机构对出资进行验资，经过公司登记机关对出资的核准，公司才能被允许登记成立。严格的法定资本制度要求在公司成立时，股东必须将公司章程中确定的注册资本全部缴足，公司成立时必须发生财产转移，股东投资的财产发生所有权转移，由股东的财产变更为公司的财产，在公司成立时股东必须实际缴付出资，因此，法定资本制度下的注册资本也是实缴资本。大陆法系国家的有限责任公司一般实行的是法定资本制度，有些国家在实行法定资本制度的同时，允许股东分期缴纳出资。德国及我国 2005 年修订的《公司法》规定了这样的注册资本金制度。法定资本制度的优点是实缴的注册资本，可以成为公司交易的一般担保，公司诚信有看得见的财产保障，甚至是公司注册资本金成为与公司交往相对方的一般财产担保。法定资本制度也有其缺点：第一，一次性要求股东大量投资，增加了设立公司的难度；第二，公司尚未开展经营时即汇集大量资金，有可能导致资本闲置，形成浪费，投资效益差；第三，公司设立后如需增加资本时还需要启动增资程序，与公司应对市场经济迅捷发展的需求不配套，导致企业活力不足。

授权资本制度，是指公司设立时在公司章程中确定注册资本总额，发起人只需认购部分资本，公司即可正式成立，董事会被授权根据公司生产经营情况及证券市场行情等因素决定随时发行公司资本。授权资本制度的核心是授权董事会决定剩余资本的发行。授权资本制度弥补了法定资本制度的不足，但其缺点也是明显的：第一，容易产生以设立公司为名义的欺诈和投机等非法行为。例如，发起人以吸收资金为目的设立公司，没有实际经营的安排，公司经营项目有可能是虚假的，发起人在公司成立后套现离场，使后续投资加入公司的股东陷入困境。第二，不利于保护公司债权人的利益和维护交易安全。在授权资本制度下，公司的实收资本由股东自主决定，公司注册资本数额及认缴情况写入公司章程，股东可以根据股东或者公司需求以修改公司章程的方式随时变更公司注册资本并登记公示。在授权资本制度下，公司章程中规定的公司注册资本往往是一种名义资本或者虚拟资本，在保障债权人利益和维护交易安全方面发挥的作用有限。

折衷资本制度，是指选择部分法定资本制度或者授权资本制度的原则或方法而规定的制度。折衷资本制度具有从实用主义出发，追求公平对待各参与主体民事权益，提高投资效益的目的，追求提供更好的保障交易安全措施和促进资本市场的自由与活力的手段等特点。从表面上看，折衷资本制度是无原则、无体系地拼凑了法定资本制度和授权资本制度的元素，但实际上，折衷资本制度在考量、安排和规制公司资本制度的基本要素时，是契合了市场经济发展水平实际状态需求的。在安排公司资本制度基本因素时，要兼顾各元素可能涉及和代表的利益是很困难的，各国立法根据经济发展需求，各有所侧重，对股东要求实际出资还是认缴出资、何时出资、以什么形式的财产出资等问题，在法定资本制度或者授权资本制度中无原则地选择一些制度或方法，并将其罗列混装规制到一起，这种将一些规则机械地拼凑到一起的资本制度，是折衷资本制度的基本特点。折衷，顾名思义，是调和各方面意见和观点，有选择地利用。采用折衷资本制度的立法方法是选择性的，故对既不像法定资本制度又不像授权资本制度的折衷公司资本制度，在各国立法中很难找到内容完全一致的规定。

我国的公司注册资本金制度经历过几次改革，对公司注册资本金制度的规定，有一个从严格控制过渡到放宽管理的过程。自2013年《公司法》修正后，现行《公司法》对公司注册资本金问题已经有了全新的规定，把握我国现行《公司法》关于公司注册资本金制度的规定需要注意以下几个要点：

第一，注册资本金最低限额的问题。《公司法》没有注册资本金最低额的限制性规定。《公司法》第二十六条规定："有限责任公司的注册资本为在公司登记机关登记的全体股东认缴的出资额。法律、行政法规以及国务院决定对有限责任公司注册资本实缴、注册资本最低限额另有规定的，从其规定。"第八十条规定："股份有限公司采取发起设立方式设立的，注册资本为在公司登记机关登记的全体发起人认购的股本总额。在发起人认购的股份缴足前，不得向他人募集股份。股份有限公司采取募集方式设立的，注册资本为在公司登记机关登记的实收股本总额。法律、行政法规以及国务院决定对股份有限公司注册资本实缴、注册资本最低限额另有规定的，从其规定。"从上述规定内容可以看出，《公司法》对最低注册资本金没有任何限制，包括有限责任公司和股份有限公司两种类型的公司，对公司最低注册资本金数额的限制由其他法律或者行政法规作出特殊规定。对经营管理有特殊需要的行业，国家一般制定法律或者行政法规限制其最低注册资本金，例如，《保险法》第六十九条第一款规定："设立保险公司，其注册资本的最低限额为人民币二亿元。"2000年11月国务院颁布的《金融资产管理公司条例》第五条规定："金融资产管理公司的注册资本为人民币100亿元，由财政部核拨。"对于法律、行政法规没有限制最低注册资本金的一般类公司，公司注册资本多少取决于股东的自由意志，例如，股东可以设立注册资本金为一元的"一元公司"。当然，实务中这种"一元公司"出现的机会不是很多，由于交易担保的需要，大多数情况下的投资人更愿意投入与自己公司业务相匹配的资金，以保证竞争的实力。"一元公司"如果出现，也很可能是有限责任公司的企业类型，特别是一些服务行业或者技术开发行业，经营成本较小，通过提供服务和技术支持盈利，不需要过多的资本投入，该类行业创业成本很低。由于股份有限公司有开放募集资金的需求，发起人在确定公司注册资本金时首先会考虑彰显自己的资金实力，所以，即使法律对注册资本金数额没有最低限制，这类公司确定的注册资本金数额也不会很低。

第二，认缴资本和实缴资本的问题。实缴资本是指在公司设立时投资股东必须向公司实际缴纳其承诺投入的出资，无论是货币还是非货币财产，在公司设立时股东必须实际向公司交付。认缴资本则是指在公司设立时股东承诺向公司投入的货币或者非货币财产，不需要在公司设立时实际投入，但股东认缴资本的详细情形,包括投资数额、财产类型、实际交付的时间等应当记载在公司章程中并在公司登记机关予以公示。对于有限责任公司,《公司法》第二十六条规定:"有限责任公司的注册资本为在公司登记机关登记的全体股东认缴的出资额。法律、行政法规以及国务院决定对有限责任公司注册资本实缴、注册资本最低限额另有规定的,从其规定。"该条文对有限责任公司注册资本的认缴和实缴问题的规定有几个要点:(1)《公司法》未强制要求股东在公司设立时实际缴纳出资,对公司注册资本的最低要求为有股东承诺认缴的数额即可,没有关于实际缴付的强制性规定;(2)其他法律或者行政法规对某类型公司设立时有实际缴纳出资特殊规定的,执行其他法律或者行政法规的特殊规定,《公司法》明确作出了例外规定。

第三,股东在公司章程中可以规定本公司的出资缴纳问题。因《公司法》对认缴和实缴资本未作出限制或禁止性规定,股东可以根据自由意志在公司章程中规定实际缴纳出资或者认缴出资的问题,公司章程的特殊规定,对股东有约束力。《公司法》第二十八条规定:"股东应当按期足额缴纳公司章程中规定的各自所认缴的出资额……股东不按照前款规定缴纳出资的,除应当向公司足额缴纳外,还应当向已按期足额缴纳出资的股东承担违约责任。"

股份有限公司的注册资本制度问题,根据股份有限公司设立的类型,《公司法》对其注册资本制度的规定略有不同。《公司法》第八十条规定:"股份有限公司采取发起设立方式设立的,注册资本为在公司登记机关登记的全体发起人认购的股本总额。在发起人认购的股份缴足前,不得向他人募集股份。股份有限公司采取募集方式设立的,注册资本为在公司登记机关登记的实收股本总额。法律、行政法规以及国务院决定对股份有限公司注册资本实缴、注册资本最低限额另有规定的,从其规定。"该条规定有以下几个要点:(1)采取发起设立和募集设立的股份有限公司,《公司法》对公司资本制度的最低要求不同,对以发起方式设立的公司可以实行认缴制,由发起人认购注册资本金,发起人对公司章程规定的注册资本金足额认购后即可以设立公司;对以募集方式设立的股份有限公司,注册资本采取实缴制,募集资金实际收缴后方可设立公司。《公司法》第七十六条关于设立股份有限公司应当具备的注册资本条件规定为"有符合公司章程规定的全体发起人认购的股本总额或者募集的实收股本总额",该条规定也印证了发起设立的股份有限公司可以是认缴制注册资本,而募集设立的股份有限公司为实缴制注册资本。(2) 其他法律、行政法规及国务院决定对股份有限公司资本制度有特殊规定的,执行其他法律、行政法规及国务院决定的特殊规定。与有限责任公司资本制度相同,《公司法》对股份有限公司的资本制度也明确授权其他法律等可以作出例外规定。(3) 公司章程可以作出本公司的特殊规定,但不得突破《公司法》、其他法律、行政法规及国务院决定对股份有限公司注册资本制度规定的底线。公司章程可以对本公司的注册资本问题作出更严格的规定,但不得作宽限规定。

第四,公示与验资的问题。1993年颁布的《公司法》和2005年修订的《公司法》采用法定资本制,要求股东向公司实际缴纳出资,在公司被批准设立时必须提交验资报告,验资成为公司设立的一道门槛儿,这是法定资本落到实处的一个基本动作。验资报告通常是由工商行政管理部门指定的有验资资质的中介机构提供的,验资报告中载明各股东汇聚资金的路径,向公司缴纳出资的财产形式,缴纳出资的具体时间和数额等细节,对非货币财产用于出资的,还应附有对该财产的评估报告。验资报告为公司设立的必备文件,验资机构成为参与公司设立的 方,如果验资机构在验资过程中有虚假验资行为时,应对公司债务承担相应的法律责任。在法定资本制度的环境下,公司注册资本金除法律规定股东应实际向公司缴纳外,还引入第三方中介机构协助监督,工商行政管理部门最后审核资金或者财产是否实际到位。关于公司注册资金的实际缴付是有严格的程序和制度予以保障的。

2013年修正《公司法》,基本上采用授权资本制度,公司注册资本由《公司法》规定改为由公司章程规定。国家工商行政管理总局2014年2月发布的,《公司注册资本登记管理规定》第九条规定:"公司的注册资本由公司章程规定,登记机关按照公司章程规定予以登记。以募集方式设立的股份有限公司的注册资本应当经验资机构验资。公司注册资本发生变化,应当修改公司章程并向公司登记机关依法申请办理变更登记。"法定资本改为章定资本后,中介机构的验资程序取消了,公司成立由批准设立改为登记设立,必要的公示程序取代了验资环节，发起人或者原始股东制定的公司章程载明公司注册资本金及股东出资的具体情况。股东承诺认缴的注册资本金具体数额、出资方式和时间等写进公司章程中，公司章程具有合同效力，公司章程在公司登记机关公示后，对公司外部也同样发生效力。与公司发生交易的第三方，可以将股东在公司章程中的承诺视为公司潜在的经济实力，当与公司交易的第三方成为公司债权人而公司又无力偿还到期债务时，股东在公司章程中的承诺可以被作为公司的执行能力。验资报告被取消了，取而代之的公司章程公示制度将产生股东承诺直接面对与公司交易的任何不特定人的法律后果，公司章程的规定对股东和公司债权人均具有法律意义。公司注册资本金问题由政府包办的验资审核保驾护航的方式，变更为由民事主体以合同的方式自我管理自我约束，注册资本金制度由刻板生硬的约束，变为灵活柔软的约束，两种约束的法律后果是相同的，股东对公司承担的有限责任范围不变。

[结论] 公司注册资本金，是指公司设立时对外宣示其拥有的财产数额或者经济实力。公司注册资本金有在公司设立时必须实际缴纳的制度，也有在公司设立时承诺认缴并无须实际缴付的制度。我国现行《公司法》基本上采用的是认缴登记制度，对《公司法》或者其他法律、行政法规有特殊规定的，执行特殊规定。

【案例评析】

公司成立后将出资款项从公司账户划走并记账为借款，但长期没有向公司归还欠款，也没有还款计划，是否可以认定为抽逃出资

原告：甲

被告：乙

第三人：华北公司

诉讼请求：乙履行公司章程规定的义务并承担违约责任，向华北公司补缴出资及占用资金期间的利息。

图示：

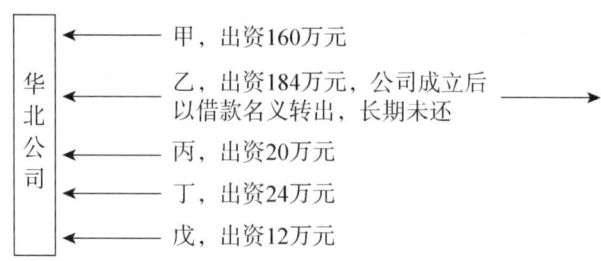

2006年10月，甲、乙、丙、丁、戊决定组建华北公司，各原始股东共同签署的《公司章程》约定：甲出资160万元，乙出资184万元，丙出资20万元，丁出资24万元，戊出资12万元。2006年10月17日，华北公司注册成立。其中，乙的部分出资来源于向某保险公司的借款。在华北公司成立的当日和次日，乙利用其为公司董事长的便利，从华北公司两次分别划款50万元和54万元合计104万元到某保险公司账户，用于归还其对该保险公司的借款。在华北公司的财务账簿上记载该两笔画款为借款。

甲于2010年11月向人民法院提起诉讼，主张乙凭借其公司大股东的优势地位，欺骗了公司其他股东，欺骗了验资单位。乙在公司设立当天及次日就将投资从公司转出用于偿还其个人借款，其行为构成虚假出资、抽逃资金，侵犯公司利益及公司其他股东利益，根据《公司法》第二十八条和《合同法》第一百零七条之规定，请求乙继续履行公司章程规定的义务并承担违约责任，向华北公司补缴出资及占用资金期间的利息。

乙在诉讼中主张，验资报告证明其出资到位，其与华北公司的往来账目反映其转出资金为个人向华北公司借款，其不存在出资未到位的情况，更得不出虚假出资的结论。

该案中，华北公司章程是各股东的真实意思表示，应合法有效。当事人应当严格按照章程承诺的相关约定履行向公司缴纳出资义务。乙从其他单位借资104万元用于对华北公司出资，在验资后即将该资金以借款的方式划转给出借方某保险公司，其没有将出资保留在华北公司的用意是明确的，应认定其构成抽逃出资。乙主张华北公司对该笔资金记账为借款，其与华北公司形成借款关系，因其自 2006 年 10 月将资金划走后至 2010 年 11 月甲提起诉讼时已经过四年之久，在此期间乙未向华北公司有任何意思表示，也没有还款行为，仍应认定其行为是针对履行公司章程约定的认缴出资发生的，属于因出资法律关系发生的债务，其应当向公司补缴出资。

14. 关于注册资本制度，《公司法》修改后新旧法律应怎样衔接适用

我国 1993 年颁布《公司法》，此后该法经历了四次修正和一次修订，其中 2005 年的修订和 2013 年的修正，在公司资本制度上都有重大变化。1993 年《公司法》采取的是严格的法定资本制度，规定公司设立时的最低注册资本门槛较高，除中外合资企业有特殊规定外，其他类型企业股东必须一次性足额实际缴纳出资，验资核准实际缴纳的注册资本金是设立公司的充要条件。2005 年修订的《公司法》在保持法定资本制度的同时，对设立公司的高门槛略微有些降低，将强势的法定资本制度修改为法定资本分期认缴的资本制度。2013 年 12 月修正的《公司法》取消了注册资本的最低限额、分期认缴期限、首付出资比例及出资财产形式的限制等。这次《公司法》的修正，将公司设立时的资本实缴登记制修改为认缴登记制，在学理上，被认为我国公司资本制度从法定资本制度向授权资本制度转换。公司资本制度的重大变化应当引起我们民商事审判理念的转变，跟随公司资本制度的发展方向，依法公平合理分配各方当事人的民事责任。根据《立法法》第九十三条的规定，通常情况下，法律、行政法规、地方性法规、自治条例和单行条例、规章均没有溯及既往的效力，因此，无论任何时期修正的《公司法》都没有溯及力。2006 年发布的《公司法若干问题的规定（一）》规定了《公司法》新旧法律衔接时期适用法律的基本原则。该司法解释主要是解决 2005 年修订后的《公司法》与 1993 年《公司

法》的衔接适用问题，这部司法解释规定新旧法律衔接适用的基本原则，也同样适用于2013年《公司法》关于公司资本制度修正后的新旧规定的法律适用衔接问题。具体涉及的条文为该司法解释第一条、第二条和第五条。第一条规定："公司法实施后，人民法院尚未审结的和新受理的民事案件，其民事行为或事件发生在公司法实施以前的，适用当时的法律法规和司法解释。"第二条规定："因公司法实施前有关民事行为或者事件发生纠纷起诉到人民法院的，如当时的法律法规和司法解释没有明确规定时，可参照适用公司法的有关规定。"该司法解释第一条规定体现了法不溯及既往的法律适用基本原则，第二条规定体现了法不溯及既往的补缺例外适用原则。结合公司资本制度法律适用的具体情形，公司设立时的出资责任问题，适用公司设立时施行的《公司法》，当时的《公司法》对具体问题没有规定而修正后的《公司法》有规定的，参照适用新修正的《公司法》。例如，对公司最低注册资本金限额问题的考量，2006年以前设立的公司适用1993年《公司法》，2006年至2013年期间设立的公司，适用2005年的《公司法》，此后适用现行《公司法》。

  这次《公司法》关于资本制度的修正涉及对注册资本金登记的放宽管理问题，是否可以适用法不溯及既往的从轻例外原则问题值得研究。从轻例外原则一般被认为适用于公法，不适用于私法领域，主要理由为公法系对行为人的单方处罚，当新法处罚比旧法轻时，适用新法是有利于行为人的。但私法领域有相对方，当有利于一方利益时有可能损害相对的另一方利益，故从新从轻溯及既往原则不适用于私法领域，在对现行《公司法》与旧法的适用衔接问题上，也不能适用从轻从新原则。由于公司设立后是持续存在的，如果依据旧法设立的公司存在未足额出资的问题，即注册资本金违反旧《公司法》的规定，在新法实施后股东采取修改公司章程的方式重新安排出资的数额及认缴时间等符合新《公司法》规定的，应当认可其效力。因为对这种重新安排和调整行为是发生在新法施行后的行为，按照法律适用的一般原则，应当适用行为发生时的法律，即新法或者是现行《公司法》，所以，如果股东依法修改公司章程并公示的，应当认可其效力。当然，如果涉及公司减少注册资本金的，也应当依法办理相应的减资手续，如果不符合现行《公司法》规定的，仍然可以否定其效力。

《公司法若干问题的规定（一）》第五条规定："人民法院对公司法实施前已经终审的案件依法进行再审时，不适用公司法的规定。"这是司法裁判不溯及既往的普遍原则，不能以现在的法律来规范当时的法律关系和评价当时人民法院的裁判，再审案件应当适用案件发生和审理时施行的法律。

[结论] 我国 1993 年《公司法》颁布后对公司注册资本金又经历过几次重大修正和修订，内容变化很大，从严格控制到放宽管理，行政审核与审批制度已经被登记公示制度替代。关于公司注册资本金制度在新旧法律适用的衔接问题上，应当适用公司设立时的法律。公司根据新法对公司注册资本金进行变更并依据现行《公司法》及其他行政法规规定办理了相应手续的，应当认可其效力。

【案例评析】

对《公司法》施行前设立的公司，是否可以依据《公司法》及司法解释的规定认定股东的出资责任

原告：张某

被告：金源公司、甲、乙、丙

诉讼请求：金源公司偿还借款，甲、乙、丙在出资不实的范围内对借款承担补充责任。

图示：

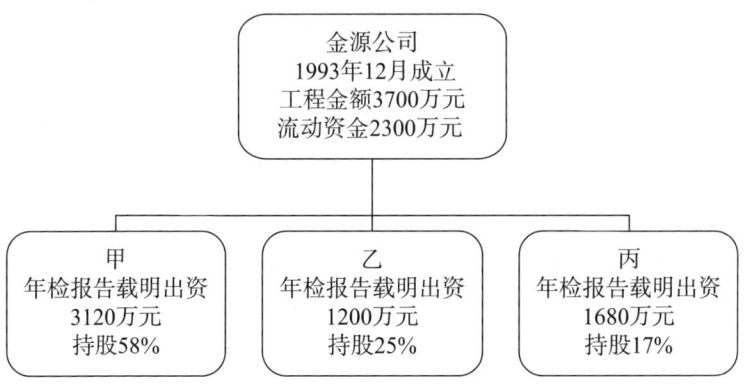

1993年10月，某省体改委发文同意设立金源公司。该公司由甲、乙、丙公司共同发起设立，注册资金6000万元，由甲、乙、丙三方企业投资及追加资本构成。三方出资额分别为：甲出资3500万元，占股本总额58%，乙出资1500万元，占股本总额25%，丙出资1000万元，占股本总额的17%。在工商行政管理服务中心存档的两份文件反映该企业注册资金情况。一个是《企业法人年检报告》，该报告显示：甲、乙、丙三方分别出资3120万元、1200万元和1680万元。另一份文件是工商行政管理机关向某审计事务所发送的《验证企业注册资金委托书》及某审计事务所出具的《验资结果报告单》，该《验资结果报告单》载明：企业名称金源公司，股东资产部分的审验结果，一期工程项目，金额3700万元，来源是甲、乙、丙三家投资；流动资金2300万元，来源于甲、乙、丙三家投资。以上固定资产和流动资金共计6000万元整。审验日期为1993年12月12日。工商档案还显示，金源公司成立日期与核准日期均为1993年12月24日。1998年开始，金源公司没有再进行过年检。2002年底被吊销营业执照。金源公司拖欠建设银行某支行贷款600万元，该笔债权由银行先后转给信达资产公司、东方资产公司，最后转给张某。

张某以金源公司及甲、乙、丙为被告向人民法院提起诉讼，主张金源公司偿还借款，甲、乙、丙未向公司出资，应当在出资不实的范围内对该笔借款承担连带赔偿责任。张某主张甲、乙、丙承担责任的理由主要是，工商档案中仅有《验资结果报告单》，对实物资产，没有评估报告、资产明细表，货币出资没有银行划款凭证，没有金融机构的证明等，甲、乙、丙不能出具出资证明。根据《公司法若干问题的规定（三）》第十三条第二款关于"公司债权人请求未履行或者未全面履行出资义务的股东在未出资本息范围内对公司债务不能清偿的部分承担补充赔偿责任的，人民法院应予支持"的规定，甲、乙、丙应承担涉案债务责任。

甲、乙、丙的抗辩理由主要为：公司设立时已经按照工商行政管理机关的要求履行了登记手续，并且通过了由工商行政管理机关委托的验资机构的验资，投入的固定资产，已经向金源公司移交，相关手续由金源公司保存，对现金的投入，因年代久远，没有保留相关凭证。

该案中，金源公司设立于 1993 年 12 月，而我国《公司法》是 1994 年 7 月 1 日正式施行的，此前没有《公司法》，即金源公司成立时《公司法》尚未施行，不能适用《公司法》及其司法解释认定金源公司设立中的法律关系。因不能以后法评判先前法律关系或者行为的适法性，故张某主张适用最高人民法院于 2011 年出台的《公司法若干问题的规定（三）》认定金源公司股东的出资责任，属于主张适用的法律不当。甲、乙、丙根据当时的法律及行政法规的规定，履行了相关的义务，其出资经过了工商行政管理机关委托的审计机构的验资，其出资行为符合当时的法律法规，其抗辩主张成立。

15. 因企业改制设立的公司，在公司注册资本和股权形成上有何特点

20 世纪 90 年代，我国确定了建立社会主义市场经济的战略目标，以国有企业为龙头的企业改制经历了几种方式的尝试后走入瓶颈，一种改变国有企业产权制度的改革思路被提出来，将国有企业、集体企业单一经营模式改变为多元经营模式，以吸收新的投资者增强企业活力的方案开始实施，公司这一企业形态成为这一改革思路的落脚点。正是在这样需求的背景下，1993 年我国颁布了《公司法》，该法于 1994 年 7 月 1 日起施行后，我国的国有企业和集体企业陆续依照《公司法》规定的模式改制为有限责任公司或者股份有限公司，新设立的公司即按照《公司法》的规定设立。由于我国的特殊背景，因企业改制设立的公司，在公司的出资和股权的形成问题上，与新设立的公司存在很大差别。

企业改制是在国家政策指导下进行的，总的方针是"国退民进"，由国家、集体所有的企业改革为由国家、集体和职工共同持股，或者全部由职工持股的公司，或者以被其他企业兼并的方式改制为公司。企业组织形式的变更相当于

设立新公司。在企业改制的过程中，一般对原企业资产进行清产核算，国家、集体股权对应的出资财产部分，一般为原企业的资产，职工持有的股权对应的资产除原企业的资产外，一部分企业还安排职工另外又缴纳少部分的入股资金。职工持股部分由各个企业根据国家政策和企业情况制定职工持股方案，报请相应的主管部门审批。实务中，大部分企业是采取以职工工龄、级别折股的方式或者是除工龄、级别折股外再由职工缴纳少量资金入股的方式来核算职工持股份额。采取企业兼并的方式改制的，一般是由兼并企业接收和安置原企业职工，接收原企业资产并承担原企业债务或者兼并企业再投入新的资产。因此，改制企业的出资一般由三部分构成：原企业资产、职工缴纳的入股资金、兼并企业投入的资产。这种由企业改制设立的公司，其出资财产形式与依据《公司法》新设立的公司略有不同，企业的注册资本金包括原企业的资产和职工及兼并企业再投入的财产。原企业资产的出资，一般是以企业资产负债表中的净资产总值体现出的，其财产形式与1993年《公司法》规定的出资方式不一定是完全吻合的。例如，原企业财产可能存在设定了抵押的财产，可能存在超过诉讼时效的债权等情况，由于原企业财产所有权属于企业，故可能不存在向改制后的公司交付的问题，可能不需要办理交付手续。职工及兼并企业投入出资的财产形式，一般是符合1993年《公司法》第二十四条规定的，即货币出资及用实物、工业产权、非专利技术或者土地使用权作价出资。非货币财产出资的，应当评估作价，且在缴纳出资时应当办理具体交付手续。

企业改制后保留的国有股、集体股、职工股和兼并企业安置职工、清偿原企业债务等折算后的股份，其出资对应的财产一般为原企业的资产。职工股一般是以拖欠的工资及工龄折算的，折算后对应的出资财产仍然指向原企业财产。当然，也有的改制企业要求职工另行缴纳出资认购股份，对于这种情况，该出资财产并不是原企业财产。企业改制为公司时其注册资本一般是充实的，是依据原企业净资产值及新入股资金等核算验资的，职工股股东以工龄、级别折算股份，兼并企业股东以安置职工、清偿原企业债务等方式折算股份，都属于履行了出资义务。职工的工龄、级别及兼并企业安置职工、承担债务等方式折算股份问题，是特殊历史时期国家出台政策允许改制企业对股东持股问题作出的特殊安排，依照改制政策成立的公司，注册资本金是按照改制方案制定并形成的，改制方案大部分是由人民政府相关监管部门审查批准的，实务中不宜按照新设立公司的标准对待改制公司的注册资本金问题，不宜轻易推翻已经落实的改制方案。

[结论] 国有企业改制是国有资产管理部门代表国家对国有资产的处置，将企业清产核资后公司化。企业公司制并非发起设立新公司，而是发生了企业形态的转化，由国有企业变更为有限责任公司或者股份有限公司，故关于注册资本的法律适用问题，不能完全套用《公司法》关于设立公司的相关规定。

16. 设立公司时，哪些财产可以用来出资

货币出资一般是设立公司的首选方式，货币可以是人民币、外币等。

注册资本金是股东向公司缴纳的财产，其使公司在事实上成为一个具有一定经济实力的资本团体，有可信的财力参与社会交易。基于这样的理念，《公司法》一般要求投资人以货币出资，这种方式比较简单，整齐划一，投资人将认缴的出资数额汇入公司开立的账户即完成缴纳出资的行为。货币出资使公司立即产生支付能力，能支付因设立公司发生的各种费用及开始经营发生的费用，保证公司经营的持续性。货币出资是设立公司时经常使用的出资财产，其为设立后公司能够立即顺利参与市场交易提供简单的保障，2005年《公司法》还对货币出资的最低限额作出了规定。2005年修订的《公司法》第二十七条第三款规定："全体股东的货币出资金额不得低于有限责任公司注册资本的百分之三十。"2013年修正的《公司法》已经取消了这一规定。由于一些小型公司，尤其是提供服务或者劳务类型的公司，开始经营并不需要货币，为鼓励创业，《公司法》取消了关于公司设立时首次出资的货币出资比例的规定，由投资人根据设立公司的需要，自由安排出资的形式。

在特殊情形下，非货币出资可能是投资人、公司或者是双方共同的需要。非货币出资的好处，一方面是使拥有非货币财产的投资人可以省去变卖财产发生的交易费用及因变卖财产受市场行情等因素影响发生的困难或者价格损失。允许非货币财产出资，可以使持有非货币财产的投资人不用变现就可以直接出资，鼓励了投资人的投资热情，扩大了投资人的范围。另一方面，如果用来出资的非货币财产恰好是成立的公司需要利用的，是其经营业务的必要财产，出资方和公司方都可以省去不必要的交易成本。例如，以商号、专利技术等出资，公司成立后可以直接利用该商号经营或者利用该专利技术生产经营等。

1993年我国颁布《公司法》并于1994年开始施行后，新设立的公司一般是按照1994年施行的《公司法》规定的出资方式履行出资义务的。1993年的《公司法》和2005年修订的《公司法》规定略有不同。1993年《公司法》第二十四条第一款规定："股东可以用货币出资，也可以用实物、工业产权、非专利技术、土地使用权作价出资。对作为出资的实物、工业产权、非专利技术或者土地使用权，必须进行评估作价，核实财产，不得高估或者低估作价。土地使用权的评估作价，按照法律、行政法规的规定办理。"2005年《公司法》对此作出了修改和完善。2005年《公司法》第二十七条第一款规定："股东可以用货币出资，也可以用实物、知识产权、土地使用权等可以用货币估价并可以依法转让的非货币财产作价出资；但是，法律、行政法规规定不得作为出资的财产除外。"2013年和2018年对《公司法》的修正并未涉及该条规定，故2005年修订的《公司法》的规定仍为现行规定。

2005年《公司法》对1993年《公司法》的出资财产范围规定得更加严谨，将可用于出资的财产种类扩大，但同时又增加了必须是可以依法转让财产的限制规定。由于1993年《公司法》未限定出资财产必须为可以转让的财产，实务中经常发生股东以不能实现转让的财产出资，公司其他股东或者公司债权人以出资未到位为由请求该股东承担公司债务责任的纠纷。例如，2006年以前设立的公司，股东以划拨土地使用权出资，因划拨土地使用权不能办理转让的审批手续，故公司债权人主张该股东出资未到位，请求该股东承担公司债务责任。对旧法未规定而新法作出限制性或者禁止性规定的，应适用当时的法律，即旧法。对行为发生时的法律没有作限制性或者禁止性规定的，要求当事人预见到将来法律的规定而执行新法，是不公平的，因此，在法律适用上应当考虑适用行为发生时的法律。

依据1993年《公司法》设立的公司，即2006年以前设立的公司，在出资方式上应注意对出资人采取从宽的法律适用原则，依据旧法不可以用来出资的财产出资，但依据新法是可以的，应认定出资有效。在这个问题上，比较典型的问题还有以设定担保的财产出资的问题。与1993年《公司法》配套颁布的《公司登记管理条例》未限制设定担保财产的出资问题。2005年《公司法》规定法律、法规不允许出资的，不得出资，与之配套的《公司登记管理条例》对设定了担保的财产，作出限制规定，规定了不得以设定了担保的财产出资。如果公司是2006年以前设立的，是可以用设定了担保的财产出资的，即旧法时期以设定了担保的财产出资的，在2006年以后当事人因此问题发生争议时，对该种情形，不宜认定出资人未履行出资义务。如果因权利人请求对设定了担保的财产进行变价给公司造成财产损失的，出资人应向公司作出合理的补偿。但是，如果有设定了担保的财产增值，清偿债权后担保财产的剩余价值与出资人当时出资额相接近的，可以不再作出补偿。

现行《公司法》第二十七条对设立有限责任公司的出资方式作出了规定，第八十二条对股份有限公司的出资方式作出了规定，即发起人的出资方式，适用《公司法》第二十七条的规定。因而，无论是有限责任公司，还是股份有限公司，其出资方式均应符合《公司法》第二十七条的规定。《公司登记管理条例》第十四条规定："股东的出资方式应当符合《公司法》第二十七条的规定，但是，股东不得以劳务、信用、自然人姓名、商誉、特许经营权或者设定担保的财产等作价出资。"《公司登记管理条例》属于国家行政法规，对该法规定的除外财产，不得作为出资的财产。《公司注册资本登记管理规定》第五条规定："股东或者发起人可以用货币出资，也可以用实物、知识产权、土地使用权等可以用货币估价并可以依法转让的非货币财产作价出资。股东或者发起人不得以劳务、信用、自然人姓名、商誉、特许经营权或者设定担保的财产等作价出资。"

根据上述规定，2006年以后新设立的公司在出资方式上必须符合现行《公司法》及与之配套的《公司登记管理条例》《公司注册资本登记管理规定》的规定，根据现有法律、行政法规及部门规章的规定，非货币财产出资的资产必须是可以用货币评估作价并可以依法转让的财产。《公司法》第二十七条列举了实务中比较常见的非货币出资，《公司登记管理条例》及《公司注册资本登记管理规定》又以行政法规及部门规章的形式补充规定列举了不得作为出资的财产或者财产权益。根据上述法律、行政法规及部门规章的规定，可以用于出资的财产必须同时满足以下三个条件：

第一，必须是可以用货币评估作价的财产或者财产权益。《公司法》第二十七条列举了实物、知识产权、土地使用权。用于出资的非货币财产可能是公司经营需要的财产，例如，土地使用权、探矿权、采矿权、交通工具、机械设备及原材料等；也可以是与公司生产经营无关的财产，例如，名贵的古玩字画、珠宝钻石、首饰摆件等。对于这些财产，只要具备了可以用货币评估作价并可以依法转让的要件即可，不一定要求投入的财产必须是用于公司生产经营的，与公司生产经营无关的财产也可以作为出资财产。可以用货币估价，强调标的物是可以用金钱来衡量的财产或者财产权利。例如，动产、不动产，债券、票据等有价证券，无形财产权、股权、债权、商号、营业上的秘诀，营业本身及契约上的权利或者有财产价值的电脑软件技术等。由于财产种类的繁多，不可能采取一一列举的方式予以囊括。对于公司内部来说，投资人所交付的财产，可以记载在资产负债表中资产部分的财产，均可以作为出资标的财产，[①] 可以成为出资标的。此外，实务中还有债权出资、股权出资等。关于债权出资和股权出资的标准及方法，《公司注册资本登记管理规定》有明确规定。

劳务和信誉可能能够带来一定的财产价值，但有不确定性，并且具有不能立即现实化的属性，故不能成为出资标的。投资人要缴纳的财产必须是可以转化为货币的，这样可以保证所有投资人的投资，无论是货币的还是非货币的，均可以在一个标准上衡量并确定具体数额，由此来确定每个投资人在公司中的

---

① 参见〔韩〕李哲松：《韩国公司法》，吴日焕译，中国政法大学出版社2000年版，第171页。

持股份额或者持股比例。不确定、不可期待的财产利益，无法用货币估价时，不能作为出资标的。实务中不可以用货币评估作价的财产及财产权益还有很多，例如，继承权、人际关系、客户信息、职业技能及经验、优先购买权等，这些权益可能有财产内容、财产价值，或者是带来财产效果，但如果不能以货币作价评估，就不能作为出资财产。

第二，必须是依法可以转让的财产。股东向公司缴纳出资的目的是用交付的财产或者财产权益，兑换公司的股权，依法可以转让的财产可以实现财产权利的转移，可以成功落实交付出资财产兑换股权的对等交易。国家法律、法规禁止转让的财产不得用于出资，应是题中应有之义。禁止转让的财产是国家禁止流通的。例如，国家所有的动产和不动产，属于任何单位和个人不能取得所有权的财产，不能作为出资标的。国家所有的财产或者财产权益包括矿藏、水流、海域、城市土地及国有的农村和城市郊区的土地、森林、山岭、草原、荒地、滩涂等自然资源，无线电频谱资源，国防资产；法律规定属于国家所有的野生动植物资源，文物；法律规定为国家所有的铁路、公路、电力设施、电信设施、油气管道等基础设施等。这些财产法律明确规定所有者只能是国家，不能作为出资将所有权移转给公司，因此，这类财产是不得用于出资的。对于限制转让的财产，经过有关行政管理部门审批后，可以实现财产权利转移，由股东向公司交付，因此，可以作为出资。可以依法转让，重点在于落实财产可以向公司交付。投资人将其拥有所有权的财产交付公司后转化为公司的财产，投资人因此兑换股权，成为对公司持股的股东。如果财产不能满足向公司交付的条件，公司不能真实得到投资人投入的财产，公司没有资本，则丧失了公司为经济实体的本来意义。因此，在设立公司时投资人用于出资的标的必须是现实化和固定化的、可以交付给公司的财产。

第三，不属于法律、行政法规规定的不得用于出资的财产。《公司登记管理条例》第十四条、《公司注册资本登记管理规定》第五条均规定：股东或者发起人不得以劳务、信用、自然人姓名、商誉、特许经营权或者设定担保的财产等作价出资。劳务不能作为出资，劳务体现财产价值时具有主观性和实践性，只有付出行动才有可能产生价值。劳务财产价值是将来体现的，股东认缴时是不存在的，因此，劳务是不被允许出资的。关于不得以劳务出资的问题，应与实务中经常发生的公司技术能手或者专业骨干持干股的问题区分开来。一般情况下，持干股股东有一定的技能或者特长被公司利用，但他的出资是由公司其他股东替其缴纳的，公司注册资本是充实的，公司其他股东缴纳了全部注册资本金，但公司股东的持股比例与缴纳出资的份额不完全对应，其他股东和持干股股东之间对于持股比例作了特殊安排，实际缴纳或者认缴出资的其他股东让渡出一部分比例的股份，赠与未实际缴纳出资的干股股东持有。在这种情况下公司资本是充实的，股东之间关于持股比例的特殊约定不违反法律规定，不侵害他人利益。而完全单独的以劳务出资，公司资本是空虚的，资本未足额到位，有可能侵犯与公司发生交易的其他第三人的利益。在商业活动中，信用、自然人姓名、商誉、特许经营权在某些情况下可能会带来财产利益，属于无形财产，但它的价值是不确定的，甚至是不可以作价评估的。这种权益也同时具有人身属性，具有不可转让的特征，因此，不能作为用于向公司出资的财产。设定担保的财产负担有或然债务，股东虽然可以将财产交付给公司，但该财产因为权利负担随时可能被变价用于清偿他人债务，从而使已经交付到位给公司的注册资本落空，因此，为保证公司注册资本的实际充实，排除可能存在的风险，不允许以已经设定了财产担保的财产出资。

[结论] 现行《公司法》及相关行政法规规定，货币及可以用货币估价并可以依法转让的非货币财产可以用于出资，但法律、行政法规规定不得作为出资的财产，不得用于出资。1993年《公司法》和2005年《公司法》及相应的行政法规，对可以用于出资的财产范围规定不同，关于公司出资问题应当适用公司设立时施行的法律。2005年《公司法》及相应的行政法规对出资财产范围有放宽规定的，对此前设立的公司，可以参照适用。

【案例评析】

技术使用权及专利申请中的技术是否可以用于向公司出资

原告：天晟公司

被告：甲

诉讼请求：甲向天晟公司补缴出资人民币312万元。

图示：

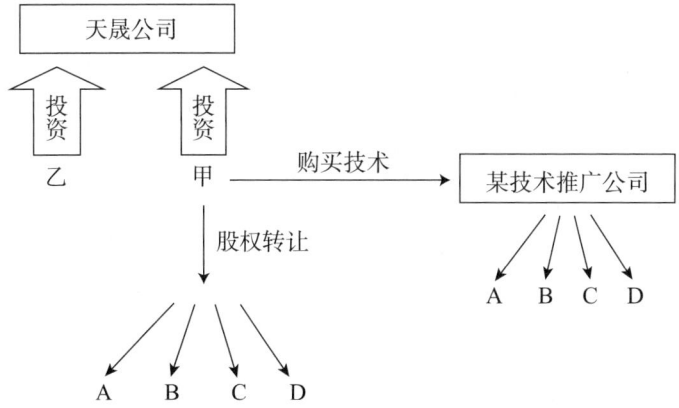

2005年11月，甲与某技术推广公司签订的《双模手机技术转让合作协议书》约定，某技术推广公司以3万元的价格将双模手机技术项目转让给甲，甲有权获得双模手机产品的技术规格文件和资料、全套软件及电路图，某技术推广公司该项技术发明人A、B、C、D有义务向甲提供完整的技术支持等。

2005年12月，甲就该受让的双模手机技术向国家知识产权局申请实用新型等发明专利，该申请被国家知识产权局受理。

2006年1月，甲、乙共同出资设立天晟公司。其中，甲以上述双模手机专利申请技术出资，经评估作价为人民币315万元。甲与天晟公司签订了《双模手机技术项目独家使用权投资合作协议书》，约定：甲将正在申请专利的双模手机技术项目独家使用权作为无形资产投入天晟公司，天晟公司有权获得双模手机产品的技术规格文件和资料、全套软件及电路图等。甲有义务提供完整的技术支持等。甲向国家知识产权局提出申请，将该项专利申请人由甲变更为天晟公司。

2006年2月，甲将其持有的天晟公司的股权分别作价1元，向该双模手机技术项目的发明人A、B、C、D各转让10%的股权，天晟公司办理了相应的股权变更登记。

2006年11月，丙向甲支付70万元，向乙支付150万元收购了甲和乙在天晟公司的全部股份。股份收购后，天晟公司的持股比例变更为：大股东丙持股60%，A持股10%，B持股10%，C持股10%，D持股10%。

2007年3月30日，国家知识产权局向天晟公司寄送了第一次审查意见书，要求天晟公司对专利申请进行修改和补充。因天晟公司未在规定的期限内提出修改和补充意见，2007年10月19日，国家知识产权局发出了视为撤回专利申请的通知书。

天晟公司因未获得双模手机技术项目的专利，认为甲未全面履行出资义务，遂向法院提起诉讼，请求判令甲向天晟公司缴纳出资人民币312万元，并赔偿因未足额缴纳出资而给天晟公司造成的经济损失人民币100万元。天晟公司的主要理由是，甲受让该双模手机技术项目的价格是3万元，其向公司交付技术出资是以专利技术作出评估并确认的价格，现该技术项目未获得专利，其价值仅为3万元，故甲应补缴其承诺缴纳的剩余出资312万元。对因未缴纳部分出资给天晟公司造成的损失100万元，甲也应承担赔偿责任。

甲的抗辩理由主要有：（1）其以双模手机技术使用权或者专利申请技术出资，符合《公司法》的相关规定。（2）天晟公司实际上已经拥有该项技术使用权。该项技术的使用依赖于其发明人的技术支持，在公司成立后甲已经将部分股权过户到该技术发明人A、B、C、D名下，A、B、C、D已经实际进入公司并参与公司的经营管理，故甲已经完成了向天晟公司交付该项技术的全部义务。（3）关于该项技术向天晟公司出资时仅是提出了专利申请，并未获得专利，各方当事人对此是明知的，且没有获得专利授权的责任和原因，是由于天晟公司没有按照国家知识产权局通知的要求，对专利申请文件进行修改和补充，最后被国家知识产权局以未及时补充资料为由通知视为撤回专利申请，该责任应当由天晟公司自行负担。

该案中，甲以3万元的价格从某推广基地获得双模手机技术，以该项技术由评估机构作价315万元作为在天晟公司的出资。在天晟公司成立后，该项技术的实际发明人A、B、C、D分别以1元的价格受让甲在天晟公司10%的股权，并加入天晟公司参与公司的经营管理。上述事实表明，案涉技术有两个定价：一个是甲与某推广基地的合同价格，另一个是天晟公司成立时的评估价格。从天晟公司成立后,该项技术的发明人即以1元的象征价格成为持有天晟公司10%股份股东的事实看,甲与某推广基地对案涉技术的转让价格为约定价格,附带着将来公司成立后该项技术的发明人成为该公司股东的交易内容,3万元的价格并不能体现该项技术的实际价值。该项技术由专业机构进行评估,且评估当时该项技术仅提出专利申请,并未获得专利,没有证据表明评估是虚假的,故应当认定评估机构对该项技术的评估值系其当时的实际价值。根据甲以该项技术出资,该项技术的发明人随后成为天晟公司的股东,提供应有的技术支持和服务,甲向国家专利局提出变更专利申请人为天晟公司的申请及随后国家专利局向天晟公司发出补充材料的通知等,应认定甲向天晟公司交付了案涉技术项目,履行了其技术出资的全部义务。因甲出资的技术属于正在申请专利中的技术,天晟公司在被变更为申请人后,应当保持申请资格,其未及时根据国家专利局的要求补充材料导致丧失申请资格,责任应当由其自己承担,其以该项技术未获得专利批准,未达到原来预期目的为由主张甲出资未到位,缺乏事实基础。

17. 公司设立时,全体股东是否可以全部以非货币财产出资

在公司中,股东最重要的义务是缴纳出资,这不仅是履行合同义务,更重要的是为设立公司筹集初始资本,以满足公司设立的基本费用和公司的最初营业需要,同时也是对与公司交易相对人的一种基本物质保障。一般情况下,公司股东以货币出资为常态,以非货币出资为特殊情况,即为满足投资人或者公司的特殊需要,也可以安排非货币出资。由于公司在设立及开办之初,需要一些流动资金,例如,支付筹建设立公司人员的劳动报酬、承租一定的办公场所、购买必要的技术设备、购买一定的生产物资以保证公司成立后业务的连续

性等，这些事物有可能需要立即支付现金。为保证筹建公司的顺利，有些国家公司法规定公司设立时首次出资要有一定的货币比例。我国 1993 年《公司法》第二十四条第一款规定：股东可以用货币出资，也可以用实物、工业产权、非专利技术、土地使用权作价出资；第二款规定：以工业产权、非专利技术作价出资的金额不得超过有限责任公司注册资本的百分之二十，国家对采用高新技术成果有特别规定的除外。1993 年《公司法》第八十条对股份有限公司的出资也作了同样的规定。可见，1993 年《公司法》仅对列举的无形资产工业产权、非专利技术所占的比例进行了限制性规定，对其他实物财产及土地使用权的所占比例未作限制性规定，除工业产权、非专利技术两种无形资产不能超过 20% 外，其他资产，无论是货币还是非货币，均可以占到 100% 的比例。即使全部为非货币出资，也符合设立公司的要求。2005 年《公司法》对此作出修订，第二十七条第一款规定："股东可以用货币出资，也可以用实物、知识产权、土地使用权等可以用货币估价并可以依法转让的非货币财产作价出资；但是，法律、行政法规规定不得作为出资的财产除外。"第三款规定："全体股东的货币出资金额不得低于有限责任公司注册资本的百分之三十。"第八十一条、第八十三条对股份有限公司的出资规定与有限责任公司相同。按 2005 年《公司法》的规定，股东认缴的出资额中，不得全部为非货币财产，至少有 30% 为货币，可以有 70% 为非货币财产。2013 年《公司法》取消了 2005 年《公司法》第二十七条第三款关于"全体股东的货币出资金额不得低于有限责任公司注册资本的百分之三十"的规定，所以现行《公司法》对公司设立时股东出资为货币或者非货币财产没有任何限制性规定。对设立的公司，全体股东的出资可以全部为非货币资产。由于第二十七条第一款有关于"法律、行政法规规定不得作为出资的财产除外"的但书规定，应解读为法律、行政法规对某些特殊类型的公司出资财产有特殊规定要求的，必须符合要求，如果限制非货币出资，即该类公司不得以非货币财产出资，例如，《商业银行法》第十三条第一款规定："设立全国性商业银行的注册资本最低限额为十亿元人民币。设立城市商业银行的注册资本最低限额为一亿元人民币，设立农村商业银行的注册资本最低限额为五千万元人民币。注册资本应当是实缴资本。"该规定明确了商业银行的出资应当为货币。

[结论] 现行《公司法》对股东出资是否为货币没有限制性规定，可以是货币，也可以是非货币财产，但是法律、行政法规有特殊规定的除外。

【案例评析】

微信账户是否可以出资

焦点问题：

1. 微信账户是否可以出资？

2. 股权转让后，对未缴纳的出资，由转让方承担还是受让方承担？

原告：阳光公司

被告：踪影、飓风、春雷

诉讼请求：阳光公司的具体诉讼请求：追加踪影、飓风、春雷为被执行人；踪影在其出资800万元范围内、飓风在其出资的600万元范围内、春雷在其受让出资的600万元范围内，分别对无语公司不能偿还的工程款2800万元本息承担补充赔偿责任。

图示：

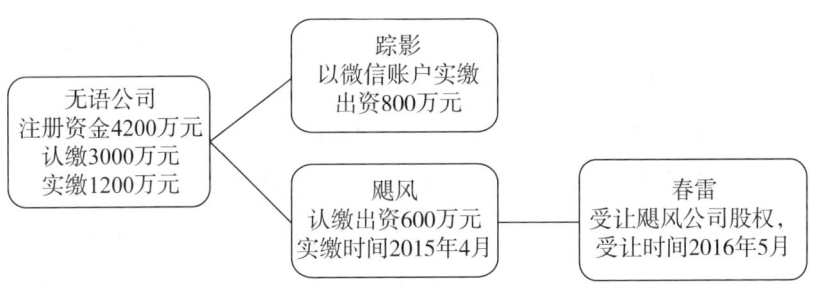

法院判决万峰公司向阳光公司支付拖欠的工程款2800万元及利息。阳光公司申请强制执行。2015年6月，无语公司向执行法院出具保证书，自愿以公司全部财产为万峰公司债务提供保证。因万峰公司、无语公司均不偿付上述债务，经阳光公司申请，执行法院追加无语公司为被执行人。后阳光公司又申请追加无语公司股东踪影、飓风、春雷为本案被执行人，请求其承担无语公司承诺的债务责任。执行法院裁定驳回阳光公司关于追加无语公司股东为被执行人的请求,阳光公司遂提起本案诉讼。

公司登记机关的登记材料显示:无语公司于2013年6月依法登记成立,公司类型为有限责任公司,注册资本4200万元,其中认缴出资3000万元,实缴出资1200万元。公司成立时股东为踪影、飓风、晚霞等案外人,其中,踪影以微信账号使用权出资,折合人民币800万元,飓风以货币方式认缴出资600万元,约定的实缴期限为2015年4月,其他由案外人晚霞等出资。

2016年5月,飓风与春雷签订股权转让协议,将其在无语公司的全部股权转让给春雷。2016年6月,无语公司修改后的公司章程载明,飓风的股东及出资额变更为春雷以货币方式出资600万元。

2016年9月,无语公司召开股东会,决议修改公司章程,将出资期限变更为2045年4月。

阳光公司主张踪影承担责任的理由:微信账号是虚拟财产,不符合公司法关于实物出资的财产形式,踪影应补足出资,在其认缴的800万元范围内对无语公司拖欠其债务承担责任。

踪影的抗辩理由:无语公司为大型文化艺术娱乐公司,其经营范围包括户外运动策划、大型活动组织策划等,其微信账号绑定使用的手机账号、银行卡、密码及实名认证的手续等全部交给公司,无语公司将其微信账号用于客服人员与客户沟通交流、业务拓展及财务支付结算等。

阳光公司主张飓风、春雷承担责任的理由:飓风认缴出资的实缴时间是2015年4月,到期后其未实际缴纳,其将股权全部转让给春雷公司,春雷公司在其受让股权时对飓风未实缴出资的事实是明确知道的,故对该股权份额下的出资,飓风公司和春雷公司应共同承担责任,补交出资用于清偿无语公司拖欠其债务。

飓风的抗辩理由:阳光公司请求无语公司履行债务的时间2016年6月,其实缴出资时间是2015年4月,没有实际交付出资的情况发生在债务形成前,无语公司已经通过修改公司章程,将出资的认缴期限确定为2045年4月,现在实缴期限尚未到来,故不应承担责任。

春雷的抗辩理由:其受让股权的时间是2016年5月,其对飓风未实缴出资不知情，其向飓风支付了股权转让款 600 万元，进入公司后查阅公司账簿和原始凭证等，才发现公司内部存在股东出资不实的问题，其主张自己也是受害人，故不应承担无语公司的债务责任。

根据上述案件事实，对当事人的主张是否成立分析如下：

第一，踪影以微信账户出资是否符合公司法规定，其是否承担本案债务责任。

根据《公司法》第二十七条规定，除法规定禁止用于出资的财产外，股东可以非货币财产出资。非货币财产可以是有形的实物，也可以是无形资产，无论哪种形式，须具备可以用货币估价并可以转让的特点。根据目前的经济发展状况，社会生产资料比较多元，信息化促进社会经济的发展，网络平台、信息、大数据等，在现实社会中具备商业价值，可以确定为可供出资的无形资产。根据《公司法》的规定，对非货币财产应评估作价确认价值，目前，有些资产具备评估的条件，有些新类型的资产还不具备大家普遍认知的评估方法，对此，股东之间可以根据出资财产对公司经营的重要意义协商定价。微信账户属于社交工具，附有大量信息、客户，同时还可以附着其他功能。本案无语公司是文化艺术类公司，经常举办大型活动，踪影提供的微信账户已经实际交付公司且被公司使用，说明其微信账户具有经济价值，已经成为公司可用的生产资料，并非虚拟财产。微信账户虽属于个人实名认证办理的账户，捆绑个人信息，但仍然可以办理过户手续，或依法可以转让他人使用，微信账户非法律禁止流通或禁止出资财产，应认定踪影出资财产的合法性。阳光公司未提交微信账户没有商业价值，或者估价不实、虚高等的其他证据，其关于踪影未出资及应补足出资的主张不成立，踪影不应承担本案的债务责任。

第二，飓风转让股权后，是否应承担本案债务责任。

飓风承诺向无语公司实际出资的时间是 2015 年 4 月，但直至其于 2016 年 5 月转让股权时也未实际缴纳相应的出资。无语公司承诺保证万峰公司偿还阳光公司债务的时间虽然是 2016 年 6 月，但当时无语公司的公司登记材料显示飓风实际缴纳出资的时间是 2015 年 4 月，无语公司在公司登记机关的登记材料对阳光公司具有公示效力。在阳光公司债权形成时，根据无语公司公示的材料，阳光公司有正当理由相信飓风实际缴纳了出资，无语公司的注册资本是充实的，飓风应承担欠缴出资的责任。2016年9月，无语公司通过修改公司章程将出资时间时变更为2045年，该行为明显是逃避无语公司对外的债务责任，无语公司股东在事后通过修改章程改变股东出资时间，对阳光公司不产生对抗效力。飓风在未填补出资的情况下转让股权，但到本案发生时，该未足额的出资仍未得到填补，故飓风对无语公司的出资义务仍不能免除，飓风应对出资不实部分向无语公司债权人阳光公司承担相应的责任。

第三，春雷受让股权后，是否应承担本案债务责任。

春雷受让飓风股权时间是2016年5月，根据无语公司在公司登记机关的资料显示，飓风实际缴纳出资的时间应是2015年4月，以此推理，春雷在受让飓风股权时，飓风已经完成了向无语公司实际缴纳出资的义务。根据本案事实，没有证据表明春雷对飓风未足额出资知情，故阳光公司主张春雷承担责任的情形不符合《公司法若干问题的规定（三）》第十八条的规定，因春雷受让股权时对前手未足额出资不知情，故春雷主张是受害者，不承担未足额出资责任的理由成立，春雷不应对本案债务承担责任。

18. 公司设立时，股东如何向公司缴纳认缴的出资

安排股东向公司交付认缴的出资时，应当注意以下几个问题：

第一，股东之间必须协商确定，关于各股东用于出资的财产及向公司交付的时间，该内容应当记载于公司章程中。《公司法》第二十五条规定："有限责任公司章程应当载明下列事项：……（五）股东的出资方式、出资额和出资时间……"第八十一条规定："股份有限公司章程应当载明下列事项：……（五）发起人的姓名或者名称、认购的股份数、出资方式和出资时间……"《公司登记管理条例》第九条规定："公司的登记事项包括：……（四）注

资本；（五）公司类型……（九）有限责任公司股东或者股份有限公司发起人的姓名或者名称。"《公司注册资本登记管理规定》第九条规定："公司的注册资本由公司章程规定，登记机关按照公司章程规定予以登记……公司注册资本发生变化，应当修改公司章程并向公司登记机关依法申请办理变更登记。"上述规定表明，股东的出资方式和时间是记载于公司章程中的，而公司章程是设立公司必备的文件并提交公司登记机关备案和备查的。可见，关于出资方式和时间，股东之间应当协商确定，一方面是股东之间的约定，另一方面是对社会的承诺，因此，股东应当严格按照约定的方式出资，股东自己不得随意变动。

第二，股东的各种出资需要换算为人民币，统一按人民币来计算缴纳出资的数额。对于以货币出资，但属于非人民币的，应当按照当日外汇牌价换算出人民币的价值作为出资的数额。《公司登记管理条例》第十三条规定："公司的注册资本应当以人民币表示，法律、行政法规另有规定的除外。"《公司法》第二十七条第二款规定："对作为出资的非货币财产应当评估作价，核实财产，不得高估或者低估作价。法律、行政法规对评估作价有规定的，从其规定。"《公司法》第八十二条规定了股份有限公司发起人的出资方式，适用第二十七条的规定。

第三，办理交付手续。《公司法》第二十八条规定：股东以货币出资的，应当将货币出资足额存入有限责任公司在银行开设的账户；以非货币财产出资的，应当依法办理其财产权的转移手续。股东以货币出资的，应将货币资金汇入设立公司时指定的接收投资的账户。《公司法》第八十三条对以发起设立方式设立股份有限公司缴纳出资，也作了类似的规定。对于出资是非货币财产的，应当办理财产权移交手续，需要办理过户登记的，应在一定期限内办理过户登记手续，不需要办理过户登记的，应当办理其他必要的财产权移交手续，例如，移交购物发票、办理财产交接清单等。对非货币财产，应当经过评估确定价值。

《公司注册资本登记管理规定》第九条第二款规定："以募集方式设立的股份有限公司的注册资本应当经验资机构验资。"对该类方式设立的公司，缴付资金时还需要履行验资手续。

[结论]股东向公司出资需要明确交付时间,对以货币出资,应当将资金汇入指定银行账户;对以非货币财产出资,应当办理产权移交手续。对交付的财产,应当统一用人民币核算具体数额。

【案例评析】

没有签署获得股权的必要法律文件,是否可以主张获得公司股权并请求确认具有公司股东身份

原告:A

被告:水电公司、甲

诉讼请求:请求确认A为水电公司股东,A应分配水电公司红利。

图示:

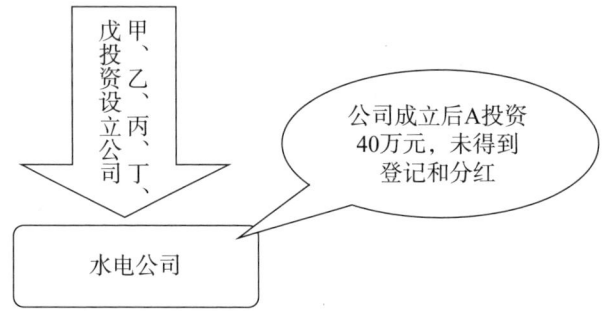

甲、乙、丙、丁、戊五人拟在某水电站的基础上发起设立水电公司,2001年3月,上述五人共同签订《水电有限责任公司发起人协议书》,并制定了公司章程。在发起人协议书中,约定了各股东的出资及占股比例,其中,甲的投资在注册资本中占40%,为公司大股东及实际控制人。水电公司于2001年11月9日获得注册登记,领取了企业法人营业执照。甲因资金不足不能完成向水电公司缴纳出资的义务,即联系A投资。2001年11月和12月期间,A先后两次共出资40万元交付给甲,甲为其开具了加盖了水电公司公章的收款收据。在水电公司的章程和工商登记注册中均未确认A的股东身份。自2001年水电公司产生经济效益以来至2008年年底止,水电公司股东共分红数额为600余万元。A自2001年投资以来,没有分配到股东红利。

A向法院提起诉讼,主张水电公司大股东及实际控制人邀请其向水电公司投资，其两次投资共计 40 万元，请求确认其具有水电公司股东资格及分配应得红利。

水电公司及甲的抗辩理由为：A 公司向水电公司出资是其自愿的，是期权行为，如果将来水电公司增资，将确认其股东身份，但现在水电公司不具备增资条件。

该案中，甲联系 A 出资，A 在向甲交付投资后获得了加盖水电公司公章的收款收据，但其没有履行成为水电公司股东的必要法律要件，没有获得股东权利的基础法律关系。《公司法》第二十五条第二款规定："股东应当在公司章程上签名、盖章。"第二十八条规定：股东应当按期足额缴纳公司章程中规定的各自所认缴的出资额。股东以货币出资的，应当将货币出资足额存入有限责任公司在银行开设的账户。A 没有在水电公司章程上签名、盖章，缺乏与水电公司其他股东的必要沟通与协商，不能提供证明公司其他股东同意其加入公司的证据；A 将投资资金交付给甲，而不是缴付到水电公司在银行开设的账户，A 对此未提出合理质疑；A 在投资后没有获得公司对股东的分红。这些事实表明，A 虽然有投资行为，但其未参加设立获得股东身份及股权的法律关系，且在事实上水电公司也未认可其股东身份。A 没有注意到《公司法》对获得公司股东身份规定的必要条件，虽然拿出资金投资，但因没有形成必要的民事法律关系，其获得股东身份的主张难以获得支持。甲联系 A 出资的事宜，是甲的个人行为，A 向甲交付投资，与甲个人形成的债权债务关系，可以依法获得其他民事权益。

19. 股东以不享有处分权的财产向公司出资，财产权利人主张权利的，应如何处理

一般情况下，以非货币财产向公司出资是要向公司转移权利的，包括所有

权、使用权或者其他财产权利，因此，股东出资时对所转移的非货币财产，应当享有处分权，有权转让或者是已经所有权人同意。如果股东对出资的财产没有处分权或者处分未经权利人同意或者批准，那么公司取得的财产权利是不稳定的，可能会遭到真正的权利人追索。现实经济生活发展中，财产或者财产权利的种类不断增多，所有权人对其财产权利的各种授权或者设置的各种权利外观越来越复杂，而传统意义上的动产或者不动产的所有权或者处分权则采取公示、占有等方式表达权利，以此出资能够比较便利地识别处分权人。但对于以有些财产权利的出资，其权利人往往是难以识别的。例如，以股权出资，有可能存在隐名股东的问题；以债权出资的，债权人可能已经将该债权打包出售给他人，有可能存在债权转移的问题；以生产设备出资的，有可能该设备是通过融资租赁的方式购买的，股东虽然占有和使用，但该设备的处分权有可能由租赁公司享有；等等。

在股东对出资财产没有处分权的情形发生时，可能会因两方面的法律关系被提起诉讼：一方面是围绕确认财产权利归属发生的纠纷，真正权利人行使追索权提起诉讼，主张认定股东对其用于出资的财产无权处分，请求公司返还用于出资的财产等；另一方面是围绕公司资本制度提起诉讼，因股东对出资财产无权处分，该股东的出资存在瑕疵，公司有可能对该股东提起诉讼，请求其修正出资瑕疵，保障公司资本充实；设立公司时的其他股东有可能提起诉讼，请求有出资瑕疵的股东承担违约责任；公司债权人有可能提起诉讼，以股东出资未到位，影响其对公司债权实现为由，请求该股东对公司债务承担补充清偿责任；等等。

对于围绕权利归属发生的追索权利之诉，无论股东出资财产属于动产、不动产物权所有权或者其他财产权利，均可以按照《民法典》第三百一十一条的规定处理。最高人民法院《公司法若干问题的规定（三）》第七条第一款规定："出资人以不享有处分权的财产出资，当事人之间对于出资行为效力产生争议的，人民法院可以参照民法典第三百一十一条的规定予以认定。"《民法典》第三百一十一条第一款和第二款规定："无处分权人将不动产或者动产转让给受让人的，所有权人有权追回；除法律另有规定外，符合下列情形的，受让人取得该不动产或者动产的所有权:(一)受让人受让该不动产或者动产时是善意;(二)以合理的价格转让;(三)转让的不动产或者动产依照法律规定应当登记的已经登记,不需要登记的已经交付给受让人。受让人依据前款规定取得不动产或者动产的所有权的,原所有权人有权向无处分权人请求损害赔偿。"

根据《民法典》第三百一十一条关于善意取得物权的三个条件,并结合公司股东出资的特点,在分析认定股东以不享有处分权的财产出资时应注意以下问题:

第一,公司接收股东出资时需为善意。善意是一种主观意图,这是看不见的,但我们可以通过客观行为对主观意图进行判断,一般认为,善意是指受让人有真实的交易目的,不知道或者无法知道转让人是无处分权的情形等,可以判断为善意。例如,出资财产为机械设备,该财产原来由出资的股东占有或者使用,在交付时公司查阅了该股东的相关财务报告,报告中记载为该股东单位的固定资产,或者公司要求该股东提供了购买该机械设备的税务发票等。在此情形下,如果没有证据证明股东在向公司交付财产时向公司直接说明机械设备物权归属的情况,应推定公司的主观状态为不知道或者不可能知道,公司要求股东提交产权移交时应当履行的正当手续,尽到了谨慎审查的义务,公司是善意的交易人。实务中,由于股东和公司之间存在密切关系,公司是由股东管理或者控制的,有时发生这种出资的股东恰好是控制股东,在诉讼中股东和公司是一个声音,联合举证,实务中针对这种情况认定公司为善意时,应当比较慎重。

第二,对股东用于出资的非货币财产进行了评估,确认了合理的价格。《民法典》第三百一十一条规定了善意取得需要以合理的价格转让,这里含有两层意思:一个是定价要合理;另一个是已经履行完毕,即已经支付了合理的对价。针对股东以无处分权的财产用于向公司出资的场合,股东向公司出资后兑换了股权,应当解读为受让人公司已经支付了对价,故对该问题,重点应当考核支付的对价是否合理。由于《公司法》规定股东以非货币财产出资的,应当进行评估,故对于合理价格的考察,首先应当看出资时对该财产的评估作价是否合理。股东向公司出资时，有时是等价出资，即出资财产全部折算为股权，有时是溢价出资，即一部分财产用于折算股权，另一部分财产纳入公积金或者作为股东应当履行的投资义务等其他约定。由于出资时可能存在溢价出资的环节，因此，应结合评估报告确定的财产价值和公司内部是否有溢价的约定两个情形来考察价格是否合理的问题。如果评估报告评估价值是恰当的，该财产全部价值用于满足对应的注册资本金外还有剩余，公司没有关于溢价出资的约定，那么公司与股东之间兑换股权得到财产的剩余价值应当认定为是不合理的，如果公司对此不能作出合理的解释，并且剩余价值差价偏大，明显不合理的，可以作出价格不合理的认定，也就是说公司未支付合理的对价，不符合《民法典》第三百一十一条第一款第（二）项规定的"以合理的价格转让"的条件。

第三，股东用于出资的财产属于依照法律规定应当登记的已经登记，不需要登记的已经交付给公司实际占有或者使用等。《民法典》第二百零九条明确物权登记制度，以不动产物权出资的，除法律有特殊规定外，应当以登记为准。对于以其他动产出资的，如果有法律规定该种类财产变更权利主体需要登记的，应当办理登记。这里的登记规定是指其他法律、法规规定的登记。规定登记的规范位阶低于法律、行政法规的，如地方性法规、条例等，不属于应当适用该要件的范围。在我国目前的法律体制下，关于权利的登记有两种性质：一种是设权和公示性质的登记，例如，房地产登记；另一种是单纯的公示登记，不具有设权性质，仅有对抗效力，例如，股权登记，车辆、船舶和航空器的登记等。无论股东向公司出资的财产权利属于哪种类型的登记，均以履行了登记手续为公司可能取得出资的要件，没有登记的，不发生对抗效力，原权利人均有可能依法取回相关财产。对于股东用于出资的财产，法律没有关于登记规定的，或者关于登记规定在地方性法规或者条例中的，一律以公司实际占有、使用或者实际享有权利等为标准。

[结论] 对股东以不享有处分权的财产出资，并且已经实际向公司交付的，如果权利人主张返还的，应当考虑适用善意取得制度。

20. 股东以犯罪行为所得财产向公司出资的,应如何处理

一般认为,取得无处分权人处分的财产、遗失物、盗赃物等所有权问题,是有共性的民事法律关系问题,在传统的民法理论研究或者民事立法中,一般将这三个问题放在一起作对比研究,或者加以规定。关于无权处分和遗失物的第三人取得制度,在《民法典》第三百一十一条和第三百一十二条作出了规定,但《民法典》对盗赃物的取得制度未作出规定。在我国以往的司法实务中,对于因盗窃、侵占、挪用、贪污、诈骗、抢劫等犯罪行为侵犯的权利人财产,一般是由司法机关在追究犯罪的过程中,依照刑法、刑事诉讼法及治安管理处罚条例等有关法律、法规的规定予以追缴,并在追缴后退回给权利人。对于赃款、赃物,包括犯罪所得的货币或非货币财产,再次发生流转的,例如,用抢劫或者盗窃的钱认购股票,将侵占的单位生产原料用于向其他公司投资等,再次发生流转以后如何保护善意第三人的合法权益,我国目前还没有统一的法律规定。一些国家和地区的规定可以借鉴:[①]

《法国民法典》第 2279 条规定,占有物如果是遗失物或者盗窃物时,其遗失人或者被害人自遗失或者被盗之日起 3 年内,得向占有人请求回复其原物。第 2280 条规定,现实占有人如其占有的盗窃物或遗失物系由市场、公卖或者贩卖同类物品的商人处买得者,其原所有人仅在偿还占有人所支付的价金时,使得请求回复其物。

《德国民法典》第 953 条规定:对丢失的物,无善意取得,(1)从所有权人处盗窃的物、由所有权人遗失或者因其他原因丢失的物,不发生根据第 932

[①] 参见胡康生主编:《中华人民共和国物权法释义》,法律出版社 2007 年版,第 242 页。

条到 934 条的规定取得物权。（2）对于金钱或者无记名证券以及以公开拍卖方式出让的物，不适用上述规定。

《日本民法典》第 193 条规定，盗赃、遗失物的特则：于前条情形，占有物系盗赃或者遗失物时，受害人或者遗失人自被盗或遗失之时起 2 年间，可以向占有人请求回复其物。第 194 条规定，盗赃及遗失物，如系占有人由拍卖处、公共市场或者出卖同种类物的商人处善意买受者时，受害人或者遗失人除非向占有人清偿其支付的代价，不得回复其原物。

瑞士、俄罗斯及我国台湾地区"民法"也有类似的规定。

从上述规定可以看出，第一，一些国家和地区是将抢盗取得财产与遗失物取得财产的制度捆绑在一起，采用一个标准规定的。第二，规定不得适用善意取得制度。第三，规定取回财产时支付对价的条件。如果第三人是在恰当交易的场合取得财产并支付了对价的，所有权人要取回财产时需要支付对价。第四，对于货币或者不记名有价证券，占有人没有返还义务。

参考上述国家和地区的规定并结合我国现有法律和司法实践情况，结合公司设立的情形，对于出资的财产系犯罪行为所得，并且已经办理了向公司交付手续的，可以采取以下方式处理：

第一，对于设立公司时公司获得的财产为货币或者无记名有价证券的，公司无义务返回该财产。最高人民法院《公司法若干问题的规定（三）》第七条第二款规定："以贪污、受贿、侵占、挪用等违法犯罪所得的货币出资后取得股权的，对违法犯罪行为予以追究、处罚时，应当采取拍卖或者变卖的方式处置其股权。"该规定意味着，以犯罪行为所得货币出资后，对犯罪嫌疑人追赃时，不得从公司划走相关的货币，只能拍卖处置股权。

第二，对于涉及职务犯罪的非货币财产出资的，要求公司返还财产应当慎重，贪污、受贿、侵占、挪用等职务犯罪行为涉及的非货币财产，因职务犯罪的特点，犯罪分子对单位财产往往有管理权，可以表现为其个人占有，公司在接收该财产时可能有理由相信犯罪分子有处分权，故公司的利益应当受到保护，可以参照《公司法若干问题的规定（三）》第七条第二款的规定处理，在追缴赃物时，应当针对犯罪分子在公司享有的股权，不宜简单地拆分公司资产，划走公司注册资金或者取走已经向公司交付的财产。

第三，对于犯罪分子以盗窃、抢劫、诈骗所获非货币财产及他人遗失非货币财产出资的，权利人可以取回，但应支付合理对价。由于公司设立时股东缴纳出资有严格的法律审核程序，对以非货币财产出资的，需要由有资质的评估机构进行评估，在公司设立时公司章程中对股东出资具体财产应当有记载，公司章程及记载的出资情况在公司登记机关应当公示等。这些活动及公示，相当于一般交易的公开拍卖或者在经营者处购买财产的公开透明及正当交易程度，如果原权利人要取回财产时，应当支付合理对价，至少是以评估价格回购该财产。我国《民法典》第三百一十二条规定："所有权人或者其他权利人有权追回遗失物。该遗失物通过转让被他人占有的，权利人有权向无处分权人请求损害赔偿，或者自知道或者应当知道受让之日起两年内向受让人请求返还原物；但是，受让人通过拍卖或者向具有经营资格的经营者购得该遗失物的，权利人请求返还原物时应当支付受让人所付的费用。权利人向受让人支付所付费用后，有权向无处分权人追偿。"

[结论] 对于设立公司时，存在获得货币、无记名有价证券或者其他财产系犯罪所得并被股东用于出资的情形，如果公司对此不知情，公司没有返还该财产的义务。针对犯罪行为追缴赃款、赃物时，一般以变卖股权的方式予以处理为宜。如果返还原物有法律依据时，应当考虑是否向公司支付合理对价的问题。

21. 股东以已经设立了抵押或质押的财产或权利向公司出资的，应如何处理

现行的《公司登记管理条例》规定，股东的出资方式应当符合《公司法》第二十七条的规定，但是，股东不得以劳务、信用、自然人姓名、商誉、特许经

营权或者设定担保的财产等作价出资。虽然法律、行政法规已经明确规定设定了担保的财产不得用于出资，但现实中仍存在申请设立公司时瞒报、漏报，发生以设定了抵押、质押的财产作为公司出资并获得了公司登记机关批准的情形。

实务中，对因此发生的纠纷如何处理，最高人民法院《公司法若干问题的规定（三）》第八条规定："出资人以划拨土地使用权出资，或者以设定权利负担的土地使用权出资，公司、其他股东或者公司债权人主张认定出资人未履行出资义务的，人民法院应当责令当事人在指定的合理期间内办理土地变更手续或者解除权利负担；逾期未办理或者未解除的，人民法院应当认定出资人未依法全面履行出资义务。"该条中规定的权利负担，包括出资财产设定了担保的情况，即以设定了抵押或者质押的财产或者财产权利出资的情况。该条司法解释解决了两个层面的问题：

第一，公司出资财产有权利负担瑕疵时谁有诉权。

首先，公司应当有诉权。对于公司出资财产存在权利负担时，公司的资本充实受到挑战，已经设定抵押或者质押的财产或者权利，随时有可能被变价且所得价款需支付给第三人。当公司接收出资的资产面临这样不安定因素时，应当赋予公司诉权，由公司请求该瑕疵出资的股东解除权利负担，保障公司资本充实。其次，公司其他股东应当有诉权。《公司法》第三十条规定："有限责任公司成立后，发现作为设立公司出资的非货币财产的实际价额显著低于公司章程所定价额的，应当由交付该出资的股东补足其差额；公司设立时的其他股东承担连带责任。"《公司法》第九十三条第二款规定："股份有限公司成立后，发现作为设立公司出资的非货币财产的实际价额显著低于公司章程所定价额的，应当由交付该出资的发起人补足其差额；其他发起人承担连带责任。"从《公司法》的上述规定可以看出，对于向公司出资的非货币财产出现不足额时，公司设立时的股东之间依法应当承担连带责任。从某种意义上看，公司设立时的股东对公司注册资本充实有担保责任，一旦出现缴纳的出资未足额，原始股东或者发起人对此应当承担连带责任，有义务弥补公司的注册资本瑕疵。根据权利义务对等的原则，在规定原始股东或者发起人承担义务的同时，应当赋予其权利，为避免承担连带责任，在发现出资瑕疵时可以主张救济，有权提起诉讼，请求未足额的股东补足差额。出资财产设定了抵押权或者质权，是公司注册资本瑕疵的情形之一，应当赋予公司设立时的其他股东诉权，其可以请求以设定了抵押或者质押财产出资的股东将权利负担解除，或者替换其他非货币财产出资，或者以货币出资。从股东代表诉讼制度的安排看，如果公司注册资本金存在瑕疵，公司的财产利益受到损害，公司怠于主张的，公司股东也可以依据《公司法》第一百五十一条的规定，提起股东代表诉讼，主张相关股东向公司全面履行出资义务。缴纳出资应当适用平等原则，股东未缴纳出资时将成为公司的债务人，出现拖欠出资情形时，公司可以直接催缴，公司其他股东也可以通过行使诉权催缴。

第二，该类案件人民法院的审理程序和认定标准。

对于解除出资财产权利负担案件的审理，《公司法若干问题的规定（三）》已经作出了明确规定。根据该司法解释第八条规定，在审理程序方面，人民法院应当首先为当事人指定合理期限，由当事人解除权利负担。在合理期限届满后当事人仍未解决问题的，可以认定出资人未依法全面履行出资义务。以设定了担保财产出资的股东，可以选择向抵押权人或者质权人提前清偿债务，可以与抵押权人、质权人协商解除出资财产的权利负担，以其他财产替换设定了抵押或者质押的财产等，可以与公司股东协商替换出资财产，以货币或者其他未设定抵押的等额财产替换设定了抵押的出资财产。当事人可以主动提出解除权利负担的方案，人民法院再根据该方案实施的可能性和所要花费的时间，确定并给当事人一定的合理期限，在合理期限届满时当事人解除权利负担的，应当认定当事人履行了出资义务，驳回原告起诉。未解除权利负担的，可以认定未全面履行出资义务。

《公司法若干问题的规定（三）》第十三条规定：股东未履行或者未全面履行出资义务，公司或者其他股东请求其向公司依法全面履行出资义务的，人民法院应予支持。公司债权人请求未履行或者未全面履行出资义务的股东在未出资本息范围内对公司债务不能清偿的部分承担补充赔偿责任的，人民法院应予支持。根据上述规定，如果以已经设立了抵押或者质押的财产或者权利出资的股东，应及时解除权利负担，或者以其他财产替代出资财产，否则，公司及公司股东可以请求司法救济，强制该股东替换出资或者解除权利负担。如果抵押权或者质押权实现后导致公司出资不实的，公司债权人可以请求该瑕疵出资股东在其出资财产不足范围内对公司债务承担补充赔偿责任。

根据《民法典》的规定，依据抵押权设立时间的不同，可以将抵押权分为两种：第一种是登记设立的抵押权。《民法典》第四百零二条规定："以本法第三百九十五条第一款第一项至第三项规定的财产或者第五项规定的正在建造的建筑物抵押的，应当办理抵押登记。抵押权自登记时设立。"第二种是以签订合同设立的抵押权。《民法典》第四百零三条规定："以动产抵押的，抵押权自抵押合同生效时设立；未经登记，不得对抗善意第三人。"对用于出资的财产，权利负担的是第一种抵押权的，因抵押权自登记时设立，以该类财产出资的，其出资时已经登记的，出资的财产负担抵押权，否则不负担抵押权。对用于出资的财产，权利负担是第二种抵押权的，因以这类财产担保，抵押权系合同生效时设立，在以该类财产出资的，有的抵押权可能办理登记，有的抵押权可能未办理登记。根据未办理登记不能对抗善意第三人的法律规定，以该类财产出资的，如果股东仅签订了抵押合同，在未办理登记的情况下将财产交付给公司作为出资财产的，公司取得该财产的所有权，则该财产可被视为未负担抵押权，公司可以所有权人身份对抗抵押权人，公司资本充实可以不受到威胁。如果股东签订了抵押合同，在办理了抵押登记的情况下将财产交付公司的，该抵押权对公司发生对抗效力，公司收到的财产，将来可能遭遇被变价并用于给付抵押权人，故这种虽然是以合同生效的抵押权，但办理了登记手续后交付给公司用于出资的情形，属于未全面履行出资义务。

以权利设定质押的，根据《民法典》的规定，质权一般是需要登记设立，所以，如果是以设定了质押的财产权利出资的，在交付公司时已经被登记了，应当适用《公司法若干问题的规定（三）》的规定。

[结论] 以已经设立了抵押的财产或者质押的财产权利出资的，属于未全面履行出资义务。如果因此发生诉讼，在诉讼程序中有效解决权利负担问题的，可以免除未全面履行出资义务的责任，否则，应当认定未全面履行出资义务并承担相应的法律后果。

22. 股东以划拨国有土地使用权向公司出资的，应如何处理

国家无偿划拨给企业使用的土地，是指国家将土地使用权交给企业使用，不收取土地出让金。关于企业使用的划拨土地，目前基本有两种产生方式：一种是历史遗留的划拨土地，另一种是根据《土地管理法》第五十四条规定，可以以划拨方式取得土地，包括四种情况：（1）国家机关用地和军事用地；（2）城市基础设施用地和公益事业用地；（3）国家重点扶持的能源、交通、水利等基础设施用地；（4）法律、行政法规规定的其他用地。

与无偿划拨使用土地相对应的是有偿使用土地，国家通过出让的方式将土地使用权让与，土地使用者将使用土地收益的一部分，作为有偿使用土地的费用向国家支付。国有土地有偿使用的方式一般包括：（1）国有土地使用权出让；（2）国有土地租赁；（3）国有土地使用权作价出资或者入股。

因划拨取得土地使用权和因出让取得土地使用权是有区别的：第一，使用费用不同。因划拨土地使用者是无偿使用土地，无须缴纳出让金。因出让取得土地使用权，需要向国家支付一定的出让金。国有土地属于全民所有，由国务院代表国家依法行使土地所有权。国家土地所有权不能流转，一般情况下，国家保留土地所有权四项权能中的处分权，将占有、使用和收益的权利提供给土地使用者。占有和使用土地的人，出让取得土地使用权的，需要将使用土地收益的一部分，作为有偿使用土地的费用向国家支付。第二，使用期限不同。划拨土地的使用一般是无期限的，划拨地的使用对象一般为国家机关、城市建设基础设施和公益事业单位及军队驻地等满足国家政治稳定、经济和文化发展及国防建设等基本需要的单位。因出让取得土地使用权是有期限的，根据土地使用性质，国家依法确定宗地在一定期限内使用，并以此计算收取土地使用费用

等。第三，使用权限范围不同。划拨土地使用权对土地各项权能的利用是受限制的，例如，改变使用用途、设定他项权利等，如果用地单位要改变使用用途，必须履行相应的批准手续。因出让而有偿使用土地所获得的土地使用权，是可以行使土地使用权的各种权能，例如，转让、出资、租赁、设定他项权利等。

从上述比较可以看出，无偿划拨土地属于用地单位取得的利用国家土地的权利，并非完整意义上的土地使用权，用地单位在使用该类性质的土地使用权的各项权能时应当受到一定限制。一般情况下，除非国有资产管理部门代表国家以土地出资，对其他获得无偿使用土地的单位，没有国家授权是不允许以划拨土地使用权投资的。为保证公司资本充实，公司能够享有完整意义上的财产权利，应当办理产权过户手续。划拨土地使用权是针对特定单位拨付的，如该特定单位将土地使用权用于出资并过户给公司，需要国家土地管理部门同意，否则是不可能实现的。如果国家同意改变土地使用权的用途，由划拨改为出让，由土地使用者缴纳一定的出让金，变无偿划拨为有偿使用的，股东可以在有偿取得土地使用权后再向公司投资，这样可以保证公司获得完整意义上的土地使用权，真正获得土地使用权的各项权能。

最高人民法院颁布的《公司法若干问题的规定（三）》第八条规定："出资人以划拨土地使用权出资，或者以设定权利负担的土地使用权出资，公司、其他股东或者公司债权人主张认定出资人未履行出资义务的，人民法院应当责令当事人在指定的合理期间内办理土地变更手续或者解除权利负担；逾期未办理或者未解除的，人民法院应当认定出资人未依法全面履行出资义务。"如果当事人是因划拨土地出资请求股东承担责任发生诉讼，可以适用该规定处理。该规定解决了哪些人有诉权的问题，同时也规定法院审理该类案件应当安排合理期限由当事人办理过户手续，不能办理过户手续的应按未全面履行出资义务的情形处理。①《公司法若干问题的规定（三）》规定的意义为：以划拨土地使

---

① 参见本书第21个问题，股东以已经设定了抵押、质押的财产向公司出资的，应如何处理问题的论述。

用权出资的，因未办理过户手续，公司不能实际享有土地使用权，对划拨土地国家有权无偿收回，这样就会形成公司资本虚置，因此，以该财产出资的股东应当承担未全面履行出资义务的责任。

该司法解释规定了该类问题的一般处理原则，实务中情况比较复杂，应当根据具体情况予以分析确定。以下两种情况可以酌情认定股东履行出资的义务。

第一种情况，设立公司时股东约定以划拨土地使用权入股，且公司已经实际使用了该土地若干年，应当评估该公司利用该宗土地使用权应当支付的合理对价，如果实际使用多年的土地使用权价值超过股东应当出资数额的，不应当再追究股东未足额出资的责任。例如，股东约定以土地使用权出资，且该地块评估确定的价值为 2000 万元，公司在该土地上建立了厂房、车间等已经实际使用 10 年，如果没有股东提供土地的话，公司租用土地需要支付的租金远远超过 500 万元，在该种情形下认定股东未履行出资义务对该股东是不公平的。应当认定股东虽未办理过户手续，但其交付的土地供公司使用，公司应支付的租金与股东拖欠的出资相抵，不应当再要求股东履行出资义务，如果要求股东履行出资义务，应当计算公司实际使用土地须向股东支付的对价。如果经评估确定公司使用该土地应支付的对价少于出资额的，可以认定股东未全面履行出资义务，股东可以选择办理土地过户手续的义务，或者对折算的差额部分承担未足额出资的补充责任。

第二种情况，以划拨土地出资，经主管部门批准，虽未办理过户手续，但已经交付公司实际使用的，也应当认定为履行了出资义务。例如，国有企业股东，其将划拨土地作为投资提供给公司使用 5 年，以此作为出资，不办理过户手续，并得到相关主管部门批准，5 年土地利用的价值是可以用货币估值的，能够折算其出资财产的具体数额，股东之间可以就此约定不办理过户手续。土地使用权属于用益物权，划拨土地属于国家所有，国家依法将土地使用权无偿划拨给民事主体使用，是国家作为所有权人在自己的不动产上设立用益物权，国家可以依法或者合同将土地使用权转移给他人行使，他人取得使用权、行使使用权必须依据法律和合同进行。以划拨土地投资经国土资源管理部门批准的，意味着国家已经同意土地使用权人将该土地用于投资使用，符合所有权人意思表示，如果股东之间在设立公司时同意在公司的存续期限内利用该土地的使用价值作为投资入股，无须办理使用权过户手续的，应当认定投资人履行了出资义务。该种情形，相当于租赁土地，由土地使用权人以无偿提供土地使用权的方式出资。

[结论] 以无偿划拨土地用于向公司出资的财产，存在公司资本充实的隐患，投资股东应当作出适当安排，请求获得国家土地管理部门批准，缴纳土地出让金，由无偿变为有偿等。

【案例评析】

国有划拨土地使用权是否可以用于出资

原告：建材公司

被告：甲

诉讼请求：甲支付土地使用权出让金 85 万元。

图示：

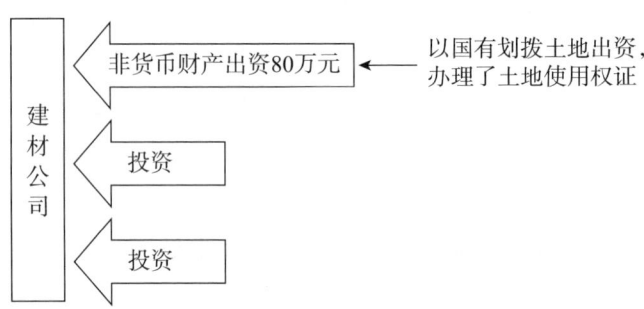

1999 年 10 月，甲、乙、丙签订《设立建材公司协议》，其中，甲出资 80 万元，出资方式为以土地、厂房和部分设备折价出资。土地和厂房为国家无偿划拨的。经评估：房产面积为 1055 平方米，评估值为 301 700 元；土地面积为 2830 平方米，使用权价格为 424 500 元；设备评估值为 118 142 元，共计 844 342 元。甲方负责以建材公司名义办理产权使用证和土地使用权证，办证所需一切费用由甲承担。建材公司成立后，甲将土地、房产及设备交付给建材公司，房产部门向建材公司核发房屋所有权证，房屋面积 759.61 平方米，同年

11月，土地管理部门向建材公司核发国有土地使用权证，使用权类型为国有划拨。

在公司经营过程中，建材公司股东之间多次发生纠纷。2004年5月，建材公司以甲用于出资的土地未交纳土地出让金为由向人民法院提起诉讼，请求判令甲向建材公司支付土地出让金85万元。

甲在诉讼中提出抗辩理由主要为，其用于出资的土地性质原来就是划拨用地，资产评估时也是以划拨土地的实际情况进行评估的，其按照约定已经为建材公司办理了土地证，履行了约定出资的义务，如果建材公司需要将土地变更为有偿用地，应当以自己名义向国家相关管理部门提出申请并缴纳土地出让金。

该案中，建材公司设立时甲、乙、丙签订《设立建材公司协议》中已经明确，甲方出资的土地为划拨用地，资产评估时的土地是未缴纳土地出让金的，建材公司及其设立时的股东甲、乙、丙对此均是明知且同意的。建材公司成立后，甲已经按照《设立建材公司协议》的约定将土地使用权交付给建材公司，并为建材公司办理了土地使用权证。在《设立建材公司协议》中约定甲方应为建材公司办理土地使用证，并未特别约定土地使用权的类型，故甲的行为符合该协议约定的履行出资义务行为。故建材公司要求甲方支付土地出让金85万元，缺乏事实依据，其请求不能成立。

23. 股东以尚未办理过户手续的土地使用权或者房屋向公司出资，应如何处理

土地使用权和房屋所有权属于不动产物权，约定以土地使用权或者房屋所有权出资的，应当办理过户手续。《民法典》第二百零九条规定："不动产物权的设立、变更、转让和消灭，经依法登记，发生效力；未经登记，不发生效力，但是法律另有规定的除外。依法属于国家所有的自然资源，所有权可以不

登记。"该规定明确了物权登记生效的法律原则,有三个层次的含义:

第一,不动产物权需要登记,除法律特殊规定外,非登记不发生法律效力。

第二,国家所属物权无须登记。对国家所有的自然资源范围在法律中作出了明确的规定,法律规定比登记公示的效果更强,所以,国家所有的资源无须登记。《民法典》第二百五十条明确规定:"森林、山岭、草原、荒地、滩涂等自然资源属于国家所有,但是法律规定属于集体所有的除外。"

第三,法律另有规定的,可以未登记即发生物权效力。该条规定是物权登记生效的除外条款,主要是指三种情况:第一种,《民法典》第二百二十九条规定的情况。该条规定:"因人民法院、仲裁机构的法律文书或者人民政府的征收决定等,导致物权设立、变更、转让或者消灭的,自法律文书或者征收决定等生效时发生效力。"第二种,《民法典》第二百三十条规定的情况。该条规定:"因继承取得物权的,自继承开始时发生效力。"第三种,《民法典》第二百三十一条规定的情况。该条规定:"因合法建造、拆除房屋等事实行为设立或者消灭物权的,自事实行为成就时发生效力。"从《民法典》的上述规定看,土地使用权和房屋所有权属于以登记为物权生效要件的不动产,股东约定以土地使用权出资或者房屋所有权出资的情形,与《民法典》第二百零九条规定的除外情形不符,股东约定以土地使用权或者房屋所有权出资的,应当向公司履行交付手续,即办理过户登记,否则,应为未全面履行出资义务。

根据《民法典》规定的原则,不动产物权需要有民事法律行为和登记结果的双重法律事实才可以发生物权的变动效力,股东承诺以土地使用权或者房屋出资,但仅将土地或者房屋交付公司占有,未办理登记,公司依法未实际取得物权。如果股东将该土地使用权或者房屋再次转让并进行物权登记或者设定他项权利等,将使公司及与公司交易的第三人承担极大风险,当其他第三人善意取得该物权,或者在土地、房屋上被设定了他项权利时,公司的抗辩很难得到法律支持。因此,如果出现股东未办理过户手续的情形时,一方面,公司未能实际取得物权,不享有对该物的物权权利,公司在占有、使用、收益和处分的物权权利时有很多不利,所得财产利益可能会受到影响。另一方面,一旦物权转移给第三人或者设定了他项权利负担,公司将丧失对该物的占有、收益及处分等权利,公司资本虚置,股东的出资落空,公司的财产利益受到损失将变为现实。因此,未办理过户手续的,公司虽然占有或者使用了土地或者房屋,但是,公司注册资本及财产权益存在很大的风险和不确定性。

《公司法若干问题的规定(三)》第十条第一款规定:"出资人以房屋、土地使用权或者需要办理权属登记的知识产权等财产出资,已经交付公司使用但未办理权属变更手续,公司、其他股东或者公司债权人主张认定出资人未履行出资义务的,人民法院应当责令当事人在指定的合理期间内办理权属变更手续;在前述期间内办理了权属变更手续的,人民法院应当认定其已经履行了出资义务;出资人主张自其实际交付财产给公司使用时享有相应股东权利的,人民法院应予支持。"

该条规定解决了三个问题:第一,如果出现股东以房屋、土地使用权等需要登记的财产出资,已经交付给公司使用,但未办理交付手续时,谁有诉权。根据该司法解释的规定,公司、其他股东或者公司债权人拥有诉权。第二,法院审理该类案件应当根据案情指定合理的期限,由当事人在诉讼中主动办理过户手续。关于合理期限的指定,已经设定为必经程序,并且在一审时应指定期限。如果当事人在一审指定期限内未办理过户手续,在二审期间办完过户手续的,应认定出资人履行了出资义务。第三,办理了变更登记手续的,应认定履行了出资义务,驳回起诉。该履行出资义务的时间可以追溯到实际交付时,此前,股东因未适当履行出资义务而股东权益受到限制的,应当予以解除和补救。

该条司法解释未规定不能办理过户手续的如何处理。是否认定为未履行出资义务,实务中应根据案情具体分析。如果出资人虽未办理过户手续,但已经交付给公司使用了,且其利用土地使用权或者房屋的价值足以折抵出资数额的,或者不能办理过户手续并非出资人责任的,不宜简单认定股东未全面履行出资义务。对于债权人提起诉讼的案件,如果股东已经将土地使用权或者房屋交付公司使用且未形成公司财产损失,不存在股东滥用有限责任情形的,不应承担出资不足的责任。对公司及公司其他股东提起诉讼的案件,股东应当履行过户手续，完成最初对公司的承诺，将物权转移给公司。如股东不能办理过户手续的，应当依据出资约定承担违约责任。

对于因法律上或者事实上不能办理过户手续导致未履行出资义务的，除公司章程或者全体股东有特殊约定外，属于违约行为，应当按照约定承担违约责任。公司成立以后，承诺以该财产投资的股东，可能面临几个问题：第一，与公司形成债务关系，公司、其他股东可以请求其继续履行出资义务并承担违约责任。有过错的，要承担相应的违约责任。例如，更换出资财产、支付违约金等。第二，有被除名或者限制股东权利的风险，例如，被决定限期缴纳出资，否则，通过司法程序剥夺其股东权利，在缴纳出资前限制其新股认购权、分红权、表决权等。第三，公司对外形成债务时，在认缴出资范围内有补充承担公司债务责任的风险。当然，如果是股东已经将用于出资的财产交付公司，公司已经实际使用该类财产的，股东可以要求公司支付合理的费用，并以此价值折算出资财产。

[结论] 以土地使用权或者房屋所有权出资的，约定应当办理过户手续，未办理过户手续的，属于未全面履行出资义务，公司和公司设立时的股东可以向其主张承担违约责任。

【案例评析】

以暂时不能办理产权过户手续的房产出资并在公司章程中明确记载的，该出资股东是否应当承担未足额出资的民事责任

原告：中行某分行

被告：化工公司、甲

诉讼请求：请求甲在未足额的出资范围内承担化工公司的债务责任。

图示：

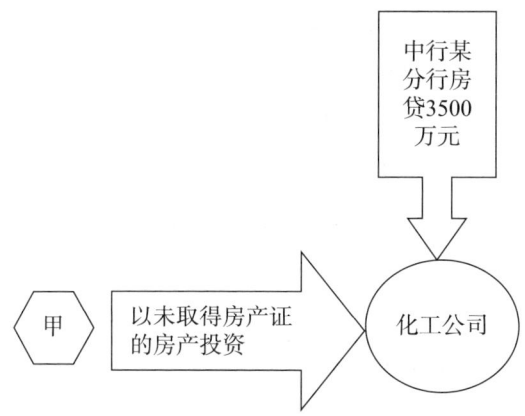

2001年1月，化工公司召开股东会，决定增加注册资本金，由原1500万元变更为1.25亿元，其中，化工公司股东甲增加投入价值2712.5万元的实物出资，包括其2001年购买的拉丝机、蒸汽锅炉等生产设备和评估值为800万元的房屋。甲将约定的实物出资逐一交付给化工公司使用，但因该房屋未取得产权证明书等合法手续，暂时不能将产权过户到化工公司名下。根据化工公司于2001年1月10日形成的《公司章程修正案》《股东会决议》等记载，化工公司接收甲以拉丝机、蒸汽机锅炉等生产设备和暂时不能办理过户手续的房屋出资，并明确在房屋产权证明书等手续合法后的10日内，开始办理产权过户手续。2001年2月，化工公司在办理增资手续时，将上述《公司章程修正案》和《股东会决议》等提交给工商行政管理机关用于备案。

2001年8月，中行某分行向化工公司发放贷款3500万元，贷款到期后化工公司未予偿还，中行某分行向化工公司提起诉讼，请求其支付上述借款本息及罚息。在诉讼中，中行某分行发现甲以房产增资但未办理过户手续的事实，遂申请追加甲为被告，请求甲在800万元房屋价值范围内对化工公司的上述债务承担补充责任。其主要理由为，甲承诺以案涉800万元房产出资，但未办理房屋产权过户手续，属于履行出资义务未足额，应当在未足额的范围内承担化工公司的债务责任。

甲的主要抗辩理由为：甲用于出资的房屋过户是有条件的，该条件在用于出资时已经明确说明。现在该房屋办理产权证的条件仍然没有成就，故不能办理过户手续，甲不存在未适当履行出资义务的行为。

该案中，化工公司于2001年1月10日形成的《公司章程修正案》《股东会议》等文件记载，甲用于出资的房屋产权状态属于尚不能办理过户手续的，据此约定在可以办理产权过户手续的10日内开始履行办理过户手续。上述事实表明，甲的出资是附加了延期办理过户手续条件的，即先将房屋交付化工公司使用，在条件成就时办理过户手续。依据《公司法》及《公司登记管理条例》的相关规定，公司章程属于公司必须向工商行政管理机关提交登记备案的内容，故化工公司提交给工商行政管理机关的《公司章程修正案》具有公示的法律效果。2001年8月，中行某分行向化工公司提供贷款时该公司的增资已经完成，中行某分行可以在工商行政管理机关查询到甲用于增资的资产情况，甲承诺出资的房产虽未完成过户手续，但已经交付给化工公司使用，化工公司《公司章程修正案》对甲出资情形的披露，不构成外观上的误导和欺诈，中行某分行发放贷款时应当对化工公司的资信能力作出实质性判断。甲已经将其用于增资的房屋交付给化工公司使用，其与化工公司约定的办理过户手续的条件尚未成就时，其不存在违约出资的情形。中行某分行与化工公司之间系因借款发生的债权债务纠纷，在没有证据证明化工公司不能清偿涉案债务及甲侵害化工公司资产的情况下，中行某分行以其对化工公司的债权而向其股东甲主张承担出资责任，没有事实和法律依据，难以获得支持。

24. 股东以未办理过户手续的汽车、工程车辆等向公司出资，是否可以认定其履行了出资义务

在现实经济生活中，汽车、工程车辆等虽为动产，但其价值往往高于其他类型的动产，有的甚至已经超过某些不动产的价值，因此，在法律上将这些可

以移动的动产称为准不动产。为更好维护交易安全，保护所有者合法权益，对于准不动产，在物权变动时也设立了登记公示制度，但在登记的效力上有别于土地、房屋等不动产。汽车、工程车辆等准不动产的物权变动采取的是登记对抗主义，并非登记生效主义。准不动产的变动以法律关系生效为发生变动的原因，所有权的转移一般以交付为标准，所有权的过户登记对第三人产生对抗法律后果。《民法典》第二百二十五条规定："船舶、航空器和机动车等的物权的设立、变更、转让和消灭，未经登记，不得对抗善意第三人。"根据上述规定，如果出资人或者发起人约定以汽车、工程车辆等准不动产出资，出资人已经将汽车、工程车辆等准不动产交付公司使用，但没有办理过户手续的，应认定出资人履行了出资义务。汽车、工程车辆等准不动产以占有方式公示所有权状态，股东以汽车、工程车辆等财产向公司出资的约定，是所有权发生变动的法律关系，该法律关系生效即发生所有权变动的法律后果，股东向公司交付了约定出资的汽车、工程车辆等，公司实际占有了财产，实际取得了所有权，故股东履行了出资义务。股东未办理相关过户手续，属于未履行相关的附随义务。公司、公司其他股东可以起诉请求出资人办理过户手续，对该类诉讼请求，人民法院可以判令当事人在一定的期限内办理权属变更登记手续，当事人不予办理的，公司或者其他股东可以持生效判决或者仲裁，申请强制执行。

［结论］约定以汽车、工程车辆等出资，已经交付公司实际使用，但未办理过户手续的，应当认定出资人履行了交付出资财产的义务，相关附随义务应当继续履行。

【案例评析】

公司设立时以工程车辆等出资，车辆及购置发票均已交付给公司，股东选定中介机构对资产价值进行了评估，公司成立后是否可以该中介机构不具备评估资质而否定股东的出资

原告：甲股东

被告：乙股东

诉讼请求：乙股东补足 3 489 640 元的实物出资。

图示：

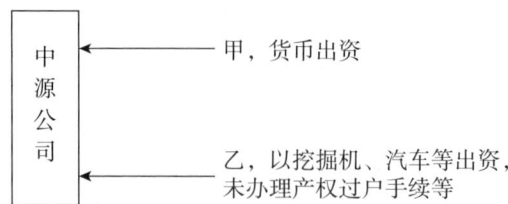

中源公司章程载明公司注册资本为8031万元，其中甲股东以货币出资4015.50万元，乙股东以货币出资2984.50万元，以实物出资1031万元，该实物出资，包括机器设备和运输设备等，应当于2006年9月30日前交清。经新疆天元会计师事务所审验，截至2006年7月12日，各股东货币出资共7000万元均已到位。2007年7月30日，中源公司股东会议决定将乙股东实物出资时间由2006年9月30日变更至2007年7月30日。中源公司成立时，委托新疆某会计师事务所对乙股东的实物出资包括机器设备和运输设备进行了评估和验资。新疆某会计师事务所经营范围包括办理资产评估和出具验资报告等项目，但该所现无具有注册资产评估师资格的评估人员。截至目前，新疆某会计师事务所所在地无具有注册资产评估师资格的评估人员。新疆某会计师事务所于2007年7月30日出具了《评估报告》和《验资报告》。《评估报告》载明的评估结论为：于基准日2007年6月30日，认定机器设备评估净值为3 489 640元，运输设备评估净值为6 821 137.28元，两项合计10 310 777.28元。《验资报告》载明：经审验，截至2007年6月30日，乙股东非货币出资1031万元已经评估，其非货币资产已办理财产权转移手续。《评估报告》和《验资报告》由新疆某会计师事务所盖章，由该所法人代表、中国注册会计师A和B署名。其中，《固定资产——车辆清查评估明细表》上序号为43的车辆购置日期为1999年1月，启用日期为1991年1月，原值为130 000元，评估成新率为40%，净值为52 000元。其他出资车辆购置日期和启用日期基本为2002年9月，其评估成新率为68%。乙股东实物出资中价值6 821 137.28元的运输设备已交付中源公司并办理车辆过户手续，价值3 489 640元的推土机、装载机、挖掘机、汽车等机器设备虽交付中源公司并使用于其在国外的工地，但尚未办理有关权属转让过户登记手续。

甲股东和乙股东在公司经营中产生矛盾，2010年甲向人民法院提起诉讼，请求法院判令：乙股东补足3 489 640元的实物出资。其主要理由是，第一，新疆某会计师事务所没有法定评估资格且评估违规，其实物出资的实际价值明显低于约定价值；第二，乙股东用于出资的推土机、装载机、挖掘机、汽车等未过户到中源公司名下，故乙股东应补足该部分出资3 489 640元。

乙股东在诉讼中抗辩认为，其公司注册地在新疆所属小城市，会计师事务所中仅有会计师，没有具有评估资质的专业评估人员。其已经将用于出资的推土机、装载机、挖掘机、汽车等的购置税务发票交给中源公司，上述车辆已经作为中源公司的固定资产登记在企业会计账簿中，这些车辆在国外中源公司承包的项目中使用。

该案中，甲股东和乙股东共同设立中源公司，对因乙股东以非货币财产出资需要评估而确定的资产评估机构，可以推定甲、乙两个股东是共同认可的。中源公司注册登记地在新疆某小城市，受经济发展水平的影响，当地没有资产评估专业人员，故甲股东仅以新疆某会计师事务所没有法定评估资格且评估违规等概况性的理由否定评估，没有关于评估内容有实质性错误的主张，难以获得支持。关于乙股东用于出资的车辆，乙股东已经将购置发票交付中源公司，中源公司也将该资产登记在本公司会计账簿中，乙股东主张已经将上述车辆交付给中源公司并用于中源公司在国外的承包项目中使用，在甲股东未能提交相反证据的情形下，应当认定乙股东履行了出资义务，甲股东的主张不能获得支持。

25. 股权是否可以用于出资，需要办理哪些手续

我国《公司法》第二十七条第一款规定："股东可以用货币出资，也可以用实物、知识产权、土地使用权等可以用货币估价并可以依法转让的非货币财产作价出资；但是，法律、行政法规规定不得作为出资的财产除外。"股权是可以用货币估价的，属于依法可以转让的财产，可见，《公司法》并未将股权排除在可以用于出资的财产之外。对于股权出资问题，《公司注册资本登记管理规定》（2014年）第六条规定："股东或者发起人可以以其持有的在中国境内设立的公司（以下称股权所在公司）股权出资。以股权出资的，该股权应当权属清楚、权能完整、依法可以转让。具有下列情形的股权不得用作出资：（一）已被设立质权；（二）股权所在公司章程约定不得转让；（三）法律、行政法规或者国务院决定规定，股权所在公司股东转让股权应当报经批准而未经批准；（四）法律、行政法规或者国务院决定规定不得转让的其他情形。"最高人民法院于2011年颁布的《公司法若干问题的规定（三）》第十一条，对股权出资问题也作出了明确规定，结合《公司注册资本登记管理规定》和最高人民法院司法解释的规定，对股权出资的认定可以注意以下问题：

第一，用于出资的股权由股东合法持有并依法可以转让。

用于出资的股权应当权属清楚、权能完整、依法可以转让。

首先，审查用于出资的股权是否为股东或发起人合法持有时，主要看公司登记机关的登记、公司章程、股东名册等，对于上市公司，证券交易所和证券登记结算机构的股权证明等可以作为合法持有股权的证明。除上述证明文件外，比较稳妥的办法是在办理缴纳出资时由股权所在公司提交确认该股东合法持有股权的书面文件。股权投资当然要引起股权所有人的变动，需要在公司登记机关办理过户变更登记手续。接受股权出资的公司应当与股权所在公司有沟

通，至少落实三个事实：（1）确认股权的真实存在；（2）该股权涉及的出资背景、出资是否到位等；（3）该股权的转让及过户登记，依法不受限制的事实，例如，是否存在有限责任公司其他股东的优先购买权、股份有限公司发起人股份转让时间是否受到限制等。对股权的变动，股权所在公司有义务协助办理手续。

实务中有两种特殊情形值得注意：一种是隐名股东持股问题；另一种是以受让等方式取得他人股权，未办理股权变更登记即直接用于出资的情形。

对于隐名股东的问题，应确认隐名股东和显名股东对股权的归属没有争议，显名股东同意协助办理股权过户手续，该股权过户没有法律障碍。对于受让他人股权直接投资的，应确认股权归属没有争议，在办理过户手续时符合法律规定。

其次，用于投资的股权必须是依法可以转让的。审查是否可以依法可以转让时，注意我国《公司法》规定的限制转让的条件。股权是可以转让的，但有些股权的转让可能会受到限制。目前《公司法》对转让的限制一般有以下几种情况：

（1）有限责任公司股权转让的限制。根据《公司法》第七十一条对有限责任公司股权转让的规定：①公司章程可以对股权转让问题作出特别规定。《公司法》明确有限责任公司股权转让属于股东意思自治的范畴，公司章程对股权转让有特殊规定的，从其规定。公司章程对股权转让的规定可以是任意的，包括突破《公司法》第七十一条的规定，或限制或放宽均可，限制股东之间转让股权、禁止股东之间的转让、对外转让时无须履行同意程序和优先购买程序等，只要公司章程对股权转让有约定的，从约定。②公司章程没有约定时，根据有限责任公司人合性的特点，法律又规定了两个层次：一是股东之间的转让，二是股东向公司股东以外的他人转让。股东之间可以任意转让，股东向股东以外的他人转让股权时，应当履行同意程序和优先购买程序。同意程序是指其他股东过半数以上同意转让时，股东可以向股东以外的他人转让股权。优先购买程序，是指在同等条件下，公司其他股东可以优先购买。以股权投资符合股东向公司以外的他人转让股权的情形，即股东将其股权用于投资，将股权过户给拟设立的新公司。拟设立的新公司在接收股权投资时应注意查明股权所在公司的章程，对章程没有特殊规定的，应当注意履行同意程序和优先购买程序，在股权转让没有受到公司章程的特殊限制，并且在履行了同意程序和优先购买程序后该股权仍然可以对外转让的，新设立的公司才可以作为用于出资的财产接收。

（2）股份有限公司股权转让的特殊规定。《公司法》第一百四十一条对股份有限公司转让股份的期限作出限制性规定，主要表现在对发起人和董事、监事及高级管理人员的限制，对公司上市前股份转让的限制。发起人持有的本公司股份，自公司成立之日起1年内不得转让。公司董事、监事及高管人员转让股份的限制期限，相对复杂，《公司法》第一百四十一条第二款规定："公司董事、监事、高级管理人员应当向公司申报所持有的本公司的股份及其变动情况，在任职期间每年转让的股份不得超过其所持有本公司股份总数的百分之二十五；所持本公司股份自公司股票上市交易之日起一年内不得转让。上述人员离职后半年内，不得转让其所持有的本公司股份。公司章程可以对公司董事、监事、高级管理人员转让其所持有的本公司股份作出其他限制性规定。"根据该条规定，公司董事、监事、高级管理人员转让股份时应受到的限制有三个：

一是公司章程的限制。一般观点认为，公司章程只可以作严格限制，不允许作放宽限制。公司章程有其他限制性规定的，优先执行公司章程规定。对公司董事、监事及高管人员股份转让的问题，《公司法》允许公司章程作特殊规定，实际上是授权股东大会可以作其他限制性规定。这是授权条款，可以使股东大会对公司董事、监事及高管人员持股和出让股份可能带来的风险有合理的预期。该规定体现股东意思自治，公司章程有其他限制性规定的，优先执行公司章程规定。

二是比例的限制。公司董事、监事及高管人员在任职期间每年转让的股份不得超过其所持有本公司股份总数的25%。

三是两个期限的限制。公司董事、监事及高管人员在任职期间所持本公司股份自公司股票上市交易之日起1年内不得转让；其离职后半年内，不得转让其所持有的本公司股份。

公司上市后，对上市前认购公司股份的股东转让股份的限制。公司公开发行股份前已发行的股份,自公司股票在证券交易所上市交易之日起 1 年内不得转让。股份公司由非上市公司转为上市公司后,需要对公众发行股票,募集公众资金,为防止欺诈,保证公众投资的安全,上市之前持有公司股票的股东,在上市之日起一年内不得转让股票,即该类股票交易受到冻结。

对于以股权出资的,股权的转让是否受到限制、在约定的缴纳出资的期限内是否能够转让、转让比例是否超过了限制等应当注意考量。

对于以国有股权出资的,在向公司交付时是否可以顺利进行,也应当充分注意。国有股权的转让,需要评估、批准、招牌挂等程序,是否能够过户到设立公司名下,是决定该股权是否能够用于出资的关键因素,如果能够顺利过户到设立公司名下的,可以考虑作为出资的财产。

第二,出资的股权无权利瑕疵或者权利负担。

股权的权利瑕疵一般是指股东未足额出资及股权所在公司存在其他股东未足额出资的情形,该情形有可能影响到股权价格或者股东权益。例如,股东未足额出资,受让股权的股东有可能承担填补出资的责任,行使表决权、新股认购权、分红权等股东权益有可能受到限制;公司存在注册资本金不足额时,有限责任公司原始股东、股份有限公司发起人有连带认缴责任等。因此,用于出资的股权存在瑕疵时,其价值有可能受到实质影响,无法评估、价格缩水甚至是公司承担连带债务责任。这些因素的存在有可能导致公司获得的投资是价值不确定的财产,公司为此很可能承担预期之外的财产责任。根据现行公司资本制度,在股东以其他公司股权出资时,股东披露了股权所在公司的注册资本金隐患,此时的出资未足额及将要承担的责任问题是明确且可以计算的,故如果对出资股权有合理的价值评估,股权投资应当是被允许的。因为上述问题是股权所在公司或者股权未足额出资的问题,只要对股权出资有合理的评估定价,对未足额的部分有合理的预留或者扣减,没有隐瞒或者虚构行为,将这种有瑕疵的股权用于出资,对公司资本制度并不构成侵害。对用于出资的股权本身存在权利负担的,是不允许出资的。例如,已经被质押,质权人在实现债权时有权请求变卖股权用于清偿其债务,出现这种情况,股东的投资财产落空。由于质押权具有优先权的性质,公司即使取得股权的所有权,仍然不能对抗质押权，公司如果接收该类财产出资，即使获得该股权的变更登记，也可能因为质权优先权的行使而使公司最终失去该出资，形成公司资本财产最终缺失。鉴于被质押的股权存在将来公司失去该出资的隐患，股东应保证用于投资的股权没有权利负担。

第三，出资人已经履行了关于股权转让的法定手续。

股权转让应当履行转让的法定手续，对于以有限责任公司的股权出资的，股权转让应当符合《公司法》第七十一条的规定，不存在公司其他股东超过半数不同意转让、个别股东主张优先购买及公司章程规定不得转让等不确定因素，使股权转让和过户能保证处于无障碍状态。股份有限公司及上市公司的股权转让符合法律规定，股权过户不存在障碍。对于股权转让依法或者依国务院决定应当批准的，已经获得了批准，例如，证券公司股权、外商投资公司股权、国有股权等。这里谈到的已经履行的法定手续，是指过户前的法定手续，不包括过户登记。

第四，出资的股权已经依法进行了价值评估。

股权属于非货币出资，根据《公司法》第二十七条第二款的规定，对出资的非货币财产应当评估作价，核实财产，不得高估或者低估作价，法律、行政法规对评估作价有特殊规定的，从其规定。对于股权出资，应当委托专门的评估机构评估股权价值，公司设立时的验资报告中对股权出资的情况应当有所描述，一般包括以下内容：（1）是否办理股东变更登记情况。（2）股权的评估情况，包括评估机构的名称、评估报告的文号、评估基准日、评估值等。（3）股权出资依法须经批准的，股权的批准情况。《公司法》在 2013 年修正后取消了验资程序，但对非货币财产的评估程序并未取消，评估报告仍然是公司设立时非货币资产出资的必备文件。

［结论］股权可以用于出资。以股权出资的，一般认为，该股权应当权属清楚、权能完整、依法可以转让。三种股权不得用于出资：一是已经被设立质权的股权。二是股权所在公司章程约定不得转让，法律、行政法规或者国务院决定规定不得转让的股权。三是法律、行政法规或者国务院决定规定，股权所在公司股东转让股权应当报经批准，而审批结果是股权不得用于出资的情形。

26. 债权是否可以用于出资，债权出资应当符合哪些条件

关于债权是否可以用于出资，在学理和实务界一直存有争议，尤其是在我国公司资本制度处于法定资本制度立法时期，债权出资被视为公司资本虚置的一种可能。在法定资本制度下，要求用作出资的财产必须是货币或者实物，1993年《公司法》更是将实物限定在几个种类，在公司设立阶段，债权被普遍认为是不得用于出资的。在公司成立后的增资过程中，债权是否可以用于出资，实务中是有松动的。最高人民法院于2003年颁布的《关于审理与企业改制相关的民事纠纷案件若干问题的规定》中曾经确认债转股，也就是债权可以转化为对公司的投资。该司法解释第十四条第一款规定："债权人与债务人自愿达成债权转股权协议，且不违反法律和行政法规强制性规定的，人民法院在审理相关的民事纠纷案件中，应当确认债权转股权协议有效。"在企业改制中债权转股权的形式呈现多样化，从债权人的角度看，其是以债权出资的，在改制企业的公司注册登记中对用于注册资本的财产安排有很多种形式，将债权直接确定为注册资金的并不多。上述情形表明，在我国以往的公司实践中，未否定以债权投资兑换股权。2013年《公司法》修正后，公司资本制度发生了根本变化，放弃法定资本制度，对股东投资完全采取由章程规定的方式，同期配套颁布的《公司注册资本登记管理规定》也明确将债权转股权的方式写入该规定。《公司注册资本登记管理规定》第七条规定："债权人可以将其依法享有的对在中国境内设立的公司的债权，转为公司股权。转为公司股权的债权应当符合下列情形之一：（一）债权人已经履行债权所对应的合同义务，且不违反法律、行政法规、国务院决定或者公司章程的禁止性规定；（二）经人民法院生效裁判或者仲裁机构裁决确认；（三）公司破产重整或者和解期间，列入经人民法院批准的重整计划或者裁定认可的和解协议。用以转为公司股权的债权有两个以上债权人

的，债权人对债权应当已经作出分割。债权转为公司股权的，公司应当增加注册资本。"该《公司注册资本登记管理规定》在公司增资环节明确了允许以债权增资，公司设立时的出资和公司运行过程中的增资性质是一样的，出资和增资的财产都要作为公司的资本金，可见，公司登记机关是接收债权出资的，已经肯定了债权作为非货币财产出资的情况。既然债权可以通过公司增资的方式转为公司股权，即在公司增资环节用于增资投入公司注册资本金，那么，债权也可以在公司设立时用于出资，公司股东可以在公司章程中约定以债权出资。

[结论] 债权可以用于出资，但应当符合以下条件：第一，债权人已经履行债权所对应的合同义务，且不违反法律、行政法规、国务院决定或者公司章程的禁止性规定；第二，债权经人民法院生效裁判或者仲裁机构裁决确认；第三，公司破产重整或者和解期间，债权被列入经人民法院批准的重整计划或者裁定认可的和解协议。有两个以上债权人的，债权人对债权已经作出明确的分割。

【案例分析】

债权人与债务人签订债转股意向书并开始履行，是否可以请求解除该意向书

原告：甲

被告：A公司、乙

诉讼请求：解除债转股意向书，A公司恢复履行偿还拖欠的债务。

图示：

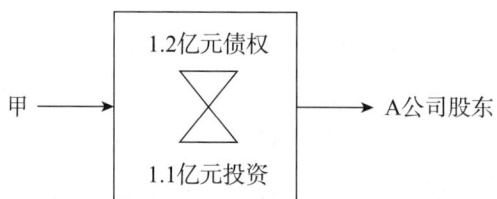

2014年9月16日，甲与乙、A公司签订《借款协议书》，约定：A公司因企业生产所需，特向甲借款用于周转。借款金额2000万元，期限一年，自款项到达A公司银行账户起算，每月月底支付利息。A公司法定代表人乙为借款提供担保，A公司以其收费权及法人股权提供抵押担保，并同意欠款入股，股

权及资产以实际评估为准。借款按月 1.8% 计息。担保方自愿提供担保，如 A 公司不能按期偿还上述借款本息，担保方承担责任。甲、乙在《借款协议书》上签字，A 公司加盖公章。

合同签订后，甲向 A 公司银行账户汇入 2000 万元。

2015 年 1 月 20 日，A 公司的债权人 B 公司与甲签订《债权转让通知书》约定：A 公司尚欠 B 公司 5600 万元工程款，现 B 公司将上述债权转让给甲，即日起 A 公司应向甲偿还该笔欠款。

2015 年 1 月 26 日，甲、乙、A 公司签订《债转股意向协议书》，内容为：基于甲受让 B 公司对 A 公司享有的 5600 万元债权本息，并且甲曾于 2012 年 9 月份借给 A 公司 2000 万元周转资金，约定月利率 3%，自 2012 年 10 月底开始计息，以上本息共计 1.2 亿余元。现就甲入股 A 公司相关事宜达成如下协议：(1) 甲为表诚意，愿意将上述 1.2 亿余元债权以 1.1 亿元的价格作为甲的入股资金。办理完毕工商变更登记后，视为 A 公司的债务清偿完毕，甲正式成为 A 公司股东，享有股东权利。(2) 本协议签订后，甲派专门财务人员查阅 A 公司的财务资料，了解 A 公司的资产和债务情况。A 公司财务人员积极配合，如实向甲提供相关材料（必要时加盖财务专用章），并有义务保证所提供资料的真实性。(3) 财务核对完毕无异议后，根据 A 公司的资产数额确定甲所占股份份额。(4) 甲有义务对已知的 A 公司财务资料保守秘密，不得向任何第三方披露，否则，乙、A 公司有权解除本合同，仅偿还甲本金，视为 A 公司与甲的债权债务关系结清，给乙及 A 公司造成损失的，乙及 A 公司有权向甲主张赔偿实际损失。(5) 财务核对完毕，确定甲作价 1.1 亿元的数额所占股份份额后，乙协助甲办理工商变更登记手续，增加甲为 A 公司的股东。甲同意在 30 天内完成股权入股并办理工商登记手续，其中，前 20 天完成 A 公司的财务和资产摸底工作，后 10 天完成商务谈判、签订相关协议并办理工商登记备案手续等。

2015 年 1 月 21 日，A 公司法定代表人由乙变更为丙。A 公司现股东为乙、丙、丁。

乙、A 公司已被最高人民法院列入失信被执行人员名单，其中，乙涉及案件一起，A 公司涉及案件八起。

甲于 2016 年 1 月 26 日以 A 公司、乙违约为由诉至人民法院，请求判令解除甲与乙、A 公司于 2015 年 1 月 26 日签订的《债转股意向协议书》及 A 公司恢复履行偿还拖欠其债务 1.2 亿元及利息。

A 公司和乙抗辩主张，债转股协议签订后，其间的债权债务关系已经消灭，甲应当继续履行债转股协议。

该案中，《债转股意向协议书》明确 A 公司拖欠甲债务数额及该笔债务拟转化的入股资金，但未约定该入股资金折算公司股份的具体数额及安排持股的方式，是由 A 公司股东让渡股份给甲，还是由 A 公司增资扩股并安排甲对增资部分持股等，该债转股协议属于未完成的债转股交易。根据《债转股意向协议书》的协议名称、协议安排尽职调查及调查后有商务谈判和签订相关协议等内容，应认定《债转股意向协议书》为债转股的预约合同，并非完成交易的本合同。要完成债权转股权交易，当事人还需要签订建立法律关系的相关协议，例如，增资扩股协议或者股权转让协议等。

《债转股意向协议书》签订后，三方当事人均未能按《债转股意向协议书》的约定完成财务和资产摸底等尽职调查应当安排的工作，未能协商安排落实甲在 A 公司的持股数额及其获取股权的来源，未建立甲获取 A 公司股权的明确法律关系，甲未获得 A 公司的股权登记。

合同签订后，由于 A 公司被最高人民法院列入失信被执行人员名单，A 公司的商业信誉受损，资产状况欠佳。甲失去了投资入股 A 公司的信心和兴趣。甲与 A 公司签订《债转股意向协议书》后，A 公司发生的重大变故，该情形的出现，将使甲以 1.2 亿余元的债权折算 1.1 亿元的投资入股价值受到贬损，即使完成债权转股权的全部行为，其得到的股权价值也不是原来合同预期目标。鉴于 A 公司不能提供双方预期交易的股权，故甲决定放弃交易，不再签订本合同的行为符合常理，其主张解除《债转股意向协议书》的理由成立，其诉讼请求可以获得支持。

27. 股东以非货币财产出资，未评估或者评估不实的，针对股东的补缴出资义务，谁有请求权

《公司法》第二十七条规定："股东可以用货币出资，也可以用实物、知识产权、土地使用权等可以用货币估价并可以依法转让的非货币财产作价出资；但是，法律、行政法规规定不得作为出资的财产除外。对作为出资的非货币财产应当评估作价，核实财产，不得高估或者低估作价。法律、行政法规对评估作价有规定的，从其规定。"根据公司登记管理条例的规定，公司的注册资本应当以人民币表示，法律、行政法规另有规定的除外。从上述规定可以总结出以下几个问题：

第一，以人民币核算注册资本金。除法律、行政法规另有规定外，股东用于出资的财产应当统一核算为人民币，以人民币一个标准来衡量各股东出资的具体数额，确定公司的注册资本金。

第二，非货币财产应当评估作价。对于非货币财产核算人民币价值时，可以有多种方法，例如，资产评估等中介机构评估作价，依据财产的购买价格、受让价格、建设成本等，依据股东之间对该财产的共同估价认可等。一般情况下，以中介机构来评估确定价值是比较稳妥的。但是，一方面，评估机构不是万能的，并非所有财产都可以评估，评估机构评估的结果代表财产的市场价值，但是有些财产的最大价值是在拍卖市场上确定的。另一方面，中国经济水平发展不均衡，有些县级城市、边远城市甚至没有评估机构。所以，基于上述原因，对于出资的财产千篇一律地依赖评估机构来确定价值是不现实的。

2013年《公司法》修正前设立的公司，评估和验资报告是公司设立的必备文件，以非货币财产出资，评估报告应当在公司登记机关备案。验资报告中对非货币财产的评估作价情况应当有所描述，包括评估机构的名称、资质、报

告的文号、评估基准日及评估值等。评估机构或者验资机构如果出具虚假评估或者虚假验资报告，或者因过失提供重大遗漏报告的，依法应承担相应的民事责任。因此，为避免责任的承担，评估和验资机构在公司登记时的评估和验资中，工作是比较谨慎的。尽管有《公司登记管理条例》的规定和中介机构谨慎客观的工作态度，在公司设立时有中介机构和公司登记机关严格把关，但实务中仍然有各种情况出现，导致没有评估报告、验资报告或者报告不真实的情况发生。例如，股东原来约定以货币或者非货币出资，公司设立并验资后股东用其他非货币财产替代，抽回原出资的货币或者验资财产；股东抽逃出资后用其他非货币财产填补出资，该财产未经评估作价；有的地方比较偏远，当地没有有法定资质的评估或者验资机构，评估或者验资报告不准确或者不真实。对评估机构故意出具不实评估报告的，相应的中介机构应当依法承担责任。

对于出现非货币财产作价不实的，下列人员可以行使请求权，请求出资股东履行出资义务：

第一，公司有请求权。股东对其在公司章程中承诺认缴的数额，负有向公司缴纳出资的义务。如果其以非货币出资，应当保障其非货币资产在折算人民币后的价格与认缴的出资数额相当，如果出资未足额时对公司有追加交付相应财产的义务，其不自动履行补交义务，公司有请求权。《公司法》第二十八条规定："股东应当按期足额缴纳公司章程中规定的各自所认缴的出资额。股东以货币出资的，应当将货币出资足额存入有限责任公司在银行开设的账户；以非货币财产出资的，应当依法办理其财产权的转移手续。股东不按照前款规定缴纳出资的，除应当向公司足额缴纳外，还应当向已按期足额缴纳出资的股东承担违约责任。"

第二，公司其他股东有请求权。根据《公司法》第二十八条第二款规定，股东未足额向公司缴纳出资的，应当向公司其他股东承担违约责任。《公司法》第九十三条规定："股份有限公司成立后，发起人未按照公司章程的规定缴足出资的，应当补缴；其他发起人承担连带责任。股份有限公司成立后，发现作为设立公司出资的非货币财产的实际价额显著低于公司章程所定价额的，应当由交付该出资的发起人补足其差额；其他发起人承担连带责任。"公司其他股东的请求权可以从两个方面行使：一是原始股东或者发起人的直接诉权；二是股东代表诉讼。股东直接诉权的基础基于两个因素：公司章程实际为原始股东或者发起人之间的合同，此外，公司设立时原始股东或者发起人之间有投资协议。基于合同关系，《公司法》对原始股东或者发起人之间对出资问题有相互承担违约责任的规定，故原始股东或者发起人可以基于合同当事人的身份直接提起诉讼。公司章程或者设立公司协议涉及向公司缴纳出资的问题，相当于在合同中为第三人设定权利。股东出资未到位，除公司权益外，股东利益也有可能直接受到损失。例如，设立公司的财产直接减少，有可能影响公司盈利，股东的分红有可能减少，股权价值贬损，影响股东的财产利益，因此，虽然拖欠出资与公司形成债务关系，但影响足额出资股东的预期收入，故立法赋予足额出资的股东诉权，有权撇开公司单独追究未足额出资股东的违约责任。关于违约责任的承担问题，有些公司股东在设立协议或者公司章程中约定，有些未约定。对于约定不违反法律规定的，应予支持。对没有约定，根据未足额出资形成股东损失的情况酌情处理。

根据《公司法》第一百五十一条规定，股东可以行使股东代表诉讼的诉讼权利，如果公司存在股东出资瑕疵问题，公司怠于行使诉权的，公司原始股东和其他股东均可以依法行使诉权，代替公司请求其向公司补缴出资。

第三，公司债权人的请求权。公司股东未足额出资，系其违反承担有限责任的规定，当公司财产不能清偿公司债务时，公司债权人对未足额出资的股东有请求权，请求股东履行其承诺的出资义务，兑现其有限责任范围内的财产。

[结论] 公司设立时的注册资本金是以人民币为标准确定的，股东以非货币财产出资，应当评估作价，确定其核定为人民币的具体数额，未评估或者评估不实的，公司及公司其他股东和公司债权人均有请求权，可以请求该股东对出资不实的部分承担责任。

28. 股东出资未足额，谁有可能承担民事责任

最高人民法院颁布的《公司法若干问题的规定（三）》第十三条规定："股东未履行或者未全面履行出资义务，公司或者其他股东请求其向公司依法全面履行出资义务的，人民法院应予支持。公司债权人请求未履行或者未全面履行出资义务的股东在未出资本息范围内对公司债务不能清偿的部分承担补充赔偿责任的，人民法院应予支持；未履行或者未全面履行出资义务的股东已经承担上述责任，其他债权人提出相同请求的，人民法院不予支持。股东在公司设立时未履行或者未全面履行出资义务，依照本条第一款或者第二款提起诉讼的原告，请求公司的发起人与被告股东承担连带责任的，人民法院应予支持；公司的发起人承担责任后，可以向被告股东追偿。股东在公司增资时未履行或者未全面履行出资义务，依照本条第一款或者第二款提起诉讼的原告，请求未尽公司法第一百四十七条第一款规定的义务而使出资未缴足的董事、高级管理人员承担责任的，人民法院应予支持；董事、高级管理人员承担责任后，可以向被告股东追偿。"

实务中，股东出资不实及抽逃出资的问题比较严重，该问题的存在，不仅侵害公司、公司其他股东利益，同时还存在对公司债权人的欺诈，侵害公司债权人的利益。《公司法》除规定交付该出资的股东补缴其差额外，与此事件密切关联的责任人，也应承担相应的责任。根据《公司法》及相关司法解释的规定，未足额缴纳出资，可能产生下列责任问题：

第一，未足额出资股东对公司及公司其他股东的责任。

未足额出资股东首先应当向公司承担补缴责任，此外，原始股东或者发起人也同样对此承担连带责任。

为保证公司资本充实，《公司法》规定了股东之间的连带认缴责任。《公司

法》第三十条规定:"有限责任公司成立后,发现作为设立公司出资的非货币财产的实际价额显著低于公司章程所定价额的,应当由交付该出资的股东补足其差额;公司设立时的其他股东承担连带责任。"第九十三条第一款规定:"股份有限公司成立后,发起人未按照公司章程的规定缴足出资的,应当补缴;其他发起人承担连带责任。"上述规定明确了对用于出资的非货币财产出现不足额情形时,首先由交付该财产的股东或者发起人补缴不足额部分,其次由公司设立时的其他股东或者发起人对此负连带补缴责任。一般情况下,实务中经常发生公司向未足额出资股东主张责任的情况,很少发生公司向其他股东基于连带认缴责任的追偿。另外,由于公司设立时的原始股东或者发起人同时对公司的注册资本金有共同担保的义务或者责任,不太可能发生自己诉自己的情况。但是,对于经营时间比较长的公司,除原始股东或者发起人股东外,又有受让股权股东或者增资扩股新加入股东的情形等,他们对公司注册资本金没有担保的义务。如果公司不起诉追究未足额股东责任的,其他股东可以依法提起股东代表诉讼,主张未足额出资股东及原始股东、发起人承担连带认缴责任。

未足额出资股东对公司其他股东的责任,系基于合同关系承担的违约责任。《公司法》第二十八条第二款规定:"股东不按照前款规定缴纳出资的,除应当向公司足额缴纳外,还应当向已按期足额缴纳出资的股东承担违约责任。"

第二,未足额出资股东对公司债权人的责任。

通说认为,公司注册资本金是公司与他人交易的基本财产担保,公司公示的设立时注册资本金的基本数额,是他人与公司交易时考察公司经济实力的重要依据。股东未缴纳出资或者抽逃出资,系因非经营风险的原因导致公司财产减少,股东利用管理公司的便利拒不出资或者抽逃公司资本金,构成滥用股东权利,形成对公司债权人的欺诈。故在公司不能清偿对外债务时,未足额出资股东应当在其未足额的范围内对公司对外债务承担补充清偿责任。

由于公司设立时的原始股东或者发起人,在设立公司时存在设立公司的共同目的和行为,他们之间系有共同意志的团体法律关系。根据设立公司的相关法律、法规的规定,原始股东或者发起人在设立公司的章程中应当明确公司注册资本金具体数额并将公司章程登记和公示,这些行为构成原始股东或者发起人对外宣示的共同承诺，原始股东或者发起人对公司章程中载明的设立公司注册资本金有保证数据真实的义务。基于原始股东或者发起人对注册资本金整体的保证责任，其间对每位原始股东或者发起人个体义务有互相填补的责任，当其中一人出资未足额时，为保证公司注册资本金数额的真实，维护团体对外的利益，其他股东负有填补义务。从这一点上看问题，各原始股东或者发起人之间互为保证人，当出现出资未足额时，其间相互承担担保责任，保证各原始股东或者发起人向公司履行足额缴纳出资的义务。

第三，验资机构和评估机构对虚假验资和评估部分应承担的责任。

在2013年修正《公司法》以前，验资机构和评估机构的验资报告和评估报告，是公司登记机关核准公司登记的必要依据，验资和非货币出资的评估是公司设立的必经程序，评估机构和验资机构应当对其公信和证明行为承担法律后果，因此，如果有证据证明虚假验资和评估的，其应当在虚假验资和评估的范围内对其造成的损害承担民事责任。2013年修正的《公司法》取消了验资程序，此后设立的公司不再有验资机构的验资问题。关于非货币资产的评估问题，2013年修正的《公司法》未作出修正，仍然存在评估机构参与评估的问题。《公司法》第二百零七条第三款规定："承担资产评估、验资或者验证的机构因其出具的评估结果、验资或者验证证明不实，给公司债权人造成损失的，除能够证明自己没有过错的外，在其评估或者证明不实的金额范围内承担赔偿责任。"

第四，股权受让方对未足额出资的责任。

原始股东或者发起人对公司注册资本金的责任源于其设立公司的义务，一般情况下该义务是不转移的，在公司成立后以继受方式取得股权而加入公司的股东，没有这样的义务。但是，如果受让股东明知股权存在未足额出资的问题仍然受让股权的，该受让股东虽然是继受取得股权，仍然对该股权的未足额问题负有填补责任。最高人民法院颁布的《公司法若干问题的规定（三）》第十八条规定："有限责任公司的股东未履行或者未全面履行出资义务即转让股权，受让人对此知道或者应当知道，公司请求该股东履行出资义务、受让人对此承担连带责任的，人民法院应予支持；公司债权人依照本规定第十三条第二款向该股东提起诉讼，同时请求前述受让人对此承担连带责任的，人民法院应予支持。受让人根据前款规定承担责任后，向该未履行或者未全面履行出资义务的股东追偿的，人民法院应予支持。但是，当事人另有约定的除外。"很明显，司法解释该条规定对继受取得股权的股东承担责任是有条件的，需其知道或者应当知道，司法解释的用意明确，受让股东对未足额出资情形知道或者应当知道时，对将要承担的出资填补义务在受让股权时是有预期的，故安排其承担出资填补责任是合理的，这种规定是更侧重于维护公司资本充实，保护公司对外的交易安全。如果受让取得股权的股东不知道或者不可能知道的，其取得股权时对此没有预期，不应当承担该责任。

[结论] 公司设立时有虚假出资问题，属于有欺诈情形的，首先，应当由交付该出资的股东承担责任；其次，设立公司时的其他股东承担连带责任；最后，评估、验资、验证等中介机构有可能承担责任。

【案例评析】

因未履行出资义务而受到股东权利行使限制的股权被转让后，受让该股权的股东是否应当承继该限制

原告：乙公司

被告：C公司

第三人：安达公司

诉讼请求：C公司补交缴拖欠安达公司的出资2400万元并承担违约责任，在补缴前不得行使分红权、新股认购权和剩余财产的分配权等股东权利。

图示：

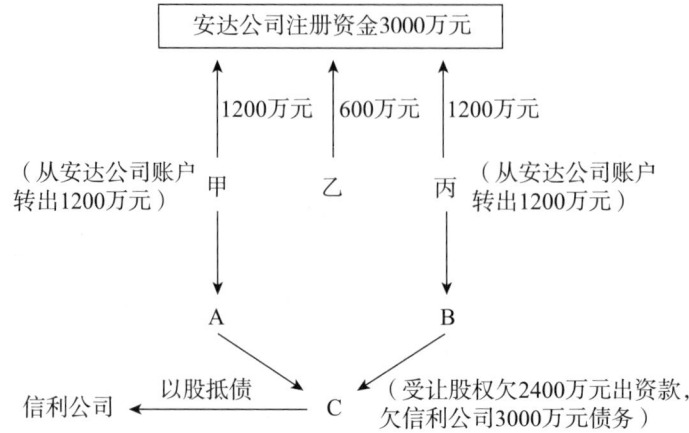

2011年4月，甲公司、乙公司和丙公司共同决定设立注册资金为3000万元的安达公司。《设立公司协议》约定，甲公司和丙公司各出资1200万元，乙公司出资600万元。各原始股东按约定时间和数额缴纳出资，每逾期一天，违约方应缴纳出资额的万分之三作为违约金支付给对方。该项违约金以履行方出资比例分配。同年5月，甲公司、乙公司和丙公司向安达公司临时验资账户足额汇款，某会计师事务所为此出具验资报告。在安达公司获得法人登记的次日，甲公司、丙公司分别从安达公司账户各转出1200万元。

2012年1月，甲公司将其持有的安达公司的股权转让给A公司，丙公司将其股权转让给B公司，在《股权转让协议》中均约定了未足额出资的部分，由受让股东A公司和B公司承担。安达公司董事会决议，对原股东未履行的出资义务，由受让股东A和B补缴。

2013年3月，A公司和B公司分别与C公司签订《股权转让协议》，A公司和B公司将其全部股权转让给C公司。协议还约定，由于安达公司成立时股东出资不实，C公司不向A公司和B公司支付股权转让款，由C公司直接向安达公司履行相应的出资义务。安达公司董事会决议确定了上述内容。

截至2013年7月，C公司受让股权后，安达公司登记的股东持股情况为：C公司持股80%，乙持股20%。安达公司股东会决议，C公司受让股权时未向原股东 A 公司和 B 公司支付股权转让款，上述原股东欠付安达公司的出资债务共计 2400 万元由 C 公司承担，C 公司在办理股权过户后两年内将拖欠安达公司的出资 2400 万元及利息债务清偿完毕，在出资债务履行完毕之前，C 公司不得行使分红权、新股认购权、表决权、剩余财产分配权等股东权利。

2014 年 5 月，某市人民法院向乙公司发送通知载明：因 C 公司拖欠信利公司债务案件已经进入执行程序，双方当事人达成执行和解协议，C 以其在安达公司的股权价款折合人民币 3000 万元一次性抵偿给信利公司，乙公司在 20 日内答复是否对 C 公司的股权行使优先购买权。

乙公司接到上述通知后向某省人民法院提起股东代表诉讼，请求：（1）C 立即补缴拖欠安达公司的出资 2400 万元，并按《股权转让协议》的约定承担违约责任。（2）在补缴出资前，C 名下的股份不得行使分红权、新股认购权、剩余财产分配权等股东权利。

该案中，安达公司设立时有三个原始股东，公司成立的次日，甲公司和丙公司即将出资转出，甲公司和丙公司的行为构成抽逃出资，甲公司和丙公司依法有返还出资的义务。甲公司和丙公司在存在股权出资不到位并拖欠公司债务的情形下，其将股权转让给 A 公司和 B 公司，而 A 公司和 B 公司又将股权转让给 C 公司。C 公司受让上述股权时在《股权转让协议》中明确股权转让款不再向股权转让方支付，直接向安达公司支付，故 C 公司对受让的股权存在出资未到位及拖欠公司债务的情形是明确知道的。根据最高人民法院颁布的《公司法若干问题的规定（三）》第十八条关于"有限责任公司的股东未履行或者未全面履行出资义务即转让股权，受让人对此知道或者应当知道，公司请求该股东履行出资义务、受让人对此承担连带责任的，人民法院应予支持"的规定，甲公司和丙公司在拖欠出资及债务的情形下将股权转让给 A 公司和 B 公司，C 公司从 A 公司和 B 公司最终受让该股权，C 公司承继该受让股权最初拖欠安达公司的出资款项符合法律规定及当事人的约定。在公司内部，C 公司和安达公司就如何承继原股东未履行的出资义务有明确的安排，在安达公司《股东会决议》中明确，C 公司应当向安达公司履行其名下股份拖欠公司的出资及债务。乙公司根据《公司法》规定提起股东代表诉讼，以追缴出资和限制行使股东权利为案由，请求判决 C 公司立即补缴拖欠安达公司的出资及债务 2400 万元，并按《股权转让协议》的约定承担违约责任。乙公司的诉讼请求事项符合《公司法》的规定及当事人的约定，应当获得支持。最高人民法院《公司法若干问题的规定（三）》第十六条规定："股东未履行或者未全面履行出资义务或者抽逃出资，公司根据公司章程或者股东会决议对其利润分配请求权、新股优先认购权、剩余财产分配请求权等股东权利作出相应的合理限制，该股东请求认定该限制无效的，人民法院不予支持。"乙公司请求认定安达公司《股东会决议》针对 C 公司股权未足额股东股权的限制，并且该限制及于受让该股份的新股东。乙公司起诉 C 公司，其目的是对抗案外人信利公司，在信利公司完成其与 C 公司之间的以股抵债，信利公司承继 C 公司名下股份进入安达公司后，仍需继续接受该名下股东的权利限制。通过本案诉讼，信利公司应当明确知道 C 公司持有安达公司股份拖欠的出资债务及该股份股东权利受到限制的股东会决议，故信利公司进入公司后也要承继 C 公司与安达公司的约定，两年内清理出资义务，否则承担违约责任。乙公司在接到某法院询问其是否行使优先购买权的通知后决定提起诉讼，明确 C 公司股权下的拖欠出资问题及公司股东会决议对该股权的限制，该诉讼可以有效预防或者阻却继受取得该股份的股东拒绝履行填补出资的义务和执行股东会关于限制股东权利的决议。

第四章

股东资格的确认

29. 民事主体取得公司股权的标准是什么，哪些情形下可以获得股权

近几年，利害关系人因股权归属或者股东资格的确认而产生争议的案件比较多，例如，原告以其签署了公司章程并向公司缴纳了出资为由主张确认其为公司股东，而公司则以股东名册和公司登记机关的登记未记载其为股东为由否认其股东资格。再如，某公司董事长以吸收其朋友为公司股东为由向朋友收取入股资金，并利用职务之便将其朋友记载于股东名册中，其朋友以已经缴纳出资并被记载于股东名册为由向法院提起诉讼，请求确认其股东资格。在股权确认纠纷案件中，当事人主张其具有股东资格，经常以股东名册和公司登记部门的登记为证据，或者以已经实际向公司缴纳出资为理由，主张确认其公司股东资格。关于股东资格的确认问题，理论和实务中的观点很多，几个有代表性的观点为：以出资为标准、以登记为标准、以获取股权依据的有效民事法律关系为准等。

实际上，任何民事权利均是在民事法律关系的变动中获得的，股权也一样。股权的取得是通过获得债权法律关系后，再根据其准物权的属性，履行必要的登记手续。由于股权获得的途径或者依据的法律关系不同，认定获得股权的证据也不相同，要确认股东资格，应当根据股权产生的路径，寻求认定的标准，分析民事主体建立的民事法律关系，从而判断其在该法律关系中是否获得股权。民事主体因股权归属发生争议向人民法院提起诉讼的，人民法院应当审

查当事人主张获得股权所依据的法律关系是否成立及合法有效。

学理界将股权的取得方式简单地归纳为原始取得、继受取得，有些学者又进一步划分出概括取得等方式。根据这种学理分类，最高人民法院作出了司法解释。《公司法若干问题的规定（三）》第二十二条规定："当事人之间对股权归属发生争议，一方请求人民法院确认其享有股权的，应当证明以下事实之一：（一）已经依法向公司出资或者认缴出资，且不违反法律法规强制性规定；（二）已经受让或者以其他形式继受公司股权，且不违反法律法规强制性规定。"这种在学理上的简单归类和最高人民法院的司法解释，对于解决实务中错综复杂的股权确认纠纷案件提出了基本方向，但要解决实务中的具体问题，还应当将现实经济生活中可能发生的各种情况逐一分析，然后再进行归纳和总结。

从公司设立到公司解散，获得股权的方式不外乎以下几种：

第一，公司成立时通过认缴公司注册资本而取得股权，学理上将公司成立时的股东称为原始股东或者发起人。原始股东或者发起人通过参加公司设立活动，将自己的财产让渡给公司，公司成立后，其缴纳的出资构成公司的注册资本，股权取得是基于其直接认购公司注册资本兑换成的公司股权。由于原始股东或者发起人的行为创立了公司和创设了股权，因此，原始股东的股权取得方式也可以称为原始取得。原始取得也可以称为第一手取得，是指股权取得是独立的，不依附于既存的其他权利，或者说不是基于他人所有之权利而是独立取得的新权利。

第二，在公司增加注册资本时，因认购新增加的注册资本而加入公司取得股权。公司增加注册资本时，一般是由股东会或者股东大会决议，对增加的部分资本由公司原股东认购增发的股份，或者吸收新的股东由新股东认购增加的公司注册资本金。在该环节认购新增资本，可以获得公司股权。

第三，因受让公司股东股份而取得股权。股东向公司以外的民事主体转让股权，受让民事主体基于股权转让合同获得公司股权。由于该股权的获得是在他人权利的基础上获得的，是典型的继受取得。继受取得也可以称为二手取得或者传来取得，即股权获得是基于他人既存的股权而发生的，是因他人所有之股权而取得股权。

第四，公司回购或者收购其股份后再行出让，因直接向公司购买股权而获得股权。根据《公司法》的规定，在法律规定事由出现的情况下，允许公司收购其自己股份，但收购后必须在法定期间内进行处理，否则将造成公司资本虚置，有可能侵害公司债权人利益。公司收购本公司股份后，可以指定公司股东认购收购的股份，也可以向公司以外的民事主体出让股份，吸收新的股东进入公司。与公司签订合同认购股份获得股权的，也可以称为继受取得。

第五，在强制执行程序中，因参加竞拍而获得股权。公司股东作为被申请执行人进入人民法院强制执行程序中，人民法院决定变卖股东股权偿还债务时，一般情况下是通过拍卖方式对股权进行变价，在拍卖场合通过公开竞价方式获得股权的民事主体，可以取得公司股权，成为该公司股东。当然，在强制执行程序中，也存在以股抵债的情形，债权人可以因折抵债务直接获得股权。

第六，因继承、遗赠、赠与等事由而取得公司股权。我国《公司法》第七十五条规定："自然人股东死亡后，其合法继承人可以继承股东资格；但是，公司章程另有规定的除外。"该规定意味着，除公司章程有特殊规定的情况外，股权可以继承，如果发生公司股东死亡事件，其继承人可以取得公司股东资格。遗赠和赠与也可以发生取得股权的情况，但是这些情况比较特殊，遗赠和赠与法律关系构成要件比较固定，实务中因此发生纠纷的相对较少。

第七，因公司合并或者分立而获得公司股权。公司合并分为新设合并和吸收合并，其特点是两个以上的公司不经过清算程序即消灭原公司，成立一个新公司或者保留一个公司，但对原公司的股东和资产进行合并。从某种意义上说，公司合并应当视为设立了一个新公司。新设合并自不必说，原来的公司均消灭，成立一个新公司。吸收合并虽然保留一个公司，但其吸收了消灭公司的注册资金与股东，保留下来的公司虽然沿用原公司的名称，但公司资产和股东均发生了变化，实际亦为成立了一个新公司。因此，无论是新设合并还是吸收合并，合并后的公司股东均可以视为新公司的原始股东。因公司合并而取得合并后新公司的股权有两种情况：一种是基于认缴原来公司注册资本获得的股权而兑换为新公司的股权，股权的产生仍是基于自身的股权，并不是基于他人所有的权利,这种取得股权的方式也可以界定为原始取得。另一种是因受让他人股权而加入新公司,该种方式可以界定为继受取得。在公司合并过程中,对于不同意参加新公司的股东,其股权有可能经过公司收购,然后再转让给他人,也可能直接向他人转让,他人因受让行为而取得股权,该情况属于继受取得。在学理界,也有将公司合并和分立时取得的股权称为概括取得,或者将其单纯划归原始取得或继受取得。

公司分立的原理与公司合并基本相同,也存在通过两种方式获得股权的问题。

第八,在企业改制过程中获得股权。我国公司设立与其他国家公司设立的背景不同,在 1993 年颁布《公司法》后,很多国有企业和集体企业改制为公司,在改制过程中,股份的组成可能有几部分:第一部分是原国有企业或者集体企业主管单位保留一部分股权,持有一定比例的股份;第二部分是引进的新的投资人;第三部分是为企业原职工保留的股份,原企业职工以职工股的方式入股改制后的公司,成为公司股东,职工入股人数多的,又以持股会等名义登记股东。

第九,因善意取得获得股权。善意取得制度是针对动产和不动产规定的一种特殊所有权取得方式。财产占有人或者登记人无权处分财产,但仍可以发生转让财产的后果,为维护交易安全与便捷,在第三人为善意时,确认第三人取得该物的所有权。显然,股权不能简单视为动产,但股权性质如何,系属债权性质还是物权性质,或者兼有债权与物权性质的问题,在学术界的论证一直没有停止。股权具有物权属性,在实务中对股权发生的无权处分,需要我们在保护股权所有的"静"的安全和财产交易的"动"的安全问题上作出取舍。例如,委托人在代理他人行使股权的过程中将受托人的股权转让,股权受让人办理过户登记后,又再次将股权转让,再次受让人核实公司登记机关的登记后受让股权,并获得公司登记机关的登记。再次受让人在受让股权的过程中尽到了交易安全的谨慎注意义务,主观上没有过错,支付了合理对价,这时为保护善意第三人对公司登记机关登记权属人处分权的信赖,应确认其取得公司股权。

第十,因隐名股东身份主张获得股权登记。隐名股东的问题未写入我国

《公司法》，但在现实经济生活中大量存在着隐名投资问题。隐名投资人是否可以获得股东地位，情况比较复杂。隐名股东主张股东身份，要解决两个问题：一是确定隐名股东和显名股东之间是否存在委托持股关系；二是法律规定或者当事人约定显名登记是否有障碍。两个问题都解决了，没有障碍了，才可以考虑隐名股东获得登记的问题。

综上分析，股权是基于民事法律关系的变动而取得的，从学理上可以简单划分为两种或者三种取得方式。划分为两种为：原始取得和继受取得，原始取得的股权是独立的，是不依附于既存的他人所有的权利而发生的新权利；继受取得的股权则是基于他人所有的权利而发生的权利，原始取得和继受取得股权的原因不同，依据的法律关系不同，因此认定获得股权的标准也不完全相同。股权取得的方式可划分为三种：原始取得、继受取得和概括取得。

[结论]　股权属于民事权利，其获得需要建立相应的民商事法律关系，要确认某民事主体是否取得股权，应从其建立的民商事法律关系入手。股东名册和公司登记机关的登记是对股权获得后的一种记载或者登记，在股权确认纠纷案件中，要确认民事主体是否获得股权，应当查明其参与的相关民商事法律关系情况。

【案例评析（一）】

股权受让人对股东的历次变更是否具有更高的注意义务

原告：乙、丙

被告：阳光房地产开发公司、孙某等五人

诉讼请求：《股权转让协议》《股东会决议》不真实，应认定无效，确认乙、丙享有阳光房地产开发公司股权。

图示：

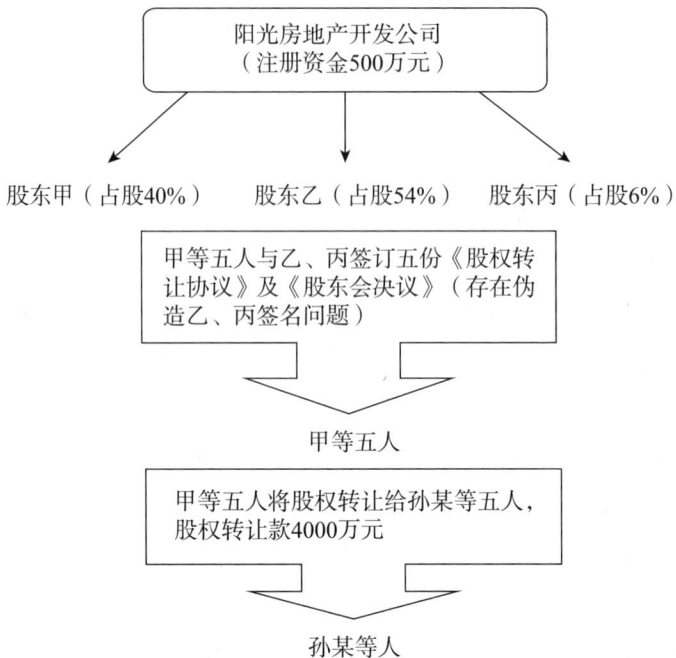

2003年5月，甲取得某市阳光大厦房地产开发项目，为开发该项目，同年9月，甲与乙、丙三人共同投资设立了阳光房地产开发公司，注册资本500万元，其中，甲出资200万元占40%股份，乙出资270万元占54%股份，丙出资30万元占6%股份。

2003年9月，甲等五人与乙、丙分别签订五份《股权转让协议》，分别按10%、10%、10%、14%和6%的比例受让乙和丙在阳光房地产开发公司的全部股权。各方同时签署《股东会决议》，并到工商行政管理机关办理了股权变更登记手续。

2003年12月，甲等五人又与孙某等五人签订五份《股权转让协议》，约定甲等五人将部分阳光房地产开发公司股权转让给孙某等五人，转让价款4000万元。《股权转让协议》签订后，孙某等五人到工商登记机关核实甲等五人确实为阳光房地产开发公司登记股东。随后开始向甲等五人支付股权转让款共计4000万元。甲及阳光房地产开发公司为孙某等五人在工商登记机关办理了股权变更登记手续。转让后甲持股20%，孙某等五人持股80%，孙某担任阳光房地产开发公司法定代表人。

2004年3月，乙和丙得知其股权被转让，以《股东会决议》和《股权转让协议》上的签名不是本人所写，而是他人假冒为由，向工商行政管理机关提出申请，请求撤销登记，恢复原登记。工商行政管理机关受理其申请并对签名进行鉴定。经当地人民检察院进行笔迹鉴定，在《股东会决议》和《股权转让协议》文件上乙和丙的签名，均不是本人签署，系他人模仿。2004年9月，乙和丙向当地人民法院提起行政诉讼，请求撤销阳光房地产开发公司股权变更登记事项，恢复其股权登记。

2004年12月，乙和丙向人民法院提起民事诉讼，请求确认2003年9月的《股权转让协议》和《股东会决议》不真实，无效；确认2003年12月甲等五人与孙某等五人签订的《股权转让协议》无效，确认乙和丙分别在阳光房地产开发公司享有53%和6%的股权。

孙某等五人主张适用善意取得制度，其抗辩理由主要有：第一，其签订《股权转让协议》到工商行政管理机关核实过股权归属情况，确认甲等五人为登记股东，有前手《股权转让协议》和《股东会决议》，前手股东变更获得工商行政管理机关的变更登记审核和批准，故其尽到了谨慎的交易注意义务。第二，其支付了合理的对价，对约定的股权转让款4000万元已经支付完毕。第三，已经完成了工商行政管理机关的股权变更登记手续达一年之久，现在的阳光房地产公司与其股权交易时的阳光房地产公司的市值无法比较，股权价值的增值也已经无法估价。孙某等五位新股东接管阳光房地产公司后，安排追加贷款及与其他公司合作等，使阳光大厦房地产项目的开发进展非常顺利，这些凝聚孙某等五位股东的商业投入。阳光大厦房地产项目的增加投入使资产形态发生了根本性变化，已经不可逆转。

该案中，乙和丙的股权被他人伪造签名转让了，这是已经查明的乙和丙股权被侵占的事实。此后，乙和丙的股权又再次发生了转让，孙某等五人受让股权时，该股权已经脱离了乙和丙所有，登记在甲等五人名下。根据《公司法》第三十二条的规定，公司应当将股东的姓名或者名称向公司登记机关登记；登记事项发生变更的,应当办理变更登记。未经登记或者变更登记的,不得对抗第三人。《公司法》的该规定明确了股权登记的公示效力,作为公司以外的第三人,在受让股权时核对工商行政管理机关的登记,落实股权归属,应当认定其尽到了谨慎合理的注意义务。在工商登记材料齐全的情形下,孙某等五人没有理由怀疑第一手转让材料的真实性。如果要求孙某等五位交易人对股权的历次变更均具有更高的注意义务,将会使现实社会中的股权转让交易变得非常复杂和困难。所以,尽管存在乙和丙的股权被他人侵占的明确事实,在对维护财产所有权人权利和交易安全进行选择时,应当选择维护交易安全和经济秩序的稳定。《公司法若干问题的规定(三)》(2011年)第二十五条和第二十七条,明确规定了股权取得可以适用《物权法》关于善意取得的特殊规定,孙某等人关于适用善意取得制度的主张是成立的。

【案例评析(二)】

因企业改制而获得公司股权的股东,是否受企业改制时公司内部关于股权登记的特殊规定的约束

原告:甲、乙、丙、丁、戊

被告:化纤公司、A、B、C、D

诉讼请求:请求确认甲、乙、丙、丁、戊成为化纤公司的股东,办理相应的股权变更手续。

图示:

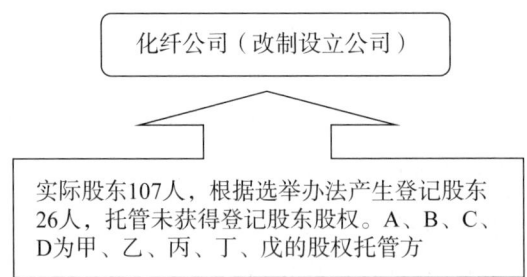

2004年10月,化纤公司进行改制,该公司共有107名职工参加改制,其中包含甲、乙、丙、丁、戊五人,参加改制的职工将经济补偿金和分流安置补

助全部转为改制企业股权。

2004年11月17日，化纤公司职工大会以应到持股职工人数107人，实到持股职工人数94人，同意人数71人，反对人数1人，弃权人数22人的统计结果，通过了公司记名股东产生办法。该办法规定：根据公司上级主管部门改制文件规定，职工人数超过50人的改制企业，采用股权托管的方法解决有限公司股东人数不得超过50人这一问题，将107名持股职工的股份记名在其中26人名下，记名股东与隐名股东应分别签署股权托管合同，当超过记名股东所代表股份额50%以上的隐名股东提出解除股权托管协议时，应根据办法重新选举记名股东。2004年12月13日，甲、乙、丙、丁、戊与记名股东签订了股权托管合同，化纤公司的公司章程及工商行政管理机关的登记股东人数为26人，不包含甲、乙、丙、丁、戊五人。

甲、乙、丙、丁、戊五人作为委托方分别与作为受托方的记名股东A、B、C、D签订股权托管合同各一份。股权托管合同约定：委托方和受托方确认，受托方为化纤公司的名义股东，股东权利实际由委托方享有，有关的责任和义务也由委托方承担。在此前提下，委托方同意将托管股权登记在受托方名下，受托方同意代委托方持有托管股权。股东权利包括但不限于：获取化纤公司的现金或非现金股利；参加化纤公司的股东会并依照托管股权的份额行使表决权；向化纤公司董事会提议召开股东会；向化纤公司股东会推荐董事和监事候选人；对化纤公司的经营行为进行监督，提出建议或质询；查阅和复印化纤公司的章程、股东会会议记录、公司注册资本总额、股权结构等信息。

化纤公司分别出具《出资证明书》给甲、乙、丙、丁、戊五人，证明五人的出资额，出资时间均为2004年12月1日。

2008年3月，甲、乙、丙、丁、戊向人民法院提起诉讼，请求确认其是化纤公司股东，判令化纤公司在工商行政管理机关为其申请办理股东变更登记手续。

该案中，甲、乙、丙、丁、戊的诉讼请求没有获得支持。化纤公司为因改制设立的公司，该公司参加企业改制成为股东的原职工107名，根据改制时公司上级主管部门的改制文件规定，职工人数超过50人的改制企业，采用股权托管的方法解决有限公司股东人数不得超过50人的问题，将107名持股职工的股份记名在其中26人名下。化纤公司制定记名股东产生办法，且该办法获得107名股东组成的职工大会通过。甲、乙、丙、丁、戊作为化纤公司的隐名股东，其与化纤公司、记名股东之间的权利义务关系不仅受股权托管合同约束，还受化纤公司的公司记名股东产生办法约束。根据记名股东产生办法，当超过记名股东所代表股份额50%以上的隐名股东提出解除股权托管协议时，应重新选举记名股东。现甲、乙、丙、丁、戊作为隐名股东，持有的股份额未达到公司记名股东产生办法规定的相应份额，其要求显名，即要求变更登记为记名股东的诉讼请求不符合公司内部特殊约定。化纤公司改制时所涉参与改制的职工共107人，仍然超过《公司法》规定的有限责任公司股东人数最高不得超过50人的限制，其主张登记为股东不符合法律规定，故请求难以获得支持。

30. 在有限责任公司成立时获得公司股权应当具备哪些基本要件

一般情况下，有限责任公司原始股东应当具备三个主要特征，第一，参加签订出资人协议或者公司章程等设立公司文件的活动；第二，应当向公司认缴出资；第三，公司成立时工商行政管理机关登记其为股东，公司股东名册记载其为公司股东。实践中，由于公司设立过程中操作不规范或者其他原因，致使股东不完全具备上述特征并发生争议的情况时有发生，被否认或者主张确认公司原始股东资格的当事人，股东身份分别在不同环节出现问题，使得其不完全具备上述三个主要特征。有些人签订了出资人协议、公司章程，并在工商行政管理机关获取了登记，但没有向公司实际缴纳出资；有些人是签订了出资人协议和公司章程后将出资交给了公司设立时的其他股东，没有再参加公司设立的其他活动，且最终没有获得在工商管理机关的登记。

在这三个要件中，哪一个最重要，哪一个要件是决定具备公司股东资格的关键要素，笔者倾向认为，对发生的争议，如果当事人举证证明的方向不一致时，签署公司章程是成为有限责任公司原始股东的重要证据，主要有以下几个理由：

第一，原始股东的股权是在创设公司的同时创设的民事权利。

创设公司属于团体法律行为，发起人签署出资人协议、公司章程等设立公司文件属于以意思表示为基本因素的多方法律行为。对于设立公司，发起人的意思表示不是对立的，而是平行和一致的，该法律行为并非契约行为，而是设权行为。发起人签署出资人协议、公司章程等文件的目的是创设一个其拥有股权的公司，通过出资人将自己的财产让渡给公司并完成一定的必要行为使公司取得法律上的人格，公司获得出资人财产权利后取得法律人格，出资人在公司取得法律人格的同时其获得公司股权，这是公司制度的同步安排。

公司的创立和股权的创立是同时完成的，公司成立之时即是股权产生之时。股权是民事主体对公司享有的民事权利，股权的存在依附于公司，公司的存亡决定股权的存亡。在公司成立之前，不存在股权，股权在公司取得法律人格时开始发生，在公司解散并注销时股权消灭。

第二，股权的创设是原始股东承诺认缴公司的注册资本金，将自己的财产让渡给公司并获得拟成立公司股权的过程。

创设公司必须具备一定的条件，即公司的组织要件（公司的名称、种类、组织机构、经营范围以及经营场所等）、人的要件（原始股东或者发起人）、物的要件（注册资本金）和行为要件（缴纳出资和办理注册登记等），其中组织要件、人的要件和物的要件是设立公司的核心或者基础，发起人通过向公司认缴一定的出资而获得拟成立公司的股权，发起人认缴的所有出资构成公司的物的要件，即注册资本，发起人认缴的出资是公司成立的物质基础，没有发起人的认缴行为，公司因缺乏物质要件不能成立，当然也就不能产生股权。发起人通过承诺将自己的财产注入公司而获得创设公司的股权，这是发起人承诺创设其股权的意思表示或者说实质要件。行为要件是发起人完成上述一系列动作之后，向公司登记机关申请登记，在获得登记或者批准后取得法人资格。

第三，公司章程记载股权创设的意思表示，表达原始股东的共同意志。

公司的股东构成、注册资本构成以及股东对注册资本认缴的具体数额等事项，是公司章程必须具备的内容。发起人在公司章程中承诺认缴公司注册资本的意思表示是创设并获得股权的认定标准，发起人在公司章程中认缴公司注册资金数额的大小，决定其取得拟设立公司股权的具体份额。公司章程是原始股东表达创设股权法律关系意志的载体，记录原始股东或者发起人的真实意思表示，具有法律效力。

第四，公司章程是公司设立时必须提交的由全体原始股东签署的文件。

公司设立阶段签署的文件很多，除公司章程外，还有发起人协议、公司登记申请书等，但这些文件，未被作为公司设立的必备文件写入《公司法》。根据《公司法》的规定，公司章程是设立公司必须具备的文件，并且记载设立股权的实质内容，认缴公司注册资本的具体人员、数额，反映股东将财产让渡给公司获得股权的兑换意思表示。我国《公司法》第二十五条规定："有限责任公司章程应当载明下列事项：（一）公司名称和住所；（二）公司经营范围；（三）公司注册资本；（四）股东的姓名或者名称；（五）股东的出资方式、出资额和出资时间；（六）公司的机构及其产生办法、职权、议事规则；（七）公司法定代表人；（八）股东会会议认为需要规定的其他事项。股东应当在公司章程上签名、盖章。"

第五，从股权创设的过程看，公司章程是确认原始股权的重要依据。

设立有限责任公司活动一般经过三个主要阶段：（1）股东签订出资人协议、公司章程等设立公司的必要文件；（2）股东按约定向拟成立的公司缴纳出资及实施其他设立公司的活动；（3）向工商行政管理机关办理注册，登记股东身份，领取公司企业法人营业执照。在公司登记机关颁发法人营业执照的同时，公司成立，股权产生。出资人协议、公司章程等设立公司文件是拟成立公司全体原始股东的意思表示，是对各方具有法律效力的文件，是设权行为，缴纳出资以及办理工商登记等是对公司章程等设立公司等文件的履行行为，因此，参加签订出资人协议、公司章程等设立公司文件的活动，并在上述文件中明确认缴一定数额公司注册资本的人，在公司成立时应当具有公司股权。有公司章程上的签字，才表明参加设立法律关系，证明其创设了股权。股东没有缴纳出资，属于没有履行其约定的义务，应当承担补缴责任，不能因为其没有履行出资义务而剥夺其设定的股东权利。办理公司登记，也属于成立公司必须实施的一定行为，同样理由，不能因为该行为的不正当履行而导致股东在协议或者章程中创设的股东权利消灭。公司章程签署后法律关系成立，经登记公司获得法律人格，创设的股权发生法律效力。

实务中，经常发生公司章程和设立公司协议、投资人协议等内容不一致的问题。例如，签署设立公司协议、投资人协议等，但未签署公司章程。再如，各类文件记载的持股数额不一致等。如果出现文件记载不一致的，应当查明涉案当事人之间的真实法律关系，以真实法律关系决定股权的归属。实务中，有的情况是当事人有意安排的仅签署设立公司协议、投资人协议，但不签署公司章程，或者各文件记载持股数额不一致。例如，隐名股东问题，当事人有意安排不显名，不签署公司章程，不作股东登记等。当股东之间在其他文件中有关于股权安排的特殊约定，该约定是真实自愿的，对参加签订协议的当事人有约束力。由于当事人的特殊约定未记录在公司章程中，没有法定的对外公示平台，对其他人没有约束力。这种根据当事人的特殊需要作出的安排，在股权确认时以当事人之间真实的意思表示为准，对其他人没有约束力。公司章程的公示效果与公司登记机关的股权登记的公示效果相同，对公司以外的他人发生对抗效力。

归纳上述结论可以看出，股权是在设立公司的同时创设的，意思表示是在公司章程等设立公司文件中完成的，公司章程是《公司法》规定的设立公司的必备文件，股东签署公司章程后股权创设的最后意思表示最终完成，公司登记获得法律人格时股权产生，签署公司章程并承诺缴纳出资认缴公司注册资本是获得股权的关键因素。工商行政管理机关的登记、股东名册以及缴纳出资是对创设股权法律关系的履行行为，并非设权行为，当工商行政管理机关的登记、股东名册等记载内容与签署的公司章程发生矛盾时，一般以签署公司设立时的公司章程为准。公司章程为公司设立时由股东签署的法定文件及依法必须公示的文件，如果股东对股权设立和公示有特殊安排的，根据特殊安排的真实意思表示确定股权的归属。股东之间的这种特殊安排应当通过合意并达成共同意志，才对参加签订协议的当事人有约束力。

对于股权，《公司法》明确规定了公司应当制作股东名册和办理公司登记，记载和公示公司股东情况，股东依据股东名册主张行使股东权利、未经登记机关登记的股东，对公司以外的第三人不发生对抗效力。但股东名册记录和公司登记机关的登记只有证权效果，并没有设权效力，公司股东名册的登记或者公司登记机关的登记行为本身并不是赋予相对人股权的权利行为，也不是对争议股权的确认或者认定，而仅是对公司股权状态的一种记载，当公司股东情况发生变化时，公司应当及时进行名义更换。股东名册的记载和登记机关登记，是对股权获得后的一种记载或者登记，公司有义务对获得股东身份的人及时在股东名册中作真实记载并在公司登记机关予以登记。因此，对于获得记载或者登记的人，应推定其获得了股东身份，在公司内部，当股东名册中记载的股东向公司主张行使股东权利时，无须再提示获得股东身份的其他证据，可以直接对抗公司。当然，股东和公司有特别约定的，以特别约定为准，例如，隐名股东的问题，隐名、显名股东与公司有特别约定的，执行特别约定。

在公司外部，对公司方面作出的登记，在股东与相对人发生交易时，以公司登记机关的股权登记为权利依据，相对人以公司登记机关的登记识别公司股权。当然，该识别标准，也不排除公司与他人有约定或者他人明知公司股权登记存在问题的特殊处理：交易发生时公司以外的他人被公司或者股东明确告知登记情形特殊，不代表股权归属等真实情况的，公司登记对他人不再发生对抗效力，他人坚持交易，其应自行承担相应的法律后果。

[结论] 创设公司的同时创设股权，股权的创设需要意思表示，对该意思表示，《公司法》规定应当将其记载在公司章程中，故公司章程是主张在公司设立阶段取得公司股权的关键证据。如果当事人能够提示其间对股权归属有特殊约定的，对特殊约定应依法保护。

第四章 股东资格的确认

【案例评析】

出资人协议与公司章程载明的公司注册资本金及股东均不同，应依据哪个文件确认公司股东

原告：丙

被告：华艺公司、甲、乙、华艺公司经理和会计

诉讼请求：请求确认丙为华艺公司股东。

图示：

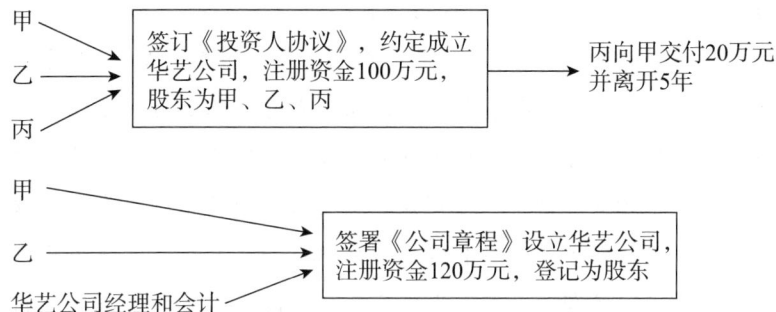

甲、乙和丙三人签订《出资人协议》拟成立有限责任公司，主要经营数码科技业务等，注册资金100万元，由甲和乙各出资40万元，丙出资20万元，公司名称为华艺公司。协议签订后，丙将20万元出资交给甲，甲为其出具的收条载明：收到丙20万元。此后，丙因个人原因滞留国外五年后回国，其到公司主张参与公司管理及分红等被拒，丙到工商行政管理机关查询公司登记，该公司登记股东为甲、乙和公司经理及会计。其中，甲和乙各出资50万元，公司经理出资10万元、会计出资10万元，该公司章程载明股东及出资内容与上述登记相同。丙并未被登记为公司股东，公司章程上没有丙为股东的记载，也没有丙的签名。

丙以三人之间签订的《出资人协议》和其已向公司缴纳出资为由，以华艺公司及其股东甲、乙、经理和会计为被告向人民法院提起诉讼，请求确认其为华艺公司股东。

华艺公司及甲、乙等抗辩称，此华艺公司并非原来甲、乙和丙三人签订《出资人协议》拟设立的公司。甲和乙之所以愿意与丙合作成立公司，是因为

丙具备一定的资源,有一定的业务渠道。但丙签了《出资人协议》后出国就没有了音信,由其安排的业务落空,公司设立被迫终止。后来甲和乙又找到了其他合作人,故与新合作伙伴重新商议设立现在的公司。现在的华艺公司注册资本金为 120 万元,与原来拟设立的公司无关。请求驳回丙主张确认股东资格的诉讼请求。

本案中,丙在公司设立阶段参加了部分设立活动,与发起人甲和乙签订了《出资人协议》,并将其认缴出资的份额交给了甲,但在其离开时公司设立并未完成,丙未签署公司章程,也未委托签署公司章程事项,其将出资交给甲个人。根据案件查明的事实,现在的华艺公司在被批准登记时的公司章程是由甲、乙及公司经理和会计四人签署的,章程及公司登记中明确各股东认缴的数额,且公司章程及公司登记载明的注册资本金为 120 万元,与丙提交的《投资人协议》内容并不相同。由于《公司法》规定设立公司必须要有公司章程,股东应当在公司章程上签字,而丙未签署公司章程,也没有证据证明其委托他人签署公司章程等,故现有证据不能认定丙参与并最终完成了公司设立的后续行为,华艺公司在设立阶段即发生了变动,现设立的华艺公司也并非《投资人协议》对应的公司,甲、乙等主张丙签订《投资人协议》后即消失,由其安排的业务落空导致其设立公司失败的理由合理,丙主张确认其享有该公司股权不能获得支持,至于其将 20 万资金交给甲的问题,属于其与甲的个人债务,可以另行协商处理。

31. 有限责任公司隐名股东主张显名或者转让股权,如何办理相关手续

隐名股东是股份的实际出资人,即股份的实际所有权利人,依法应享有对股份的处分权利,可以转让及设置他项权利等。隐名股东在公司股东名册及公

司登记中未记载其为实际权利人,在权利外观上公示的问题比较复杂,故隐名股东在满足自己隐名需求的同时,应处理好相关的法律关系,不影响或者损害他人合法权益。为有效保障隐名股东和相关民事主体的合法权益,隐名股东要处理好以下关系:

第一,处理好隐名股东与显名股东之间的关系。一般情况下,隐名股东和显名股东之间是通过托管合同、委托持股合同等建立的隐名与显名关系,在有些情况下,当事人之间是有书面合同的,而有些情况下,当事人之间是没有书面合同,仅有口头约定的代持股关系等。对于隐名股东合同关系,在解除合同或者合同到期时,当事人之间应当注意后合同义务的履行,受托人或者托管人即显名股东应当根据合同关系向隐名股东移交权利,包括相关的红利及其管理股权时形成的其他材料,协助隐名股东向公司提交办理股权变更或者转让等手续的申请。隐名股东应当根据合同约定向显名股东支付托管期间的合理费用或者合同约定的其他义务等。对于隐名股东与显名股东之间对股权的归属存在争议的,应首先解决股权争议,最终可以通过诉讼确认股权归属。对于股权归属明确,但隐名股东拒绝支付托管费用或者显名股东拒绝协助向公司提交申请协助办理相关过户或者转让手续的,也可以通过诉讼获得救济。

第二,处理好与公司其他股东之间的关系。除国有独资公司及一人有限责任公司以外,公司是由多个股东共同投资设立的,股权属于共有权利,在处分股权时应注意不影响其他共有权人的权利。有限责任公司兼具有人合性与资合性的双重属性,为保障股东行使处分权利和其他股东的合法权益,《公司法》第七十一条对有限责任公司的股权变更作出了特殊规定,主要体现在:(1)公司章程的特殊规定;(2)公司其他股东过半数以上同意变更;(3)如果是对外转让的,其他股东有优先购买权。隐名股东要变为显名股东或者将股权转让,应当符合上述规定。

实务中,隐名股东的存在状态大概可以划分为两种情况:一种是其股东身份是被公司及其他股东认可的,其委托他人显名或者是将股权托管的情况,已经得到公司确认。另一种是公司从未认可过隐名股东的情况,隐名股东未经公司及其他股东认可。对于第一种情况,公司及其他股东是已经认可隐名股东为公司股东的，如果隐名股东要变更为显名股东，可以依法行使股东权利，依照《公司法》第三十二条的规定，请求公司直接为其办理股权变更登记的相关手续。当然，如果公司及其他股东对于以往是否曾经认可其股东身份有争议的，也可以通过诉讼解决。对于公司及其他股东对隐名股东不知情的情况，隐名股东要行使股东权利或者股东的处分权，应保护其他股东的合法权益，保障公司的人合性。其他股东过半数以上同意其显名的，可以直接变更为股东，其他股东不同意的，不能显名。最高人民法院《公司法若干问题的规定（三）》第二十四条第三款规定："实际出资人未经公司其他股东半数以上同意，请求公司变更股东、签发出资证明书、记载于股东名册、记载于公司章程并办理公司登记机关登记的，人民法院不予支持。"该种情况意味着其他股东不同意与隐名股东作为共有权利人共同享有公司股权，隐名股东要么选择继续保持隐名状态，要么选择转让股份。隐名股东要转让股份时，公司其他股东仍享有优先购买权。此时，贯彻少数人的利益符合多数人的意志的原则，隐名股东只能作出被动的选择。

第三，公司有义务协助隐名股东依法办理相关手续。公司是投资形成的法人组织，是股东权利对应的标的物，公司作为法人是拟制的人，它管理全体股东财产及权益，股东行使权利需要借助公司这个外壳，行使表决权、分红权、新股认购及股权转让等，都脱离不开公司的管理程序，股东权利的行使依赖于公司，公司有义务和责任保障股东正当权益的实现。一旦隐名股东地位确定以后，公司有义务依法保证其实现权利。对于依法可以实现显名的，公司有义务办理股权变更审批、登记手续及股东名册的变更记载，将隐名转换为显名，保证其行使股东权利。对于依法不能实现显名的，隐名股东需要处分其财产权利时，公司应当协助隐名股东转让投资权益，例如，隐名股东不被其他股东认可，其他股东过半数以上不同意其直接显名，隐名股东需要转让投资权益的，公司应协助隐名股东及受让人办理过户手续。公司拒绝办理的，隐名股东可以提起诉讼。

根据上述分析，有限责任公司隐名股东要转让股权时，首先要解决其股东身份问题，即其与显名股东之间关于股权的归属是否有争议，公司其他股东是否确认其股东身份，如果股权归属没有争议，公司其他股东以往即明确确认其股东身份，对此没有争议的，隐名股东可以直接以股东名义办理股权转让手续。如果隐名股东与显名股东之间关于股权归属有争议的，应先解决确权问题。如果股权归属没有争议，但公司及其他股东未认可其身份的，隐名股东要转让其股权时应向公司提出申请，由公司协助隐名股东按照《公司法》第七十一条规定办理，需要办理相关涉审批程序的，公司也应当依法办理。公司及显名股东拒绝启动相关程序的，隐名股东可以公司和显名股东为被告提起诉讼，请求其协助办理相关手续。

［结论］有限责任公司隐名股东主张显名，如果公司其他股东对隐名股东显名没有异议的，公司应当为隐名股东办理股权过户手续，如果隐名股东主张转让股权的，公司应当协助其办理相关的过户手续。

【案例评析】

伪造签名的《股权转让协议》《股东会决议》，是否为未成立的合同和决议

原告：父亲

被告：女儿

诉讼请求：确认《股权转让协议》无效，父亲具有公司股东资格。

图示：

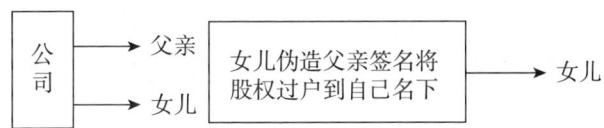

原、被告系父女关系，父亲持有公司股份，女儿伪造父亲签名与父亲签订《股权转让协议》，将父亲名下股权转让给女儿，然后女儿将该《转让股权协议》提交给公司，要求公司同意股权转让，并将公司股东名册记载的父亲股东变更为女儿。父亲发现后向公司声明协议是伪造的，而女儿主张父亲向公司的出资是由其实际支付的，父亲为挂名股东，公司无法处理父女之间的争议将股利分红存放银行。

父亲向法院起诉，主张《股权转让协议》无效，请求确认其股东资格。

本案中，能确定的事实是《股权转让协议》中父亲的签名是伪造的，因女儿对父亲再婚不满意，为保留家族资产，女儿伪造父亲签名，利用控制公司的便利伪造《股东会决议》和《股权转让协议》，将父亲名下股权办理到自己名下。该案中因《股权转让协议》签名是伪造的，属于未成立的合同，应认定未发生股权转让交易，公司已经办理的变更登记应当予以撤销，父亲主张恢复股东身份的主张应当予以支持。

32. 有限责任公司股东未履行缴纳出资义务，公司或者公司其他股东是否可以请求对其除名

出资人协议、公司章程等公司设立文件是具有创设权利性质的法律文件，包括创设公司法律人格和股权。签署文件的发起人或者原始股东依据上述文件设定的法律关系获得股权，该法律文件生效后，对签订协议的发起人具有约束力，没有法定事由或者约定事由发生，其民事权利不能当然丧失。法定事由是《公司法》规定的权利消灭的事由，例如，公司设立失败时股权不能发生，公司解散注销时股权消灭，在公司存续期间出现股权转让、继承、赠与、公司收购股份等情形时，股东有可能丧失股权。约定事由是公司章程等公司有效文件中约定的股权消灭事由。

对股东未履行缴纳出资义务，是否可以对其股东资格除名，我国《公司法》没有作出明确规定，最高人民法院颁布的《公司法若干问题的规定（三）》第十七条第一款规定："有限责任公司的股东未履行出资义务或者抽逃全部出资，经公司催告缴纳或者返还，其在合理期间内仍未缴纳或者返还出资，公司以股东会决议解除该股东的股东资格，该股东请求确认该解除行为无效的，人民法院不予支持。"该条规定强调的是股东未按约定缴纳任何出资，或者将缴纳的出资全部抽逃，对章程约定的出资义务构成根本性违约的情形。

不包括出资未足额或者部分出资及抽逃部分出资的情形。对股东的除名问题，操作应当非常谨慎。

关于股东除名事由是否可以约定的问题，我国《公司法》没有明确规定。韩国公司法学者李哲松认为，除名属于私人剥夺他人的财产权利，为防止少数因多数而不当牺牲的情形，商法应当限制除名事由，并严格规定退社的程序。韩国商法规定除名事由为：第一，社员未履行出资义务；第二，违反竞业禁止义务；第三，关于公司的业务执行或者代表行为有不当时，无权执行业务或者代表公司时；第四，有其他重要事由时，主要是指破坏信赖关系的情形时。[1] 韩国公司法规定股东除名需要当事人向法院提出申请，由法院作出除名判决。我国《公司法》没有规定股东除名请求权，但规定了没有足额按期缴纳认缴出资的股东，应当向已足额缴纳出资的股东承担责任的救济制度。由于股权属于民事主体依法享有的私权利，对于除名事由的规定应当慎重，应当理解为股权不能通过约定任意剥夺。

[结论] 有限责任公司股东未履行出资义务或者抽逃全部出资的，公司可以召开股东会进行表决，对股东会决议解除其股东资格，涉事股东主张股东会决议无效的，人民法院不予支持。

【案例评析】

对继受取得股权的股东，股东会是否可以未履行出资义务和股东投资款为由决议解除股东资格

原告：甲

被告：A 公司

诉讼请求：请求确认 A 公司股东会决议无效。

---

[1] 参见［韩］李哲松：《韩国公司法》，吴日焕译，中国政法大学出版社 2000 年版，第 128 页。

图示：

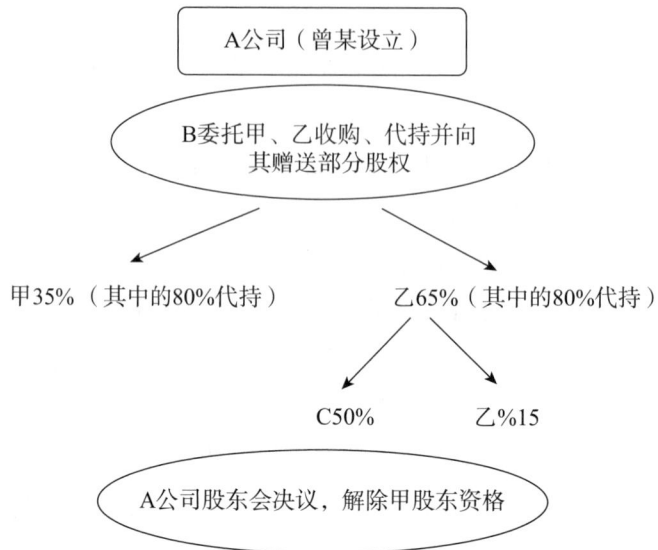

A公司系于2008年1月30日成立的自然人独资有限责任公司，注册资本为200万元，登记的股东和法定代表人为曾某。A公司拥有某县河东广场西侧地块和东侧地块。

2008年6月5日，B委托甲、乙为其收购A公司股权，B与甲、乙签订《委托代理协议》约定：以总价6800万元的价格收购A公司股权，确保A公司拥有某县河东广场西侧地块和东侧地块。收购成功后，B占有A公司及A公司拥有的两地块开发项目的80%股权，甲、乙无须另外投入地块收购及项目开发所需资金，占有A公司及两地块开发项目的20%股权，上述股权比例作为A公司在工商行政管理部门进行登记的股权比例；另外，B向甲、乙支付600万元作为与土地使用权人洽谈的费用资金等内容。

2008年8月1日，甲与原A公司法定代表人曾某签订《股权转让合同》，曾某以5600万元的价格将A公司全部股权转让给甲，合同对如何付款、如何办理相关工商登记变更手续等进行了约定。

上述《股权转让合同》签订后，A公司修改公司章程，确认乙出资130万元，占公司65%股份；甲出资70万元，占公司35%股份，并在工商行政管理机关办理了相应的股权变更登记。

2010年4月13日，A公司召开第一次股东会议，B和甲、乙在股东会议记录股东签名栏签名.

2010年4月27日，A公司召开第二次股东会议，会议内容第一项为确认B、甲、乙的投资款问题，A公司制作"购买广场西侧地块甲实际代支明细表"，其中，甲支付项目居间费、设计费、诉讼费、各项公关协调费用等各项费用共计4200万元。列明支出项目的同时，该明细表还随后记载：以上费用扣除B所投资款项2780万元，余款1420万元，扣除乙来款代支，剩余属甲投资款项。B、甲、乙在该明细表上签名，并加盖A公司印章。

2010年5月23日，A公司召开第三次股东会议，决议公司诉讼对外支付股权转让款事宜。B、甲、乙在股东会议记录上签名。

2010年9月7日，A公司召开第四次股东会形成决议，主要内容为：原在工商行政管理机关登记的在乙名下的50%股权转给B指定的C。B、甲、乙在股东签名栏签名。

2010年9月12日，A公司召开第五次股东会议，B、C、甲、乙在会议记录上签名。

2010年11月8日，A公司制作一份给甲的《通知》，该通知要求甲将其个人实际向公司缴纳的股东出资款和代支项目所有费用的合法支出凭证移交公司核对。乙、B、C在该通知上签名。

2011年1月13日，A公司制作一份给甲的《通知》，该通知要求甲在收到通知后两天内交付工程建设资金1500万元。

2012年1月17日，A公司向甲发送A公司于2012年2月2日召开股东会议的通知。

2012年2月2日，A公司召开股东会，甲缺席股东会，某县公证处根据A公司的申请进行了现场公证。乙、B、C以签字和举手方式通过了《A公司股东会决议》，该股东会决议：甲向A公司缴纳出资和股东投资款。

2012年2月9日，在某县公证处的公证下，A公司将《A公司股东会决议》交给邮政速递局人员，以特快回执专递方式将股东会决议邮寄给甲。

2013年3月9日，A公司召开股东会，会议决议：甲股东自公司成立至今，一直未履行出资义务，未履行股东的1500万元投资额义务，给公司造成巨大经济损失，为避免正在开发的项目成为烂尾楼，避免农民工的利益受损，避免不稳定因素爆发，A公司股东会依照《公司法》和最高人民法院《公司法若干问题的规定（三）》第十七条规定，有限责任公司的股东未履行出资义务或者抽逃全部出资，经公司催告缴纳或者返还，其在合理期间内仍未缴纳或者返还出资，公司以股东会解除该股东的股东资格，该股东请求确认解除行为无效的，人民法院不支持，特决议解除未履行出资和投资义务长达数年的甲股东的股东资格。由于解除甲股东的股东资格已经产生法律效力，公司应履行披露义务，于当日起向社会公告，以使政府、社会公众、购房业主知晓公司的重大变动，避免各方的利益受损害。2013年5月10日，A公司以特快专递方式将解除甲股东资格的股东会决议邮寄给甲，并在报纸刊登相关公告。

甲诉至人民法院，请求确认A公司2013年3月9日形成的股东会决议无效。其主要理由是，甲持有A公司的股权部分是来源于B委托其收购股权即项目时的赠与及自己在进入A公司后的投资，其股东资格已经获得了工商行政管理机关的股权登记，在A公司历次股东会中甲均以股东身份参加决议。A公司及其开发的地产项目被股东乙实际控制，乙侵占公司利益，利用股东会将甲股东除名，并将决议内容登报渲染，严重侵犯甲的名誉权。该股东会决议属于乙滥用股东权利侵犯甲的股东权益，应当依法认定无效。

A公司的主要抗辩理由是，甲未向A公司履行过出资义务，未按A公司股东会决议内容缴纳股东的再投资数额，根据《公司法若干问题的规定（三）》第十七条的规定，股东会有权决议对其股东资格予以除名，A公司已经依法召开的股东会决议是有效的。

该案中，甲的股权最初来源于B委托甲收购A公司股权及项目的奖励。根据B与甲和乙签订的《委托代理协议》约定的内容，B委托甲和乙收购了A公司100%股权，B在保留80%股权的情况下，将剩余20%股份，分别赠与给甲和乙各10%，承诺甲、乙无须另外投入地块收购及项目开发所需资金，占有A公司及两地块开发项目的20%股权。在收购A公司后，甲获得的A公司股权在工商行政管理机关进行了登记,并在此后的A公司股东会会议决议中,甲均以股东名义签字,可见,甲已经实际取得了A公司股权。甲获得A公司股权并非原始取得,A公司原为自然人独资公司,A公司设立时注册资金200万元由原始股东曾某缴纳。《公司法若干问题的规定(三)》第十七条规定涉及的是原始股东未履行出资义务或者抽逃出资的情形,不涉及继受取得公司股权的情形。甲取得A公司股权并非原始取得,不需要向公司履行缴纳出资义务,故A公司以召开股东会并形成决议的方式决定对股东除名,不符合最高人民法院《公司法若干问题的规定(三)》第十七条规定的情形,A公司股东会决议内容涉及取消甲股东资格,侵犯了甲股东的合法权益,该决议内容构成股东会决议无效的要素,甲的诉讼请求可以获得支持。

33. 股东名册与公司登记机关的登记对股权确认有何意义

《公司法》第三十二条第二款和第三款规定:"记载于股东名册的股东,可以依股东名册主张行使股东权利。公司应当将股东的姓名或者名称向公司登记机关登记;登记事项发生变更的,应当办理变更登记。未经登记或者变更登记的,不得对抗第三人。"该条规定涉及股东名册、公司登记机关登记对股权确认的意义。

第一,股东名册。

股东名册具有以下几个法律特征:

(1)股东名册系记载股东与公司之间关系的法律文件。《公司法》第三十二条第一款规定:"有限责任公司应当置备股东名册,记载下列事项:(一)股东的姓名或者名称及住所;(二)股东的出资额;(三)出资证明书编号。"第一百三十条第一款规定:"公司发行记名股票的,应当置备股东名册,记载下列事项:(一)股东的姓名或者名称及住所；（二）各股东所持股份数；（三）各股东所持股票的编号；（四）各股东取得股份的日期。"从《公司法》的上述规定可以看出，《公司法》规定公司必须置备股东名册，记录股东身份状态、出资份额和持股时间等，股东名册是记录股东对公司享有股权具体情况的法律文件。公司是由股东汇集资本成立的法人民事主体，股东将其财产交由公司后，不再享有其交付财产的权利，其财产权利兑换为公司股权，公司因取得股东交付的财产权而具备了民事主体的物质要件。公司成立时，股东的财产归公司所有，公司的产权归属于股东，股权体现的是股东与公司之间的法律关系，股东名册是记载该法律关系的文件之一。由于公司是由多个股东汇集资本成立的，全体股东是公司的产权人，每个股东依据其出资份额对公司享有的股权不同，公司面对多数股东处理公司事务时，需要有统一的执行标准，因此，《公司法》规定公司股东名册制度，以此作为识别股东、判断股东享有股权的份额及行使股权的范围等依据。

由于股权的流通性致使公司股东的情况经常发生变动，为保证公司活动的持续性不受股权交替更换等因素的影响，设置股东名册并以此固定股东与公司之间的法律关系，一方面能够维持公司团体法律关系的相对稳定性，另一方面方便公司在多数利益关系人相互交叉的团体法律关系中处理事务。

（2）股东名册对公司和股东具有约束力。公司和股东应当依据股东名册行使权利和承担义务。股东在公司中享有资产受益权、参与决策权、选择管理者权利等，同时，股东对公司亦应承担出资义务。公司有义务和责任保证股东各项权利的行使，同时亦有权利向没有履行出资义务的股东追缴出资。股东名册对公司和股东具有约束力，除有特殊约定外，股东名册为公司、股东行使权利和承担义务及履行职责的依据。对记载于股东名册的人，应推定其为公司股东，当其向公司行使权利时，无须再提示其他证据，可以直接依据股东名册行使股东权利，公司不得拒绝；对于没有记载于股东名册的人，即使实际上已经通过一定的民事行为或者事件获得了股权，但在股东名册变更之前，除相关权利人与公司有特殊约定外，公司仍然可以拒绝其行使股东权利。对于公司来说，公司依据股东名册行使职权后可以获得免责，例如，按股东名册的记载分红、通知开会以及记录会议表决结果等，即使股东名册上记载的人并非真正意义上的股东,或者其他记载事项有误等,公司按照股东名册履行职责时,也可以据此取得对抗权利,权利人追究公司责任时,除有特殊约定外,公司不应承担责任。在公司内部,股东与公司之间按照股东名册行使权利和承担义务的理由是完全正当的,股东在获得股权后,应当及时申请公司进行名义更换,将其记载于股东名册。

(3)股东名册是公司内部法律文件,不具有公司的外观效果。根据我国公司制度的安排,股东名册存放于公司内部,无须在公司登记部门或者公司外部的其他机构备案。股东名册属于公司内部经营管理文件,仅对公司内部发生法律效力,不具有公司的外观效果,对公司以外的第三人不发生法律效力。设立公司以及公司在运营中需要具备很多法律文件,如公司章程、出资和验资文件、股东名册、股东会决议、董事会决议、公司全体股东的约定等。对于公司的这些文件,有些是法律法规规定必须在公司登记机关备案,需要存放于公司外部的,例如,公司章程、出资和验资文件等。有些是存放于公司内部的,属于公司内部文件,例如,股东名册、股东会决议、董事会决议等。对法律法规没有要求存放于公司外部的法律文件,仅对公司内部有效,对公司以外的人不发生法律效力。股东名册属于公司内部文件,公司以外的第三人不能以股东名册记载为由,主张记载于股东名册的人为股东或者享有股权,进而向其主张权利。例如,公司债权人不能仅以股东名册为证据,主张被记载人在出资不足的范围内承担公司债务责任。根据我国公司制度的安排,在公司内部是通过股东名册来公示其股权状况,而在公司外部,是通过公司登记机关的登记来公示和表达公司股东状况的。

(4)股东名册并不是获得股权的法律文件或者凭证,而是对股权获得后的记载文件。民事权利是在民事法律关系的变动中获得的,股权属于民事权利,民事主体为一定法律行为,或者发生一定的法律事件,引起一定法律关系,在法律关系的变动中民事主体取得股权。一般情况下,股权是基于向公司缴纳出资、受让、赠与、继承以及因公司合并或者分立等法律行为或者事件而获得。股权获得后,股东有权请求公司将其记载于股东名册,以便其在公司内部开始行使股东权利。公司将获得股权的民事主体记载于股东名册是其法定职责,并非其权利，股权并不是基于公司在股东名册上作记载而获得，公司的记载行为并非股权授权行为或者批准行为。公司有责任为获得股权的人在股东名册上作记载，当公司拒绝记载或者记载有误时，股东可以通过司法程序获得救济。股东名册不是持有股权的法律文件或者凭证，而是民事主体获得股权后在公司内部的一种记载形式。实务中，股东名册的内容是随着公司股权的变化而经常发生变动的，公司应当依据真实的股权变动情况及时对股东名册进行变更。

第二，股权登记。

设立公司时必须向公司登记机关提交必要的申请设立材料，公司成立以后，公司登记机关仍要持续保留公司有关档案资料。根据《公司登记管理条例》的规定，在登记事项中有专门的栏目记载公司股东组成情况，在公司存续期间，公司登记事项如果发生变更时，公司应当进行变更登记。

我国的公司登记机关为国家工商行政管理机关，对工商行政管理机关对公司登记的性质如何理解，学术界和实务界始终存在不同看法，有观点主张为国家机关的行政行为，有观点主张为一般注册登记行为或者公示行为。

笔者认为，对工商行政管理机关的登记行为，应根据登记事项的性质不同作区分对待。对工商行政管理机关的登记事项基本可以分为两类：一类是必须经国家机关批准才可以存续的事项，另一类是民事主体可以自由处分的事项。第一类，对必须经国家机关批准才可以存续的事项，工商行政管理机关的登记行为属于行政行为。例如，核准登记公司成立，颁发企业法人营业执照，该行为属于国家机关行使行政职权，赋予公司法律人格，体现国家实现行政管理的目的和手段。工商行政管理机关根据申请人的申请，对于符合法律法规规定条件的，由其单方面决定准予登记，并颁发企业法人营业执照。工商行政管理机关的此种核准登记行为，是国家行政机关一方的单方面意思表示及决定，申请人只能提出登记申请，登记核准与否的决定权在国家行政机关，而不取决于申请人，该种登记行为属于国家机关的设权行为，申请人经国家行政管理机关的批准而取得相应的权利。第二类，对民事主体可以自由处分的事项，工商行政管理机关的登记行为属于公示行为。例如，法定代表人登记、股权登记等，该登记属于公示登记，登记的目的是为向社会公示，满足公司作为具有法律人格的民事主体在社会经济交往中被识别的基本需要。该种登记行为，是工商行政管理机关依据法律法规的规定，对公司必须公示的事项进行登记。在该项工作中，工商行政管理机关仅对形式要件进行审查与提示，登记内容完全由民事主体公司自己决定，工商行政管理机关只是代表国家提供一个权威的具有公信力的平台，发挥公示证明的作用。

根据《公司登记管理条例》的规定，在公司登记事项中有关于股东成员的登记，该项内容的登记，完全是由公司自己决定并填报的，工商行政管理机关只进行形式审查，并不存在国家机关行使行政职权予以批准或者核准的情况，该种登记行为应属于公示行为，并非国家行政管理机关依职权而为的设权行为。

第三，股东名册记载和公司登记机关登记对股权确认的意义。

公司内部处理事务时以股东名册为依据。

从上述对股东名册法律特征的分析可以看出，在公司内部，应推定获得股东名册记载的人具有股东资格，以股东名册记载的出资额确定股东在公司享有的股权份额等。根据公司制度的安排，公司产权归全体股东所有，股东会是公司的权力机构，决定公司的重大经营管理事项等，股东对公司享有的经营管理权是在股东会中实现的。董事会是公司的执行机构，股东会形成决议后，由董事会负责具体安排和实施，不设董事会的公司是由董事及经理等人员具体实施。由于公司的所有权和经营权是相对分离的，在公司的经营管理活动中，股东、股东会和董事会均以不同的方式参与，在处理公司事务时，凡是涉及股权确认事项的，除有特殊约定外，股东会、股东和董事会及董事等应当共同遵循股东名册记载的内容。如果认为股东名册记载有误或者存在漏记等情况时，相关权利人应当申请公司予以变更或者补正，在变更或者补正之前，处理公司事务涉及股权确认时，仍应以股东名册为准。

《公司法》第三十二条第二款规定："记载于股东名册的股东，可以依股东名册主张行使股东权利。"根据该规定，记载于股东名册的人在公司行使股东权利时，无须再提示其他证明，可以直接主张行使股东权利。股东名册置备于公司内部，为处理公司内部事务的依据。根据股东行使权利的特点，有些权利是在股东会中行使的，例如，参加会议的权利、表决权、选择管理者权等，有些权利是由公司的执行机构董事会、董事等在履行职责的过程中安排的，例如，咨询权、分取红利权等。还有些权利的行使是由股东会、董事会等机关共同参与和保障行使的，例如，股份收购请求权等。由于股东不直接管理公司事务，其在公司中行使权利不能自己完成，必须由相对人或者机关来保障，因此，股东名册不仅仅是股东行使权利的依据，股东名册的约束力是针对双方的，《公司法》第三十二条第二款规定得还不够全面，应当认为，股东依据股东名册行使权利，公司中的相对人或者机构也应当依据股东名册来保障股东行使权利，对没有记载于股东名册的人，在股东名册变更之前，除有特殊约定外，公司中的相对人或者机构有对抗的权利。

实务中出于各种投资目的的考虑，存在隐名股东与显名股东、股东出让红利分配权、委托他人代行股东权利等现实需求，并在股东之间或者股东及相关人与公司之间签订股权归属或者股权行使的特殊协议，约定不依股东名册实现股东权利。例如，股东与公司及其他股东明确约定股东名册上的股东为显名股东，对隐名股东的地位，公司及其他股东予以确认并保障其实际行使股权，对这种情况，公司应当依据约定保障股东名册以外的隐名股东行使股东权利。再如，股东与公司及相关人员协议约定，公司将股东的红利直接支付给相关人，公司应当依据约定向相关人支付红利，而不是依据股东名册向该股东支付红利。对于股东之间、股东与公司及相关人之间关于股东权利的行使有特殊约定的，如果该约定不违反法律法规时，股东和公司应当遵从该约定，依据特殊约定的内容确认股东或者行使股东权利。

对于民事主体之间建立的隐名股东与显名股东关系等，相关人员与公司没有特别约定的，对公司不发生法律效力，隐名股东权利的实现依赖于其与显名股东之间的协议，公司没有履行其间协议的义务。在处理以公司为中心的全部利害关系人的事务中，应当给予公司更多的便利，防止民事主体基于个人需要创设出具有多种外观形式的权利，加大公司管理的负担，因此，凡是与公司及其他股东没有特殊约定的，属于民事主体个人法律上的问题，并非公司法上的问题，应依据其他法律予以处理。

在公司外部关系中，可以公司登记机关的登记为识别公司股权的标准。

股权是股东对公司享有的财产权利，具有财产交换价值，依法是可以流通的，因此，在社会经济交往活动中，股东与公司以外的人以股权为交易标的物时，需要有明确的识别股权存在以及股权归属的标准或者依据。例如，股东以股权对外交易，出让股权、以股权抵销债务等，股东需要向相对人提示相应的凭据，证明其享有股权的具体情况，相对人亦同样需要确认其交易的标的物是法律法规认可的该股东拥有的股权。

识别股权应从识别公司开始。股权具有债权和物权的部分特征，但又不能完全等同于债权或者物权，因此，识别股权的标准也不能完全按照债权或者物权的标准确定。股权的权利客体为公司，股权的存在依附于公司，公司成立的同时股权产生，公司存续股权存续，公司注销股权随之消灭。因此，识别股权首先要确认公司存在，股权的存在及价值体现在公司上。

《公司法》第三十二条第三款规定："公司应当将股东的姓名或者名称向公司登记机关登记；登记事项发生变更的，应当办理变更登记。未经登记或者变更登记的，不得对抗第三人。"该规定是针对公司外部关系对股权识别问题作出的规定。

公司在公司登记机关的登记是公示性质的，是公司对自身情况的对外宣示，公司及公司股东应当对此登记行为承担相应的后果。公司登记机关的登记，是公司通过登记机关对公司及公司股权构成等情况的对外声明，登记内容是公司及股东对社会发出的单方面意思表示，这种意思表示无须对方的承诺表达，单方表示一经作出即产生相应的后果。一方面，公司股东对外交往时，以公司在公司登记机关的登记证明其股东身份及股权状况，没有登记的，不得对抗公司以外的第三人；另一方面，当公司以外的第三人以公司登记机关的登记为证据主张公司股权状况，不需要再提示其他证据，而公司或者登记股东予以否认时，其应承担举证责任。

由于公司登记机关的登记并非设权登记，而股权在公司存续期间经常发生权利主体的更替，未及时进行名义变更，有可能会存在登记状况与股权实际持有状况不符的问题。当公司及相关股东提供相反证据足以证明登记与事实不符时，应当确认股权实际持有的事实。如果公司以外的第三人以公司登记机关的登记为标准识别公司股权并发生交易时，应当认定其尽到了充分的注意义务。例如，显名股东未经隐名股东同意转让股权，第三人在查阅了公司登记机关的登记后与显名股东签订股权转让协议，一般认为公司以外的第三人在签订该协议时尽到了充分的注意义务，如果其没有其他过错行为，应认定其为善意第三人。对于出现公司登记机关的登记与事实不符的，如果股权所有人存在故意或者过错行为时，不得对抗善意第三人。采取隐名股东的方式持有公司股权是存在一定风险的，隐名股东和显名股东之间的关系是其间的内部关系，其在公司内部可以与公司有特别约定，通过其与公司之间的合同关系维护隐名股东的权益，但在公司外部，交易对象是不特定的，公司在登记机关的登记，应视为公司股权对外的公示，如果显名股东转让股份，转让法律关系合法时，应当保护善意第三人的权利。

在股权确认纠纷案件中，股东名册和公司登记机关的登记仅是表面证据，不能作为认定股权归属的直接依据。近几年，利害关系人因股权确认发生争议的案件比较多，例如，原告以其签署了公司章程并向公司缴纳了出资为由主张确认其为公司股东，而公司则以股东名册和公司登记机关的登记未记载其为股东为由否认其股东资格。再如，某公司董事长以吸收其朋友为公司股东为由向朋友收取入股资金，并利用职务之便将其朋友记载于股东名册中，其朋友以已经缴纳出资并被记载于股东名册为由向法院提起诉讼，请求确认其股东资格。在股权确认纠纷案件中，当事人主张是否具有股东资格，经常以股东名册和公司登记部门的登记为证据，那么，股东名册和公司登记部门的登记证据效力如何，应当予以明确。

从上述分析可以得出这样的结论，《公司法》第三十二条的规定，解决了公司内部股权公示和公司外部股权公示的问题，股东名册和公司登记机关的登记相当于一个证明股东身份的平台，公司和公司登记机关并非股权的授权机关，股东名册和公司登记机关的登记不具有创设权利的效力，股权不因其记载或者登记而取得。股东名册的记载或者公司登记部门的登记与股权如何取得本身无关，获得记载或者登记的民事主体，仅仅是在公司内部事务中或者是在公司外部事务中取得了对公司或者对第三人的对抗要件。在实务中，利害关系人因股权确认发生争议时，股东名册和公司登记机关的登记仅仅是表面证据，实体法上没有取得股权的人，即使被记载在股东名册上或者取得了公司登记机关的登记，也不能以此确认其取得股权。由于股东名册和公司登记机关的登记具有公示效力，因而，主张与股东名册或者公司登记机关的登记相反事实的人，应当承担举证责任，可以举证推翻表面证据。前述举例提到的两个案例中，当事人如果仅以股东名册和公司登记部门的登记为证据主张确认或者否认股权是不够的，应当进一步提供证据，证明获得股权所依据的民事法律关系是否成立和有效等，法官也应以此来判断是否取得了公司股权。

［结论］股权是民事主体通过为一定的民事法律行为，或者发生一定的法律事件，通过法律事实引起一定的法律关系，在法律关系的变动中，民事主体获得股权。股东名册和公司登记机关的登记是对股权获得后的一种记载或者登记，在股权确认纠纷案件中，要确认民事主体是否获得股权，应当从获得股权所依据的民事法律关系入手，对依据合法有效的民事法律关系获得的股权，应当予以确认。

【案例评析】

股权转让协议生效后，在未支付股权转让款和办理股权变更登记的情形下，受让方死亡的，股权转让合同是否可以继续履行

原告：A、B

被告：甲

诉讼请求：请求确认乙为某工程有限责任公司股东。

图示：

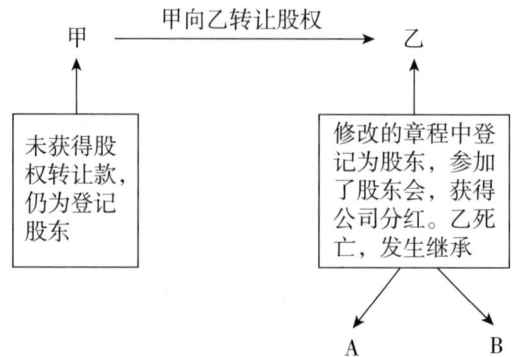

2004年8月12日，甲与乙签订了一份转让协议，主要内容为：经甲、乙双方共同协商，甲方愿意把所拥有的某工程有限责任公司的14%股权转让给乙方，本协议自甲、乙双方签字即生效。在转让协议上还有某工程有限责任公司的全体股东以证明人身份的签名。同年12月3日，某工程有限责任公司形成股东会决议，主要内容为：由于甲个人原因，决定将自己在某工程有限责任公司的股份转让给乙，其他股东也放弃优先权，同意转让。同月4日，某工程有限责任公司又作出了"第二次股东会决议"，主要内容为：某工程有限责任公司的法定代表人由乙担任；同意甲将自己在某工程有限责任公司的全部出资42万元占公司总股份的14%转让给乙，决定成立公司董事会，选举乙为公司董事长兼法定代表人；通过某工程有限责任公司章程修正案，主要内容为变更股东名单，将甲更换为乙。但此后，某工程有限责任公司一直未到工商行政管理部门办理有关的股权变更手续。2005年度和2006年度，乙均参加了某工程有限责任公司的分红，领取了分红款。

2007年9月30日，乙因病去世。就甲转让给乙的14%股权一事，乙的法定继承人A、B与甲发生争议，遂诉至法院。

A、B的主要起诉理由是，甲和乙签订的股权转让协议已经生效，某工程有限责任公司为此召开了股东会并形成决议，修改了公司章程，且乙还担任了公司法定代表人，参与了公司经营管理，领取股东分红，享有了股东权利，故乙已经是某工程有限责任公司股东，请求确认乙为某工程有限责任公司股东。

甲的抗辩理由主要是，股权转让合同未生效也未开始履行，乙未向其支付股权转让款，某工程有限责任公司未办理股权变更登记，乙未取得股权所有权，故股权仍为甲所有。

该案中，甲与乙签订的转让协议已经生效并开始履行，某工程有限责任公司召开股东会并形成决议，各股东均表示放弃优先购买权，对双方的转让行为亦无异议。某工程有限责任公司修改了公司章程，在公司章程中对股东进行了变更。乙被推选为法定代表人并领取了股东分红。这些事实表明，在签订股权转让协议后，乙以股东身份进入公司、甲因股权转让退出公司的事实已经得到公司及公司其他股东的认可，甲未提出过异议，故股权转让协议生效并且已经得到履行。虽然某工程有限责任公司未办理股权变更登记手续，乙也未支付股权转让款，但该股权变更登记手续和支付股权转让款的行为，均是履行股权转让协议的行为，并不影响股权转让合同的效力。股权转让协议内容并不违反法律规定，应为有效协议。乙依据该协议取得股权所有权，故案涉股权应当归乙所有。乙的继承人 A 和 B 在诉讼中主张确认股权归乙所有的主张成立。但鉴于乙未支付股权转让对价，A 和 B 主张办理过户手续或者开始继承前，应当依据股权转让协议的约定，支付相应的股权转让价格，在履行乙所欠合同债务后才可以继承合同权利。

第五章

股东权益
（知情权和异议股份收购请求权）

34. 股东权益有哪些，是否具有可诉性

股东是指向公司出资或者取得公司股份，并以其出资或者所持股份，对公司承担责任并享有权利的人。在各国公司法中一般均将出资人称为股东，有些国家也将出资人称为成员等。我国有限责任公司和股份公司均称为股东。

股东权益有狭义和广义两种说法：狭义的概念一般是这样表述股东权益的：依据《公司法》的规定，股东基于股东资格而享有的从公司获取资产收益、参与决策和选择管理者等权利。资产收益权，是典型的有股东分取红利的权利；参与决策权，一般是指股东在股东会或者股东大会中对公司的经营计划等重大问题行使表决权；选择管理者权，是指股东可以选举自己信任的人担任董事会成员管理公司等。广义的概念表述为，股东权益是指基于股东资格而享有的权利。

资产收益、参与决策和选择管理者，这三项权利是股东权益的核心，股东还有其他派生出的具体权益，例如，知情权，诉讼权等。

从各国公司法律制度的规定情况看，股东权益分散或者集中规定在《公司法》的各章节中。在学术界，根据不同的标准又将股东权分为不同的种类，股东权通常有以下几种分类：

第一，按照股东享有权利的性质划分，将股东权益概括为三大类：表决权、资讯权（知情权）、诉讼权。

表决权：股东通过投票表决决定公司事务。表决权是股东的基本权利。公司制度的发展结果是所有权和经营权分离。一个公司有多个股东，尤其是上市

公司甚至是有成千上万个股东,为节约决策成本成立董事会,由董事会负责公司的日常经营管理,股东会是公司的权力机构,董事会是公司的执行机构,监事会是公司的监督机构。董事会负责公司的经营管理工作,股东向公司出资后不再享有公司的经营管理权,而且也不能直接向董事会行使权利,无权命令董事会或者董事去执行特定经营行为,股东行使权利的方式是在股东会中投票表决决定公司的事务。例如,选举董事、批准公司的某些特别事项(如公司合并、资产转让、公司解散)、修改公司章程、批准董事会决议或者要求董事会为公司利益采取某种行动等。表决权是股东参与公司经营的一项基本权利。

资讯权:资讯权也叫知情权,是股东查阅公司资料的权利。资讯权是股东行使其他两项权利的前提,如果股东不充分掌握公司的资料,很难对自己的股权价值及公司经营管理方面的有关情况作出正确的判断。例如,股东要转让自己的股权,必须知道自己的股权价值,应当有权查阅公司的财务资料,了解公司的经营状况。再如,股东在投票表决前,对表决事项所涉及的公司事务应当作必要的了解,掌握相当的资料和信息才能作出正确的决定。资讯权包括查阅股东会议记录、董事会会议记录、股东名册、会计账簿等财务资料、公司的负债及捐赠情况等。

1993年《公司法》对股东资讯权的保护范围和力度不够,2005年《公司法》在这方面有所加强,扩大了有限责任公司股东知情权的范围,并明确股东知情权的可诉性。将董事会会议记录、监事会会议记录、公司债券存根等列入查阅范围,对会计账簿的查阅也作出了特殊规定。

诉讼权,股东的诉权表现在三个方面:(1)股东权益的救济权利,股东在公司中行使权利受到阻碍时,可以提起诉讼。例如,请求查阅会计账簿遭到公司拒绝时,可以提起请求查阅诉讼。(2)股东自身权益受到侵害时,可以提起直接诉讼,请求获得司法保护。例如,股东会议决议侵犯其权益或者董事等高级管理人员的行为侵犯其权益,可以以公司或者董事等为被告提起诉讼。(3)股东为维护公司利益提起股东代表诉讼,在有证据证明公司董事等高级管理人员违反忠实义务、勤勉义务,损害公司利益时,股东可以因公司怠于行使诉权时提起诉讼,请求保护公司的利益。诉权是股东实现其所有权益的司法保障。

第二，按照股东行使权利的目的可以将股东权利分为自益权和共益权。

自益权，是指股东为实现其盈余分配的目的而行使的权利。主要是指盈余分配请求权、剩余财产分配请求权。另外还有新股认购权、收购股份请求权、交付股票请求权等。

共益权，是指以股东参与公司的经营管理为目的而设置的权利，或者说股东在公司中所拥有的公共权利。例如，股东会中的表决权、知情权（资讯权，查阅账簿、记录等文件的权利等）、请求召集股东大会的权利、否决或者撤销股东会议决议权利、请求解除董事职务的权利、提起股东代表诉讼的权利。

自益权中的部分权利是可以转让的，例如，分取红利权可以转让。但是，有些权利源于股东享有的股份或者资格，是为了保护股东的利益，与共益权相同，是不可转让的，例如，投票权不能转让。

第三，按照可行使权利的范围，可将股东权分为单独股东权和少数股东权。

单独股东权是指持有一股的股东就享有的权利，例如，盈余分配请求权、新股认购权、股份转让权、查阅权等。有些国家限定某些查阅权为少数股东权，例如，查阅公司会计账簿，但在我国规定为单独股东权。而少数股东权是指持有公司一定比例股份的股东所享有的权利，即规定必须持有发行股份一定比例或者一定股份数额的股东才享有的权利，例如，主持和召集股东会议权利、股东会议提案权利、提起股东代表诉讼的权利等。

第四，固有权和非固有权。

关系到股东的基本利益的权利，并且是不可以经股东会议剥夺的权利，是股东的固有权，可以剥夺的权利是非固有权。

股东在公司中享有权益，是不可否认的，但对股东权益的可诉性，在相当长一段时间，存在模糊的认识。

由于《公司法》与其他民商事法律关系有一定区别，《公司法》规定的内容，更多涉及的是公司的内部组织和经营管理问题，调整的主要是公司与股东、股东与股东、股东或者公司与董事等高级管理人员之间对公司的经营管理关系，有民事权益的内容，也有单纯涉及公司经营管理方面的内容，所以，公司法律关系与普通的债权民事法律关系、物权民事法律关系是有很大区别的。股东在公司中因行使参与经营管理的权利受阻，是否具有诉权，或者说股东参与公司经营管理方面的权利是否具有可诉性的问题，需要寻求法律依据。

《公司法》在设定公司内部的运行机制时已经充分考虑了股东权益的救济途径或者说保障措施。例如，董事由股东会选举产生，也可以由股东会决议罢免，董事会决议违法时股东会可以决议纠正。但是，公司内部的救济机制是远远不够的。股东会采取资本多数决的形式形成决议，这就使小股东的不同意见很难在股东会议中通过，公司实际被大股东控制，大股东的意志能够通过股东会得到实现，而小股东的意志必须依靠公司外部的司法救济才能实现。例如，股东的知情权行使受阻时，股东在公司内部运行机制中找不到有效的救济途径，需要司法救济，具有财产内容的盈余分配权利无法实现时，也应当赋予股东诉权。赋予股东诉权，通过司法程序对公司内部侵权行为予以纠正，是公司有效运行所必需的监督机制。

《英国公司法》确定公司的组织简章和章程构成股东的合同声明，约束公司和股东。认定公司的组织简章或者章程具有合同地位，既然公司组织简章和章程具有合同的地位，可能会认为股东在任何有违约行为时均有权起诉，请求实现合同约定的作为或者不作为，或者其他民事权益。从世界范围看，股东的诉权在公司法或者是在民事诉讼法中已经得到认可，我国《公司法》在很多条款中已经明确规定股东的诉权问题，这个问题已经从立法上得到解决。

近几年，随公司实践的发展，公司内部的矛盾或者争议越来越突出，涉及公司诉讼的案件经常发生，而且有上升趋势，涉及适用《公司法》解决纠纷的案件越来越复杂，案件类型也越来越多，涉及的法律问题越来越难，逐渐升级。从这几年新类型纠纷案件的特点可略见一斑：例如，有关股权转让纠纷，在前几年主要是围绕股权转让的价格及交付等问题发生纠纷，近几年的纠纷则涉及更深层次的问题，围绕交付股权的质量问题出现纠纷，转让的股权存在瑕疵，包括股东出资不实、没有出资或出资后抽逃资金，涉及目标公司的资产虚假，挂名股东、隐名股东、显名股东转让股份，干股或空股、技术股等转让股份引发纠纷。有关股东的自益权和共益权引发的直接诉讼和股东代表诉讼，例如，股东请求查阅公司账簿纠纷，股东表决权纠纷，优先购买权纠纷，优先认购股份纠纷，请求分配股利纠纷，请求解散、清算纠纷，不实信息买卖股票的损害赔偿纠纷等。股东以董事或高级管理人员有不当行为或关联交易且损害公司利益为诉因，向法院提起股东代表诉讼，如以董事或高级管理人员自我交易、领取不合理的高薪报酬、剥夺公司机会、浪费公司财产、因重大过失致使公司利益受损等情形为诉因提起的诉讼。股东代表诉讼的直接利益人是公司，但由于公司董事等高级管理人员的私利或控股股东的私心，致使公司利益受损，公司其他股东提起诉讼。股东能够提起股东代表诉讼，说明股东对其间接经济利益寻求法律保护意识的增强。

[结论] 基于股东资格享有的资产收益权、参与决策权及选择管理者权利等是股东的基本权益，股东权益具有可诉性，当股东权益受到侵害且在公司内部无法得到救济时，可以寻求司法保护。

35. 股东可以查阅哪些公司文件及档案材料

公司在经营管理运行中会形成很多文件及档案材料，股东作为所有权人可以查阅，该权利为股东的知情权。知情权也叫资讯权，是股东查阅公司文件及档案资料的基本权利。知情权是股东的固有权利，是行使其他权利的前提。

为保证股东知情权的行使，各国公司法一般规定以下几个问题：

第一，公司应当置备有关的文件及档案资料，并在总公司存放一定年限。例如，股东名册、管理人员名册、有关会议记录及决议（股东会或者股东大会会议记录及决议、董事会会议记录及决议、监事会会议记录及决议）、财务账簿、公司负债、捐赠等。

第二，股东有查阅、誊写、复制公司相关文件及档案材料的权利。例如，股东有权复印股东会会议决议、公司章程等。

第三，对阅览、誊写和复制的限制。为保证股东权益和防止公司经营受到不必要的干扰，《公司法》对有些档案的阅览、誊写和复制作必要的限制。

股东可以查阅公司的文件材料，但也不是不受任何限制地可以随意查阅。查阅公司文件材料属于股东个人的权利，如果查阅文件材料影响到公司其他股东利益或者公司正常的经营活动时，股东的查阅权有可能是被限制的。一般情况下，公司会根据其文件及档案材料的性质，将其分为不同的密级，区分可以任意阅览的、需要提供正当目的阅览的、需要持股达到一定比例或者年限才可以查阅的等。

我国《公司法》规定股东可以查阅的公司文件材料分为两类：一类的查阅是不加限制的；另一类的查阅是受限制的。

第一类，股东可以不受限制查阅的文件档案材料。我国《公司法》第三十三条第一款和第九十七条规定的文件档案材料属于一般的文件档案材料。第三十三条第一条款规定："股东有权查阅、复制公司章程、股东会会议记录、董事会会议决议、监事会会议决议和财务会计报告。"第九十七条规定："股东有权查阅公司章程、股东名册、公司债券存根、股东大会会议记录、董事会会议决议、监事会会议决议、财务会计报告，对公司的经营提出建议或者质询。"

公司章程、股东名册、管理人员名册、股东会议记录、财务会计报告、审计报告等，是公司应当制备的文件材料，属于股东有权请求查阅的范围，股东请求查阅的，公司应当提供。这些材料是在公司内部需要公开的资料，应当允许股东不受限制地查阅或者复制。对这些资料的查阅属于单独股东权，持一股的股东即有权查阅。

第二类，股东需要说明正当理由才可以查阅的文件档案材料。我国《公司法》第三十三条第二款规定："股东可以要求查阅公司会计账簿。股东要求查阅公司会计账簿的，应当向公司提出书面请求，说明目的。公司有合理根据认为股东查阅会计账簿有不正当目的，可能损害公司合法利益的，可以拒绝提供查阅，并应当自股东提出书面请求之日起十五日内书面答复股东并说明理由。公司拒绝提供查阅的，股东可以请求人民法院要求公司提供查阅。"

公司的财务资料分为两个类：一类是公开的，包括对公司内部公开和外部公开。例如，财务会计报告，是公开的，每月公司的财务人员均要制作会计报表，上报主管单位、股东以及税务、工商行政管理部门等。另一类属于不公开的，涉及公司企业的商业秘密。例如，会计账簿及有关凭证。会计账簿及有关凭证是制作公司财务会计报告的原始凭证和依据。公司财务管理人员应当依法根据公司客观发生的原始票据制作传票，将原始传票连同有关凭证装订，并据此制作会计账簿，依据会计账簿每月出具会计报表和每年出具年报表。由于会计账簿及有关原始凭证是公司日常经营中客观发生的，反映公司的全部业务经营情况，因此，涉及公司商业机密。另外，会计账簿及有关凭证是纯客观的，财会人员属于专业人员，其应当根据企业实际发生的财务情况，依据有关的财会法律和管理规定出具财会报表，如财会人员弄虚作假，出具的会计报表与真实发生的有关财务状况不符，应当承担相应的法律责任。对专业人员的职业行为，应当首先推定财会人员是依法行事，会计报表是真实的反映企业的财务状况，因此，规定任何股东均有权查阅会计报告，该查阅权属于单独股东权。有合理理由或者证据怀疑会计报表真实性时，才可以进一步查阅会计账簿及有关凭证，对查阅权作适当的限制。

另外，对于董事会会议记录及监事会会议记录，一般也是被限制为有正当理由才可以查阅。

我国《公司法》第九十六条规定："股份有限公司应当将公司章程、股东名册、公司债券存根、股东大会会议记录、董事会会议记录、监事会会议记录、财务会计报告置备于本公司。"《公司法》第九十七条在规定股东的查阅权时，未将董事会会议记录和监事会会议记录包括在股东的查阅范围中。我国《公司法》的用意非常明显，董事会、监事会决议属于股东有权直接查阅的公司档案材料，但未规定股东对董事会会议记录和监事会会议记录的查阅权。

董事会是公司的经营决策和领导机关，除必须由股东会行使的重要权力之外，董事会行使公司的一切日常经营和管理权，例如，决定公司生产经营的方向、具体措施等。在公司内部治理结构中，股东会是股东的意思形成机关，而董事会是股东会之下的执行机关，主持实施股东会的决议。董事会也有其独立的权限和责任，但是，随着公司实践的发展以及社会经济实践对公司制度的促进,董事会的权利逐渐扩大而股东会的权利日渐消弱,有些国家的公司法(如《美国标准公司法》)将原来属于股东会决议的事项,已经规定由董事会来决议。董事会在公司中的权利越来越大,一个公司经营的好坏与董事会的工作至关重要。

董事会是通过开会形成决议的方式行使职权,对董事会所议事项应当制作会议笔录,由出席会议的董事在笔录上签字。公司各级管理机关及人员应当执行董事会决议。

由于股东是公司的产权人,其将公司交由董事会经营管理后,仍然有权了解公司经营的有关情况,对董事会的决策是否有利于公司的发展作出判断,对个别董事的执业能力和职业操守作出评价,因此,应当保留股东查阅董事会会议记录的权利。但是,由于董事会会议记录涉及公司经营的商业秘密,而公司的股东是多数和分散的,不能排除个别股东查阅会议记录的目的并不是真正关心公司的经营情况或者董事的执业能力等,而是为了自己的私利。例如,股东要将公司的决策方案提供给与公司有利害关系的其他人,竞争对手或者准备与公司发生交易的人,将有可能损害公司的利益。因此,如果董事会有证据证明申请查阅董事会会议记录的股东使用董事会会议记录目的不正当时,有权拒绝提供。对申请查阅董事会会议记录限定为查阅目的不正当的,董事会方面应当主动承担举证责任,同时,也可以要求股东说明正当理由。

公司证明股东查阅目的不正当,范围比较宽泛,例如,股东查阅董事会会议记录的目的是将有关情况提供给将与公司发生交易的人或同行业的竞争者或者直接针对董事会某董事的个人恩怨,预备对个别董事采取法律行动等。

股东通过对董事会会议记录的查阅,可以对董事是否履行对公司的忠实义务、勤勉义务进行监督,发现董事有侵害公司利益的行为时,可以提起股东代表诉讼。

董事会会议记录是董事对董事会决议承担责任和免除责任的依据。我国《公司法》第一百一十二条第三款规定:"董事应当对董事会的决议承担责任。董事会的决议违反法律、行政法规或者公司章程、股东大会决议,致使公司遭受严重损失的,参与决议的董事对公司负赔偿责任。但经证明在表决时曾表明异议并记载于会议记录的,该董事可以免除责任。"

我国《公司法》并未将制作公司会计账簿涉及的有关凭证、董事会会议记录和监事会会议记录等列入股东可以行使知情权的范围,公司股东可以根据需要写入公司章程中,作为公司股东和董事等高级管理人员共同遵守的规范,保障股东权利和董事、监事、高级管理人员执业权力等。

有些公司在公司内部,对股东查阅权还有一个层次的规定,对涉及公司高级商业秘密的资料,持股超过一定比例的少数股东有权查阅,属于少数股东权,不属于单独股东权。我国《公司法》对少数股东的查阅权未作规定,如果公司认为有需要,可以在公司章程中作出特殊的规定,允许股东依照公司章程的规定行使相应的权利。

[结论] 公司档案材料可以分为不同级别,对一般档案材料,股东可以任意查阅,对密级较高的档案材料,需要有正当理由,或者持股数额超过一定比例和时间的少数股东可以查阅。

【案例评析】

公司被吊销营业执照并开始清算的,是否可以拒绝股东查阅财务会计资料

原告:甲

被告:创新科技公司、乙

诉讼请求:创新科技和乙提交公司全部财务会计资料供甲查阅。

图示:

创新科技公司系甲、乙及丙、丁四位股东出资,于2000年7月依法登记成立的,注册资本50万元。由于乙通晓电脑经营,股东推选其为法定代表人,管理和控制公司的日常活动。自成立起至2002年底每年均有小额盈利,公司运营状况良好。2003年初,乙突然提出公司亏损严重,已无法经营,从其报告公司盈利至亏损时间仅隔3~4个月。为此，经对公司资产进行清点，发现公司总资产只剩下31 688.81元。另外，乙在经营、管理公司期间，又私下另外经营业务相近的科技公司，甲认为其利用担任公司法定代表人的身份和职务上的便利条件控制公司的经营和财务，使甲、丙、丁无法知晓公司真实经营状况。现公司歇业，公司相关档案资料均由乙控制掌管。

甲多次口头及书面要求创新科技公司及乙提供公司财务会计资料，均遭到拒绝，为此，甲以创新科技公司和乙为被告提起诉讼，请求法院判令创新科技和乙提交公司全部财务会计资料供其查阅。

创新科技公司和乙的主要抗辩理由：第一，创新科技公司已经于2003年5月内部清算完毕，2004年11月，创新科技公司被吊销营业执照。在公司已停业、清算且被吊销营业执照后，公司不再有营业，不存在行使知情权的问题。第二，已超过诉讼时效。在公司正常经营时股东行使知情权应在每个会计年度终结时进行，如此时股东无法行使知情权应当视为知情权受侵害。另外，依照《公司法》规定，股东行使知情权必须首先书面提出要求，在遭拒时才能提起诉讼。股东知情权只能适用普通时效即二年时效。甲在2006年11月14日才首次提出书面要求，据此甲有权享有的只能是2004年11月14日到2006年11月14日这两年的账目资料，而公司在2004年11月14日之后早已歇业并清算，因此超过诉讼时效。第三，股东知情权只能向公司行使，不能向股东乙行使，乙不是适格被告。

该案中，创新科技公司虽然于2003年5月对公司资产进行清算，于2004年11月被吊销企业法人营业执照，但其作为经济实体却仍然存在，未被注销，仍然有义务向股东提供公司的股东会会议记录、财务会计报告和会计账簿等，供公司股东查阅。公司清算和吊销营业执照，不是拒绝股东行使知情权的正当理由。由于乙是创新科技公司的法定代表人，管理和控制公司的日常经营活动，在公司歇业的情况下，其负有妥善保管公司相关资料的职责，故股东甲欲行使知情权而将其与公司一并作为共同被告提起诉讼，并无不妥。

知情权系股东要求公司为一定行为保证其股东权利正当行使的权利，并非债权请求权，不适用诉讼时效制度，创新科技公司及乙关于超过诉讼时效的抗辩理由不成立。创新科技公司和法定代表人乙应当按照《公司法》规定的范围，将公司相关财务会计资料提供给甲查阅。

36. 股东查阅公司会计账簿的正当目的和不正当目的是指哪些情形

我国《公司法》第三十三条第二款规定："股东可以要求查阅公司会计账簿。股东要求查阅公司会计账簿的，应当向公司提出书面请求，说明目的。公司有合理根据认为股东查阅会计账簿有不正当目的，可能损害公司合法利益的，可以拒绝提供查阅，并应当自股东提出书面请求之日起十五日内书面答复股东并说明理由。"该条规定从股东和公司两个角度对股东行使知情权的问题作出规定：从股东的角度，要求其说明使用会计账簿用途，说明使用的理由；从公司的角度，规定其拒绝股东使用的，应当说明原因，证明股东使用目的不正当。

股东使用公司会计账簿的，应当说明理由，通常情况下激发股东查阅会计账簿的理由有以下几个：

第一，评估其投资是否符合其预期目的。投资获利是股东追逐的普遍目标，围绕投资获利，股东可以有很多正当理由。股东希望短期内不断分红，将公司经营利润迅速兑现红利，这是股东的合理理由；股东希望向公司增加投资，看好公司的持续发展能力和上升空间，扩大其投资成果以长期获利或者获得更大利益，也是股东的合理理由；调查公司的真实财务状况，判断公司的发展能力及成长空间等情况，也是满足股东投资利益的合理理由。股东围绕其投资目的是否实现，提出的查阅公司会计账簿的理由，均应当被视为正当的，公司应当允许股东查阅。

第二，拟转让自己股份或者收购公司其他股东股份或者以股权质押并融资，考量公司股权价值。股东拟收购公司其他股东的股权，转让自己的股份，或者质押股权等，需要对股权作出合理的估价，有可能需要查阅公司财务报告，进一步核实并估算其股权交易的价格。股东对公司股权进行交易的愿望是合理并应当被满足的，故如果股东提出其拟以公司股权进行交易的理由，应当允许股东行使知情权。

第三，有合理的理由怀疑公司经营管理中存在问题，请求查阅会计报告予以核实的。对于不掌控公司的中、小股东来说，要了解公司的决策是否合理，需查阅公司会计账簿，了解公司不予分红或者不予扩大营业范围的原因，调查公司可能存在的管理不善，查明公司发布的年度报告中说明的公司价值与其股票的市场价格之间存在明显差异的原因，对于公司与控股股东或者实际控制人存在关联关系的，核查关联交易是否损害公司利益等。股东对公司经营管理中存在的问题提出合理怀疑，要求查阅会计账簿的，属于理由正当，公司应当允许股东行使知情权。

第四，查阅目的与股东自身的投资利益无关。如果股东想通过查阅财务会计账簿而获得公司商业秘密、获得公司内部活动的消息、获得公司客户信息等，并将其用于自己经营的其他投资范围或者提供给公司的竞争对手，不能认为股东是正当地行使了权利，公司可以拒绝股东行使知情权。如果股东查阅公司会计报告的目的不是关注自己的投资回报，而是其他利益，例如，基于促进有社会责任感的目标和愿望，了解公司是否进行了社会慈善或者捐赠等，其关心的是社会和政治目的，而不是自己和公司的经济利益等，股东以这些理由行使知情权的，公司也可以拒绝。

公司拒绝股东行使知情权的理由为股东目的不正当。2017年8月，最高人民法院颁布的《公司法若干问题的规定（四）》第八条规定了不正当目的的几种情况："（一）股东自营或者为他人经营与公司主营业务有实质性竞争关系业务的，但公司章程另有规定或者全体股东另有约定的除外；（二）股东为了向他人通报有关信息查阅公司会计账簿，可能损害公司合法利益的；（三）股东在向公司提出查阅请求之日前的三年内，曾通过查阅公司会计账簿，向他人通报有关信息损害公司合法利益的；（四）股东有不正当目的的其他情形。"其中，第（一）项属于竞业禁止涉及的内容，属于公司对其商业秘密的正当保护，如果股东作出同行业的再投资，查阅公司会计账簿时很容易探查到公司的客户和其他业务情报，从而篡夺公司商业机会等，故如果出现股东有同行业投资的情况，该股东无法排除竞争的嫌疑，公司可以拒绝股东查阅公司会计账簿。第（二）和（三）项涉及股东将公司信息提供给公司以外的他人的情况。股东知情权是为满足股东个人权益的，公司会计账簿属于公司比较重要的文件材料，密级是比较高的，有些国家公司法甚至将查阅会计账簿作为少数股东权规定，股东必须持股超过一定比例或者持股时间超过一定期限，才可以行使知情权。这些国家的公司法将股东分为老股东、新股东、大股东、小股东，对老股东和大股东，知情权的限制要少一些，而对新股东和小股东的限制要多一些。其这样规定的理由是认为，老股东和大股东在公司中的利益更大一些，可能不会无端打扰公司，所以赋予宽松的权利；而较少和较新的股东似乎更有可能要求无足轻重的骚扰性查阅，因此有必要作些限制。该两项规定未说明通报信息的内容是否与会计账簿有关，对股东向他人通报信息与会计账簿内容无关的，是否应当属于被拒绝行使知情权的情形，没有明确规定。例如，股东曾经有向其他人通风报信，泄露公司商业情报的行为，但涉及内容与公司会计账簿无关。对实务中的复杂情况，应当结合具体情况确定。对泄露情报比较严重，使公司陷入经济困境，或者舆论、争议等围攻的，也可以考虑属于被限制范围。第（四）项是兜底条款，开放性的，解决实务中无法归类的其他情形。另外，对公司章程有特殊规定的，可以依据公司章程的规定操作执行。

[结论] 股东查阅公司会计账簿的正当理由主要是两个方面：一方面是与自己的股权投资利益有直接关系，另一方面是对公司的经营管理有合理怀疑，故请求查阅公司会计账簿。

【案例评析】

股东又投资设立与本公司经营项目基本相同的公司，其在本公司行使知情权的范围受到限制是否合理

原告：甲

被告：A公司

诉讼请求：请求查阅A公司2004和2005年度的财务会计账簿和相关会计凭证和董事会决议。

图示：

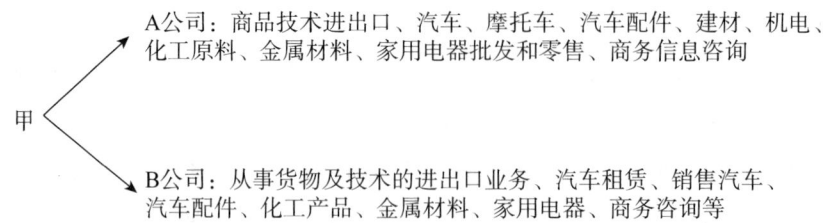

A公司是于1998年6月24日设立的有限责任公司，甲与乙系A公司的股东。A公司经营范围为：经营各类商品和技术的进出口业务、汽车（含小汽车）、摩托车、汽车配件、建材、机电、化工原料（除有毒、易制毒及危险品）、金属材料、家用电器批发和零售、商务信息咨询。甲为A公司董事。2004年3月，A公司变更注册资本为2000万元，增资后甲为公司小股东，乙为公司大股东。自2005年4月起，乙控制A公司，2005年11月，甲函告A公司，要求查阅A公司自2004年起的财务会计报告以及相关账簿、董事会记录等。A公司未予答复。

甲向人民法院提起诉讼，请求判令A公司提供2004和2005年度的A公司的财务会计账簿和相关会计凭证和董事会决议等，供甲查阅。

A公司的主要抗辩理由如下：第一，A公司年度财务审计尚未完成，无法向甲提供财务会计报告；董事会未决定公司的利润分配。甲主张对2005年底以前A公司行使知情权，根据修改前的《公司法》规定，甲无权查阅公司账簿、相关凭证和董事会决议。第二，甲作为A公司股东和董事，于2005年5月与他人注册成立C公司，C公司经营范围与A公司的经营范围基本相同，违反了竞业禁止的规定。故甲提出查阅公司财务账簿等，A公司有合理理由相信甲有明显的不正当目的，可能会损害公司利益。

根据A公司在诉讼中提供的证据确认，2005年5月，甲与案外人设立C公司，经营范围为：从事货物及技术的进出口业务、汽车租赁、销售汽车（不含小汽车)、汽车配件、工艺品、建材、机电设备、化工产品（除危险品）、金属材料、家用电器、商务咨询（除经纪）。

该案中，甲诉讼的目的是想通过行使股东知情权，了解其投资的A公司资产状况，以保护其投资利益。法律赋予股东查阅公司财务报告、账簿和董事会决议等有关公司经营、决策、管理的相关资料的权利，是为了使股东能够更有效地保护其投资利益，但是，公司是多数人投资形成的利益共同体，为保护公司及其他股东利益，也要排除股东滥用知情权的可能，如果股东存在同业竞争或者存在牟取其他不正当利益而利用知情权去获取公司的商业情报嫌疑的，公司有理由拒绝股东行使知情权，特别是对公司财务会计报告的查阅权利。甲除在A公司有投资外，还在C公司也有投资，而C公司的经营范围与A公司有重叠的部分，A公司有理由怀疑甲查阅会计账簿有不正当目的，可能发生损害A公司合法利益的后果，故A公司可以依法拒绝甲查阅公司会计账簿。根据《公司法》第三十三条第二款的规定，甲关于查阅会计账簿及相关凭证的请求很难获得支持。由于《公司法》未对董事会决议的查阅作出任何限制，故甲要求查阅A公司的董事会决议的诉讼请求，应当获得支持。

37. 什么是异议股东股份收购请求权，股东请求公司收购其股份的条件是什么

股份收购请求权是指当股东会议决议事项与股东有重大利害关系时，对股东会议决议投反对票的股东有权请求公司收购其股份。

根据《公司法》规定的资本确定原则，出资人投资后不得撤回出资，出资不到位或者出资后又抽逃出资的，应当补足出资并承担相应的法律责任。因此，一般情况下，股东投资后应当承担公司经营的风险，不论公司盈利还是亏损，只能根据其持有公司的股份请求分配利润或者转让股份，不得请求收回投

资或者请求公司购买其股份。《公司法》第三十五条规定:"公司成立后,股东不得抽逃出资。"

股东有权参加公司的经营管理,并有决策权,股东作为投资者对公司享有经营管理权,其权利是以股东会议决议的方式行使的,股东会议的决议作为股东意志的表达,决定公司的权力事项。股东的个人意志是通过股东会议决议的形式表现出来的,股东对公司的经营管理权是集体性的职权管理,股东在股东会议中无论是投同意票、反对票或者弃权票,都应当执行股东会议决议。

由于股东会议采取资本多数决的民主方式形成决议,股东会议的决议结果往往代表的是持有公司多数股份的大股东的意志,大股东或者说控股股东对公司行使的是绝对的权利,而小股东的意志只有在符合多数的时候才能体现出来。因此,在股东会议中小股东和大股东之间的利益发生冲突时,只能服从大股东的利益。

在公司运营中,大股东和小股东对公司经营的理念分歧是不可避免的。

从公平的角度考虑,应当考虑给小股东一个救济的途径。《公司法》安排了这样一个制度,异议股东股份收购请求权,这是对小股东的权利救济机会之一。当股东会议决议特别事项,在股东会议决议时投反对票的股东有权请求公司收购其股份。

异议股东股份收购请求权,是对公司股东资本多数决的民主与对少数股东公正之间的利益平衡的选择。

如果说公司根据股东会议决议的行动背离个别股东的投资目的,个别股东在公司的投资目的落空,公司已经不能反映个别股东的投资愿望了,强留该股东的投资在公司,对个别股东不够公平。因此,从公平的角度考虑,在公司按大股东的意志运行,并且已经改变当初股东投资时对公司章程的合意时,应当给予中小股东一个救济制度,允许其退出公司。

股份收购请求权制度起源于美国,现在很多国家都普遍规定了股份收购请求权制度。我国《公司法》对此也作出了规定。

《公司法》规定了异议股东的股份收购请求权,将公司盈利但长期不分配利润、公司合并或者分立、转让主要财产等列为股东请求公司收购其股份的理由，并对该权利的具体行使作出规定。

《公司法》第七十四条规定："有下列情形之一的，对股东会该项决议投反对票的股东可以请求公司按照合理的价格收购其股权：（一）公司连续五年不向股东分配利润，而公司该五年连续盈利，并且符合本法规定的分配利润条件的；（二）公司合并、分立、转让主要财产的；（三）公司章程规定的营业期限届满或者章程规定的其他解散事由出现，股东会会议通过决议修改章程使公司存续的。自股东会会议决议通过之日起六十日内，股东与公司不能达成股权收购协议的，股东可以自股东会会议决议通过之日起九十日内向人民法院提起诉讼。"

2018年10月26日，全国人大常委会第六次会议通过了修改《公司法》的决议，针对《公司法》第一百四十二条第一款作出了修改，修改后该条内容为："公司不得收购本公司股份。但是，有下列情形之一的除外：（一）减少公司注册资本；（二）与持有本公司股份的其他公司合并；（三）将股份用于员工持股计划或者股权激励；（四）股东因对股东大会作出的公司合并、分立决议持异议，要求公司收购其股份；（五）将股份用于转换上市公司发行的可转换为股票的公司债券；（六）上市公司为维护公司价值及股东权益所必需。公司因前款第（一）项、第（二）项规定的情形收购本公司股份的，应当经股东大会决议；公司因前款第（三）项、第（五）项、第（六）项规定的情形收购本公司股份的，可以依照公司章程的规定或者股东大会的授权，经三分之二以上董事出席的董事会会议决议。公司依照本条第一款规定收购本公司股份后，属于第（一）项情形的，应当自收购之日起十日内注销；属于第（二）项、第（四）项情形的，应当在六个月内转让或者注销；属于第（三）项、第（五）项、第（六）项情形的，公司合计持有的本公司股份数不得超过本公司已发行股份总额的百分之十，并应当在三年内转让或者注销。上市公司收购本公司股份的，应当依照《中华人民共和国证券法》的规定履行信息披露义务。上市公司因本条第一款第（三）项、第（五）项、第（六）项规定的情形收购本公司股份的，应当通过公开的集中交易方式进行。公司不得接受本公司的股票作为质押权的标的。"

从上述规定可以看出，异议股东股份收购请求权的行使，应当掌握以下几个基本要件：

第一，请求收购股份必须符合法定事由。《公司法》第七十四条明确规定公司收购股份的法定事由为：

（1）公司连续五年不向股东分配利润，而公司在该五年内连续盈利，并且符合《公司法》规定的分配利润条件的。

公司连续五年或者五年以上盈利，并且符合法律规定的股东分配利润条件，但股东会议决议不分配时，异议股东可以请求公司收购其股份。这一条规定主要是考虑到目前司法实践中关于盈余分配和股东僵局的案例比较多，作出这样的规定能够解决这个实际问题。

实际上，其他国家立法并没有将不予分配作为请求收购股份的一个理由，股东可以通过请求解散公司解决这一问题。1993年《公司法》对解散公司的请求权没有规定，2005年《公司法》将其增加为股东权利，但是规定为少数股东权，持股达10%以上的股东才有权申请解散，即大股东可以申请解散公司，对于中、小股东，安排的是股份收购请求权制度，中、小股东可以请求退出公司。《公司法》根据股东在公司的利益，作出不同安排，对所有股东是公平的，可以解决公司僵局问题。

股东的盈余分配请求权在股东的权利中是最为本质性的固有权利，因此，不分配盈余或长期不当的中止盈余分配应当是对股东权益的一种侵犯。但是，公司分配盈余问题，是公司的经营策略性问题。股东会议可以形成决议，公司从长远利益考虑不分利润，积累财富，扩大生产规模。在形成这个决议时，投反对票的股东有权请求收购股份。

对于公司利润分配问题，坚持资本维持和"无盈不分"原则，是各国公司法的通例，公司净利润在弥补亏损、提取公积金后仍有剩余，才可以向股东分配股利。

符合法律规定的股东分配利润条件的，主要是指符合《公司法》第一百六十六条的规定，公司在弥补亏损和提取公积金后所余税后利润，可以按出资比例或者持股比例予以分配，有限责任公司全体股东有约定或者股份有限公司章程有特殊规定的，按约定或规定分配。

（2）公司合并、分立、转让主要财产的。

关于公司合并和分立，均是对公司人格的变更，有限责任公司属于具有人合与资合双重性质的公司，股东之间的合作是公司经营效率的一个重要因素，如果公司改变了股东结构，决定与另外一个公司合并，或者公司决定分立，改变了原来成立公司时的合作结构，包括股东的组成及股权结构的变更，改变了人合的状态，异议股东可以请求退出公司，公司应当收购其股份。对于股份有限公司来说，在公司人格发生重大变更，持异议的股东也可以选择退出投资。对于股份有限公司，这个权利非上市公司股东会相对用得多一些，而上市公司股东用得会少一些，上市公司股份转让非常容易，但也不排除上市公司为防止出现抛售股票、稳定股市等原因而采取主动收购股份的方式。

转让主要财产的。转让主要财产的立法目的很明确，但是，在实务操作中很难把握，何为公司主要财产有时很难界定。对于出售主要财产后改变公司的经营方向时，应当解读为转让主要财产，允许异议股东请求公司收购其股份。

这里主要是考虑到股东投资的目的已经发生实质变更，例如，原来经营农副产品，现在准备改为经营服装、电器、高科技产品、石油、军工产品等，股东投资时对公司的经营范围和方向基本是确定的，而且有可能在公司章程中也明确规定了。股东投资公司的目的是追求利润，但对利润的追求不是空中楼阁，而是建立在通过对具体行业或者业务的经营实现的，出资人投资选定一种行业，是有各种原因的，例如，对这个行业熟悉，对盈利有信心，个人专业特长、爱好，家族企业或者关联行业等，其投资是希望通过对公司业务的经营获取利润，如果改变了公司的业务范围，新确立的经营范围属于股东不懂的、不熟悉的，或者股东认为投资风险较大的，或者不想投资的行业等，可能使股东原来的投资愿望落空，应当允许股东退出公司。

（3）公司章程规定的营业期限届满或者章程规定的其他解散事由出现，股东会会议通过决议修改章程使公司存续的。

该事由是关于公司决定存续时，不同意继续参加公司的股东可以选择退出公司。该条列举的事由出现时，原公司成立和存在的理由已经消灭了，公司应

223

当开始解散、清算、注销程序，但是，如果部分股东愿意公司存续的，可以通过股东会议决议修改公司章程，使公司存续，不愿意再参加公司的，可以选择退出公司，存续的公司应当收购退出股东的股份。

第二，股东必须在决议该事项的股东会或者股东大会上投反对票，如投同意票或者弃权票，均没有权利请求公司收购其股份。

第三，必须在一定期间内向公司提出收购的申请，期间超过后权利丧失。根据《公司法》第七十四条的规定，股东应当自股东会会议决议通过之日起六十日内向公司提出收购股份的请求。自股东会通过该决议事项开始计算，股东向人民法院提起收购股份诉讼的时间限制为九十日。

有两个要点：首先，股东必须在六十日内向公司提出收购股份的申请，如果没有向公司申请的，视为放弃权利；其次，股东与公司就收购条件不能达成一致意见时，自决议作出之日起九十日内必须向法院起诉，否则诉权丧失。

这里有一个问题需要考虑，股东从何时可以提起诉讼，按照法律条文的原意，应当是首先向公司请求，满六十日与公司不能达成协议时，再向法院起诉。决议形成后的六十日内，应当首先在公司内部寻求救济，六十日后才可以行使诉权。该问题有争议，有人主张不一定满六十日，决议作出后可以直接以公司为被告提起诉讼，行使诉权。

对这类案件，法律对收购股权的规定是明确的，难点就在于在法院的主持下给当事人签订一个收购合同，帮助其确定价格和有关条件。

[结论]

股东出资后不得抽回出资，这是股东出资制度的原则，但是，在特殊情况下，股东可以要求公司退回其出资。股东要求退回出资制度的核心是股东的股份回购请求权，在符合《公司法》规定的法定事由时，股东可以请求公司退还其出资财产，由公司收购其股份。公司拒绝收购的，股东可以在法定期限内提起诉讼，请求获得司法救济。

【案例评析】

不符合《公司法》第七十四条规定的回购股份情形的，是否可以请求公司回购股份

原告：甲

被告：C公司

诉讼请求：甲请求C公司收购其股份。

图示：

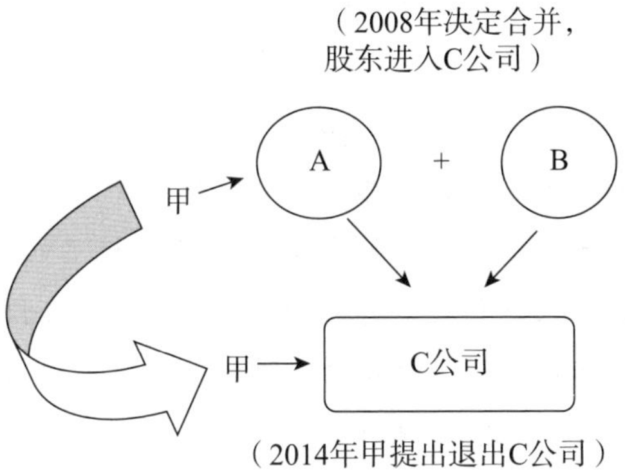

（2008年决定合并，股东进入C公司）

甲 → A ＋ B → C公司

甲 → C公司

（2014年甲提出退出C公司）

2008年6月，A公司与B公司签订《A、B公司合并合作协议》，约定合作设立新的C公司，A公司和B公司为C公司的分公司，C公司注册资本300万元，C公司股东为原A、B公司股东。A公司与B公司分别加盖了公司的印章，甲在A公司的股东下方签字。C公司于2008年7月成立，工商行政管理机关的登记载明，甲以货币形式实缴出资15万元，占C公司的股权比例为5%。C公司成立后A、B公司注销。

2011年4月30日，C公司召开第三次股东会决议，会议内容包括2009年度以及以前年度财务工作报告，与会全体股东通过了上述报告且均无异议，甲在该股东会决议上签字确认。2012年1月，甲领取2011年度兑现奖和分红共计30万元并签字确认。2013年1月，甲领取2012年度兑现奖和分红共计20万元并签字确认。

2014年12月，甲向人民法院起诉请求C公司以560万元的价格收购其持有的5%股份。其主要理由：甲原为A公司股东，A公司作为技术型公司，经营状况良好。A公司与B公司合并后降低了其在C公司的持股比例，并且自合并后，C公司从未召开过股东会决议对股东实行利润分配，故请求C公司按评估确认的价值收购其股份。

C公司的抗辩理由主要是，C公司成立后虽然未召开股东会会议并决议分配，但C公司在每年度末向股东颁发奖金和红利，甲在2012年和2013年分两次领取奖金和红利共计50万元。请求依法驳回甲的诉讼请求。

该案中，甲的请求很难获得支持。《公司法》第七十四条规定："有下列情形之一的，对股东会该项决议投反对票的股东可以请求公司按照合理的价格收购其股权：（一）公司连续五年不向股东分配利润，而公司该五年连续盈利，并且符合本法规定的分配利润条件的；（二）公司合并、分立、转让主要财产的；（三）公司章程规定的营业期限届满或者章程规定的其他解散事由出现，股东会会议通过决议修改章程使公司存续的。自股东会会议决议通过之日起六十日内，股东与公司不能达成股权收购协议的，股东可以自股东会会议决议通过之日起九十日内向人民法院提起诉讼。"

甲起诉涉及两个事由，一个是公司合并，一个是公司分红问题，根据该两个事由，依据《公司法》第七十四的规定，甲均有可能请求公司回购其股份。关于公司合并的事由，《公司法》要求股东必须在决定合并的股东会上对决议投反对票，并在决议作出后的六十日内请求公司收购其股份，在公司拒绝收购其股份时，其必须在股东会结束后九十日内向法院提起诉讼。《公司法》对股份回购设置了几个要件，显然，甲缺乏公司合并事件发生时请求回购股份需履行的必要要件行为，在A公司决定与B公司合并设立新公司时，甲作为A公司的股东，并未对公司合并提出反对意见，至其提起诉讼时，已经时过境迁，A公司已经注销，C公司已经成立了近七年时间，其诉讼请求错过了时机，该请求不能获得支持。

关于公司分红的事由。《公司法》规定的要件有三个：一是公司连续五年盈利；二是公司符合向股东分配利润的条件；三是公司连续五年未向股东分配利润。只有这三个条件同时具备，股东才能请求公司以合理价格回购股份，只要有一个条件不具备，其便无权要求公司回购股份。C公司虽然未召开过关于向股东分配利润的股东会并形成决议，但公司在2012年和2013年实际向股东分配了红利，故C公司未出现股东可以请求回购股份的情形，甲领取过股东分红，其关于C公司近七年时间未分红的主张与事实不符，以此主张C公司收购股份的请求，也很难获得支持。

第六章

股权转让

38. 《公司法》对有限责任公司股东转让股权有哪些限制性规定

《公司法》对有限责任公司股东转让股权的限制性规定，主要规定在《公司法》第七十一条中，该条规定："有限责任公司的股东之间可以相互转让其全部或者部分股权。股东向股东以外的人转让股权，应当经其他股东过半数同意。股东应就其股权转让事项书面通知其他股东征求同意，其他股东自接到书面通知之日起满三十日未答复的，视为同意转让。其他股东半数以上不同意转让的，不同意的股东应当购买该转让的股权；不购买的，视为同意转让。经股东同意转让的股权，在同等条件下，其他股东有优先购买权。两个以上股东主张行使优先购买权的，协商确定各自的购买比例；协商不成的，按照转让时各自的出资比例行使优先购买权。公司章程对股权转让另有规定的，从其规定。"

其中，第一款规定的是股权在公司内部的转让问题，即股东之间的股权转让，《公司法》未作出任何限制。第二款、第三款规定的是股权向股东以外的人转让，《公司法》作出了限制性规定，规定了两个法定程序：第一，征求公司其他股东的同意程序；第二，公司其他股东的优先购买程序。第四款规定的是授权内容，《公司法》授权公司章程可以对股权转让有特殊规定，并且特殊规定优先于法律规定执行。

关于股权转让的限制，是否规定征询同意程序和优先购买程序，主要有三种立法例模式：第一种，仅设立征询意见的同意程序，不设立优先购买程序。

例如,《法国公司法》规定,只有在征得至少四分之三的公司股份的多数股东同意后,公司股份才可以转让给与公司股份无关的人,并且规定不同意转让的股东自己购买、可以指定他人购买及公司购买等。第二种,不设立征询同意程序,直接规定特定主体的优先购买权。例如,《英国公司法》没有征询同意程序,仅对优先购买程序作出规定,要求向外部转让股权前,先向公司其他股东发出要约。第三种,采用双重规定,既规定了征询同意程序,也规定了优先购买程序。例如,我国的立法模式,采用的是双重程序规定,有限责任公司股东对外转让股权时,应注意履行两个程序和遵守公司章程的规定。

我国《公司法》关于有限责任公司股东对外转让股权的限制规定有以下几个方面:

第一,履行征询公司其他股东的同意程序。

有限责任公司是法律安排具有人合性质类型的公司。一般情况下,公司股东人数相对比较少,股东彼此互相信任,共同参与公司经营和管理。当股东拟对外转让股权时,势必会有公司以外的他人成为新股东,参加到公司的经营管理团队,如果半数以上的公司其他股东排斥准备加入的新人,不愿与其共事,该新人的进入有可能导致公司的管理运行不畅,发生股东之间的不信任,甚至是不断积累矛盾后陷入股东僵局等局面。因此,《公司法》从有限责任公司人合性的角度出发,对股东行使的财产权利作出一定限制。根据《公司法》的安排,有限责任公司股东对外转让股权,必须经过公司其他股东过半数同意,这样可以保证新参加公司的股东能够得到半数以上股东的认可,半数以上的公司其他股东愿意与新加入的股东合作,保持公司股东之间良好的沟通与合作关系。

当然,股权属于财产权利,法律并未禁止股权的流通,为保证股权的可转让性,保障股东财产利益的实现,《公司法》同时规定,不同意新人加入的公司其他股东必须购买转让的股权,否则,视为同意对外转让。这样规定的后果是,虽然股东对外转让股权受到一定限制,但股权转让的目的是能够实现的。

《公司法》的征求同意程序,既考虑了有限责任公司人合性的特点,也考虑了股权财产的可转让性。《公司法》在人合性和可转让性两者之间略有侧重,首先考虑的是有限责任公司股东的人合性利益，保障公司股东作为合作方对人事关系紧密性的追求，拟转让股权的股东必须询问公司其他股东是否购买股权，使公司其他股东有机会阻却新人进入公司，股东不能直接对外转让股权。其次兼顾的是转让股东经济利益的实现，确保最终能够达到股权转让的目的，或者是转让给公司的其他股东，或者是允许转让给股东以外的他人。股东投资公司的主要目的是追求获得经济利益，除分红外，转让股份也是其获得经济利益的重要手段。因此，在不损害公司其他股东利益的前提下，《公司法》安排了保障股东经济利益实现的规则。

为保证该征求同意程序的顺利实施，《公司法》对操作程序作出了明确的规定：

（1）对于通知的形式，《公司法》规定股东应当以书面方式征求意见。该条将通知行为规定为要式行为，提示转让股东应当以书面形式载明转让股权的有关内容并通知给公司其他股东。这种书面形式相对比较严谨，不容易产生歧义。实务中，转让股东可以单独向各个股东发出书面通知，也可以采取请求公司召开股东会的方式，在股东会中通报，以股东会议文件的形式表达是否同意转让的情况。该法条规定的书面方式应当解读为倡导性规定，不排除股东以其他方式进行的通知，例如，利用电话、电子信息、委托第三人通知、公告通知等。对其他形式的通知，最好有一定的载体，一旦发生争议，容易提出证据证明。

（2）对于通知的内容，《公司法》规定"股东应就其股权转让事项"通知公司其他股东，但未规定股权转让事项包括哪些内容，对此未作出明确规定。一般情况下，转让股权的数量和拟受让人名字或单位名称应当是最基本的内容。由于规定该制度的意义主要是保障公司的封闭性，新加入公司的人是谁以及转让股权数量这些基本信息，可以有助于公司其他股东考虑与新股东的合作、公司股权持股比例的变动、股东管理席位的安排等。对转让数量和受让人知情，一般被认为是公司其他股东的合理要求，在履行通知义务时应当基本保证上述两项内容。对于股权转让价格、交易条件等，转让股东如果有所保留的话，从转让股东的商业秘密和经济利益等角度考虑，这种需求是合理的，因此，不能对该环节的通知内容要求太多。对股权转让的事项作宽泛解释比较好，转让股东可以根据个人需求，决定通知的内容，没有必要要求转让股东将交易所涉及内容一次性公布。有购买意向的公司其他股东，可以单方与转让股东具体沟通，双方可以协商签订股权转让合同等确定转让股权的相关内容。

（3）征求意见反馈的时间为三十日，即公司其他股东应当在收到通知后三十日内回复。三十日届满后，根据回复的内容统计人数，转让股东可以据此决定是继续进行对外转让，还是与不同意转让的股东协商购买股权事宜。

征求意见反馈的时间为三十日，即公司其他股东应当在收到通知后三十日内回复。该期间是斡旋、谈判与协商的期间。由于需要不同意的股东超过半数，不同意对外转让的公司股东可能会安排协商购买、安排第三人认购或者公司暂时回购等。由于个别股东的受让可能引起公司股权比例的变化，决定股东在公司的决策权重，故如果存在有多人准备受让股权情形的，老股东之间有可能协商分配受让的比例。如果公司其他股东多数不同意接受公司以外的新人进入公司，又没有个别股东愿意购买的，有可能还要安排公司收购股权，引进他人认购该部分股权等。对于小型有限责任公司来说，三十日可以完成受让股权行为，对于大型公司来说，三十日有可能时间比较紧迫。从缔约合同的角度看，三十日是请求是否缔约合同的一个时间，并非完成交易的期限。

第二，履行保障公司其他股东行使优先购买权程序。

股东对外转让股权时应保障公司其他股东的优先购买权。优先购买权是由大陆法系中的先买权发展而来的，一般是指根据法律规定或者当事人之间的事先约定，在出卖人出卖其标的财产时，在同等条件下特定人可以优先于他人购买。由于有限责任公司是封闭型公司，所有股东对公司是共有权利人，因此，股权转让时应当照顾共有人利益，保障在同等条件下其他股东的优先购买权。《公司法》第七十一条第三款规定："经股东同意转让的股权，在同等条件下，其他股东有优先购买权。"

《公司法》对股东如何保障公司其他股东行使优先购买权未作出明确规定，从一般意义上理解，转让股权的股东应当在两个方面引起注意，以保障公司其他股东及准备受让股权的公司以外他人的合法利益。

（1）告知转让股权合同的全部内容或者合同主要条款。转让股东应将其与第三人签订的合同主要内容和条款全部告知公司其他股东，这些内容为其转让的最基本条件，便于公司其他股东决定是否行使优先购买权，购买转让的股权。最高人民法院颁布的《公司法若干问题的规定（四）》第十八条规定："人民法院在判断是否符合公司法第七十一条第三款及本规定所称的'同等条件'时，应当考虑转让股权的数量、价格、支付方式及期限等因素。"

（2）在告知公司其他股东合同条款时，最好明确公司其他股东的答复期限，便于公司其他股东决策是否购买。准备购买的股东应当在合理期限内对是否行使优先购买权作出答复，在合理期限内未予答复的，股东可以将股权转给股东以外的第三人。最高人民法院颁布的《公司法若干问题的规定（四）》第十九条规定："有限责任公司的股东主张优先购买转让股权的，应当在收到通知后，在公司章程规定的行使期间内提出购买请求。公司章程没有规定行使期间或者规定不明确的，以通知确定的期间为准，通知确定的期间短于三十日或者未明确行使期间的，行使期间为三十日。"

《公司法》还规定了两个以上股东主张行使优先购买权的，协商确定各自购买的比例；协商不成的，按照转让时各自的出资比例行使优先购买权。

在执行该规定时，也可以灵活掌握，例如，两个以上股东均主张行使优先购买权，双方未协商比例，其中一个股东与转让股东协商签订了股权转让合同，由于转让方和受让方均为公司股东，可以自由转让，以该种方法解决两个以上股东行使优先购买权的，也不违反法律规定。

（3）告知公司其他股东合同条款时可以明确告诉其他股东保守商业秘密的义务。转让股东如果认为关于转让合同内容涉及商业秘密的，可以提前告知主张行使优先购买权的股东予以保密。当然，对于转让股东未予告知的，主张行使优先购买权的股东也有保守商业秘密的义务，如因其泄密造成转让股东或者拟受让股权的公司以外他人损失的，应当依法承担赔偿责任。

第三，履行公司章程的规定。

《公司法》第七十一条第四款授权公司章程对股权转让可以作出特殊规定，如果公司章程有特殊规定的，转让股东应当遵守。公司章程对股权转让的特殊规定可以在程序上作更加简捷的规定，甚至是取消同意程序或者优先购买程序的规定。例如，规定股东可以随意转让股权、不征询公司其他股东同意、没有保障公司其他股东优先购买的义务等。公司章程也可以对转让程序作出更加繁琐、复杂的规定。例如，股东如果转让股权必须经全体股东同意、必须对内转让等。公司章程还可以对转让的实质条件作出更加苛刻的规定。例如，股权转让价格必须按公司章程规定办法确定，规定限制股东可以转让股权的期间、转让份额，要求股东担任公司职务，必须受聘于公司，在解除聘任关系时必须转让股权等。在公司章程合法有效的前提下，股东应当按照公司章程的规定转让股权。

关于公司章程对股权转让特殊规定的内容，是否为任意的即不受任何限制的作出规定，有不同观点。一种观点主张是开放的、绝对自由的，只要公司章程的制作符合《公司法》的规定，可以对转让股权做任意规定。另一种观点主张公司章程除制作程序合法外，其实质内容也必须合法，否则，相关当事人可以提起公司章程无效之诉。笔者倾向于后一种观点。股权属于可以限制转让财产，并非属于禁止转让财产，如果公司章程违反《公司法》规定作禁止转让规定，或者限制转让规定违反法律、法规或第三人利益的，股东可以请求修改公司章程或者提起关于公司章程无效的诉讼。例如，公司章程规定股份不得继承，在股东离世后，股份收回并按比例分配给公司其他股东，无须支付对价。这种规定显然违反《民法典》继承编，公司章程并非遗嘱，公司章程中安排股权不得继承，侵犯了继承人的合法财产继承权。股权既是身份权，也是财产权，股东资格是否可以继承，是《公司法》调整的范围，公司章程可以规定，但股权作为财产权利，其继承问题属于《民法典》继承编调整的范围。公司章程关于股权财产权利不得继承的内容应当无效。在公司章程关于股权转让的特殊规定被依法认定无效的情形下，不再执行公司章程的特殊规定，在未被依法认定无效的情形下，公司章程的特殊规定未被依法取缔，仍应当执行。

[结论]《公司法》第七十一条对有限责任公司股权转让作出了明确的规定，体现了有限责任公司股东之间人合属性及股权作为财产的可转让性，对股权转让，作出了约定优先于法律规定适用的安排。

第六章 股权转让

【案例评析】

股权转让协议安排了股权受让人的可选择性,该选择权利由谁行使,受让方指定的股权受让人被公司其他股东拒绝的,其是否可以主张放弃股权转让协议的履行

原告:甲、乙

被告:丙

诉讼请求:请求丙履行《股权转让协议书》,支付股权转让款。

图示:

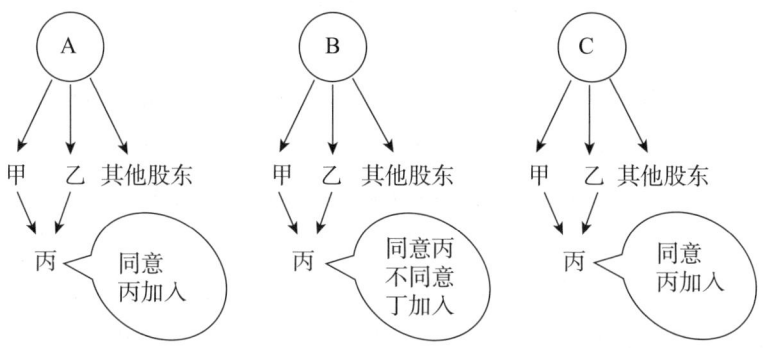

2007年10月3日,甲、乙与丙签订《股权转让协议书》一份。协议约定:(1)甲、乙同意丙支付给甲、乙本金、利息和包干公司利润总额900万元作为受让甲、乙在A公司、B公司、C公司三家公司的所有股权转让金。受让上述股权同时,债权债务一并转移给丙享有和承担。甲、乙同意将上述三家公司内的所有股权、债权、债务转让给丙或丙指定的受让人。公司所有债权、债务与甲、乙无关……受让后的公司所有收益和相关收益全部归丙享有,任何风险责任归丙承担。受让后,丙可行使公司所有的权利。(2)付款方式和期限:2007年10月4日给付甲272万元,给付乙128万元。2007年10月13日给付甲408万元,给付乙192万元。2007年10月23日给付甲340万元,给付乙160万元。2007年11月3日给付甲383.7427万元,给付乙162.9066万元。(3)甲、乙收到丙第三次款项后,协助丙办理A公司、B公司、C公司的股权变更。费用由丙承担。如因甲、乙原因不能及时配合丙办理股权变更手续的,丙相应顺延

第四次付款日期。(4)违约责任：本协议签订后，任何一方不履行或者不完全履行协议约定条款的，即构成违约，须向对方支付违约金1000万元，同时本协议视为解除。本协议解除后，股东股权比例恢复到本协议签订之前的状态。

该协议签订后，丙按期给付了甲、乙前三期合计1500万元股权转让款，甲、乙协助丙办理了A公司和C公司股权转让及变更事宜。对于协议约定的B公司股权转让事宜，B公司的7名股东于2007年10月27日召开股东会，一致同意吸收丙作为公司新股东。同日，丙指定丁为甲、乙在该公司股权的受让人，经甲、乙向该公司其他股东征求意见，至本案一审法庭辩论终结，该公司其他股东仅2名股东同意甲、乙将股权转让给丁，其他5位股东不同意丁受让该公司股权，致B公司股权无法办理相应的变更登记。

甲、乙向人民法院提起诉讼，请求依法判令丙履行协议，办理股权变更手续，并给付股权剩余转让款546.6493万元。

丙抗辩称：丙之所以没有支付第四期股权转让款，是因为在办理B公司股权变更手续时发现甲、乙没有取得半数以上多数股东的同意，也没有履行相应的股权转让通知义务，导致其他股东不同意丁受让B公司的股权，为此，丙曾多次敦促甲、乙迅速补齐相应手续，协助丙完成此次股权转让，但甲、乙一直没有向丙提供相应的证明文件或手续，根据股权转让协议的约定，丙相应顺延了第四次付款日期。

该案中，根据甲、乙和丙签订的《股权转让协议书》的约定，受让股权的人是丙或丙指定的人。协议签订后，B公司的其他股东于2007年10月27日召开股东会，一致同意吸收丙作为公司新股东，同意甲、乙将股权转让给丙，但公司一半以上的股东不同意将股权转让给丁。股权转让人甲、乙已经完成了相应的通知和征求其他股东意见的义务。本案当事人签订股权转让协议涉及的是有限责任公司股权，根据《公司法》第七十一条的规定，该股权转让协议是否能够得到履行，除了双方当事人的履行行为外，还有法律对公司其他股东的权利安排，在公司其他股东行使权利的情形下，股权转让协议不能得到履行。对《公司法》第七十一条规定的内容，双方当事人在协议签订时应当是明知的。双方当事人在股权转让协议中对受让股权的人约定为丙或者丙指定的他人，该内容约定的受让人是选择性的，但股权转让协议没有对谁有权利作出选择作进一步的安排。B 公司的其他股东多数不同意丙指定的丁作为股权受让人，股权转让协议约定的由丙指定的人受让 B 公司的股权受到 B 公司其他股东的阻止，合同安排的该选择内容无法实现。现 B 公司其他股东已经通过股东会议决议的方式明确可以接受丙受让该公司股权，合同安排的选择条件之一丙可以成为受让人，合同具备继续履行的条件，各方当事人应当继续履行合同。股权转让协议约定，如因甲、乙原因不能及时配合丙办理股权变更手续的，丙相应顺延第四次付款日期。该案中发生的 B 公司不同意丁受让股权，并非甲、乙的原因不配合办理股权变更手续，而是 B 公司股东依照《公司法》的规定正当行使权利的结果，丙将该后果归责于甲、乙，既没有合同依据，也没有法律根据，其拖延支付剩余股权转让款的抗辩理由很难成立。

39. 有限责任公司半数以上股东不同意对外转让股权，是否可以与转让股东协商安排受让拟转让的股权

《公司法》第七十一条第二款规定："股东向股东以外的人转让股权，应当经其他股东过半数同意。股东应就其股权转让事项书面通知其他股东征求同意，其他股东自接到书面通知之日起满三十日未答复的，视为同意转让。其他股东半数以上不同意转让的，不同意的股东应当购买该转让的股权；不购买的，视为同意转让。"根据该规定，股东向公司以外的人转让股权时，应当经其他股东过半数同意，不同意对外转让的其他股东应当购买，如果不购买的，转让股东即可以直接对外转让。如果公司其他股东要阻却股权对外转让事件的发生，要形成合力，超过半数的公司其他股东发出共同的意思表示，不同意对外转让并安排购买，需要有这样的共同意思表示和行为，才能保证拟转让的股

权留在公司内部由其他股东安排购买。关于这一条规定，《公司法》有两个问题规定得不够明确：第一个是半数以上其他股东不同意转让时，如何安排不同意转让的股东购买股权；第二个是股权转让合同内容是由转让方和受让方双方协商确定的，还是由转让股东单方决定的。

第一，如何安排不同意对外转让的股东购买。

根据《公司法》第七十一条第二款的规定，不同意对外转让股权的股东需要超过半数时，才发生公司其他股东适用该条款规定主张购买股权的情形。多数股东不同意对外转让且不放弃购买，这种联合的力量才能达到适用该条款的标准。那么，多数股东作出共同的意思表示，是否要求不同意对外转让的股东均购买呢，答案显然是否定的。转让的股份是确定的，如果不同意对外转让的股东均主张全部购买，或者主张分散购买，但购买数额仍然超过转让股份数额时，各购买股东的购买利益是有冲突的，股东实现购买股权的目的也很困难。当然，也不排除只有少数股东甚至是一个股东主张购买，其他股东是帮助控制新人进入公司的，并没有购买股权的意思表示。当半数以上股东利用集体的力量达到阻却对外转让股权的效果时，如果不同意对外转让的股东存在多人主张购买的情形，应当协商解决他们之间由谁购买及购买份额的问题。另外，还可能出现各股东均不愿意个人购买，但有阻却新人进入公司的需求，在购买方法上也可以安排由公司其他股东共同选定的股东以外的他人购买，也可以由公司收购后作减资等方法处理。我国《公司法》对不同意对外转让股份的股东如何购买的问题没有作出明确规定，外国公司法对公司其他股东不同意对外转让股权时的安排方法是可以借鉴和参考的。例如，《法国公司法》规定，不同意转让的股东可以请求指定他人购买或者由公司自行购买等。这样规定可以用股东集体的力量，有效阻却不愿意接纳的人进入公司，不同意对外转让的股东有更灵活的方式作多种安排。总之，不同意对外转让的股东超过半数时，不同意的股东可以集体行动，协商安排购买问题，由公司其他股东购买，协商安排各股东购买的具体比例，指定股东以外的他人购买，或者是公司暂时收购，留待以后再作减资处理等。

第二，股权转让合同内容是由转让方和受让方双方协商确定的，还是由转让方股东单方确定的。

《公司法》第七十一条第二款规定的内容，安排了一个权利和义务交替的过程：股东对外转让股权，应当经其他股东过半数同意。其他股东不同意对外转让股权的，应当购买，否则视为同意转让。该条款究竟规定了谁的权利，谁的义务？

学术界有观点认为，《公司法》第七十一条第二款规定的是股东的同意权，认为股东对外转让股权时其他股东有同意权。该说法不甚准确。《公司法》第七十一条第二款设定的制度是转让股东应当征求公司其他股东是否同意转让的意见，不同意转让的应当购买，否则，应当视为同意。显然，按这款规定内容的逻辑，对于公司其他股东个体来说，不购买转让的股权意味着同意对外转让，并非股东有权决定是否同意股权对外转让；另外，该款还规定"股东向公司以外的人转让股权，应当经其他股东过半数同意"。根据该内容，同意转让的股东及放弃购买的股东总计人数超过半数了，转让股东即可以对外转让股权。不同意转让的股东，其在该程序中即使行使了反对权，也无法阻止经过了半数通过准许对外转让的结果。因此，该规定的内容赋予公司其他股东的并非个体权利，不宜将该内容解释为公司其他股东的个体权利，解释为股东对外转让股权时多数股东共同行使的权利比较妥当。

该条款规定设计安排公司股东半数以上同意可以对外转让，实际上嵌入的是公司其他股东是否准许拟受让股权的新人加入公司的表决内容，公司其他股东过半数同意的，拟受让人有机会通过受让股权进入公司，公司其他股东过半数不同意的，拟受让人不能进入公司。公司其他股东，尤其是不同意向股东以外的他人转让股权的股东，应当积极安排认购拟转让的股权。《公司法》该条款规定了对公司其他股东的多数人权利，公司其他股东可以利用集体的力量，争取超过半数的公司其他股东共同行使权利，以阻却股东以外的他人进入公司。

公司其他股东可以与转让股东协商决定受让股权的具体内容。

不同意转让股权的半数以上股东是否可以与转让股东协商确定股权转让合同的具体内容，《公司法》未作明确规定。从《公司法》第七十一条第二款和

241

第三款安排同意程序和优先购买程序的双重程序设计目的看,应当解读为双方可以协商确定转让合同的具体内容,包括股权转让的价格等。

股东对外转让股权时存在保持公司股东人合性和股东实现股权价值最大化的两个利益冲突,也就是保护仍然留在公司的其他股东的最大利益,还是保护准备离开公司的转让股东的最大利益的冲突问题。这两方面的利益都需要考虑。

一方面是留守公司的其他股东的利益,是公司的整体利益或者多数人的利益,而转让股东是个人的利益或者是少数人的利益。当然,也不排除转让股东人数多,而留守公司的其他股东人数少的情况。但是,公司不仅涉及股东的经济利益,还涉及公司职工利益,债权人利益及公司在社会发展中分担的责任等等。维持公司的稳定发展,保持公司股东之间合作是促进社会生产力发展的大方向。所以,当转让股东利益与留守下来的公司其他股东利益发生冲突时,应当将留守下来的公司其他股东利益放在首位。如果将转让股东的利益放在首位,迫使留守公司的其他股东接收新人进入公司,一定是有特殊原因的。

另一方面是转让股东的利益。股东对外转让股权,追求经济价值最大化,或者转让股东选定特殊的受让人也是合理的需求。股东投资公司的最终目的是获得财产利益,分红、转让股权等方法都是直接实现投资收益的手段,转让股权是最后的收益手段,故追求股权价值最大化是非常正当的目的。选择特殊受让人等,也是实务中经常遇到的符合转让股东利益的合理情形。例如,隐名股东变为显名股东,隐名股东需要以股权转让的方式完成显名获得登记;转让股东与他人有特殊关系,有意安排将自己股权过户给他人等。这些情形可能发生低价甚至是无须支付对价的情形。股东以这种方式处置属于自己的财产,也是正当行使所有权。

转让股东和主张购买股权的公司其他股东两方面的利益均需要权衡考虑,遇到冲突时应当有可以遵循的解决问题方法。首先,应当看公司章程的约定。《公司法》第七十一条对股权转让的问题有明确规定,公司章程对股权转让另有规定的,从其规定。其次,如果公司章程没有规定时,半数以上股东不同意对外转让并主张购买的,转让方和准备购买的受让方应当协商确定合同内容,协商不成但双方均坚持交易的，可以选择共同认可的评估机构评估确定价格，必要时可以向人民法院提起诉讼，通过司法程序协助确定其间合同的具体内容。

根据《公司法》第七十一条第二款的规定，当公司半数以上股东主张购买拟对外转让的股权，转让方和受让对转让交易内容无法达成一致意见时，转让股东单方坚持其转让条件并向股东以外的他人转股权时，在公司其他股东过半数不同意接收新人进入公司的情形下，股东以外的他人因股权转让合同受让了股权，强行加入公司会遭遇很多尴尬局面，取得公司登记机关的股权变更登记、公司股东名册的记载，都需要公司出面为其办理，如果公司其他股东不认可其股东身份，公司主动办理的可能性较小。这种未经多数人同意强行加入的新股东在公司行使股东权利，甚至是参加股东会议的权利等，有可能面临很多阻力。允许强行加入的安排，无疑将影响股东之间的合作关系。因此，在公司半数以上其他股东不同意对外转让股权时，多数人的利益是被保护的，以保持公司内部关系的持续稳定。故在该环节的股权转让交易具体内容，双方当事人是可以协商的，转让股东没有单方定价的权利。当然，在协商的过程中，任何一方认为合同内容不符合其追求的目的时，均可以选择放弃交易。如果转让方放弃交易的，可以不转让股权，如果公司其他股东放弃交易的，可以由转让股东对外转让。如果双方坚持交易并无法达成一致意见的，可以请求司法救济。

关于购买价格，外国公司法的规定可以借鉴和参考。《日本公司法》规定了双方通过协商的办法确定，协商不成的由法院以净资产乘以股份数额的方法确定。《法国商事公司法》第 45 条、《法国民法典》第 1843-4 条规定：转让价格发生争议时，由当事人双方指定的鉴定人确定；当事人之间对评估人的指定不能达成协议或者对评估人所确定的价格不满时，可以请求法院决定转让价格。《韩国商法》规定：股东和买入请求人对股份买入价格协商不成时，可以请求由公司指定的专家来决定其买入价格。英国的估价制度表明，在有限责任公司股权转让过程中的估价问题，英国一般通过以下几种方法来确定：按照章程确定的计算方法确定，由董事会确定公允的价格，由专业评估确定的价格。

［结论］有限责任公司半数以上股东不同意对外转让股权时，如果公司章

程对此有特殊规定的，应当执行公司章程的特殊规定。如果公司章程对此没有特殊规定，半数以上不同意对外转让股权的股东可以与转让股东协商安排受让股权。双方协商不成的，可以请求司法救济，申请仲裁或者向人民法院提起诉讼。

40. 有限责任公司股东主张行使优先购买权时，是否需要主张转让股东对外签订的股权转让合同无效或者撤销该合同

有限责任公司股东对外转让股权的法律事实发生后，公司其他股东主张购买，由此引发纠纷。在大多数案件中，转让股权的原股东、受让了股权的新股东、主张购买股权的公司其他股东，三方当事人表现为两方阵营，主要有三种情况：第一种，主张购买股权的公司其他股东为一方，主张撤销交易并由其购买股权；而转让股权的原股东与受让了股权的新股东为相对一方阵营，主张维持已经发生的交易。第二种，主张购买股权的公司其他股东和转让股权的原股东为一方阵营，其诉讼目的是一致的，主张撤销交易；而受让了股权的新股东为另一方，主张维持交易。发生此种情形，大部分是由于转让股权的原股东转让股权后又有反悔的倾向，故与公司其他股东联手，以《民法典》《公司法》为依据，主张股权转让合同无效、撤销股权转让合同、股权转让合同未成立等，追求消除股权交易的结果。第三种，公司其他股东主张购买，诉讼的相对方主要是受让了股权的新股东一方，转让股权的原股东对股权转让给谁没有要求，对诉讼没有观点，对股权转让给谁抱着无所谓的态度，能达到转让股权的目的即可。

在这类纠纷中，公司其他股东主张撤销已经发生的股权转让交易并由其购买，经常使用的理由一般有以下几个：一个是主张转让股东与股东以外的他人

签订的股权转让合同无效，另一个是主张撤销转让股东与股东以外的他人签订的股权转让合同，还有一个是主张股权转让合同未履行通知程序而未成立、未生效等。

股东在对外转让股权时与股东以外的他人签订的股权转让合同，对公司其他股东优先购买权的影响问题，是个存有疑惑的问题。当股东对外转让股权未正确履行通知公司其他股东的程序时，侵犯了其他股东的优先购买权，该股权转让合同的效力是否受到影响，受到何种影响，无效、可撤销、未成立或效力待定，在理论和实务中一直存在争议。

关于合同无效的观点。主要认为转让股东未正确履行通知义务，导致公司其他股东未能行使优先购买权，侵犯公司其他股东利益的情形，合同应当无效。《公司法》明确规定有限责任公司股权对外转让时，公司其他股东有优先购买权，公司章程有特殊规定的除外。转让股东在转让股权时未正当履行通知义务，对此其自己应当是明知的。公司股东情况和公司章程均是在工商行政管理机关登记公示的，故股东以外的他人在受让股权时应当查询公司股东及公司章程情况，在确认公司其他股东放弃购买的情况下，再购买股权，否则应推定其对此侵权是知情或者放任的，主观上不构成善意，故签订合同时与转让股东构成恶意串通。因股权转让合同存在双方当事人主观上的恶意串通，客观上侵犯了《公司法》规定的公司其他股东的优先购买权，故该合同应当无效。但是，在转让股东向股权受让方提供虚假的公司其他股东放弃购买声明等文件的情况下，股权受让方与转让股东在签订合同时不存在恶意串通的情形，不具有合同无效的因素，显然，这种情形下，不能再以此事由取消合同关系。

关于撤销合同的观点。一般认为优先购买权属于形成权，当转让股东对外签订的股权转让合同有效时，公司其他股东可以提起形成权之诉，撤销转让股东与股东以外的他人签订的股权转让合同，其取代受让方，由其直接享有合同权利并承担合同义务。该撤销权在《民法典》上没有找到恰当的依据。《民法典》有两个民事主体能够行使撤销权：一个民事主体是合同当事人，即《民法典》第一百四十七条至第一百五十一条规定的几种可撤销合同的情形，撤销权由合同当事人行使；另一个民事主体是合同当事人的债权人，即《民法典》第五百三十八条和第五百三十九条规定的债权人的撤销权。显然，公司其他股东行使撤销权的身份是不符合《民法典》规定的。另外，该观点在适用时也有重大漏洞，如果两个以上股东同时主张优先购买时，其间还存在购买比例的分配问题，无法达到直接替代合同当事人的后果。

关于合同未成立及效力待定的观点。《民法典》规定的成立未生效系法律、行政法规规定应当办理批准登记等手续生效的，依照其规定。关于效力待定是指无处分权或者无代理权的情形，显然，关于合同未成立及效力待定与公司股权转让的情形不吻合，参照适用比较困难。

上述关于合同无效、可撤销、未成立及效力待定的观点，均存在漏洞。

《公司法》规定的优先购买权属于民事优先权的一种。民事优先权，是一种根据法律规定或者当事人的约定，在不同性质的若干民事权利发生冲突时，某一民事权利优先于其他民事权利人实现的民事权利。[①] 从广义上说，民事优先权包括优先受偿权、优先购买权、优先承租权、优先承包经营权、优先通行权、优先申请权等。

优先权在实现权利顺位上的效力，强于一般民事权利，故在遇到优先权的场合，应当首先保证享有优先权利的民事主体实现权利。我们以往遇到的优先权种类很多，例如，《企业破产法》规定的清偿顺位，前一顺位债权优先于后一顺位的债权得到清偿。《矿产资源法》规定，享有探矿权的民事主体可以优先受让采矿权。《民法典》第七百二十六条规定："出租人出卖租赁房屋的，应当在出卖之前的合理期限内通知承租人，承租人享有以同等条件优先购买的权利；但是，房屋按份共有人行使优先购买权或者出租人将房屋出卖给近亲属的除外。"按照该条规定，除本条规定的近亲属，其他人的优先权，出卖房屋时应优先保障。《民法典》继承编规定的第一顺序的继承权和第二顺序的继承权，均存在优先权的安排。

《公司法》规定的有限责任公司股东的优先购买权，也是一种优先权，在公司股东对公司以外的人转让股权时，公司其他股东享有先买权。先买权是在

---

① 蔡福华：《民事优先权论》，人民法院出版社2002年版，第7页。

股权出卖时股东享有的一种购买顺位上的权利，该顺位是法律规定的，按照《公司法》第七十一条的规定，公司章程是可以取消该先买权的，如果公司章程没有关于取消优先权的特殊规定时，股东之间应当依法相互保障该权利的行使。

优先购买权是法律规定的当公司股权发生对外转让法律事实时，公司其他股东有第一顺位的购买权，该顺位的购买权是法律规定的股东享有的权利，股东可以决定行使，也可以放弃而不行使。股东优先购买权的存在及行使或者放弃权利的行使，不排除后一顺位购买权的存在及有效性。

对优先顺位权利的保护，支持第一顺位的权利人实现权利，无须取消下一个顺位权利关系，放在其他场合就容易理解了，例如，承租人主张购买租赁房屋的，不需要主张房屋所有人与他人订立的房屋买卖合同无效，消灭他人之间的买卖合同关系。动产担保的留置权和质押权同时存在时，《民法典》规定留置权人优先受偿。很明显，留置权人要实现权利，无须主张质权不成立或者无效，不需要取消质权法律关系或者取消质权。

转让股东与股东以外的他人签订股权转让合同，通过合同建立的是一种债权关系，债权有相对性，对合同之外的人没有约束，故该股权转让合同内容对公司其他股东没有约束力，该股权转让合同的存在及效力如何，不影响公司其他股东依据《公司法》享有的法定优先权。

依据股权转让合同，受让方享有的是债权请求权，可以请求转让股东交付股权，请求公司为其变更股东登记。根据《公司法》的规定，公司以外他人取得的请求权利是第二顺位的权利。在公司股东放弃优先权利的情形下，公司以外的受让方关于股权交付和登记的请求权利是可以实现的。如果公司其他股东没有放弃购买并主张行使优先购买权，其关于股权交付及变更登记的请求就很难实现。股权转让合同权利是否能够得到实现，取决于公司其他股东是否放弃优先购买权。

转让股东与股东以外的他人之间签订的股权转让合同是债权法律关系，当其合同不能得到履行，合同目的无法实现时，双方当事人均可以根据《民法典》并按照合同约定的内容，行使其他请求权，例如，解除合同、返还支付的对价、赔偿损失、承担违约责任等等。最高人民法院颁布的《公司法若干问题的规定（四）》第二十一条第二款、第三款规定："前款规定的其他股东仅提出确认股权转让合同及股权变动效力等请求，未同时主张按照同等条件购买转让股权的，人民法院不予支持，但其他股东非因自身原因导致无法行使优先购买权，请求损害赔偿的除外。股东以外的股权受让人，因股东行使优先购买权而不能实现合同目的的，可以依法请求转让股东承担相应民事责任。"

[结论] 优先购买权是法律规定的当有限责任公司股权发生对外转让法律事实时，公司其他股东有第一顺位的购买权，该顺位的购买权是法律规定的股东享有的特殊权利，股东可以决定行使，也可以放弃行使。股东优先购买权的存在及行使或者放弃权利的行使，不排除后一顺位购买权的存在及有效性。对优先顺位权利的保护，支持第一顺位的权利人实现权利，无须取消下一个顺位权利关系。转让股东与股东以外的他人签订股权转让合同，通过合同建立的是一种债权关系，债权具有相对性，对合同之外的人没有约束力，故该股权转让合同内容对公司其他股东没有约束力，该股权转让合同的存在及效力如何，不影响公司其他股东依据《公司法》享有的法定优先权。

【案例评析】

有限责任公司股东行使优先购买权，是否可以与转让股东协商重新确定股权转让条件

原告：乙

被告：甲、丙、丁

诉讼请求：请求认定甲与丙、丁签订的《股权转让协议》无效。

图示：

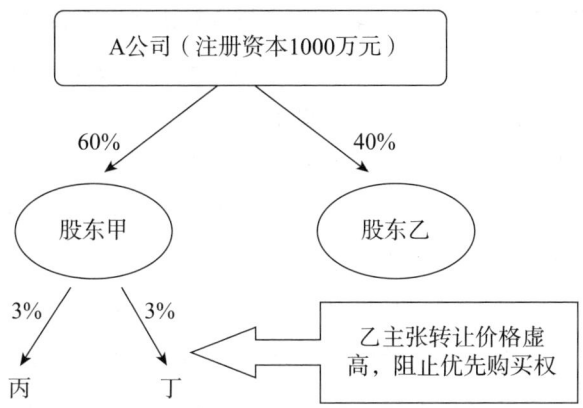

A 公司注册资本 1000 万元，甲、乙分别持有该公司 60%、40% 股权，甲任法定代表人。2008 年后，甲与乙就 A 公司的经营经常发生意见冲突。2011 年 8 月，乙以合同纠纷为由将甲诉至人民法院，请求判令甲于判决生效之日起十日内向乙支付欠款 463 623 元、利息 103 357.96 元。乙依据前述判决申请强制执行，申请查封了甲拥有的房屋。此后，甲向人民法院起诉请求解散 A 公司。在协商的过程中，丙、丁（该二人曾为 A 公司股东）欲受让 A 公司全部股权，提出以 150 万元的价格收购该公司无形资产（指营业执照和资质），在办理印章等移交手续前产生的债权债务及相关法律责任由甲、乙享有和承担，之后由丙、丁享有和承担；并表示先支付 60 万元受让甲持有的 40% 股权，但因 A 公司注册资本为 1000 万元，为手续便利工商信息上暂按 6% 转股，甲在收到该款后用于归还对乙的欠款，乙撤回对甲房屋的查封申请等。三方在 2013 年 7 月、8 月间经过多次协商，并且甲也撤回了解散 A 公司的起诉，但是，各方当事人最终未能达成协议。2013 年 9 月，丙、丁与甲达成意向，按照 A 公司注册资本金的标准，由丙、丁以每股 1∶1 的价格分别受让甲持有的 A 公司 3% 股权。当月 27 日，甲向乙寄送《关于股权转让的通知函》，询问乙是否同意甲向丙、丁转让股权，是否需要以前述价格行使优先购买权。次月 24 日，乙向甲发出《关于股权转让通知函的回复》载明，2007 年 10 月 28 日，甲、乙、丙、丁四位原 A 公司股东曾协商达成以 10 万元（无形资产 100 万元、固定资产折价 50

万元）的价格将 A 公司的全部股权转让给丙、丁二人的决议，现却以虚假不实的注册资本 1000 万元的 1∶1 价格转让甲名下 6% 股权，存在严重的虚构事实之嫌。如果甲擅自处置甲的股权，由此产生的一切法律责任由甲承担。2013 年 11 月 7 日，甲向乙发出《关于股权转让相关事宜的回复函》，表示乙的意见没有事实依据，其与丙、丁达成的股权转让意向不违反法律规定，并再次询问乙是否行使优先购买权，如愿意以同等价格受让 6% 股权，则在收函后七日内签订股权转让协议并履行相关义务，否则，视为同意甲转让股权并放弃优先购买权。后乙未再答复。2013 年 11 月 18 日，甲分别与丙、丁签订《股权转让协议》，约定丙、丁各以 30 万元的价格受让甲 3% 的 A 公司股权，转让款于该协议签订之日起三个工作日内支付，甲应对 A 公司及丙、丁办理相关审批、变更登记等法律手续提供必要的协作和配合，于收到股权转让款当日协助完成工商变更登记。当日，丙、丁分别将 30 万元支付至甲银行账户。随后，甲用该款偿还了对乙的付款义务，人民法院解除了对甲房屋的查封措施。

乙向人民法院提起诉讼，请求认定甲与丙、丁签订的股权转让协议无效。其主要理由为，甲、乙、丙、丁曾经就转让 A 公司股权有过协商，整体转让价格才 150 万元，而甲将其持有的 A 公司 6% 的股权分别转让给丙和丁各 3%，转让价款就确定为 60 万元，甲和丙、丁恶意串通，故意将股权转让价格确定得虚高，以此达到阻止乙购买权的目的。甲与丙、丁的股权转让侵害了乙的优先购买权，存在恶意串通行为，属于无效合同。丙、丁原本就是 A 公司的股东，后来因各方意见分歧过大，无法继续合作等原因退出公司。现以这种方式又重新进入公司，违背了有限责任公司的人合性，侵犯了乙的股东权利。

甲及丙、丁的抗辩理由主要是，甲向丙、丁转让股权时已经向乙履行了告知义务，安排等待乙是否购买股权的时间已经超过一个月，乙未提出购买的明确意见，股权转让程序符合《公司法》的规定。甲为 A 公司持股 60% 股份的大股东，A 公司只有两个股东，甲对外转让股权时不需要征求乙的同意，甲已经询问过乙是否行使优先购买权，未侵犯乙的优先购买权。甲、乙、丙、丁协商购买 A 公司全部股权时，提出以 150 万元的价格收购的是 A 公司的无形资产（指营业执照和资质），对股权转让价格并未达成协议。甲对乙欠有债务，乙的

250

真正目的是希望甲以股抵债，其将A公司的股权全部占有，将A公司变更为其个人独资公司。

该案中，A公司为有限责任公司，案涉股权转让发生前A公司仅有两个股东，当甲拟将股权转让给丙、丁时向乙寄送了《关于股权转让的通知函》，乙在回复时认为转让价格不实，但未提出明确购买的意向，当甲根据《公司法》第七十一条的规定，再次询问乙是否行使优先购买权时，超过30日乙仍未主张购买，在此情形下，甲向股东以外的他人丙、丁转让A公司股权的行为，符合法律规定。丙和丁曾经与甲、乙协商过收购A公司全部股权的事宜，但是，各方当事人最终并未达成协议，协商谈判阶段也没有明确的股权收购价格。乙提出的150万元价格，是指公司无形资产（指营业执照和资质），并非A公司的全部股权价格。A公司注册资金1000万元，股权价值虽然与注册资本金不完全对应，但注册资本金对判断股权价格也有一定的参考价值，乙主张甲与丙、丁的股权转让价格虚高，甲与丙、丁之间的股权转让为恶意串通，应提出合理怀疑的证据支持其观点，否则，其主张很难成立。

41. 有限责任公司股东起诉主张行使优先购买权时，应当证明哪些主要案件事实

当发生了有限责任公司股东对外转让股权的法律事实，公司其他股东向人民法院提起诉讼主张行使优先购买权时，涉及待证的案件事实很多，且个案差异很大，没有统一的需要证明的案件事实范围标准。但是，该类案件的诉讼主张是依法行使优先购买权，围绕该诉讼请求需要证明的主要案件事实是可以统计的，主要包括以下几个内容：第一，原告是否享有优先购买权；第二，原告是否有放弃行使优先购买权的情形；第三，原告请求的优先购买权是否仍然具备实现的条件。

第一，原告是否享有优先购买权。

关于证明是否享有优先购买权的问题，原告起诉时需要证明其具有案涉有限责任公司股东身份，其股东身份具有优先购买权，优先购买权未被取消，其行使优先购买权符合公司章程规定等。

在诉讼中发生股东身份的争议，无疑系釜底抽薪，由于该权利是专属于有限责任公司股东的，没有股东身份，原告资格受到质疑，立案将成问题，即便立案后进入审理程序，也会因原告资格问题被驳回起诉。

如果原告股东在有限责任公司中享有的股权是不具有优先购买权的，其关于行使优先购买权的请求也难以得到支持。例如，优先股，因未足额缴纳出资被限制优先购买权等。

公司章程对股权转让有特殊规定的，原告起诉要符合公司章程规定内容，如果不符合公司章程规定行使优先权条件的，其诉讼请求仍然不能得到支持。例如，公司章程规定公司股权对外转让时可以不履行征询公司其他股东的同意程序及优先购买程序等，股东可以随意安排其股权的对外转让等。

第二，原告是否有放弃优先购买权的情形。

这类纠纷原告主张优先购买权受到了侵害，主要有两种情形：一种是主张未收到股权对外转让的通知，不知道股权对外转让的事实；另一种是主张知道了股权转让的事实，并积极主张行使优先购买权，但其权利未得到保障。

要落实原告是否行使了优先购买权的情形，首先，要查明转让股东是否履行了告知义务，向主张行使优先购买权的股东明确告知其转让的基本条件等。其次，要查明请求行使优先购买权的股东是否知道或者应当知道股权转让的事实，知道或者应当知道的具体时间。

《公司法》第七十一条规定："股东向股东以外的人转让股权，应当经其他股东过半数同意。股东应就其股权转让事项书面通知其他股东征求同意，其他股东自接到书面通知之日起满三十日未答复的，视为同意转让。其他股东半数以上不同意转让的，不同意的股东应当购买该转让的股权；不购买的，视为同意转让。经股东同意转让的股权，在同等条件下，其他股东有优先购买权。"

按照该条规范操作，转让股东征询意见后，公司其他股东应在 30 日内答复,转让股权事项进入运行轨道,提出不同意转让意见的股东,应当积极准备与公司其他股东协商安排购买,或者直接向转让股东提出购买意见,请求与转让股东签订购买合同或者请求按转让股东的对外转让合同行使优先购买权。这个事件的发生是连续的,时间也很紧凑,不出意外的话,公司其他股东在接到转让股东的通知后,在30日内应当回复。优先购买权涉及股东的自身利益和权利,不容易被遗忘或者规避,当发生公司股东对外转让股权事件时,所有股东都应当给予关注,尤其是准备购买股权的股东应当明确向转让股东表达请求购买的意愿,以保障其权利的实现。

有限责任公司是封闭型公司,且股东人数相对比较少,关系比较紧密,多数情况下股东还亲自参加公司的经营管理。因此,公司发生股东变更的事实,很容易被公司内部人所了解。除转让股东的直接通知外,公司其他股东还可以有很多途径知道股权转让的事实。

通过转让股东是否通知原告股东的事实或原告股东是否有其他途径可能知道股权转让的事实,可以落实原告股东对行使优先购买权的态度,是否存在放弃权利的行为。根据个案情况,对可以认定股东知道或者应当知道转让股权事实及知情时间的,有助于对股东购买该股权的态度作出判断。

股东应当在合理的期限内主张购买。公司发生股权对外转让时,《公司法》规定公司其他股东享有优先购买权,除公司章程有特殊规定外,转让股东应当采取恰当的方式通知公司其他股东行使优先购买权。如果公司其他股东放弃优先购买权的,转让股东对外转让的交易稳定性依法应当受到保护。

放弃权利是消极行为,是非积极行为,而主张购买为主动的积极行为,故在发生纠纷时,主张行使优先购买权的原告应当证明其有积极主张购买的行为。股东知道或者应当知道股权转让的事实后,对购买股权的态度,是积极主张,还是不予购买或者消极观望,可以从股东向转让股东主张购买的时间和次数等行为上作出判断。如果股东知道股权转让的事实后,很快就向转让股东声明购买,或者多次主张购买,或者有履行行为,采取将股权转让款划到公司账户提存等方式积极表示购买的,应当认定为转让股东积极主张购买,未放弃优先购买权。如果股东知道股权转让的事实后,采取观望的态度,对是否购买股权态度暧昧，表明购买后又躲避与转让股东协商或者拖延签订股权转让合同等，关于是否购买的意思表示或者行为经常发生变动，对是否购买股权犹豫不决。对这种表意不明确，待价而沽，见股权升值或者有利可图后即主张行使权利，应当认定其对购买股权态度比较消极，结合案件中的其他事实，可以推定其放弃了购买权利。

《公司法》第七十一条虽然规定了股东对外转让股权的通知义务，但对不履行该通知义务应当承担何种法律后果并未作出明确规定，尤其是在涉及转让股东已经与股东以外的他人交易，涉及他人利益的情形下，是否能保护公司其他股东丧失的购买股权机会，没有进一步的规定。对该问题的解决，需要综合案件事实情节作出合理判断，未履行通知义务或者未适当履行通知义务，不能当然解除转让股东已经进行的交易，不能当然恢复到交易前的状态，股东的通知义务和优先购买权不是相互对应的权利义务关系。

第三，原告请求的优先购买权仍然具备实现的条件。

案涉转让标的股权是否发生重大变化，是否仍然可以恢复到股权转让时的状况，也是原告主张的优先购买权能够实现的关键因素。未履行征求同意程序和保障股东行使优先购买权即转让了股权，转让股东违反了《公司法》的规定，一旦发生公司其他股东主张购买，案涉股权状态是需要查明的基本案件事实。如果股权已经发生了显著的变化，不能恢复到转让时初始状态的，不宜再支持关于行使优先购买权的请求。

因转让股东未向主张购买股权的股东履行征求意见程序或者通知公司其他股东行使优先购买权的程序，公司其他股东请求购买该股权而发生争议的，受让股权合同履行的状况略有不同，有的是股权转让尚未办理过户手续有的是过户手续已经办理完毕，有的是虽未办理过户手续但受让方已经以股东身份参与了公司的经营管理等。对各类复杂的案件情况，是否应当支持当事人的主张，应当慎重。

受让股权的股东已经获得股权登记，实际享有了公司的股权，与公司其他股东也有合作，甚至是对公司的经营管理及投资等有重大贡献，其退出还是保留公司股东地位不仅涉及其自身权利，还涉及公司其他股东利益及公司利益，涉及公司关系的稳定。因此，在股权变动经过了一段时间后，公司其他股东主张行使优先购买权的，不宜再支持其主张。

有限责任公司为封闭型公司，公司注册资本金跨度很大，最低可以是一元公司，最高是上不封顶的，股东人数可以是一人、二人，最多可以是五十人。各类公司的业务种类、经济发展状态也不相同。由于公司大小不同，股东情况各异，如果采取统一时间标准来固定股东权利，其结果不一定能够鼓励诚信，促使民事主体正当行使权利。对于发展活跃的公司，一年时间太长，一年之内有很多变数，股权价值变动很大，经济价值无法确定，以至于无法恢复到原来的价值状态。对于一些人数比较多的公司，有些股东不直接参加公司的经营管理，公司被少数人控制经营，常年不召开股东会，股东对公司股权变化知情的途径有限，一年期限可能又太短了。所以，《公司法》对此未作出明确规定。根据审判实践中发生的该类案件的情况，最高人民法院在充分调研的基础上，在《公司法若干问题的规定（四）》第二十一条第一款中规定："有限责任公司的股东向股东以外的人转让股权，未就其股权转让事项征求其他股东意见，或者以欺诈、恶意串通等手段，损害其他股东优先购买权，其他股东主张按照同等条件购买该转让股权的，人民法院应当予以支持，但其他股东自知道或者应当知道行使优先购买权的同等条件之日起三十日内没有主张，或者自股权变更登记之日起超过一年的除外。"该规定涉及未通知股权转让事项时的两个时间，一个是其他股东知道的，应当在30日内行使权利，另一个是股权变更登记不超过一年时，其他股东可以行使权利，变更登记超过一年的时间，不得再行使优先购买权。

[结论] 有限责任公司股东起诉主张行使优先购买权时，应当围绕其是否享有优先购买权，是否有放弃行使优先购买权的情形，其请求的优先购买权是否仍然具备实现的条件等，这些基本案件事实提供证据予以证明。

【案例评析】

有限责任公司股东对外转让股权，公司其他股东过半数不同意的，不同意的股东购买该转让的股权时，是否可以与转让股东重新协商确定转让条件

原告：乙

被告：甲、丁

诉讼请求：请求甲继续履行股权转让协议，赔付违约金70万元。

图示：

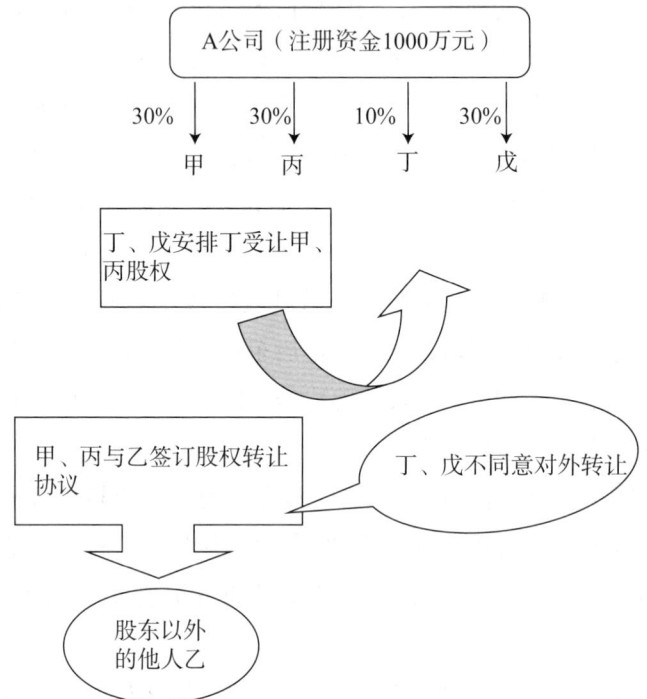

A公司系有限责任公司，注册资金1000万元。其中，股东甲认缴出资300万元，丙认缴出资300万元，丁认缴出资100万元，戊认缴出资300万元。

2012年12月17日，甲和乙签订《股权转让合同》一份，约定：甲将所持有的A公司30%的股权转让给乙，在工商行政管理机关完成甲向乙的股权过户变更登记时，乙一次性向甲支付350万元。除A公司其他股东依法行使优先购买权外，如果甲将股权转让给除A公司股东以外的其他人时，甲构成违约，甲

应给付乙股权转让款20%价款的违约金。乙若延迟付款，赔偿甲股权转让款的20%违约金。协议签订时，A公司股东丙及律师在场见证。同日，丙与乙也签订了一份与上述内容类似的协议，丙将其在A公司的股权转让给乙。乙与甲、丙的协议签订后，该协议内容一直未得到履行。

2012年12月18日，A公司向其股东丁和戊发出两份律师函，载明：甲通过其委托的律师事务所发函告知，现有A公司以外的人希望以1800万元的总价格购买甲和丙所持有的A公司的全部股权；希望丁和戊收到此函后，书面答复甲和丙是否同意对外转让股权，如三十日内未书面答复，则视为同意；如主张购买，则于收到此函后的三十日内分别支付甲和丙各900万元，用以购买甲和丙各持有的30%的股权；如既不同意对外转让又不购买相应股权，则视为同意转让。上述两份律师函中，分别加盖律师事务所印章。

丁和戊收到A公司通知后向A公司发函称，不同意甲将股权对外转让。经甲、丙、丁协商，2013年1月8日，甲与丁、担保方A公司签订《股权转让协议》一份，约定：(1) 甲系A公司股东之一，持有A公司30%的股权，现甲同意将其所持有的30%的股权一次性转让给丁或丁指定的第三人，同时丁向甲支付对价现金人民币叁佰万元整。(2) 付款方式：2013年付款壹佰万元，即本协议签订时，丁一次性向甲方支付人民币伍拾万元整（收到此款后至工商局办理股权变更手续），2013年6月30日前支付人民币伍拾万元整……(3) 特别约定：若甲有混凝土业务提供给丁，混凝土价格按市场价计算，股权转让价则按人民币360万元计算（具体解释为如甲向丁提供价格12万元的混凝土业务，则抵冲10万元的股权款，依次类推）。上述约定除甲主动提出外，丁不得强行用混凝土抵冲股权转让款，丁更不得以此为由拒绝履行付款义务及免除自身的违约责任。(4) 因本协议项下的股权转让事宜，导致甲方对乙构成违约的，由丁方负责协调处理，若丁未能负责协调好前述事宜，导致甲方需向乙支付违约金及赔偿损失责任的，全部由丁承担，与甲无关。甲在决定违约和赔偿事宜时需征得丁同意。

协议签订后，丁分别于2013年1月29日、2013年7月15日向甲支付股权转让款50万元和10万元。

2013年2月1日，A公司的股东由甲、丙、丁、戊变更为丁和戊，其分别认缴出资700万元和300万元。

2013年3月7日，乙诉至人民法院，请求判令甲继续履行股权转让协议，赔付违约金70万元。其主要理由是：乙与甲签订的《股权转让合同》约定，甲持有的A公司30%股权转让给乙，转让价款350万元。协议签订后，甲通知了其他股东行使优先购买权，但是，甲与丁签订的《股权转让协议》约定的转让条件、履行方式等均应不低于甲与乙签订的《股权转让合同》，丁行使的不是同等条件下的优先购买权，双方降低股权转让的标准，甲与丁之间的《股权转让协议》属于重新签订的合同，且约定股权转让条件低于甲与乙之间的约定，甲与丁侵犯了乙依法享有的合同利益。甲与丁之间签订合同，属于双方恶意串通损害乙的合同利益，该协议应当认定无效。甲在与乙签订了《股权转让合同》后，又违法将股权转让给丁，构成恶意违约，甲的原因导致甲与乙之间的《股权转让合同》未能履行，甲应当向乙承担违约责任。

甲的主要抗辩理由是：根据《公司法》的规定，公司股东有一个月的购买权时间，甲与乙签订合同后给了甲一个月的时间与其他股东联系，看其他股东是否行使购买权。乙对此是明知的，故在其间签订的《股权转让合同》约定办理股权变更手续后再支付股权转让款的内容。甲与丁之间签订的《股权转让协议》，符合股东购买的原则，甲的行为不属于违约。

丁的主要抗辩理由是：《公司法》第七十一条第二款规定："股东向股东以外的人转让股权，应当经其他股东过半数同意。股东应就其股权转让事项书面通知其他股东征求同意，其他股东自接到书面通知之日起满三十日未答复的，视为同意转让。其他股东半数以上不同意转让的，不同意的股东应当购买该转让的股权；不购买的，视为同意转让。"A公司有四个股东，甲、丙、丁、戊，甲和丙同时将股权向公司以外的乙转让，A公司剩余股东丁和戊均不同意对外转让。为此，甲、丙与丁协商并由丁购买了甲拟转让的股权。丁购买甲和丙的股权并非系行使优先购买权，而是基于公司其他股东多数不同意对外转让股权时，不同意转让的股东与转让股东之间关于股权购买的协商。丁的购买权是受到法律保护的，如果丁和戊联合主张甲不得对外转让并主张购买拟转让股权的，甲不得将股权转让给股东以外的他人。丁和甲之间的《股权转让协议》不侵犯第三人利益，依法应当为有效合同。

该案中，发生甲拟转让股权时 A 公司有四个股东：甲、丙、丁、戊。股东甲拟向股东以外的他人乙转让股权时，股东丙也准备将其股权转让给乙，此时 A 公司剩余股东为丁和戊。A 公司向股东丁和戊发出股东甲和丙转让股权的通知时，股东丁和戊均明确表示不同意对外转让，并且安排丁购买对外转让的股权，为此，甲与丁签订了《股权转让协议》。上述事实表明，股东丁购买甲的股权发生在 A 公司其他股东半数以上不同意甲对外转让股权的环节，该情形应当适用《公司法》第七十一条第二款的规定。《公司法》该条款未规定股权转让的条件，转让股东与受让股东可以采取协商的方式安排受让股权，重新签订股权转让合同，包括受让股权的价格和条件等，可以低于股东对外转让的条件，也可以高于股东对外转让的条件。因 A 公司其他股东均不同意甲向股东以外的他人转让股权，该情形与《公司法》第七十一条第三款规定的适用条件不符，即不存在 A 公司其他股东超过半数同意对外转让股权的情形。乙关于丁受让甲的股权条件低于其与甲签订的股权转让合同，故甲和丁之间的股权转让侵犯其合同利益的主张，是建立在公司其他股东超过半数以上同意对外转让股权事实的基础上的，在公司其他股东超过半数同意对外转让时，公司股东可以将股权转让给股东以外的他人，此时公司其他股东仍然有优先购买的权利。显然，该案发生的事实并非如此，未发生 A 公司其他股东超过半数同意对外转让的情形，不具备《公司法》第七十一条第三款规定的适用条件，故乙主张甲和丁侵犯其合同权益的观点不成立。

42. 有限责任公司股权对外转让的法律事实发生以后，如何保护行使优先购买权的股东、股权受让方、股权转让方的权益，需权衡考量哪些关键因素

在实务中，有限责任公司股权对外转让以后，公司其他股东主张行使优先购买权时，涉及的利益层面变得复杂，既涉及转让股东与主张购买股东的利益，又涉及已经获得受让股权的股东利益，同时还可能涉及公司股权比例结构的变动，影响公司的实际控制权力，从而引起公司其他股东的关注或者参与。对保护行使优先购买权的公司其他股东、股权受让方、股权转让方的权益，哪些因素起关键作用，应当根据具体案情具体分析，对涉及的三方民事主体利益应当予以权衡考量。

第一，保障受让人获得股权的重要因素。

受让股东为善意时，并且股权价值已经明显发生变动的，可以考虑优先保障受让股东的利益。例如，受让股东对转让股东未履行征求意见程序及优先购买程序的情况毫不知情，受让人已经支付了股权转让款并办理了股权过户手续，实际参与了公司的经营管理，对公司有追加投资等。这些因素都可能引起股权价值的重大变化，对股权受让方的利益发生重大影响，应当考虑保障受让人获得股权，驳回公司其他股东的优先购买请求。

受让股权经过一定时间，也是可以考虑保障受让人利益的重要因素。

按照《公司法》的规定，股东向公司其他股东征求意见获得反馈的时间为三十日，三十日未答复的视为同意转让。《公司法若干问题的规定（四）》第十九条规定："有限责任公司的股东主张优先购买转让股权的，应当在收到通知后，在公司章程规定的行使期间内提出购买请求。公司章程没有规定行使期间或者规定不明确的，以通知确定的期间为准，通知确定的期间短于三十日或

者未明确行使期间的，行使期间为三十日。"

根据上述规定并结合案件情况，如果能够认定主张购买的股东已经知道股权转让的事实，且超过三十天未主张购买的，也可以考虑保护受让股东的利益。如果公司其他股东在三十日内主张购买，转让股东方不同意的，主张购买的股东应当及时行使诉权，向人民法院提起诉讼。如果其未及时行使诉权且没有正当理由的，主张购买拖延的时间过长，不宜再支持其请求。股权的价值与公司的资产及经营状况、行业变化情况等都有关系，如果股东对股权转让知情，但购买不积极，采取观望态度，视股权价值升降而定，股权升值即考虑主张购买，股权贬值即不予购买，对这种有明显投机心理倾向及实际上发生了股权价值波动客观事实的，应当不宜再支持其关于行使优先购买权的主张。

如果不能证明主张购买股权的股东对股权转让知情，对于股权过户或者受让人以股东身份参与公司经营管理已经超过一定期限的（例如，股权变更登记已经超过一年期限），公司其他股东再主张购买的，一般也不宜考虑支持其请求。这里主要考虑有限责任公司的人合性，如果受让股东已经过户或者参与公司经营管理一年，结合案情，可以考虑是否能推定股东对此应知情。如果股东对公司的事物漠不关心、不关注，受让股东进入公司超过一定期限的，其在公司的经济利益、公司为此形成的新的管理秩序，是有保护及维护必要的。既然公司股东不关注公司事务，受让股权的股东加入公司后与公司其他股东的合作关系已经很稳定，且受让股权的股东对公司有投资或者管理付出的，为保护公司多数股东利益和公司经营的稳定状态，不宜再支持主张行使优先购买权股东的诉讼请求。

最高人民法院颁布的《公司法若干问题的规定（四）》第二十一条规定："有限责任公司的股东向股东以外的人转让股权，未就其股权转让事项征求其他股东意见，或者以欺诈、恶意串通等手段，损害其他股东优先购买权，其他股东主张按照同等条件购买该转让股权的，人民法院应当予以支持，但其他股东自知道或者应当知道行使优先购买权的同等条件之日起三十日内没有主张，或者自股权变更登记之日起超过一年的除外。"该规定涉及未通知和未适当通知的问题，无论如何，如果公司其他股东未及时行使购买权的，有可能在购买股权的利益上承担相应的后果。

第二，保护主张购买股权的公司其他股东利益的重要因素。

如果受让股权的公司以外他人明知公司其他股东可能购买股份，其与转让股东串通恶意收购股权，故意规避法律的，应当保障公司其他股东利益。例如，明知公司其他股东不可能准许其进入公司，故意与转让股东隐瞒股权转让事实，采取虚报价格、阴阳合同等手段排挤公司其他股东购买的可能性，采取隐名收购、委托收购等不诚信手段的，应当考虑保障公司其他股东购买股权的利益。对于转让股东未履行通知义务，公司其他股东对股权转让不知情，股权转让尚未办理过户，转让时间不长的情况等，也可以考虑保障公司其他股东的优先购买权。

对于保障公司其他股东行使优先购买权的案件，应当针对股权价值算好经济账，对于受让人有投资或者其他投入而引起股权升值的部分，应当对受让股东予以合理的补偿。

第三，保护转让股东利益的重要因素。

转让股东是否还可以收回已经转让的股权。实务中，对于已经转让的股权，转让股东往往有两种态度：一种是不再主张返还已经转让出去的股权；另一种是其转让股权时有意安排受让方并排除公司其他股东的购买。对后一种情况，如果转让股东达不到向特定对象转让股权目的时，其往往主张放弃转让。对于这种情况是否应当获得支持，实务中有不同的看法。一种是不准许其放弃转让，另一种是可以放弃转让。这两种观点太绝对，应当结合具体情况区别对待。对于转让股东来说，《公司法》明确规定转让股权时应当履行通知义务，征求公司其他股东同意及询问其他股东是否行使优先购买权，如果其未履行上述义务，其主观上是有过错的，应当对此承担一定的法律后果。如果股权转让合同已经履行完毕，已经收到股权转让款，股权已经过户给受让方，一般不再考虑其保留股权的主张。如果股权转让合同尚未履行完毕的，在不能转让给股东以外的他人时，其主张放弃转让的，可以考虑支持其主张，保障其所有权及交易的自由。

最高人民法院颁布的《公司法若干问题的规定（四）》第二十条规定：

"有限责任公司的转让股东,在其他股东主张优先购买后又不同意转让股权的,对其他股东优先购买的主张,人民法院不予支持,但公司章程另有规定或者全体股东另有约定的除外。其他股东主张转让股东赔偿其损失合理的,人民法院应当予以支持。"该规定明确了可以放弃股权转让的节点,在未发生对外转让的情况下,可以放弃转让。明确征求意见并非签订合同的要约,不适用《合同法》关于要约的制度。但是,如果由于转让股东启动该程序给准备购买的股东造成损失的,应当给予合理的赔偿。例如,转让股东在询问公司其他股东是否购买时,已经明确了合同的主要条款,公司其他股东明确主张购买并已经按要求筹款并明确告知转让股东的,转让股东放弃转让有不合理的拖延情节,拟购买股权的公司其他股东有筹款利息损失的,转让股东应当给予合理的赔偿。

公司其他股东主张购买股权的,应当保障转让股东已经得到的利益,交易价格和条件不得低于已经获得的价格和条件。未履行通知程序,转让股东属于未照顾到共同权利人的利益,未能保证公司其他股东优先权的行使。但是,该过错不足以使其应当得到的经济利益受到减损,或者对其进行惩罚等。从《公司法》的角度看,在转让股东和公司其他股东之间,转让股东不宜因此承受经济上的不利后果。

[结论]有限责任公司股权对外转让以后,涉及的利益层面变得复杂,既涉及转让股东与主张购买股东的利益,又涉及已经获得受让股权的股东利益,同时还可能涉及公司股权比例结构的变动,影响公司的实际控制权力,从而引起公司其他股东的关注或者参与。如果因此法律事实发生纠纷,应综合考虑各个因素,公平保护各民事主体的民事权益及其他利益。

【案例评析】

有限责任公司股东向股东以外的他人转让股权时未依法履行通知义务，股权受让方、目标公司是否可以据此主张撤销股权转让协议或者请求认定股权转让协议无效

原告：乙

被告：丁、A 公司

诉讼请求：请求丁支付股权转让款，A 公司配合办理股权过户手续。

图示：

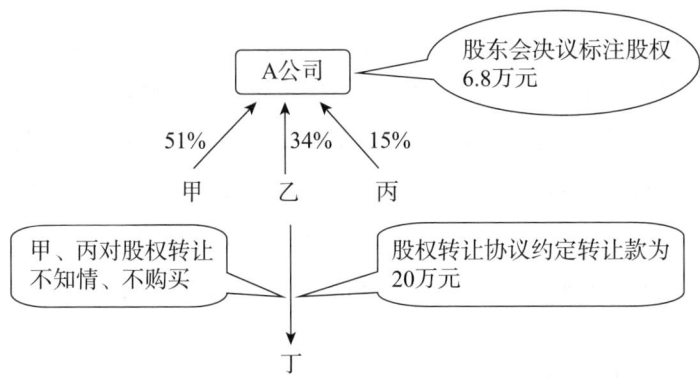

A 公司设立于 2008 年 7 月 24 日，注册资本为 20 万元，原始股东为陆某、高某。2012 年 5 月经股权转让后，A 公司股东变更为：甲以货币出资 10.2 万元，持股比例为 51%；乙以货币出资 6.8 万元，持股比例为 34%；丙以货币出资 3 万元，持股比例为 15%。

2013 年 1 月 24 日，乙与丁签订《股权转让协议书》约定，乙将其名下 34% 的股份以 20 万的价款转让给丁；乙应于本协议生效之后第一次付款之前将股权在工商行政管理机关变更登记给丁。丁支付转让款；转让款的支付方式为 2013 年 3 月 31 日、6 月 30 日、9 月 30 日，转让总金额为 20 万元整。由于乙欠丁广告费 53 500 元，丁实付金额为 146 500 元；乙从签订合同之日起将不再享有 A 公司的任何股东权益。此外，该合同尾部见证人处，有 A 公司股东丙签字。

2013年3月30日，A公司召开股东代表会议并形成股东会决议，该决议载明：在A公司全体股东及其代表的参加下召开了本次股东会，会议一致同意股东乙将其持有股份转让给丁所有；此外，在股东会决议中乙"持有股份"与"转让给丁"的两短语中间，添加了"陆万捌仟元整"的字样。股东会决议有甲、丙的签字，并加盖A公司的公章。当日还形成章程修正案一份，载明上述变更内容。

2013年4月10日，乙与丁签订《股权转让补充协议》约定：乙将其持有的A公司34%的股权作价变更为6.8万元转让给丁；除原协议转让款外，丁必须另外支付13.2万元款项，原协议加其补充协议共计20万元整。合同第三条约定，丁分期将转让费支付给乙，分期期限为2013年3月31日、6月30日、9月30日；转让总金额为20万元整，由于乙欠丁广告费53 500元整，丁实际付款金额为146 500元整。

2014年3月10日，甲出具一份情况说明载明：甲对A公司股权转让一事并不知晓，股东会决议与公司章程修订文件并不是本人亲笔签署。在诉讼中，法院询问A公司股东甲和股东丙，是否主张购买乙对丁转让的股权，甲和丙明确不予购买。

乙为追索股权转让款诉至法院，请求判令丁立即给付乙股权转让款146 500元及利息；A公司依法协助乙、丁办理在工商行政管理机关的股权变更登记手续。

丁的主要抗辩理由为：A公司股东会决议中明确股权转让款为"陆万捌仟元整"，双方签订的股权转让协议书中确定的价款也为6.8万元。乙在与丁签订《股权转让协议书》时，并未取得A公司其他股东的同意。作为合同相对方的丁存在受欺诈情形，其认为股权转让协议书应当予以撤销。

A公司在诉讼中的主要观点为：乙与丁双方对于股份转让的价格应确定为6.8万元，因乙没有取得其他股东的书面同意，股权转让协议因违反《公司法》第七十一条关于股权转让程序的规定而无效。

该案中，A公司在乙对外转让股权时有三个股东：甲、乙、丙。在诉讼中，虽然甲主张股东会决议中的签名不是其本人签署，丙主张对股权转让不知情,但是,甲和丙对乙向股东以外的他人丁转让的股权均不主张购买,故不论甲是否正当履行了《公司法》第七十一条规定的通知义务,甲对股东以外的他人转让股权的交易不受影响。《公司法》第七十一条第二款和第三款规定公司股东对股东以外他人转让股权时,应当履行征询其他股东是否同意对外转让、是否购买及是否行使优先权等程序,其根本目的是保障公司的人合性,保障公司股东共有权人的利益,保障公司其他股东的合法权益。根据《公司法》第七十一条第二款和第三款的规定,不同意对外转让股权的股东,应当购买拟转让的股权,不购买的,视为同意对外转让。该条规定的安排,既保障了转让股东实现股权转让的目的,同时又保护了公司的人合性,保障了公司其他股东的利益。由于该规定是维护公司股东利益的,故违反该规定的后果,直接影响本公司股东利益,对股东以外他人利益不发生影响。股东以外他人与公司股东签订的股权转让合同,应当适用合同的相关规定予以调整,合同的效力,与该合同当事人的合同行为有关,与该合同当事人在其他场合的行为无关。丁及A公司以乙在股权转让时未正当向A公司其他股东履行通知义务为由,主张丁与其签订的股权转让合同无效,或者主张撤销该合同,没有法律依据,该观点很难获得支持。丁还主张股东会决议变更了合同价款,因股东会决议系由A公司股东参加并形成的决议,丁并非该决议的参与人,不能证明在股东会决议中丁与乙就股权价款重新达成了协议,变更了原来约定的价款。丁与乙在《股权转让协议书》及后来的补充协议中对股权转让价款均约定为20万元,故丁关于股权转让款为6.8万元的主张也很难成立。

43. 如何看待《公司法》第七十一条第三款规定的同等条件

《公司法》第七十一条第三款规定，经股东同意转让股权的，在同等条件下，其他股东有优先购买权。对于何为同等条件，有不同观点：一种主张绝对同等，另一种主张相对同等。

主张绝对同等的观点认为：主张行使优先购买权的股东必须接受股权转让合同的全部条款，包括数量、价格、支付方式、违约责任等。主张相对同等的观点认为：价格是主要因素，应当完全相同，其他内容，例如支付方式、履行期限等可以作为辅助条件，只要差异在合理的范围内，应当允许调整。当然，还有人提出在购买的数量上也可以调整。但这种可以调整购买数量的观点，一般不被认可。最高人民法院颁布的《公司法若干问题的规定（四）》第十八条规定："人民法院在判断是否符合公司法第七十一条第三款及本规定所称的'同等条件'时，应当考虑转让股权的数量、价格、支付方式及期限等因素。"该条规定涉及的内容，一般认为包括了股权转让合同的主要内容。

对《公司法》的该条规定，解读为绝对同等比较准确。《公司法》第七十二条对股东向公司以外的人转让股权时安排了两个程序，其中第二款为征求同意程序，第三款为优先购买程序。在征求同意程序中半数以上股东不同意股东向公司以外的人转让股权并主张购买时，双方有对等协商股权转让具体内容的机会。在征求同意程序中更侧重保护的是多数股东的利益。优先购买程序是在半数股东同意对外转让的情况下发生的，多数股东利益的权利已经在征求同意程序中放弃了，优先购买程序中更侧重的是保护转让股东利益，对转让股东在向公司以外的人转让时可以获得的利益，均应当在公司其他股东行使优先购买权的情况下，可以获得保障。这是《公司法》的立法原意。既然半数以上的股东均同意了对外转让，公司多数股东已经同意接纳新人进入公司，已经满足了公司人合性的要求，考虑了股东多数人的利益和公司的利益。不同意对外转让的是少数股东，在多数股东同意对外转让时才发生优先购买程序，在这个程序中股东行使的权利是个人权利，股权转让条件是否改变，关系到转让股东个人与主张购买股东的利益，两个股东个人的不同利益需要同等的保护。因此，转让股东在保障公司其他股东行使优先购买权的同时，可以坚持自己的转让条件，如果公司其他股东放弃购买的，转让股东可以将股权转让给股东以外的他人。

实务中，股东对外转让股权的交易对象和交易条件是符合转让股东经济利益或者其他利益的。例如，转让股东选择的交易对象是其亲属、好朋友、关联公司等，这些因素是股东个人情感或者经济利益的合理需求。再如，支付对价不仅限于金钱，有可能是其他公司股权、专利技术、房地产、古董等有一定价值的实物财产，甚至是抵销股东个人债务等。股东选择这种交易对价，是股东的个人爱好和需求，可能是公司其他股东无法提供的。类似这种股权转让条件，公司其他股东可能无法满足，由于不能提供转让股东需要的财产、财产权益或者其他利益，公司其他股东没有机会行使优先购买权。

对于同等条件的理解，如果是可以调整的，对转让股东和公司以外的受让人不公平。在该阶段转让股东与股东以外的他人已经达成了转让合同的全部条款，甚至是签订的合同已经成立并生效。很明显，此时的调整，是根据主张行使优先购买权的公司其他股东意志所作的调整，有可能对转让股东是不方便或者不利的，允许调整削弱了转让股东即将得到的经济利益，对转让股东是不公平的。对于公司以外的受让人来说，《公司法》的规定是其合理的预期，在同等条件下存在被他人优先购买的可能，如果公司其他股东降低了购买条件，又达到了抢先购买的目的，没有法律依据，使买受人承受更多的不可预测情形，失去了交易秩序中的公平，不利于交易市场的资本流动。《公司法》规定的公司其他股东享有的是在同等条件下的优先购买权，而不是其他特权，股东以外的他人拟受让股权时，其合理的利益应当依法得到保障。

[结论]《公司法》第七十一规定的其他股东行使优先购买权的同等条件，

一般是指转让股东与受让人签订的股权转让合同的全部内容。

【案例评析】

有限责任公司其他股东不同意股东对外转让股权或者主张行使优先购买权的，对股东与股东以外的他人签订的股权转让合同效力是否发生影响

原告：丙

被告：甲、乙

诉讼请求：请求确认《股权转让协议无效》、撤销相应的股权登记、丙对乙转让的股权行使优先购买权。

图示：

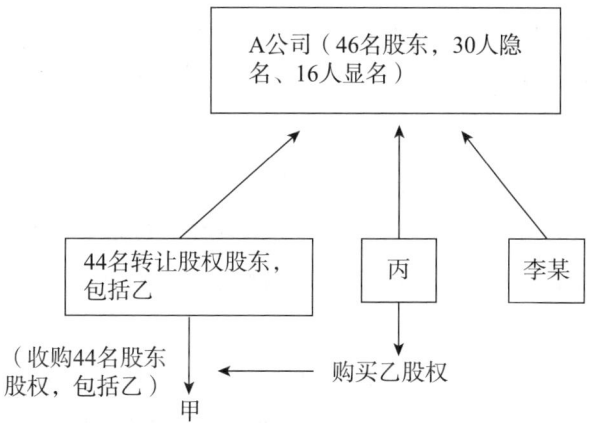

A公司系2004年经国有企业改制设立的有限责任公司，注册资本3000万元，股东共计46人，其中，显名股东16人，隐名股东30人，隐名股东股份由赵某、薛某代持。乙系A公司隐名股东之一，持有A公司0.3566%股权，登记在赵某名下。

2013年3月18日，甲与A公司部分股东经过多次协商达成初步协议，确认甲收购A公司股份，全部股权作价1.2亿元，即每1%的持股比例作价人民币120万元；同日，甲向A公司支付800万元作为股权收购的保证金。

2013年4月2日，A公司拟转让股权的44名股东共同签署的《A公司股东对外转让股权征询意见函》载明：我们系A公司股东，现一致对外转让所持有的 A 公司股权，故特根据法律规定向其他股东征询意见。（1）股权转让的条件：①股权的受让方为甲；②股权转让的价款为 A 公司 100% 的股权作价人民币 1.2 亿元，即每 1% 的持股比例作价人民币 120 万元；③股权转让价款的付款方式为股权转让全部交易价款于正式签订股权转让协议签订之日，由股权收购方支付至 A 公司银行账户。（2）根据法律规定，向 A 公司其他股东征询意见，我们 44 名股东均同意将所持有的 A 公司股权转让给甲，并明确放弃自己的优先购买权。（3）您是否同意所列 44 名股东对甲转让所持有的 A 公司股权，如不同意对甲转让股权，在第一项股权转让条件约定的同等条件下，您享有优先购买权。（4）特别提示事项，请于本函送达之日起三十日内向 A 公司人力资源部回函，说明是否行使优先购买权。如果行使优先购买权，应当按照本函第一条所列价格和条件购买，在出让方和受让方签订正式股权转让协议之日前，受让方需向 A 公司银行账户支付上述全部股权转让款 1.2 亿元，否则，视为放弃优先购买权。

A 公司向各股东送达上述征询意见函。

2013 年 4 月 3 日，A 公司向丙送达了上述征询意见函，丙于当日立即向 A 公司回函，确认不同意该函开头所列 44 名股东对外转让所持有的 A 公司股权，要求行使优先购买权。

2013 年 5 月 10 日，A 公司向丙发出《关于行使优先购买权的通知》，该通知载明：丙于 2013 年 4 月 3 日向 A 公司回函，表示不同意 A 公司 44 名股东对外转让股权，要求行使优先购买权，收到你回函后，股权交易双方已经暂缓交易并等待你行使优先购买权。请你按 44 名股东发出的征询意见函上的股权转让条件，尽快完成股权转让，与各股东签订股权转让协议，将股权转让款付至 A 公司银行账户，或于签订合同当日开具与上述金额相同、收款人为 A 公司的银行本票。股权转让合同的签订时间确定在 2013 年 5 月 13 日上午 9 时开始，签订《股权转让协议》时，你应当携带上述汇款凭证或者本票，该款项即为本次股权转让的交易款，由 A 公司代收代付。特别提示，优先购买权应当在合理期限内行使，如 2013 年 5 月 13 日上午 9 时前你未能来 A 公司办理上述手续，将被视为放弃优先购买权。

2013年5月11日，丙向A公司发出《行使股东优先购买权声明书》，该声明书载明：A公司于2013年5月10向丙发出的《关于行使优先购买权的通知》，是否为拟转让股权的各位股东的真实意思表示，A公司未出示授权委托书，通知书上仅有公司盖章而没有各位拟转让股权股东的签名。即使通知书为各位股东的真实意思，各位股东关于2013年5月13日上午9时前持汇款证明并签订合同的要求不合理。股权转让应在签订正式的书面协议后开始履行，交易双方应先就协议内容达成一致意见后，再办理股权过户及支付股权转让款等手续。丙至今未见到各位股东与第三人签订的股权转让协议文本，无法明确了解股东拟与第三人交易的确切条件，无法决定如何行使优先购买权，请转让方股东将其与甲签订的《股权转让协议》文本送达给本人。

2013年5月13日，甲向A公司交付1.2亿元本票作为股权受让款。同日，甲与乙签订《股权转让协议》一份，约定：本协议转让的标的系指乙在A公司持有的0.3566%股权，转让的价款为A公司100%的股权作价人民币1.2亿元，即每1%的持股比例作价人民币120万元，按照乙所持有的股权比例换算，交易价为人民币427 920元；本次股权转让全部交易价款应当在双方签订本协议之日，由甲将全部款项付至A公司银行账户提存；在A公司完成股权变更登记次日，甲、乙双方应当签署银行《存单移交通知书》，乙即可提取全部股权转让款等。

2013年6月20日，A公司的股东变更事项在工商行政管理机关完成，变更后的股东为甲、丙、李某。同年8月5日，A公司召开股东会，甲和李某出席会议，并作出决议，选举新的董事、监事等。

丙以甲和乙侵犯其优先购买权为由提起诉讼，请求确认甲和乙签订的《股权转让协议》无效，撤销相关工商行政管理机关的登记，由丙对乙转让的A公司股权行使优先购买权。其主要理由为：第一，拟转让股权的股东乙未向丙告知过对外转让股权的事实，A公司向丙通知股权转让的情形，不符合《公司法》的规定。第二，A公司的通知函没有将丙转让股权的具体合同文本告知丙，其告知的是1.2亿元的全部股东的股权转让款，以此来阻碍丙向乙行使优先购买权，剥夺了丙受让乙股权的机会。第三，丙主张行使优先购买权，丙的合法权利未得到保护，甲和乙不顾丙关于行使优先购买权的主张，强行转让股权并办理股权变更登记，其间的《股权转让协议》侵犯第三人权利，符合《合同法》第五十二条规定的认定合同无效的条件，故甲和乙之间的《股权转让协议》应当无效。

甲和乙的主要抗辩理由为：乙向甲转让股权时告知了丙股权转让事项，由于除丙和李某以外的A公司其他股东均要转让股权，故由A公司统一向所有股东，包括丙及李某发函，告知其股权转让的价格及条件。转让股东与甲共同协商确定了股权转让价格和履行方式后没有变更过，在初步确定了转让的主要条件后即向丙发函告知了股权转让的全部内容，并询问其是否行使优先购买权，丙在约定的时间内并未能按约定的同等条件购买，故甲和乙之间的《股权转让协议》不侵犯丙的合法权益，为有效合同。

该案中，乙向股东以外的甲转让股权并非单独事件，甲收购A公司除丙和李某以外其他44名股东的股权，由A公司统一向各股东发出通知，征询各股东是否行使优先购买权的意见，比较方便，符合情理，且丙收到A公司通知后实际行使了权利，同样向A公司发函主张行使优先购买权，传递信息的路径相同，并且没有发生影响其行使权利的后果，故丙关于发送通知程序违法的观点，未影响到其关于行使优先购买股权的主张，对支持其诉讼请求没有实际意义。

《公司法》第七十一条赋予公司其他股东相关权利的目的，是要维系有限责任公司的人合性，避免未经其他股东多数人同意的人加入后破坏股东之间的信任与合作。《公司法》第七十一条第二款和第三款规定了其他股东的相关权利，第二款首先设定的是公司其他股东的同意程序，为保障非转让股权的留守公司股东利益，设置了非转让股权的其他股东的多数人权利，当多数股东同意股东以外的他人进入公司，表明多数人愿意接受他人并与其合作，维护并保持着公司的人合性。当多数股东不同意他人进入公司时，可以有效阻却其不愿意合作的股东进入公司，多数股东应当协商安排购买对外转让的股权。A公司44位股东同时主张对外转让股权，并声明放弃对拟转让股权的购买，且不参与对外转让的股东仅有李某和丙，李某并未主张不同意对外转让股权，乙也未联合李某主张购买对外转让的股权，这些事实表明，A公司股东对股东以外的他人转让股权，不同意转让的A公司其他股东未形成多数，乙要购买对外转让的股权，只能按照《公司法》第七十一条第三款的规定，行使在同等条件下的优先购买权。

A公司向丙发出的《A公司股东对外转让股权征询意见函》，载明了甲收购A公司众多股东股份的主要条件，包括股权转让价格和履行方式，即确定收购股东集体股权价格为1.2亿元，在正式签订股权转让合同之前一次性完成，由A公司代收。该内容是甲针对众多股东收购股份交易的前提条件，是股权转让协议的主要条款，并且甲与A公司转让股权时分别签订股权转让协议和履行股权转让协议时也执行了上述内容，没有变更。A公司股东集体对外转让股权并确定了捆绑转让的条件和价格，该条件构成了A公司股东对外转让股权的同等条件，丙要行使优先购买权，应当按上述条件购买，其主张拆分购买各股东股权，单独对乙转让的股权行使优先购买权等，不符A公司44位股东与甲约定的股权转让交易条件，不构成股权转让合同的同等条件，不符《公司法》第七十一条第三款关于在同等条件下行使优先购买权的规定。

甲和乙之间的《股权转让协议》系甲和乙之间的法律关系，其间合同的订立及合同内容符合《合同法》的规定，即应为有效合同，甲与乙之间合同关系的存在及效力与公司其他股东是否同意股权对外转让及是否行使优先购买权无涉。公司其他股东不同意对外转让股权而购买拟转让的股权，或者行使优先购买权而购买了拟转让的股权，可以有效地阻止对外股权转让合同的履行，公司其他股东无论在哪个环节行使权利，其权利均先于股东以外的他人权利，公司股东行使购买权利的后果是使股东以外的他人丧失了购买拟转让股权的机会，其签订的购买股权协议目的不能实现。

公司以外他人依据合同权利关系享有的权利，其履行购买顺序是排在公司股东以后的，这个合同关系的存在不能逆袭前一个权利的法律安排，故从司法结构上看，没有取缔后一个权利的必要性。

实际上，无论是《公司法》第七十一条第二款规定的不同意对外转让股权的阻却购买，还是第三款规定的股东优先购买，及转让股东与股东以外他人之间基于股权转让合同安排的购买,均是基于法律规定及合同约定的购买,均是发生在股权客体标的上的购买请求权,《公司法》针对股权客体为该购买权安排了顺序,同时也规定公司章程可以优先于法律作出特别规定。无论哪个顺序上的购买权,必须依法取得合法的权利根据。各个顺位上的购买权根据不同的法律关系生成,各法律关系的建立基于不同的法律,各法律关系的效力互不影响。在获得购买权的法律关系上,其间并非你死我活的关系,各法律关系可以同时并存。依据各法律关系获得购买权的民事主体,他们之间存在行使权利顺序的排队,如果购买顺序错乱,后一个顺位的权利人先于前一个顺位的权利人行使了权利,侵犯的是权利人的购买权或者称之为机会权利,并非后一个法律关系的建立侵犯了前一个法律关系的权利人利益。

A公司向丙发送的《A公司股东对外转让股权征询意见函》和《关于行使优先购买权的通知》,包括了A公司44位股东对外转让股权的条件,但是,丙向A公司回复的《行使股东优先购买权声明书》,不同意关于先行支付股权转让款后签订股权转让合同等44位股东拟转让股权的条件,丙在约定的时间内未按照同等条件行使优先购买权,排在其后一顺位的购买权利人甲行使了合同权利,先支付了44位股东转让股权的对价,后签订了股权转让合同并办理了股权过户相关手续,取得了A公司股权。甲并未侵犯丙的权利,丙关于甲与乙签订的《股权转让协议》无效的诉讼观点,很难成立。

44. 有限责任公司股东对外转让股权,公司其他股东主张购买的,转让股东是否可以放弃转让

《公司法》第七十一条规定股东对外转让股权的程序,使股权转让变为多方民事主体共同参与的事件,并非简单的仅涉及合同双方民事主体的局面。对于普通合同来说,在签订过程中有要约、承诺,双方当事人签章后合同成立并

生效，对合同双方当事人均具有约束力，任何一方不得反悔。有限责任公司股东对外转让股权比较特殊，在股权转让合同签订过程中，转让股东需要征询公司其他股东是否同意对外转让、通知公司其他股东行使优先购买权。在其完成通知后，如果公司多数股东不同意对外转让并主张购买，或者个别公司其他股东主张行使优先购买权的，其是否可以改变想法，放弃转让股权。例如，转让股东已经与股东以外的他人签订了股权转让合同，并将该合同内容提交给各股东询问是否行使优先购买权，其中一个股东提出以合同约定的全部条件购买，但转让股东反悔了，不想继续转让股权。在这种场合，准备购买股权的股东可能会认为转让股东已经发出了要约，其承诺后合同即应成立；而转让股东可能会认为，履行的是征询程序，未与其他股东正式签订合同，不应当承担任何责任。对此，《公司法》没有作出明细规定，实务中该类问题引起的纠纷也时有发生。在股东发出转让征询意见，但与公司其他股东未签订合同的情况下，转让股东是否可以放弃转让，学术界和实务界存有争议，大概有两种观点：

第一种观点，主张不可以放弃转让。

持这种观点的人认为，股东的优先购买权为形成权。形成权为以自己的行为使自己与他人之间的法律关系发生变动的权利。例如，撤销权为形成权，包括对合同的撤销权，对股东会决议、董事会决议的撤销权等。对于公司股东来说，基于《公司法》的规定，只要股东向其征求意见，其承诺购买的，其他股东即可以自己的意思形成以同等条件为内容的契约，无须转让方的承诺，无须再与转让方重新签订合同。为此，转让方也不得放弃转让，必须将股权按其与第三人约定的条件转让给主张购买的股东。

第二观点，主张可以放弃转让。

这种观点主要认为：首先，《公司法》第七十一条规定的征求同意程序和股东的优先购买权，是股东对外转让股权时的诚信义务，其目的是从有限责任公司的人合性出发，为保障公司内部人员的紧密关系，阻止留守在公司的其他股东不同意的新人加入公司，因此，安排转让股东询问公司其他股东是否同意转让给股东以外他人的程序。其次，在大部分留守在公司的其他股东均同意新人进入公司的情况下，给个别股东行使优先购买权的机会，一方面是照顾公司其他股东的个人利益,给公司其他股东更多的惠顾。如果公司效益较好,公司其他股东可能愿意追加投资,或者增加股权比例,获得在公司中更好的控制地位,增加在公司的话语权等。满足公司其他股东的上述愿望是合情合理的。另一方面仍然是针对封闭型公司的安排,在未能争取到多数人不同意对外转让的结果后,个别股东仍然可以行使优先购买权的方式阻止新人进入公司。如果转让股东放弃转让,阻却新人进入公司的目的已经实现了,没必要再附加给转让股东其他义务,强迫其继续转让。再次,征求意见程序及公司其他股东行使优先购买权,是针对公司全体股东的,如果经通知后,公司有两位以上的多名股东均明确主张购买的,受让股权的当事人及各当事人受让股权份额等有可能需要重新安排,转让股东与股东以外的他人之间的股权转让合同不能简单地替代多人股东主张受让股权的合同,股东与股东以外他人之间的一对一的股权转让合同,不能当然在多个受让股东与转让股东之间成立并生效。多个股东主张行使优先购买权的,他们之间至少要重新协商购买的股权份额,需要与转让股东单独重新签订股权转让合同。从这个意义上理解,坚持形成权的观点,对保护各方当事人利益是不合理的。最高人民法院颁布的《公司法若干问题的规定(四)》第二十条规定:"有限责任公司的转让股东,在其他股东主张优先购买后又不同意转让股权的,对其他股东优先购买的主张,人民法院不予支持,但公司章程另有规定或者全体股东另有约定的除外。其他股东主张转让股东赔偿其损失合理的,人民法院应当予以支持。"《公司法》司法解释该规定显然采用了可以放弃转让的观点。

　　《公司法》关于征询意见的同意程序和股东优先购买权,每个制度安排的意义不同。在征询同意程序中,转让股东可以不说明全部转让条件,该环节主要是解决留守公司的其他股东是否愿意新人加入的问题。如果公司其他股东超过一半以上不同意对外转让并主张购买的,公司其他股东可以自己购买,也可以指定他人购买或者公司自己收购后再作处理。在未与公司其他股东或者公司指定的收购人及公司等正式签订股权转让合同前,转让股东随时可以放弃转让股权。对于公司其他股东的优先购买权,是指购买顺序的安排,公司其他股东与股东以外的人在购买顺序上存在排位,在同等条件下,公司其他股东有权依法排除股东以外他人的购买，可以请求转让股东与其缔约。根据合同自由原则，转让股东可以决定转让或者放弃转让。如果转让股东放弃转让，没有出卖行为，当然不可能存在优先购买的顺序问题。《公司法》没有关于在该程序中转让股东不得放弃转让的规定，人民法院也不宜强制当事人缔约。

对转让股东可以放弃转让的观点，持批评意见的观点认为，如果允许放弃转让，优先购买权可能会沦为形同虚设的局面，转让股东有可能在放弃转让后又提高价格与股东以外的他人重新签订合同，使公司其他股东很难买到股权。这种情况可能是存在的，但与此相比，财产所有人的自由处分权更应当受到尊重。所有权人有选择交易对象的权利，在转让股东未与受让股东签订协议之前，没有法律规定限制转让股东对财产所有权的自由处分，其有权选择放弃转让股权，在不能满足其将股权转让给选定的交易对象时，可以不与公司其他股东签订股权转让合同。当然，如果公司章程对股东转让股权问题有特殊规定的，应当依照公司章程的规定执行，公司章程对公司全体股东有约束力。

[结论] 有限责任公司股东履行征询公司其他股东是否同意转让及是否行使优先购买权后，公司其他股东主张购买的，转让股东可以放弃转让行为。在法律未作出明确的限制性规定之前，股东财产所有权受到保护，股东依法享有对自己财产的自由处分权。

45. 在拍卖有限责任公司股权时，如何保障公司其他股东的优先购买权

一般情况下，拍卖有限责任公司股权有两种场合：一种是股东自行委托拍卖机构拍卖股权；另一种是法院强制执行程序中进行的司法拍卖。由于有限责任公司具有人合属性，根据《公司法》的安排，有限责任公司股东在转让股权时既要照顾公司内部的稳定关系，又要考虑股权价值的最大化，以实现转让股

东或者相对受让人的经济利益。

对于股东自行委托拍卖的，又分为国有股权的招拍挂程序和其他性质股权的拍卖程序。

转让国有股权，属于转让国有资产，为保障国有资产价值最大化，转让过程公开透明，防止滋生腐败等因素，一般情况下，转让国有股权必须履行招拍挂程序。对其他性质的股权，在公司其他股东多数同意对外转让的情形下，即依据《公司法》第七十一条第二款规定的程序，公司其他股东半数以上同意对外转让，该程序履行完毕后，转让股东可以委托拍卖公司拍卖股权。

拍卖是以公开竞价的形式，将特定物品或者财产权利转让给最高应价者的买卖方式。根据《拍卖法》的规定，委托人委托拍卖物品或者财产权利，应当提供身份证明和拍卖人要求提供的拍卖标的的所有权证明，或者依法可以处分拍卖标的的证明及其他资料。拍卖人对委托人提供的文件、材料进行审核，在拍卖之前要发布公告并对拍卖产品进行展示。在股东与拍卖公司签订委托拍卖合同时，转让股东应当向拍卖公司提交公司其他股东同意转让股权的文件等。拍卖公司在拍卖之前公开发布公告，公布转让股权及目标公司相关情况、公司其他股东同意对外转让的情况、公司其他股东是否行使优先购买权的情况等，如果股东不提交相关文件材料或者提交文件材料虚假，拍卖程序的进行有可能会受到影响。例如，转让股东未履行征询公司其他股东的同意程序，在拍卖公司发出公告后，公司其他股东发现股东拟转让股权并汇集多数股东不同意对外转让的，有可能阻止拍卖程序的进行。除发布公告外，拍卖公司在拍卖股权前还要对拍卖标的进行介绍和展示，对于拟拍卖的股权来说，展示内容包括公司及公司股东的基本情况，股权在拍卖时是否受到转让限制，是否存在其他公司股东行使优先购买权的可能等。拍卖公司在拍卖前应将拍卖涉及的具体事项直接通知公司其他股东，公司其他股东需要购买股权的，可以参加竞拍。由于《公司法》对有限责任公司股权转让程序有特别规定，因而，拍卖公司应根据《公司法》规定的购买顺位，保障公司其他股东行使优先购买权。

《公司法》第七十二条专门规定人民法院强制执行程序中的股权转让。该条规定："人民法院依照法律规定的强制执行程序转让股东的股权时，应当通知公司及全体股东，其他股东在同等条件下有优先购买权。其他股东自人民法院通知之日起满二十日不行使优先购买权的，视为放弃优先购买权。"从上述规定内容可以看出，由于存在对债权人利益保护的优先选择，存在追求股权转让价值最大化并达到清偿股东债务的目的，对债务人股东股权进行转让变价时，无须履行《公司法》第七十一条规定的征询公司其他股东是否同意对外转让的程序，也不需要依照公司章程的规定进行变价，在执行程序中对股权用于清偿债务的，可以直接进入拍卖的变价程序。

一般情况下，人民法院对实物财产的变价，采取拍卖的方式进行。《最高人民法院关于人民法院民事执行程序中拍卖、变卖财产的规定》第十三条规定："在拍卖过程中，有最高应价时，优先购买权人可以表示以该最高价买受，如无更高应价，则拍归优先购买权人；如有更高应价，而优先购买权人不作表示的，则拍归该应价最高的竞买人。顺序相同的多个优先购买权人同时表示买受的，以抽签方式决定买受人。"

在司法强制执行程序中，存在多方民事主体的利益：转让股东利益、受让人利益、优先购买权人利益、转让股东债权人利益等。由于拍卖方法有将拍卖标的转让给出价最高的买受人的性质，因此，通过拍卖程序转让股权的，在拍卖成交后，按拍卖程序已经竞拍了股权的竞拍人要想获得股权，还要继续与公司其他股东竞拍。其出价要高于公司其他股东时，才可以获得公司股权。显然，拍卖更注意股权价值的最大化，在满足这个前提的情况下，才安排优先权人的利益。

[结论] 在拍卖有限责任公司股权时，要区分三种情况：人民法院强制程序中的拍卖、国有股权的拍卖、一般性质股权的自行拍卖。按不同性质的拍卖程序规定，股东的优先购买权行使略有差别。

46. 有限责任公司章程对股权转让可以作哪些特殊规定

《公司法》第七十一条关于有限责任公司股权转让对公司章程有授权性规定。该条第一款规定股东之间可以任意自由转让股权，第二款、第三款对股东对外转让股权作出限制性规定，第四款为对公司章程的授权性条款，即公司章程对股权转让另有规定的，从其规定。这是2005年《公司法》修改后新增加的规定，修改了1993年《公司法》关于有限责任公司股权转让完全依法进行的有关内容，授权公司股东意思自治，允许公司章程对股权转让有特殊规定。

实务中，对公司章程可以作出怎样的规定，公司章程中具体规定的内容是否符合《公司法》的授权范围，争议比较大，有人主张公司章程只能比《公司法》规定的条件宽，有人主张只能更严，还有人主张只能作补充规定等。

从《公司法》授权公司章程的目的看问题。《公司法》对有限责任公司的股权转让作出限制性规定，主要是考虑公司的人合性，是对共同权利人意思自治的一种保护。《公司法》主动对股权转让问题作出规定，意图为引导共同权利人在处分财产时要照顾相关共有权利人的利益。《公司法》规定的具体内容，是针对一般情况下有限责任公司股东转让股权时应当保护公司其他股东权利的程度作出的规定，对公司股东有特殊需要的，可以在公司章程中作出自己的规则。

有限责任公司股权为民事主体的私权利，仅涉及公司内部股东利益，并不涉及公司以外的第三人或者社会公共利益，因此，应当允许股东之间对处分股权的问题有特殊规定。公司章程是在公司内部对股东有最高约束力且系效力相对稳定的法律文件，因此，《公司法》选择并认可了公司章程，对公司章程有规定的，可以优先执行公司章程的规定，公司章程没有规定的，执行《公司法》的规定。

公司章程另有规定,为限制性规定还是放开性规定,是否可以完全放开或者完全禁止转让,这些是很有研究价值的问题。公司章程对股权转让的规定,在实务中也是多种多样的,例如,对公司内部转让的限制性规定,转让股东需通知公司其他股东,其他股东有权按持股比例购买。再如,对外转让股权时,可以任意转让,不受《公司法》第七十一条规定的限制。还有,转让股权时必须以公司净资产为标准计算股权价值等。公司章程对股权转让的规定多种多样,但容易引起争议且大家讨论最多的是,公司章程是否可以规定禁止股权转让,是否可以强制股权转让,是否可以规定股权转让的具体价格等。

关于绝对禁止转让是否违反法律规定。根据我国相关法律,股权系属于公民、法人等民事主体依法所有的财产权利,股东依法享有占有、处分、收益等权利,公司章程禁止股权转让,剥夺了民事主体对财产的处分权,使得投资资本市场形成的财产仅有收益权,没有处分权。尽管没有任何法律对禁止股权转让的问题作出明确规定,但如果肯定了公司章程可以禁止股权转让的话,民事主体的投资就会被禁锢在一次投资当中,出现资本不得流通的不合理安排。公司章程在公司设立时是由全体原始股东一致同意并制作的,但公司章程是可以修改的,通过股东会议,经代表三分之二以上表决权的股东表决通过即可以修改公司章程内容。可见,多数情况下公司章程是公司股东多数决形成的内容,并非代表每一个股东个人意志,以多数决的方式禁锢股东对股权的处置,剥夺了股东财产的处分权,显然,对于这种公司章程的合法性还有很多讨论的空间。有限责任公司既有人合属性,也有资合属性,保障股权的转让,股东的变更不影响公司存续,股东撤出后其投资的实体仍然存在,这是有限责任公司资合的特点,这个特点也使有限责任公司有别于其他仅有人合属性特征的合作或者合伙关系。对于具有完全人合属性特征的合伙或者合作关系,一方撤出后,合作的实体不存在了,故其可以作出在合伙或者合作期间不得转让合伙身份或者合作份额的规定。股权是依法可以流通的,有限责任公司资本的流动,涉及公司股东之间的内部关系,股东对股权的转让,只要不影响公司其他股东对公司的经营管理,完全可以以转让的方式实现股权的财产价值,该权利是不可以剥夺的私权利。转让股权是股东的基本财产权利,禁止转让财产,不符合私法自治的原则，不符合《公司法》的有限责任理念。

1993年《公司法》规定，股东对外转让股权，应征求公司其他股东同意，不同意的，不得转让。2005年《公司法》对这个内容修改为，不同意转让的，应当购买股权，解决了股权转让中的僵局问题，其安排的目的是保证股东实现转让股权的财产利益。现行《公司法》仅有关于股权转让的限制性规定，并无股权转让的禁止性规定。限制股权转让的目的，是协调股权自由转让与公司人合性的关系，防止股权自由转让而使公司内部的稳定关系遭到破坏。公司章程是股东之间的合同，合同可以限制转让，但不能因此走向极端，禁止股权转让。

从公司人合属性的角度出发，如果股东执意要转让股权，不愿意留滞公司继续经营，强制股东保留在公司，不符合人合属性的要求，应当设立退出机制，保障想离开公司的股东退出，否则，容易发生更多的冲突，甚至导致公司股东关系陷入僵局。

对公司章程规定绝对禁止股权转让的，该约定内容应属于无效内容。对股权转让争议中涉及公司章程中规定禁止转让的，一方主张按公司章程规定不得转让，而另一方主张公司章程规定违法不应执行的，从方便当事人诉讼减少讼累的角度出发，不宜要求当事人另行提起诉讼。当事人在诉讼中如果提出公司章程内容违法问题，公司章程已经成为诉讼标的，为审理对象，是处理股权转让争议的前提，应在案件中一并作出确认。

关于限制转让或者完全放开转让条件的问题。实务中对股权转让在公司章程中有限制性规定的，例如，要求股权必须在公司内部转让，不得对外转让；股权转让时必须转让给特定的某人；股东必须参与公司的经营管理，如果辞职必须转让股权；股东不得从事同类行业的投资或者经营，如果违反竞业禁止则必须转让股权；股东退休时必须转让股权；股东在一定期限内不得转让股权，股东转让股权时其他股东不得行使优先购买权；股东转让股权时无须征询公司其他股东的半数同意，或者需要全体股东同意、需要三分之二以上股东同意；股东自行离开公司任职时，其股权由公司收购，收购价格按公司设立时的股权价值确定；等等。这些内容可能涉及《公司法》第七十一条第一款至第三款的内容，并将其作任意改动，包括不经半数同意程序、剥夺优先购买权等，均是不违反法律规定的，是共同权利人为共同利益作出的安排，在公司章程未作出修改时，应当依照公司章程的规定执行。

对于完全取消限制的，强化了保障股权的自由流动。《公司法》对股权转让限制规定的目的，是保护股东之间对财产的共有关系，关注共有人的利益，但股东作为共有人认为彼此不需要这种特别关注的安排时，完全可以放弃这种安排，选择任意自由的转让股权，摆脱任何羁绊，更方便地随时转让股权。股东之间的这种选择和需求是合理的，不影响他人权利，应予以维护。

［结论］有限责任公司章程对股权转让可以作特殊规定，但如果绝对禁止股权转让的，违反民事主体有自己处分财产权利的原则，侵犯了所有权中的处分权，该内容应当属于无效内容。

【案例评析】

股权转让未告知目标公司的，目标公司通知登记股东行使股东权利，是否存在过错

原告：甲

被告：信托公司

诉讼请求：信托公司向甲支付红利并赔偿损失。

图示：

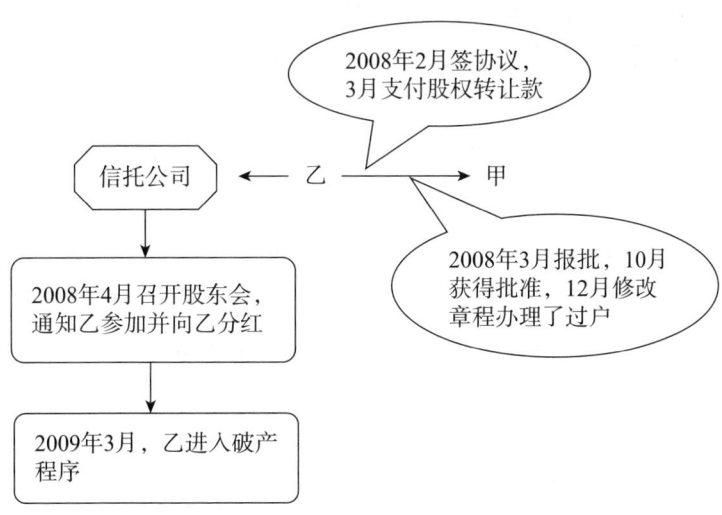

2008年2月29日，甲乙双方签订了《股权转让合同》，甲受让乙持有的信托公司2%的股权，股权转让价款1800万元。该合同约定：乙应当在本合同签订后，协助甲完成产权变更登记事项。产权转让后双方权益划分基准日以合同签订后并付清全部转让款日为准。转让款付清前权益归乙所有，转让款付清后权益归甲方所有。同年3月5日，乙收到甲支付的全部股权转让款。

同年2月26日，根据乙的请求，信托公司向银行业监督管理委员会监管局提交《关于股权转让及股东资格审核的申请报告》，就甲与乙的股权转让、甲股东资格等事宜报请审核。同年10月10日，银行业监督管理委员会监管局以文件批复，同意甲受让乙持有的信托公司2%的股权，同意甲成为信托公司的出资人。同年10月20日，信托公司修改公司章程，将甲列入信托公司股东名册。同年12月15日，信托公司向某省工商行政管理局申请工商变更登记，变更甲为信托公司股东。

2008年4月20日，信托公司召开股东会议，信托公司通知乙参加，股东会决议分配利润，信托公司向乙支付了红利。

信托公司章程第二十条规定：受让公司股权的人，应具备《公司法》《信托法》及中国银行业监督管理委员会规定的向信托公司投资入股的条件。第二十五条规定：公司增减注册资本、转让股权、调整股权结构，以及回购股权的，应当事先报请银行业监督管理委员会审查批准，依照法定程序修改公司章程，并在公司登记机关办理变更登记。第二十六条规定：公司股东为依法持有公司股权的法人、公司股东应当符合银行业监督管理委员会关于向信托投资公司投资入股的条件。第三十条规定：对股东向股东以外的人转让出资做出决议需报请银行业监督管理委员会审批。根据《信托公司管理办法》第十二条规定：信托公司有下列情形之一的，应当经中国银行业监督管理委员会批准，包括改变组织形式、修改公司章程等。

2009年3月，某县人民法院作出裁定，宣告受理乙的破产申请。

2009年4月，甲以信托公司为被告提起诉讼，请求信托公司向其支付2008年4月股东会决议分配的利润。其主要理由：甲与乙签订的《股权转让合同》已经告知信托公司，信托公司于2月26日根据乙履行《股权转让合同》的请求向银行业监督管理委员会监管局提交《关于股权转让及股东资格审核的申请报告》，就甲与乙的股权转让、甲的股东资格等事宜报请审核。信托公司在明确知道乙已经将其股权转让给甲的情况下通知乙召开股东会并向乙支付红利，损害了甲的股东权利，故应对甲的损失予以赔偿，向甲支付其作为股东应当分配的红利。

信托公司的主要抗辩理由：信托公司属于非银行业金融机构，其股权变动、股东资格取得都须遵守信托行业的管理规定，信托公司章程也明确规定股权变动需要报经银行业监督管理委员会监管局，虽然甲与乙签订了股权转让合同，但其要成为信托公司的股东，还需经过银行业监督管理委员会的批准，在未获得批准之前存在很多不确定因素，故信托公司依据股东名册和工商行政管理机关登记的股东通知召开股东会议及分配红利，没有过错，乙领取了该股份下的红利，该股份下的红利已经支付完毕，对乙因破产不能向甲支付红利的损失，信托公司没有过错，故依法应不予赔偿。

该案中，信托公司为非银行业的金融机构，作为特殊行业，国家相关法律、法规及管理规定等有特殊规定，对股东资格有准入门槛，需要取得相关行政管理机关或者授权管理机关的批准。信托公司章程对股权变动的程序有明确规定，公司章程是在工商行政管理机关登记备案的，属于公司对外公示的内容。由于法律、法规及相应的行政管理规定和公示的信托公司章程对股权变动均有明确规定，故应推定甲在受让乙股权时对信托公司股东变更需要履行的批准程序是明知的。根据《公司法》第七十一条第四款关于有限责任公司"公司章程对股权转让另有规定的，从其规定"的规定，信托公司章程对该公司的股权转让，明确规定了需要履行的必要报批程序，甲和乙之间的股权转让合同中关于股权变动的实际履行，需要依据信托公司章程的规定和国家相关管理履行相关的批准手续。依据甲和乙签订的股权转让合同，乙已经将股权转让给甲。由于合同效力具有相对性，该股权转让合同在甲和乙之间发生法律效力，对他人不发生法律效力。在履行报批程序中甲是否能够获得批准有不确定的因素，对该期间的股东权利由谁行使，甲和乙应当明确告知信托公司，在信托公司未获得明确告知的情况下，信托公司根据公司章程关于股权转让的规定履行报批手续,在获得批准前根据股东名册和工商行政管理机关登记的股东记载,通知登记股东乙行使股东权利,向登记股东乙发放红利,没有过错,甲请求信托公司向其支付红利及赔偿其损失的主张,很难获得支持。

47. 《公司法》对股份有限公司股权转让有哪些限制性规定

《公司法》对股份公司股权转让的限制主要体现在两个方面:第一,对两个主体股权转让时间和比例的限制,一个是对发起人股东转让股权的限制,另一个是对公司董事、监事及高级管理人员股东转让股权的限制。第二,股东向股份有限公司转让股权事由的限制。

首先,对发起人转让股权的限制。

《公司法》第一百四十一条第一款规定:发起人持有的本公司股份,自公司成立之日起一年内不得转让。

何为发起人?《公司法》第七十九条规定:"股份有限公司发起人承担公司筹办事务。发起人应当签订发起人协议,明确各自在公司设立过程中的权利和义务。"最高人民法院颁布的《公司法若干问题的规定(三)》第一条规定:"为设立公司而签署公司章程、向公司认购出资或者股份并履行公司设立职责的人,应当认定为公司的发起人,包括有限责任公司设立时的股东。"

根据上述规定,发起人有两个特征:一个是负责筹备设立公司事务的人。一般情况下,他们通过协议或者其他书面文件安排各自在设立公司中的职责,明确相应的权利和义务。当然,实务中也有不签署书面协议或者文件的情形,但参加设立公司的人员相对固定,有统一行动和领导,或者分工相对比较明确等,他们也是发起人。另一个是明确要成为公司股东的人。《公司法若干问题的规定(三)》规定,发起人要具备向公司认缴出资的特征,这就决定发起人一定是要成为公司股东的人。司法解释该规定要求签署公司章程，是因为《公司法》规定设立公司的股东必须在公司章程上签名，而认缴出资，是股东在公司中的基本义务。这一规定圈定了发起人的基本特征，将仅负责筹备设立公司事务，但不成为股东的人排除在发起人之外，参与公司设立的其他人员，应被视为聘用人员。通俗理解发起人是负责筹办公司设立事务的原始股东。

发起人被限制在公司成立一年以后才可以转让股份。限制转让的目的，是将发起人的利益与公司的利益捆绑，防止发起人没有真实经营公司的目的，在设立公司后立即转让股份，以发起设立公司的方式盈利，形成对社会公众资金的引诱和欺诈局面。

其次，对公司董事、监事及高级管理人员股权转让的限制。

《公司法》第一百四十一条第二款规定："公司董事、监事、高级管理人员应当向公司申报所持有的本公司的股份及其变动情况，在任职期间每年转让的股份不得超过其所持有本公司股份总数的百分之二十五；所持本公司股份自公司股票上市交易之日起一年内不得转让。上述人员离职后半年内，不得转让其所持有的本公司股份。公司章程可以对公司董事、监事、高级管理人员转让其所持有的本公司股份作出其他限制性规定。"

该规定的限制体现在两个方面：一是时间限制。在职期间，离任后，公司上市一年内。二是转让数量限制。一般情况下每年不能超过持股的百分之二十五，在公司上市交易的一年内和离职后半年内，停止转让。

《公司法》对上述人员转让股权的限制目的，主要是将上述人员的财产利益与公司利益捆绑，约束其对公司经营管理更加勤勉、谨慎和忠实，防止其在经营管理中的欺诈行为。例如，虚报公司财产及利润、提升股票价值后通过转让股票获利等。限制其转让比例，将其财产利益放在公司，促使其扎实做好公司业务，公司利益受损，其财产利益受损，其与公司同进退，这样有利于将其管理能力释放在本公司，防止其利用公司为其个人谋求私利。在公司上市交易起一年内限制转让股份，与对发起人股份转让的限制目的相同。董事、监事及高级管理人员与发起人一样，为筹办公司上市的重要参与人员，对公司内幕及证券市场行情非常了解，禁止其在一年内交易，防止其制作虚假信息，操纵股票市场，利用公司上市欺诈公众股民。

最后，对股东向公司转让股权的限制。

股东向公司认缴出资后享有公司股份，一般情况下股东不得要求公司返还出资，其向公司退还股权。公司不得持有本公司股份，这样将违反公司资本充实的原则，增加公司的财务负担，侵害公司债权人利益。但在符合一定的条件下，股份有限公司股东可以向公司转让股权，公司可以回购已经发行的股份。

《公司法》第一百四十二条第一款规定："公司不得收购本公司股份。但是，有下列情形之一的除外：（一）减少公司注册资本；（二）与持有本公司股份的其他公司合并；（三）将股份用于员工持股计划或者股权激励；（四）股东因对股东大会作出的公司合并、分立决议持异议，要求公司收购其股份；（五）将股份用于转换上市公司发行的可转换为股票的公司债券；（六）上市公司为维护公司价值及股东权益所必需。"

公司收购股份意味着公司股东向公司转让股份。对于第（一）、（二）、（三）项一般是公司的自主行为，不存在争议，但对第（四）项是强制性的，当公司出现第（四）项公司合并或者分立的法定事由时，对此投反对票的股东，有权是要求公司收购其股份，当公司不同意时，股东可以通过司法救济途径强制公司缔约，股东向公司转让股份。

[结论] 股份有限公司虽然为单一的资合公司，但为保护潜在股东及社会公众利益和公司债权人利益，对相关人员的股权在转让时间上、转让数额上等进行限制规定。限制的对象主要是对发起人股东，公司董事、监事及高级管理人员。

48. 限制转让的股权是否可以质押

限制转让的股权可以质押。股权质押属于权利质押，所谓权利质押是指债务人或者第三人以其财产权利交付债权人作为债权的担保，当债务人不履行债务时，债权人有权依照法律规定，以该财产权利折价或者以拍卖、变卖该财产权利的价款优先受偿。根据质押法律关系的特点可以看出，质押权的实现是有条件的，股权质押并不必然引起转让后果，只要实现质权时已经脱离了限制即可以实现质权，限制股权质押没有意义。第一，债务未届清偿期，或者已届清偿期而债权人未向出质股权的股东请求清偿债务，不需要对质押的股权作变价处理。质权是基于担保合同关系设立的，担保法律关系是从债务，当债权清偿期届满时，债权人可以向主债务人主张债务，也可以直接主张担保物权。债权人在实现债权时是可以选择的，用于质押的股权是否被请求变价有或然性，并非债权实现的唯一途径。第二，从质权合同的角度看，在签订合同时完全可以根据被限制的情形，约定实现质权的条件。例如，发起人股份在公司设立之日起一年内不得转让，在订立质押合同时可以约定在限制期限届满时，质权人再行使请求权。再如，对董事股权的质押，由于每年转让股权有比例和时间的限制，当事人可以在质押合同中约定，在符合法律规定的时间和比例范围内才可以实现质权，才可以对股权作变价处理。第三，允许限制转让的股权质押并不影响他人利益，与《公司法》《证券法》限制股权转让的目的并不冲突。转让时间、比例及受让对象的限制，均可以在质押合同中作特殊安排。例如，有限责任公司股权转让，在变价时可以依照《公司法》第七十一条规定，履行公司股东同意程序及优先购买程序。第四，在强制执行程序中实现质押权时注意严格遵守法律，不得违反法律对股权转让的限制规定。法院因实现质权而对有限责任公司股权实施拍卖变价时，按照《公司法》第七十一条的规定操作执行，对因实现质权而对股份有限公司股权进行变价时，应依据《公司法》及《证券法》的规定执行。

[结论] 法律对股权质押没有特殊规定，限制转让的股权是可以用于质押的，在实现质权即对质押的股权进行变价时，应当依法进行，接受《公司法》和《证券法》等法律、法规对股权转让的限制。

49. 股东向公司认缴的出资未完全缴纳的，股权转让后由谁向公司承担缴纳责任

股权转让合同的转让标的是公司股权，股权财产最初是原始股东或者发起人向公司缴纳出资兑换的财产权利，原始股东或者发起人向公司认缴一定数额的注册资本金，兑换一定比例或者数量的公司股权，股东是否向公司缴纳出资的情况直接关系到该股权的生成及价值，是受让股权时受让人应当观察的一个重要方面。

《公司法》规定公司设立时股东认足注册资本金即可设立，股东出资比例、时间、方式等由公司章程规定，公司可以根据对资金的需求情况决定股东实际缴纳认缴出资的时间。在公司成立后，股东未完成认缴出资的缴纳义务即转让股权的情形有可能会发生，由此引发由谁继续缴纳出资的不同认识。判断股东未缴纳出资即转让股权时的继续缴纳出资义务由谁承担，应当关注两个法律文件：一个是公司章程，另一个是股权转让合同。

依照《公司法》的规定，公司章程应当规定股东认缴出资的具体数额及实际缴付的时间。公司章程不仅在公司内部具有法律约束力，对公司外部也具有公示效果。因此，对股东的出资情况，发生股权转让时应当推定转让方和受让方均是明确的。如果公司章程的记载情况与转让股东出资情况不一致，转让股东在转让股权前应当请求公司修改公司章程，或者明确告知受让方具体情况。

如果转让股东未主张修改公司章程，也未向受让方告知的，受让方受让股权后发现转让股东缴纳出资情况与公司章程记载不一致，并以此主张权利时，应当举证证明。由于公司章程具有对内的约束作用和对外的公示效果，故公司章程是落实股东认缴出资和实际缴付出资事实的重要文件。

股权转让合同属于契约，具有相对性，仅对签订股权转让合同的双方当事人有约束力。但是，由于股东认缴和实缴出资的情况，不仅涉及合同当事人的责任及股权价值等，还涉及公司利益及公司其他股东利益，因此，从诚信和维护第三人利益的角度出发，如果存在股东未缴足出资的情况，股权转让合同当事人应当在合同中对出资问题有所安排，并征得公司或者公司其他股东的同意。

转让方或者受让方在股权转让合同生效后，应当将转让股权事项及时向公司作必要的通报，便于公司安排催收资本及股权变更登记等事项。如果存在未缴纳出资即转让股权情形时，转让股东除诚实向受让方明确告知外，还应当与公司协商落实由谁继续缴纳出资的方案。股东对公司资本的认购及实缴出资的问题，为公司全体股东约定或者发起人在公司章程中的规定，个别股东转让股权时可能涉及公司其他股东的权益，因此，当转让的股权涉及未缴纳出资时，向公司及其他股东通报转让股权事宜可能会成为股权转让时应当谨慎注意的问题。

《公司法》对股东未缴纳出资即转让股权时的缴纳义务由谁承担未作出明确规定，以往司法解释仅对违法出资问题有规定。例如，最高人民法院颁布的《公司法若干问题的规定（三）》第十八条第一款规定："有限责任公司的股东未履行或者未全面履行出资义务即转让股权，受让人对此知道或者应当知道，公司请求该股东履行出资义务、受让人对此承担连带责任的，人民法院应予支持；公司债权人依照本规定第十三条第二款向该股东提起诉讼，同时请求前述受让人对此承担连带责任的，人民法院应予支持。"

上述司法解释规定是针对 2005 年的《公司法》作出的规定，2013 年对《公司法》公司资本制度问题作出了修正，由法定资本修改为章定资本。修正后的《公司法》规定公司资本由股东在公司章程中自主约定，根据该规定，股东可以通过修改公司章程的方式重新安排认缴和实缴资本的问题，例如，将股东未缴纳的出资安排为认缴出资、重新安排实际缴纳的时间等。这种安排可以使原来未缴纳出资的行为由违法行为而变为合法情形。该问题属于适用2013年新修正《公司法》时可能出现的新问题，在处理时显然不能简单直接适用上述司法解释规定。

实务中，未缴纳出资的情形可能是多种多样的，例如，公司章程约定的缴纳期限没有到来、公司章程约定为保留资本、公司章程约定的缴纳期限已经届满、转让股东认购的资本已经变为公司的催收资本等。对未缴纳资本即转让股权时的缴纳义务由谁承担的问题，公司章程中有规定的，应当遵从公司章程的规定。如果公司章程没有规定的，应当首先采取协商确定的方式，股权转让时双方协商并将协商方案报送公司，公司及其他股东同意后再履行股权转让合同。否则，如果股权转让双方当事人未向公司通报缴纳义务的承继问题，公司选择向任何一方催收资本，均具有一定的法理依据。

[结论] 股权转让时认缴出资未缴纳的，转让股东和受让方应作出安排，未约定的，任何一方均有可能承担缴纳不足部分的责任，主张免责应当符合一定的条件。

50. 股权转让合同违反《公司法》或者公司章程规定的，合同是否应当无效

《民法典》第一百五十三条第一款规定："违反法律、行政法规的强制性规定的民事法律行为无效。但是，该强制性规定不导致该民事法律行为无效的除外。"《公司法》授权公司章程对股权转让作出限制性规定，该限制性规定是否属于《民法典》规定的强制性规定，违反《公司法》及公司章程对股权转让限制性规定的，股权转让合同的效力如何？

一般认为，从民事主体行为规范的角度，可以将法律规范分为禁止性规范、强制性规范和任意性规范。禁止性规范一般是国家为维持一定社会秩序或者社会关系，禁止民事主体为一定行为，禁止民事主体通过设立民事法律关系而破坏一定的社会秩序或者其他关系，该规范属于民事主体行为禁入的规范。例如，武器、毒品不得买卖和交易，相关的枪支弹药管理和治安管理条例等法律法规作出了禁止性规定。禁止性规范与民事行为的效力是相对应的，违反禁止性规范的民事行为，应当被认定为无效，依法应予以取缔。强制性规范是指民事主体为一定民事行为时，法律规定强制当事人必须遵守一定的规则，保证民事行为在法律规定的秩序上发生。强制规范并非禁止或者阻止当事人为一定的法律行为，而是对该类法律行为实施的可行性进行限制和引导，保证符合法律规定的标准或者范围。违反强制性规范是当事人违反了法律规定的处分界限，超出范围的合同内容不生效，并非无效。任意性规范是指导民事主体为一定行为的，不一定要求当事人一定遵守执行。针对任意性规范，民事行为人是可以选择的，对合同效力不发生影响。例如，《民法典》第四百七十条规定："合同的内容由当事人约定，一般包括下列条款：（一）当事人名称或者姓名和住所；（二）标的；（三）数量；（四）质量……"

从规范民事主体行为的角度看，禁止性规范与"效力性强制规范"是对应的，违反禁止性规范的合同应当无效。

《公司法》对股权转让的限制性规定是不同的，要分析违反《公司法》和公司章程规定对合同效力的影响，应当有针对性地逐一分析。

《公司法》对股权转让的限制涉及第七十一条，该条是对有限责任公司股权转让的限制性规定；第一百四十一条、第一百四十二条，该两条是对股份有限公司股权转让的限制性规定。此外，《公司法》规定公司章程可以对股东及公司董事、监事等高级管理人员的股权转让作出限制性规定。

相对于股权转让来说，《公司法》第七十一条的规定中有强制性规范，也有任意性规范。具体阐述如下：

第一，该规范是针对股东转让股权行为的，是关于股东转让股权时应当保障公司其他股东权益的规定。该规定涉及维持秩序的范围局限于公司内部股东,不涉及公司外部秩序,保护人数特定的公司股东的利益。

第二,该条规定有强制性和引导性的性质。第一款为公司内部股权自由转让,属于任意性规范。第二款和第三款为向股东以外他人转让股权时在公司内部转让方应当履行的必要程序。该款规定没有禁止股权转让,但有强制当事人必须履行的特殊程序,向股东以外的他人转让股权时,应当履行必要的通知程序,并依法保障股东的优先购买权。第四款为公司章程可以作特殊约定,该款规定有引导性的内容,属于任意性规范,允许公司内部通过公司章程进行任意规定。公司可以在公司章程特殊规定股权转让内容,也可以放弃公司章程的特殊规定机会。

综上几个因素考量,《公司法》第七十一条未禁止股权转让,而是规定股权转让的各种规则,并非效力性强制规定条款,违反《公司法》第七十一条规定的,合同不当然无效,合同一经签订成立即应生效,当然,有特殊约定的除外。

《公司法》第七十一条规定了转让股东在转让前的权利和义务,未涉及受让方的义务,未涉及合同关系。如果涉及合同关系,应当适用《民法典》合同编。

《公司法》第一百四十一条规定:"发起人持有的本公司股份,自公司成立之日起一年内不得转让。公司公开发行股份前已发行的股份,自公司股票在证券交易所上市交易之日起一年内不得转让。公司董事、监事、高级管理人员应当向公司申报所持有的本公司的股份及其变动情况,在任职期间每年转让的股份不得超过其所持有本公司股份总数的百分之二十五;所持本公司股份自公司股票上市交易之日起一年内不得转让。上述人员离职后半年内,不得转让其所持有的本公司股份。公司章程可以对公司董事、监事、高级管理人员转让其所持有的本公司股份作出其他限制性规定。"第一百四十二条规定:"公司不得收购本公司股份。但是,有下列情形之一的除外:(一)减少公司注册资本;(二)与持有本公司股份的其他公司合并;(三)将股份用于员工持股计划或者股权激励;(四)股东因对股东大会作出的公司合并、分立决议持异议,要求公司收购其股份;(五)将股份用于转换上市公司发行的可转换为股票的公司债券；（六）上市公司为维护公司价值及股东权益所必需。公司因前款第（一）项、第（二）项规定的情形收购本公司股份的，应当经股东大会决议；公司因前款第（三）项、第（五）项、第（六）项规定的情形收购本公司股份的，可以依照公司章程的规定或者股东大会的授权，经三分之二以上董事出席的董事会会议决议。公司依照本条第一款规定收购本公司股份后，属于第（一）项情形的，应当自收购之日起十日内注销；属于第（二）项、第（四）项情形的，应当在六个月内转让或者注销；属于第（三）项、第（五）项、第（六）项情形的，公司合计持有的本公司股份数不得超过本公司已发行股份总额的百分之十，并应当在三年内转让或者注销。上市公司收购本公司股份的，应当依照《中华人民共和国证券法》的规定履行信息披露义务。上市公司因本条第一款第（三）项、第（五）项、第（六）项规定的情形收购本公司股份的，应当通过公开的集中交易方式进行。公司不得接受本公司的股票作为质押权的标的。"

  《公司法》第一百四十一条、第一百四十二条，该两条是对股份公司股权转让的限制，主要体现在两个方面：第一，对两个主体股权转让时间和比例的限制：一个是对发起人股东转让股权的限制，另一个是对公司董事、监事及高级管理人员股东转让股权的限制。第二，股东向股份公司转让股权事由的限制。从《公司法》规定的内容看，该规定应为强制性规范。《公司法》规定发起人、董事等高级管理人员在一定期限内不得转让股权，或者转让股权的比例受到限制，其主要目的是将其与公司的利益捆绑，防止发起人以设立公司为目的盈利，防止董事等高级管理人员不安心公司经营管理，或者利用管理公司机会恶意操纵股票从中获利等。该规定的意图在于加重发起人和董事等高级管理人员股东对公司的责任，通过拖延转让股份时间，控制其牟取不法利益的可能性。该规定是强行限制股份转让，但并非禁止股份转让。《公司法》对股份公司发起人及董事等高级管理人员关于股份转让的限制性规定，并非效力性强制规定，违反该规定的股份转让合同，并不当然无效。《公司法》规定股东向公司转让股份，相当于公司回购股权，股东已经认购并缴纳的资本被公司退回，其后果相当于抽回资本，如果发生抽回资本的后果，将有可能侵害与公司发生交易的公司债权人及公司其他股东的利益等。《公司法》对回购股东股份进行限制，但在一定条件下是可以回购股东股份的，即在有效安排公司和其他人利益的前提下，股东是可以请求公司回购股份的，股东向公司转让股份的，并不当然无效。《公司法》第一百四十二条的规定，也不是关于合同效力性强制规定，违反《公司法》第一百四十二条规定的合同，并不当然无效。

由于《公司法》该两条规定的时间和比例及事由是明确的，如果合同内容符合公司法规定的，应当认定有效。

公司章程属于在公司内部通过一定程序形成的公司内部文件，公司章程对公司内部有约束力，对公司以外的人不发生法律效力，公司章程属于股东的自主约定，不属于效力性规范，不能以违反公司章程规定为由主张认定合同无效。《公司法》第七十一条和第一百四十一条、第一百四十二条均涉及公司章程可以对股权转让有特殊规定，第七十一条是任意性规定，而第一百四十一条和第一百四十二条明确的是可以作限制性规定，言外之意是规定得可以比《公司法》更严，但基于对公众利益秩序的维护，公司章程无权作放宽规定，如果放宽规定违反《公司法》该规定的，应当无效。

[结论] 股权转让合同，违反《公司法》及公司章程规定的，不当然无效。《公司法》关于股权转让规定的内容，属于《民法典》第一百五十三条但书部分，即"但是，该强制性规定不导致该民事法律行为无效的除外"。股权转让合同的效力问题，应当适用《民法典》关于法律行为效力的具体规定予以认定。

【案例评析】

股份有限公司发起人股东在公司成立一年内签订协议转让股权，约定在满足法律规定的办理过户期限时再办理股权变更登记手续，该约定是否导致合同无效

原告：甲

被告：乙

诉讼请求：请求认定股权转让协议无效，终止该协议的履行。

图示：

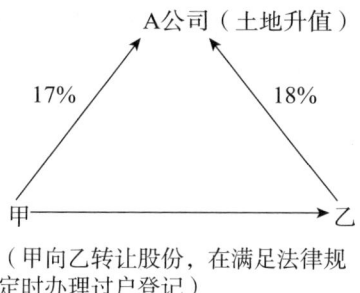

（甲向乙转让股份，在满足法律规定时办理过户登记）

2006年9月20日，A公司成立。甲和乙作为A公司的发起人股东，分别出资1800万元、1700万元，占A公司股份比例17%、18%。

2006年10月22日，甲与乙签订《股份转让协议》约定，甲将其持有的A公司3400万股自然人股份以每股人民币2.44元，共计人民币8300万元的价格转让给乙方。乙方分两期向甲方支付股份转让金。本合同生效后10日内，乙方向甲方支付4300万元，2004年12月31日前，乙方向甲方支付其余股份转让金4000万元。协议第四条和第五条约定，自协议签订之日起至甲方所持标的股份按期转让于乙方名下之日止，这段时间为过渡期，在过渡期内，甲方向乙方出具不可撤销的授权委托书，授权乙方代行A公司董事职责、股东权利，并不得干涉、干扰乙方行使标的股份的股东权利，未经乙方书面同意，甲方不得自行行使或委托任何第三方行使标的股份股东权利、董事权利及其他与标的股份有关的权利。甲方不得提出变更或撤销《股份转让协议》的要求，不得拒绝履行《股份转让协议》规定的义务。乙方有权以甲方代理人身份参加A公司股东大会并根据标的股份的数额行使表决权和其他股东权利。乙方享受甲方作为A公司股东在过渡期内所享有的全部收益权、再行转让权，承担过渡期内的风险等。协议第七条约定，如一方违约，需向另一方支付4.15亿元违约金。协议第十条约定，甲、乙双方签字之日为协议生效之日，依照《公司法》规定，在满足法律规定的办理过户期限时，甲方应立即配合乙方办理股份过户手续，将甲方所持有的股份合法有效地办理到乙方名下。协议第十一条约定，如遇法律和国家政策修改了股份有限公司发起人股份的转让条件和限制，将按照新的法律和政策的规定相应调整合同履行时间。但涉及标的股份转让价格、股份份额及其他事项不予变更，仍以本协议约定内容为准。

协议签订后，甲辞去A公司董事职务，依约向乙出具了《授权委托书》，全权委托乙代为行使甲在A公司股份项下可享有的一切权利。并确认，在委托人将其名下股份全部转让给乙之前始终有效并不得撤销。

协议签订后，乙共向甲支付了8300万元人民币的股份转让金。乙确认尚余200万元股份转让金，待股份转让过户手续办理完成后再结算并支付。

2007年1月8日，甲向乙发出《关于收回股份的通知》。该通知申明，乙向其支付股权转让款有迟延支付情形，且尚欠200万元整，已构成根本性违约。从即日起终止双方于2006年10月22日签订的《股份转让协议》，甲依《股份转让协议》第六条所签发的所有授权委托书等法律文件亦同时作废，甲仍持有A公司17%的股份，并享有该股份所包含的所有股东权利。

同日，甲向工商行政管理局注册处发送通知声明：从即日起，甲在A公司所持有的17%股份的一切变更事宜，必须由甲本人到场予以确认，否则，甲将依法追究相关责任人员的法律责任。

2006年12月，某新闻媒体报道了A公司土地升值的有关内容，A公司拥有的土地价格上涨3倍以上，仅地价升值带来的潜在收益就高达16亿元。

甲向人民法院提起诉讼，主张《股份转让协议》无效，终止该协议的履行。主要理由是《股权转让协议》违反《公司法》和A公司章程关于发起人股在一年之内不得转让的规定。

乙的主要抗辩理由是，《股权转让协议》已经根据《公司法》和A公司章程的规定安排了办理过户手续时间，在过渡期间甲方股权由乙方行使的约定仅涉及甲乙双方合同当事人的利益，不涉及他人利益，合同内容符合法律规定，不违反A公司章程规定，应为有效协议，甲方应继续履行合同。

该案中，《股权转让协议》涉及甲向乙转让的股份是发起人股，是《公司法》限制一年内不得转让的，双方当事人在签订合同时明确其合同目的实现的路径，为此，在协议中对履行办理股权过户的时间作出特殊安排，该时间安排符合《公司法》规定的期间，能够达到股权过户目的，实现股权所有权转移和公示的后果，完成其间关于股权转让的交易。在合同生效及办理股权过户的过渡期间，甲、乙双方又约定了甲的所有股东权利，甚至是股权的处分权均由乙行使。《股权转让协议》约定的上述内容，是在双方明确知道《公司法》相关规定的情况下对自己民事权利的处分和安排，不涉及他人利益及社会公共利益等，不违反法律、法规的规定。《公司法》限制发起人自公司成立之日起一年内不得转让股份，其用意在于督促发起人设立公司的职责，通过控制发起人股份变动的时间，保持发起人对公司设立责任的延续性，防止发起人在设立公司后立即脱离公司，预防设立公司环节可能发生的欺诈情形等。甲、乙签订《股权转让协议》，甲向乙转让 A 公司的股份，但在《公司法》规定的发起人限制转让一年期内，A 公司股东名册和工商行政管理机关的股权登记不作变更，甲仍然是 A 公司的股东和发起人，涉及转让股份仍属于甲所有。《股权转让协议》的签订，没有发生发起人股东甲脱离公司的后果，有关发起人股东应当承担的责任，甲仍然需要承担。在合同生效到股权过户的过渡期内，甲将其所有股东权利均交由乙行使，再结合其间存在股权转让交易的事实，其间实际上形成了甲为名义持股人或者代持股人，而乙为实际股东的局面。甲、乙在其间对股东权利的安排，属于民事主体对其民事权利的自由处分，法律、法规对此并没有禁止或者限制性规定，甲、乙之间关于在 A 公司内部股东权利的行使，不影响发起人股东甲或者乙对外应当承担的发起人责任。甲与乙之间签订的《股权转让协议》不违反《公司法》的规定，甲主张《股权转让协议》应无效的理由很难成立。

51. 转让国有股权需要履行哪些手续，未履行相关手续的，股权转让合同效力是否受到影响

国有股权系国有财产出资形成，属于全民所有，依法由国家授权机构代替行使民事主体的权利。《企业国有资产法》第四条第一款规定："国务院和地方人民政府依照法律、行政法规的规定，分别代表国家对国家出资企业履行出资人职责，享有出资人权益。"根据该条规定，国务院或者地方人民政府成立的各级国有资产管理机构或者授权的部门、机构有权对国有资产行使所有者权利。代表行使全民所有财产民事权利的机构或者部门，在民事活动与交往中，享有完整及全部民事主体权利，具有完全独立的民事权利能力和行为能力，与其他性质民事主体具有同等民事主体法律地位，享有同等的民事权利、承担同等的民事义务和责任。

行使全民所有财产权利的相关机构或者部门虽然具有独立的民事主体地位，但是，由于全民所有国有资产的复杂性，为保障授权机构或者部门代表全民管理和处分国有资产时正当行使权利，确保国有资产利益，国家制定相关法律、法规，对相关机构或者部门行使权利进行规制。在民事交往中，相关部门或者机构行使民事权利时，依法需要履行必要的法律程序或者办理相关的审批手续。自1991年开始，国家陆续出台了国有资产管理、处分及监督的法律法规、条例及规章等，其中，涉及股权转让的主要有《企业国有资产法》（2008年第十一届全国人大常委会通过）、《企业国有资产监督管理暂行条例》（2003年国务院令第378号公布，2019年国务院令第709号修订）、《企业国有产权转让管理暂行办法》（2003年国资委和财政部令第3号，现已失效）、《金融企业国有资产转让管理办法》（2009年财政部令第54号）、《企业国有资产交易监督管理办法》（2016年国资委令、财政部令第32号）、《国有资产评估管理办

法》(1991年国务院令第91号,2020年修订)、《上市公司国有股权监督管理办法》(2018年国资委、财政部、证监会令第36号)等。

上述一系列的法律、法规及部门规章等涉及转让国有股权的规定,代表国家行使国有资产权利的相关部门或者机构在转让股权时应当予以执行,履行必要的程序和办理必要的审批手续等。

根据上述法律、法规及部门规章的规定,转让国有股权时通常需要履行以下基本程序:

第一,申请初步转让方案并报请相关主管部门审批程序。

国有企业股权转让方应当制作转让方案。转让方案应当描述股权交易的基本情况,转让股权符合公司章程及公司内部管理规定,转让股权涉及企业职工安置改变国有企业职工身份或者债权、债务处置的具体方案等。转让方案制定后,应当报请国有产权主管部门进行审批。

2016年颁布的《企业国有资产交易监督管理办法》第七条和第八条规定了监管机构及审批权限的问题。第七条规定:"国资监管机构负责审核国家出资企业的产权转让事项。其中,因产权转让致使国家不再拥有所出资企业控股权的,须由国资监管机构报本级人民政府批准。"第八条规定:"国家出资企业应当制定其子企业产权转让管理制度,确定审批管理权限。其中,对主业处于关系国家安全、国民经济命脉的重要行业和关键领域,主要承担重大专项任务子企业的产权转让,须由国家出资企业报同级国资监管机构批准。转让方为多家国有股东共同持股的企业,由其中持股比例最大的国有股东负责履行相关批准程序;各国有股东持股比例相同的,由相关股东协商后确定其中一家股东负责履行相关批准程序。"

第二,审计与评估程序。

转让股权申请初步方案得到批准后,应当进行审计与评估工作。《企业国有资产交易监督管理办法》第十一条规定:"产权转让事项经批准后,由转让方委托会计师事务所对转让标的企业进行审计。涉及参股权转让不宜单独进行专项审计的,转让方应当取得转让标的企业最近一期年度审计报告。"第十二条规定:"对按照有关法律法规要求必须进行资产评估的产权转让事项,转让方应当委托具有相应资质的评估机构对转让标的进行资产评估，产权转让价格应以经核准或备案的评估结果为基础确定。"

第三，披露信息、公开征集受让方和挂牌交易程序。

在一般情况下，国有股权转让原则上通过产权交易市场公开进行。在此前，转让方应当做好披露相关信息工作，根据相关产权交易机构的安排对外披露产权转让信息，公开征集受让方。《企业国有资产法》第五十四条规定："国有资产转让应当遵循等价有偿和公开、公平、公正的原则。除按照国家规定可以直接协议转让的以外，国有资产转让应当在依法设立的产权交易场所公开进行。转让方应当如实披露有关信息，征集受让方；征集产生的受让方为两个以上的，转让应当采用公开竞价的交易方式。转让上市交易的股份依照《中华人民共和国证券法》的规定进行。"

在特殊情况下，国有股权转让可以采取协议转让的方式。

第四，签订协议、履行股权转让合同及办理股权过户变更登记手续等。

拍卖或者招标成交后，转让方和受让方签订股权转让合同，取得产权交易机构出具的产权交易凭证，接收股权转让款，由目标公司办理股权变更手续和公司内部的股东名册记载及公司章程的变更等。

通常情况下，在签订国有股权转让合同之前，转让方履行必要的审批手续、审计与评估和招拍挂程序。国有股权转让中的受让方，是在拍卖或者招标程序中或者程序开始后正式介入的，通过竞拍、摘牌、中标等获得资格后才正式与转让方签订国有企业股权转让协议，对此前国有股东履行的其他程序，即报批、审计、评估及公开披露信息等，受让方是无须参与的，对受让方没约束力。但是，实务中会出现这种现象，在股权转让合同签订后，股权转让合同未开始履行、正在履行或者履行完毕后，一方当事人反悔，以转让合同签订前未履行相应的手续为由主张合同未生效或者无效等，拟恢复到转让之前的状态，返还股权或者返还转让价款。实务中，我们面临这样的问题需要讨论：转让国有股权未履行相关手续的，对股权转让合同效力是否有影响，对这个问题的研究，应当从研究《民法典》对合同的相关规定入手。

根据《民法典》的规定，主张取消合同的情形可能有几种：合同未成立、未生效、无效及可撤销、解除合同。

首先，合同是否未成立。未成立是可以首先被排除的，《民法典》规定合同成立要件简单明确，书面合同经签字盖章即成立。如果存在书面合同并有签字盖章的，当事人之间的合意已经被依法记录，合同成立，未履行相应手续，即报批、审计、评估及公开披露信息等，显然不能与合同成立的要件相对应。

其次，合同是否未生效。根据《民法典》第五百零二条规定，依法成立的合同，自成立时生效。但法律另有规定或者当事人另有约定的除外。

《企业国有资产法》对国有资产的转让作出了明确的规定，该法律在效力等级上属于法律和法规级别。该法第五十三条规定："国有资产转让由履行出资人职责的机构决定。履行出资人职责的机构决定转让全部国有资产的，或者转让部分国有资产致使国家对该企业不再具有控股地位的，应当报请本级人民政府批准。"根据该条规定，符合上述条件的股权转让，应当报请相应级别的人民政府批准后，股权转让合同才生效。根据该条规定，需要批准的股权转让有两种情况：一种是转让全部股权，另一种是转让部分股权导致国家对该企业不再具有控制地位的，需要履行批准手续。对该条规定以外的其他类型的股权转让，即部分转让股权且转让后没有失去控制地位的，无须履行批准手续，代表行使全民所有财产民事权利的机构或者部门决定股权转让事项，该机构或者部门应当有权签订合同，故该类股权转让合同无须批准程序，合同成立即生效。对国有企业之间的股权转让，也无须履行批准手续。《企业国有资产法》第五十一条规定："本法所称国有资产转让，是指依法将国家对企业的出资所形成的权益转移给其他单位或者个人的行为；按照国家规定无偿划转国有资产的除外。"

根据上述论证，无论是采取直接协议转让股权，还是在产权交易场所进行转让国有股权，未依法履行必要的国有资产转让审批或者监管程序时，股权转让合同未生效。在诉讼中当事人履行了必要的审批或者监管程序的，股权转让合同视为生效。对法律、法规规定不需要履行相应的审批或者监管程序的，除双方当事人有特别约定以外，股权转让合同签订后即生效。

再次，合同是否具有无效因素或者可撤销情形。《民法典》第一百五十三条第一款规定："违反法律、行政法规的强制性规定的民事法律行为无效。但是，该强制性规定不导致该民事法律行为无效的除外。"该条规定的"强制性规定"，是指效力性强制性规定。《企业国有资产法》和《企业国有资产监督管理暂行条例》关于转让国有资产转让报批程序，审计与评估、在产权交易场所公开竞价程序等规定应当属于管理性强制规定，非效力性规定（详细分析参加本书第50个问题关于"股权转让合同违反《公司法》或者公司章程规定的，合同是否应当无效"的分析）。

《企业国有资产法》第一条明确规定："为了维护国家基本经济制度，巩固和发展国有经济，加强对国有资产的保护，发挥国有经济在国民经济中的主导作用，促进社会主义市场经济发展，制定本法。"该法明确的立法目的是加强对国有资产的保护，防止国有资产流失，故关于国有资产转让的审批、评估及招拍挂等程序均属于管理性规范，并非禁止转让股权，不能以违反上述规定而认定合同无效。但是，双方恶意串通，故意侵害国有资产利益的，应当认定无效。《企业国有资产法》第七十二条规定："在涉及关联方交易、国有资产转让等交易活动中，当事人恶意串通，损害国有资产权益的，该交易行为无效。"该规定属于《民法典》第一百五十三条规定的但书内容，即违反该规定的行为应无效。如果股权转让合同双方当事人的股权转让交易，有恶意串通，故意侵害国有资产利益的，应当认定无效。由于国有资产为全民所有，涉及全民利益，如果未经评估，或者有虚假评估情节，有双方当事人恶意串通，故意损害国家利益，应当认定合同无效。

有关国有企业股权转让的规定，在法律位阶上有的属于法律和法规，例如，《企业国有资产法》（2008年第十一届全国人大常委会通过）、《企业国有资产监督管理暂行条例》（2003年国务院令第378号公布，2019年修订）；有的属于部门规章，例如，《金融企业国有资产转让管理办法》（2009年财政部令第54号）。法律、法规一般规定的是原则制度问题，而部门规章一般明确具体的股权转让操作方案，例如，《金融企业国有资产转让管理办法》第二十一条第一款规定："经公开征集，产生2个以上（含2个）意向受让方时，转让方应当会同产权交易机构共同对意向受让方进行资格审核，根据转让标的企业的具体情况采取拍卖、招投标或者国家规定的其他公开竞价方式实施产权交易。"

采取拍卖方式转让非上市企业产权的，应当按照《拍卖法》及其他有关规定组织实施。采取招投标方式转让非上市企业产权的，应当按照《招标投标法》及其他有关规定组织实施。《金融企业国有资产转让管理办法》第二十二条规定："经产权交易机构公开征集只产生1个符合条件的意向受让方时，产权转让可以采取场内协议转让方式进行，但转让价格不得低于挂牌价格。采取场内协议转让方式的，转让方应当与受让方进行充分协商，依法妥善处理转让中所涉及的相关事项后，签订产权转让协议（合同，下同）。"

关于可撤销的问题。《民法典》第一百四十七条至第一百五十一条规定了可以撤销的民事行为，均是一方违背了真实意思的情形，主要是以下几种：（1）基于重大误解实施的民事行为；（2）一方或第三方实施了欺诈手段；（3）一方或第三方以胁迫手段。显然，有关国有股权转让的限制规定，即报批、审计、评估及公开披露信息和交易等，与《民法典》规定的情形没有对应的状况，违反国有股权转让交易程序的，不属于撤销合同的构成要素。

最后，合同的变更与解除的问题。

合同变更和解除是在合同有效并拟变更合同内容或者取消合同约定的情形下才讨论的问题，有关国有股权转让的规定未涉及履行环节的干预，到目前为止没有关于变更和解除股权转让合同的特殊规定，故暂时无须讨论国有股权转让合同变更和解除的问题。

综上分析，主张取消涉及国有股权转让合同的，涉及国有股权转让特殊规定的，有两种情况可以考虑，一个是合同未生效，一个是无效。

[结论] 关于国有股权转让合同，未生效的可能原因是未履行必要的批准程序，无效的因素是转让合同的双方当事人恶意串通，损害了全民所有财产的利益。例如，虚假评估、虚假交易等。

【案例评析】

同一国有资产监督管理机构下属的国有企业之间进行的以股抵债交易，是否还需要特别的审批程序

原告：乙公司

被告：甲公司

诉讼请求：甲公司履行《转让债权合同书》，甲公司长期投资的A公司、B公司的法人股归乙公司所有，A公司的转增股归乙公司所有，甲公司给付上述股票并协助办理过户手续。

图示：

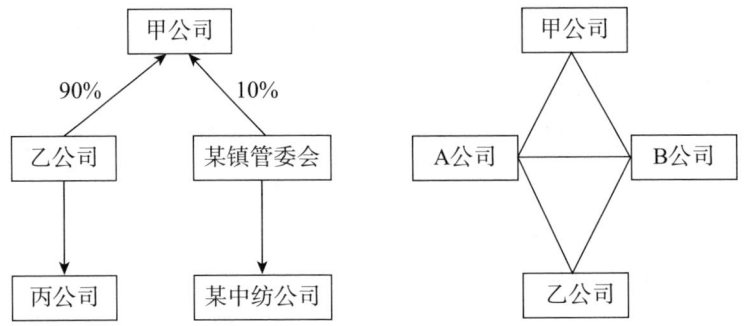

2005年4月28日，甲公司与乙公司签订《转让债权合同书》，主要约定：甲公司同意将其持有的长期投资中463.20万元的A公司和B公司的非流通法人股抵偿欠乙公司债务1000万元。甲公司负责协助乙公司办理变更过户手续。

同日，乙公司、某镇管委会、丙公司及某中纺公司签订了《某市产权交易合同》，主要约定：乙公司将所持有的甲公司90%的股权转让给丙公司，某镇管委会将所持有的甲公司10%的股权转让给某中纺公司；乙公司和某镇管委会对甲公司的债权处置，按照双方签订的《转让债权合同书》办理；长期投资中463.20万元的A公司和B公司的非流通法人股，以甲公司抵偿欠乙公司部分债务的方式由乙公司承接；本合同与《转让债权合同书》必须同时发生法律效力，同时有效或无效；本合同由双方及受托机构签字盖章，并经某联合产权交易所审核盖章，出具产权交易凭证。

同月 29 日，上海联合产权交易所在该份《某市产权交易合同》上审核盖章。现丙公司和北京某公司已成为甲公司的股东。

上述合同签订后，甲、乙双方曾至上海证券交易所办理 A 公司和 B 公司两只股票的过户手续，但因涉及上市公司实施股权分置改革，股权被冻结，故无法办理过户手续。

2006 年 1 月 2 日，甲公司将 2004 年度 A 公司和 B 公司两只股票派发的红利合计 15 万元转付给乙公司。同年 4 月 14 日，甲公司将 2005 年度 A 公司股票派发的红利 14 万元转付给乙公司。

甲公司是由国有企业乙公司出 90%，某镇管委会出资 10%，共同投资设立的联营企业，在甲公司与乙公司签订《转让债权合同书》时，乙公司持有甲公司 90% 股份，甲公司与乙公司隶属于同一个国有资产监督管理机构。

现股权分置改革已结束，该两只股票均已转为流通法人股。因甲公司拒绝协助办理上述两只股票的过户手续，乙公司诉至法院，请求甲公司履行《转让债权合同书》，请求法院判令：(1) 确认甲公司原长期投资账面数 463.20 万元项下 A 公司和 B 公司法人股归乙公司所有，确认 A 公司 2006 年度转增股票亦归乙公司所有；(2) 甲公司立即向乙公司给付上述股票并协助办理变更过户手续。

在诉讼中，甲有一个重要的抗辩理由，《转让债权合同书》中以甲公司持有的非流通法人股抵偿欠乙公司 1000 万元债务的条款，违反法律的禁止性规定，甲公司是国有企业，本案应当适用《企业国有产权转让管理暂行办法》，转让股权时，应当经国有资产管理部门批准，未经批准合同无效。

本案中，甲公司的这个抗辩理由不能成立。甲公司为国有投资占 90% 的联合企业，应属于国有企业或者国有控股企业，乙公司也为国有企业，且根据《某市产权交易合同》约定的内容，乙公司将其持有的甲公司 90% 股份转让给丙公司，而《某市产权交易合同》与《转让债权合同书》是同日签订的，这说明在签订涉案合同时乙是甲的大股东。由于甲是国有企业或者国有控股企业，甲公司在签订的涉及以股票抵偿债务的《转让债权合同书》时，与乙公司隶属于同一国有资产监督管理部门，本案实质是在同一国有资产监督管理机构下属的企业之间进行国有资产的交易，以股抵债发生的财产权利的变动，不会发生国有资产的流失，不涉及侵犯全民所有的国有资产利益，故不需要特别的审批程序，甲公司以此主张合同无效并拒绝交付股票和办理过户的理由很难成立。

52. 哪些因素影响显名股东签订的股权转让协议的效力

从显名股东的角度看，显名股东转让股权转让的是他人财产权利，并非自己所有的财产权利。这种错位关系对隐名股东及股权受让人会产生何种法律后果，是否会形成稳定的法律关系，一直以来存有疑惑，涉及的三方当事人对交易不满意时是否可以有机会寻求反悔，或者剔除不稳妥的因素，加固已经建立的法律关系，这些问题涉及复合法律关系，处理时应当比较谨慎。对这种情形下形成的股权转让，法律的正义应当是支持诚信的，既要保护所有者财产权利，又要兼顾对交易安全和秩序的维护。

隐名、显名股东关系是在公司股权登记环节安排的一种特殊关系，股权所有人根据其个人需要以他人名义在公司登记机关、公司股东名册上登记或者在公司章程上记载股东，即以他人名义登记或者记载该公司持股股东。被登记或者记载的人系代替股权所有人持有股份，并非股权实际所有人，这种情形下称登记股东为显名股东，实际股权所有人为隐名股东。

一般情况下，对公司股权的识别是以公司登记机关的登记、公司股东名册的登记、公司章程的记载、记名股票的记载等确定股权所有人，这种登记或者记载为股权归属的公示手段，他人在交易时据此核实股权所有人，在法律上应推定其在交易时尽到了谨慎审查的义务。以登记或者记载为标准识别股权，这种股权转让的效力表面上看基本上是没有问题的。由于显名股东为登记注册股东，故显名股东有机会以自己名义直接向他人转让股权，这在设立民事法律关系上没有障碍，相当于转让自己的股权。但是，实务中发生的事实并非如此简单，对有些复杂情形，简单依据登记、记载等公示工具判断当事人交易成立，有可能侵犯他人民事权益。例如，股权受让方明确知道受让股权为代持股份，隐名股东已经向股权受让方出具过有效证据，证明该股权并非显名股东所有，并同时声明不转让股权等，在该种情形下，受让方仍然坚持受让股权的，其实际能够获得股权的风险很大。

我国《公司法》对显名股东与隐名股东关系没有作出具体规定，在《公司法》中寻求解决问题的路径比较困难。通常认为显名股东与隐名股东之间存在合同关系，由于契约自由的开放性，形成的隐名股东和显名股东之间的关系也表现为多样性，合同当事人隐名股东和显名股东在不违反法律禁止性规定的情况下，可以随意安排其间的权利义务关系。

第一，隐名股东主张股权转让合同无效的场合。

结合显名股东转让股权的特点，在隐名股东主张股权转让合同无效的场合下，至少涉及两个合同关系：第一个是隐名股东和显名股东之间的合同关系，第二个是显名股东与股权受让方的股权转让合同关系。

首先，应当审查隐名股东和显名股东之间的合同内容，隐名股东是否赋予显名股东处分权。隐名股东可以安排赋予显名股东处分权，例如，授权显名股东在股权增值到一定数额时转让股权，授权显名股东在公司成立后第三年可以随意转让股权，授权显名股东如果某特定人主张购买股权时将股权转让给该特定人等。如果显名股东转让股权符合隐名股东的授权范围，隐名股东反悔的，很难获得支持。如果显名股东转让股权不符合隐名股东的授权范围，则显名股东违反了其与隐名股东之间的约定，隐名股东主张显名股东承担违约责任的，获得支持的可能性比较大。

合同属于债权关系，合同当事人享有的债权请求权具有相对性，对合同以外的他人没有约束力。隐名股东以显名股东违反其间约定主张股权转让合同无效的，还应当结合其他情形作出判断，隐名股东与显名股东之间的合同关系，不当然影响股权转让合同的效力。

其次,应当审查显名股东与股权受让方的合同关系。其中,股权受让方对隐名股东一事是否知情,是影响股权转让合同效力的关键因素。在实务中,这属于事实认定问题,需要举证证明。公司登记机关的登记公示,能够证明或者推定受让方对隐名股东的存在不知情。但在实际交易中,如果隐名股东或者显名股东或者目标公司等可以确定隐名股东事实的人,在签订股权转让合同时向股权受让方明确告知了存在隐名股东情况的,应当认定股权受让方对显名股东及隐名股东的状况是知情的。股权受让方在被告知隐名股东情况,明知显名股东无处分权,仍坚持与显名股东签订合同的,有可能构成双方当事人恶意串通,被认定符合《民法典》第一百五十四条规定的"行为人与相对人恶意串通,损害他人合法权益的民事法律行为无效"的规定,合同内容存在无效因素,如果隐名股东主张股权转让无效的,转让合同被因此认定无效的风险比较大。

第二,显名股东或者股权受让方主张股权转让合同无效的场合。

显名股东转让股权,如果得到隐名股东的授权或者事后追认,股权转让合同效力不受影响,对这种情况的合同效力问题没有争议。有争议的是没有追认的授权,即无权处分时的合同效力问题。没有隐名股东的授权及隐名股东事后对股权转让也不予以追认的,显名股东转让股权的行为属于无权处分,其与受让人订立的合同是债权合同,对合同当事人有约束力,合同标的的归属不影响合同的效力。股权是一种财产权利,如果转让人对股权没有所有权,应构成无权处分,合同效力不受无权处分影响,但合同的履行效力,即股权变动的安排,有可能要受转让方无处分权的影响。如果显名股东或者股权受让方主张合同无效的,应当适用《民法典》关于无效合同的构成要件。如果因无权处分最终导致股权无法过户时,显名股东和股权受让方应当依据其间的合同约定承担违约或者交付不能的责任。

[结论]有明确证据证明显名股东与股权受让方恶意串通,故意发生股权变动,侵犯隐名股东利益的情形,符合《民法典》规定的构成股权转让合同无效的因素。

【案例评析】

股权受让方对隐名股东的实际存在不知情的，已经履行的股权转让合同是否受到影响

原告：乙

被告：甲、B

诉讼请求：请求确认转让协议无效，B公司不能获得由乙方投资的15%A公司股权。

图示：

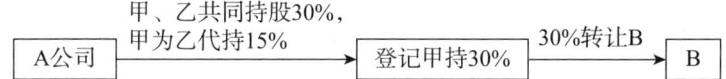

2010年10月，甲、乙双方商定各出资500万元，共计1000万元用于受让A公司30%股份。双方约定，以甲的名义受让股份后由甲为乙代持股份，即受让的30%股份中有15%的股份属于乙所有，乙在A公司15%的股权登记在甲的名下，由甲以股东名义参与公司的经营管理，参加股东会和股东的分红等。在A公司决定召开股东会或者董事之前，对会议讨论和决议内容，甲方应当向乙方通报，会后再以书面形式向乙方通报股东会和董事会决议等。2011年和2012年底，甲方向乙方支付该两年股东分红共计180万元。2013年10月，甲方与B公司签订股权转让协议，将登记在其名下的A公司股权全部转让，A公司为B公司办理了相应的股权变更登记。

乙方得知此事后向人民法院提起诉讼，请求确认甲和B签订的转让协议无效，B公司不能获得由乙方投资的15%的A公司股权。

B公司的主要抗辩理由是，他在签订股权转让协议时在公司登记机关查看了A公司的股权登记情况，落实了甲方的股东身份。在办理股权转让手续之前，B公司要求甲向其提交了两个文件：一个是甲征求A公司其他股东，对转让的股权是否行使优先购买权的询问函；另一个是A公司出具的关于A公司其他股东放弃行使优先购买权的证明。在股权转让过程中，B公司与A公司及其他股东也有接触，但没有人告知甲名下的股权存在隐名股东的情况。甲与乙之间的共同投资关系是其间的单方协议，对 B 公司没有约束力，其受让股权未侵犯乙方公司利益，股权转让协议应当依法有效。B 公司支付了全部股权转让对价，已经完成了交易和公司登记机关的变更登记手续，应当驳回乙方诉讼请求。

该案中，甲公司为 A 公司登记股东，甲和乙均未向 A 公司披露过甲名下股份中有 15% 为甲替乙代持的情形，A 公司对甲和乙之间的显名和隐名股东关系不知情，B 公司从 A 公司处很难得到关于乙为 A 公司隐名股东的情况。甲与 B 公司签订股权转让协议时未向 B 公司披露其代持乙 15% 股权的情况，故 B 公司在股权转让各环节无法知道其受让的股份中有 15% 归乙所有，B 公司在交易时尽到了一般商业交往的谨慎义务，主观上是善意的，A 公司因登记股东发生股权交易而为其办理变更登记手续符合法律规定。B 公司受让股权向甲支付了合理对价，属于正当交易。甲和乙之间通过签订协议的方式建立隐名及显名股东关系，合同之债的相对性质决定其效力仅约束参加签订协议的当事人甲、乙双方。乙方系甲方名下部分股权的实际出资人的事实未向 A 公司披露，未向公司登记机关登记公示，故不能对抗第三人。乙实际出资的股权，表现的权利外观为甲所有，B 公司向甲购买股权尽到了受让人的合理注意义务。乙将自己实际权利设置了复杂的外观，其公示为甲的股权，B 公司向公示的所有人甲购买股权，乙的股权流失是乙自己股权公示情形造成的，B 公司与甲签订股权转让合同，并未侵犯乙的权利，乙主张合同无效的理由不充分。在股权转让交易发生时乙未及时向 B 公司声明，导致股权变更登记已经实际完成，股权交易完毕，股权已经实际为 B 公司所有，乙主张 B 公司返还没有法律依据。甲未履行其与乙之间的协议约定，将其名下实际由乙出资形成的股权转让给 B 公司，由此形成的乙的损失，乙只能向甲公司另行主张其他权益。

53. 受让股权后发现目标公司存在出资不到位、抽逃出资的情形时，股权受让方如何获得救济

股权的财产价值体现在公司设立时的注册资本、现有资产（有形和无形资产）及未来成长价值等。一般认为，股权是长效投资，购买并持有股权，通过控制公司经营、分红及股权转让等追逐获利。当然，也有追求短期获利的，专门关注股票市场、关注股权转让价值的。无论属于哪种需求获得股权，公司注册资本的瑕疵可以称为隐蔽的风险，足以影响到股权的持有和交换价值。出资不到位、抽逃出资，意味着公司注册资本金的减少，该情形是发生在公司内部的，并非在公司登记机关登记并公示的，故在未进入公司之前，有可能对公司隐蔽的虚报注册资本情况不明了，当受让股份进入公司后才逐渐发现公司注册资本不实的情况。遇到出资不实或者抽逃出资的问题，除股权价值受到影响外，受让该股份的股东还有可能承继出资不实的义务，继续缴纳前手认缴的出资。

适用《公司法》及司法解释来确定出资未到位及抽逃出资的标准。

出资未到位是指股东未按约定缴纳认缴的注册资本，抽逃出资是指股东缴纳出资后又以不合理的安排或者比较隐蔽的方式将已经缴纳到公司的财产又转出。出资未到位或者抽逃出资，直接导致公司注册资本金的减少，对公司的后续发展有可能带来影响。对于受让股权后进入公司的新股东来说，公司存在的注册资金不到位，不论是转让股东认缴的出资不到位，还是公司其他股东认缴的出资不到位，都有可能是其在受让股权时没有预期的，属于合同标的物存在的隐蔽瑕疵，从《民法典》的角度看，其权利应当得到救济。

受让股权是通过股权转让合同实现的，故在这里仅探讨简单的合同关系，即转让方和受让方单纯的股权转让合同，不探讨包括公司兼并、股权置换及认

购公司新股等原因导致获得股权时发生的注册资金不实问题。

股权转让合同应当适用《民法典》合同编的规定。《民法典》合同编关于取缔合同和保留合同存续的救济配置主要有几个：合同未成立、未生效、效力待定、无效、可撤销、变更、解除及违约赔偿等。合同当事人都可以利用法律配置的权利维护其正当利益。本文仅论证几个重要的手段。

第一，关于撤销请求权的利用。

受让股权后发现目标公司存在出资不到位、抽逃出资的情形时，如果股权受让方想否定合同效力，退掉公司股权，可以考虑适用撤销合同的相关法律。根据《民法典》第一百四十七条至第一百五十一条之规定，可撤销合同的要件有几个：重大误解、受欺诈或胁迫导致意思表示不真实；乘人危困或缺乏判断能力导致结果显失公平。显然，在公司存在出资瑕疵的情况时，存在转让股东知情和推定其知情的合理因素。如果是转让股东自身出资瑕疵，应确定其故意隐瞒转让标的存在的瑕疵；如果是公司其他股东存在瑕疵出资，转让股东具备知情条件时，可以推定其知情。在能够确认转让股东对出资瑕疵知情的情况下，转让股东在股权转让合同中未披露相关情况则涉嫌欺诈。欺诈，是指以使他人陷于错误并因而为意思表示为目的，故意陈述虚伪事实或隐瞒真实情况的行为。[①] 转让股东在转让股权时应当如实向对方披露股权的真实情况，对公司的出资问题，公司以外的人很难介入了解，但股东可以掌握基本情况，对自己是否履行出资义务和是否有抽逃出资行为，应当一清二楚；对公司其他股东的出资及公司资本金是否被抽逃等情况，股东可以行使知情权，在转让股权时对股权价值构成作些了解，向受让股东提供公司的一些基本情况，尽到转让方介绍其股权及公司结构的基本注意义务。当然，一般收购公司股权时，受让方也要委托专业人员作尽职调查等，充分核实股权价值，为交易作准备。由于公司内部情况外人不宜了解，股权价值很难判断，对股权的转让交易还有比较高端的做法，即签订估值调整协议，就是通常说的以对赌协议的方式受让股权。当然，估值调整协议并非仅仅是针对股权价值的，是基于针对股权价值难以判

---

① 崔建远主编：《合同法》，法律出版社2000年版，第103页。

断，在股权转让合同中对此作出的特殊安排。如果能够确认转让方在股权转让时故意隐瞒公司资产存在的瑕疵，构成欺诈，受让方可以依据《民法典》第一百四十八条规定，主张撤销股权转让协议。

第二，关于变更或解除合同请求权的利用。

《民法典》第五百三十三条第一款规定："合同成立后，合同的基础条件发生了当事人在订立合同时无法预见的、不属于商业风险的重大变化，继续履行合同对于当事人一方明显不公平的，受不利影响的当事人可以与对方重新协商；在合理期限内协商不成的，当事人可以请求人民法院或者仲裁机构变更或者解除合同。"此外，《民法典》第五百四十三条、第五百四十四条也规定了变更合同的处理方法。当一方受让股权后发现目标公司存在出资不到位、抽逃出资情形，且转让方对此也不知情或无法知情时，受让方可以根据《民法典》的规定，请求解除合同或者变更合同相关内容。在当事人愿意保留股权的情形下，可以选择行使变更合同内容，例如，请求转让股东降低股权转让价款等。

解除合同和撤销合同的后果和除斥期间的规定基本相同，利用的便利程度相近，都能达到取消合同的后果。除取消合同的时间在事实上有不同外，对其他问题，区别不大。撤销权目的达到后，合同自始不发生效力。解除合同是自决定解除之日起开始发生效力，此前的合同关系不予取消，仅是清理履行的后果，未履行的不再履行，已经履行的，根据履行情况和合同性质，予以处理，其手段有恢复原状、采取其他补救措施或者因违约的赔偿等。变更合同没有除斥期间的限制，但也应在依法在合理的期限内行使权利。

[结论] 受让股权后发现目标公司出资未到位、抽逃出资时，股权受让人可以利用《民法典》规定的合同撤销权、变更权、解除权等，维护自己权益。

54. 股权转让的预约合同如何认定及纠纷如何处理

转让股权并非易事,股权载体为目标公司资产,包括公司的有形资产及工业产权、公司产品、技术、人力资源、管理团队、在市场竞争中的地位等无形资产,甚至公司的未来发展和成长空间等,这些因素都可能在衡量股权价值中有积极的意义。有些公司股权交易的价格容易确定,有些公司股权价格估价很困难。另外,收购股权还可能涉及公司其他共有股东的利益,特殊公司还需要相关部门审批。购买股权不仅要关注其投资价值,还可能要关注其在公司的管理地位,甚至是控制公司,涉及移交公司的经营管理权,更复杂的交易还可能涉及股权资产置换、公司兼并等。相对于其他类型交易,股权转让的协商准备周期可能会比较长,为此,在签订股权转让协议的前期,签订预约合同的情况比较多。例如,签订框架协议、意向书、认购书、预备购买协议、草签合同、备忘录、协商纪要等,通过这些方式记载交易过程,有些没有书面的文件记载,但在未签订合同前,有直接以定金、预付款等方式预订目标公司股权的行为。伴随这种现实经济活动,在交易过程中或者交易完成后,对交易之前准备阶段发生的该类法律关系如何理解及发生纠纷如何处理,值得关注。

关于预约合同的属性。预约是相对于本约而命名的,预约合同为签订本约合同之前的协议,系为准备签订本约合同而建立的法律关系。在外国民商事立法及法学研究和判例中,涉及预约和本约合同关系已经很多年了,中国人民大学王利明教授在其发表的论文中归纳了外国学者及实务中对预约法律关系的态度,[①] 他在论文中归纳了预约和本约关系的三种观点:"合同更新说",是指预约和本约是两个独立合同,本约签订后更新了预约合同的内容,本约合同替代

---

① 王利明:《预约合同若干问题研究——我国司法解释相关规定述评》,载《法商研究》2014年第1期。

了预约合同的内容;"合同同一说",是指预约和本约根本是一个合同,前者是框架协议,后者是前者内容的转化和丰富;"两个合同说",即预约和本约是两个分别独立的合同,预约合同为独立的债权契约。王利明老师在其论文中明确其观点为"两个合同说"。我国台湾地区王泽鉴老师在其著作中对预约定义为,是指约定将来订立一定的契约,本约则为履行该预约而订立的契约,故预约也是一种契约(债权契约),而以订立本约为其债务的内容。[①] 可见王泽鉴老师的观点也是"两个合同说"。目前所见资料,我国大部分学者也将预约合同、本约合同作为两个独立的合同看待。

《民法典》第四百九十五条规定:"当事人约定在将来一定期限内订立合同的认购书、订购书、预订书等,构成预约合同。当事人一方不履行预约合同约定的订立合同义务的,对方可以请求其承担预约合同的违约责任。"从《民法典》规定的内容看,采纳了"两个合同说"的立场,将预约合同目的定位于订立合同,即履行订立合同的义务。对股权转让中的预约合同,应当按独立合同看待。

股权转让预约合同的认定。与本约合同相比较,预约合同需要解决两个特殊问题:第一,是否构成合同;第二,是预约合同,还是本约合同。

第一,是否构成合同。基于预约合同是独立合同的认识,记载股权转让意思表示的相关书面文件,应当包括合同成立的基本要件。实务中,股权转让预约合同的目的是签约,比较普遍的内容为在一定期限内锁定或者限制股权向他人转让,当然,也可能包含当事人在谈判中,就达成的一致意见先行确定的内容,固定阶段性意见的谈判成果等。从形式上看,应当符合《民法典》关于合同成立的基本要件;从实质要件上看,合同内容应当有确切的关于预备签订股权转让合同的意思表示,明确设定了继续签订股权转让合同的权利和义务关系等。只有具备了合同成立的形式要件和意思表示的具体内容,才有可能考虑认定为预约合同。实务中,有些意向书、框架协议、备忘录等,没有明确的设定签订合同权利义务关系的一致意见,书面文件能够证明双方为转让股权进行过

[①] 王泽鉴:《债法原理》(第1册),中国政法大学出版社2001年版,第147页。

磋商和谈判，但语义表述比较含糊，模棱两可，或者还设定了其他假设的条件等。面对这种情况，对认定为预约合同是否成立要慎重。仅说明了认购的意向，或者安排了收购方进入公司了解公司经营情况，由专业人员作尽职调查，甚至任命了接管公司后委派的经营管理人员等，但没有关于签约的明确权利义务关系安排的，不宜认定预约合同成立。一般情况下，除当事人有明确的关于本合同系预约合同的意思表示外，如果有明确锁定目标公司股权不得转让、如果转让他人应当承担违约责任，或者不签订合同应承担违约责任等内容的，也应当认定预约的意思表示明确了。当然，实务中也对有备忘录、会议纪要、会议记录等，双方当事人未签字和盖章的，或者签字人未经授权的等，这些问题涉及事实认定问题，如果不能认定为双方当事人认可其达成一致意见的意思表示，也不能认定预约合同成立。预约合同为独立合同，虽然合同中没有对待给付义务，但有签订契约的拘束力，一方当事人放弃约定内容的，同样要依法和约定承担违约责任。

第二，是构成预约合同，还是本约合同。预约、本约有衔接关系，合同中对相关权利义务的安排有跨界的现象，例如，预约合同中安排了本约合同应当具备的内容，或者合同名称没有关于预约的字样，似为本约，但实际上合同内容并没有相互给付履行的安排等。预约和本约合同的区分认定，不能仅看合同名称，还应当结合合同具体内容，预约和本约合同的根本区别就在于合同中权利、义务内容的安排，如果合同明确权利义务关系的目的为锁定出让方向他人转让股权的，可以认定为预约合同；如果合同中出现了具体交付标的物的安排，已经具备了股权转让合同主要条款的，可以认定构成了本约。

[结论] 股权转让的预约合同是独立合同，当事人缔约目的是继续签约，订立预约股权转让合同，违反预约合同约定的，依法或者约定承担违约责任。

55. 如何认定对赌协议的效力

对赌协议（Valuation Adjustment Mechanism，VAM，估值调整机制）实际上就是投资方（收购方）与融资方（出让方）在达成融资（并购）协议时，对于未来不确定的情况进行一种约定。如果约定的条件出现，投资方如何行使权利；如果约定的条件不出现，融资方如何行使权利等。所以，对赌协议实际上就是期权的一种形式，通过条款的设计，有效保护投资人利益。[①] 对赌协议为舶来品，最早出现在外国投资公司对我国国内企业的投资中。对赌协议并非该类合同名称的直译，该类合同英文名称为"Valuation Adjustment Mechanism"，按字面直译应为"估值调整机制"，一般认为，投资方和融资方在签订协议时对未来的企业发展情况很难确定，再精细的尽职调查也难以准确估值企业，投融资双方就在协议中约定一定的目标，根据约定的目标出现或者未出现的结果，行使估值调整权利，以弥补高估企业价值给投资方造成的损失和补偿低估企业价值给融资方造成的损失，双方约定的这种机制被称为估值调整机制。由于合同中的目标涉及对企业将来发展的预测，当该类资本投资交易进入中国市场时，资本市场的企业家们很快就以中国人的视角观察，发现合同权益的获得具有赌性，遂俗称该类合同为"对赌协议"。

对赌协议在中国已经应用很多年，圈内公认最早的对赌实例为2003年摩根士丹利等三家国际投资机构对蒙牛乳业的投资。该合同主要约定：2003至2006年，如果蒙牛乳业业绩的复合增长率低于50%，蒙牛乳业管理团队要向外资方赔偿7800万股蒙牛乳业股票，或以等值现金代价支付；反之，投资方向蒙牛乳业管理团队赠送蒙牛乳业股票。该赌局蒙牛乳业管理团队成功胜出，

[①] 参见"对赌协议"，载百度百科：https://baike.baidu.com/item/对赌协议/3004345？fr=aladdin。

获得合同约定利益。2005年,摩根士丹利、鼎晖投资等向中国永乐公司投资,合同主要约定:永乐2007年(可延至2008年或2009年)的净利润高于7.5亿元人民币,投资方将向永乐管理团队转让4697.38万股永乐股份;如果净利润等于或低于6.75亿元,永乐管理团队向外资股东转让4697.38万股;如果净利润不高于6亿元,永乐管理团队向投资方股东转让的股份最多将达到9394.76万股,相当于永乐公司上市后已发行股本总数的4.1%。该赌局永乐管理团队失利,未能完成目标,企业控制权旁落他人。① 近些年对赌协议涉及的企业和领域及对赌范围等不断扩大,在投资公司方面,国内投资公司或者基金公司开始加入投资行列。在涉赌对象方面,对赌领域拓宽,除企业经营业绩外,还涉及公司上市、企业用户人数、企业技术研发能力、产品销量及占有的市场份额等内容,这些都曾经被列入融资公司承诺的范围。投资公司在防范风险方面做得越来越细,降低投资风险的内容更加丰富,包括货币赔偿、股权回购、增持股权比例、增加管理席位、限制关联交易、限制股权转让、规定竞业禁止、投资人股东享有优先分红权、优先认购权、优先清算权及一票否决权、强卖融资企业股东股权等。

  对赌协议的基本特征:合同当事人一方为股权投资方,另一方为融资企业方,通常参加签订合同的为融资企业、企业大股东或者实际控制人及管理层人员等。对赌协议的基本内容一般为投资方认购融资企业股份,融资企业获得资金并由大股东等承诺一定财务业绩或者非财务业绩等,根据一定年限后承诺目标是否实现来兑现当事人对各自权利与义务所作出的安排。对于投资企业来说,因为股权投资属于一个长项投资,追求的是远期利益,投资前对融资企业真实的基本层面有明确的评估,包括融资企业所处的某个行业的整体走势,宏观经济环境对融资企业的可能影响,融资企业过去几年经营的历史表现,融资企业未来的成长空间等。投资企业对融资企业投资获得远期利益,系期待股权升值后回笼货币或者短期持有不断升值的股权资本。从对赌协议的内容可以透

---

① 上述案例均为在互联网上通过百度搜索引擎搜集,未与涉及的企业核对。最后访问时间:2016年6月。

视出投资方的根本目的并非要成为融资企业的股东或者实际控制及经营融资企业等，而是将融资企业作为资本投资的对象，在融资企业获得成长后投资企业获得丰厚的资本权益，分享融资企业的经营成果，获得远期投资利益。对于融资企业一方来说，参与对赌的可能是融资企业、公司大股东、实际控制人及公司管理层的高级管理人员等。融资企业一方获得投资方注入企业的资金，达到预期财务业绩或者其他目标，获得股权激励，继续控制公司。融资企业或者大股东、实际控制人等让渡部分股权给投资方，但并非要放弃公司的经营管理和实际控制，相反，对公司经营更加谨慎，控制更加严密，以期按时完成各项指标来维持其在公司享有的股权份额或者控制地位，或者进而获得更多的股权奖励，避免发生对投资方的赔偿。

融资公司财务业绩目标，业绩增长幅度，生产技术研发和产能的增长，产品销量及占有市场的份额等，均可以成为"对赌协议"中股权投资方约束融资企业的内容，涉及融资企业的经营管理、经济效益及融资企业的上市等，融资企业达不到约定目标，融资企业的大股东或者融资企业需要以金钱赔偿，让渡公司股份或者管理席位，甚至是回购公司股权。

"对赌协议"标的与我国《民法典》合同编列出的有名合同不同，有名合同标的涉及的法律关系往往是单一的，而"对赌协议"涉及的法律关系是概括性的，尤其是对于公司内部治理、股权回购及公司上市等安排，涉及《公司法》及上市公司监管等敏感法律问题，故伴随"对赌协议"的履行，关于合同效力问题始终存有争议。

关于合同效力，主要有三种观点：有效论、无效论及部分有效论。有效论主要理由为合同符合当事人意思自治，不违反法律、法规规定，法无禁止即可为，故合同有效；无效论，主要认为交易违反公平原则，对投资方设定了保底条款，合同以公司上市为条件，不符合证监会的监管规定等；部分有效论，该观点为折衷观点，主张违反《公司法》及上市公司监管的内容无效，其他内容有效。

有效论、无效论及部分有效论的分歧，实际反映了在对赌协议中经常约定的三个问题的看法上，这三个问题是：第一，大股东、实际控制人必须回购投资方股份是否为保底条款;第二,以公司上市为对赌条件是否影响合同效力;第三,在投资方以股东身份参与公司经营管理的情形下,以公司业绩对赌,是否违反公平原则。对这三个问题的不同认识,是导致有效和无效争议的关键。

第一,大股东、实际控制人必须回购投资方股份是否为保底条款。

实务中,保底条款一词最早见于最高人民法院1990年出台的《关于审理联营合同纠纷案件若干问题的解答》(2020年已失效)司法解释中,该司法解释第四部分关于联营合同中的保底条款具体规定:联营合同中的保底条款,通常是指联营一方虽向联营体投资,并参与共同经营,分享联营的盈利,但不承担联营的亏损责任,在联营体亏损时,仍要收回其出资和收取固定利润的条款。保底条款违背了联营活动中应当遵循的共负盈亏、共担风险的原则,损害了其他联营方和联营体的债权人的合法权益,因此,应当确认无效。

对赌协议中的股权回购条款与联营合同中保底条款有类似的地方,但也有本质上的区别。类似的地方表现为投资方向融资企业投资后成为融资企业股东并参与公司经营管理,在未达到对赌协议约定的投资目的时,投资方有可能要退出公司收回投资。二者有本质上的区别:(1)对赌协议中约定的投资对象一般是有限责任公司或者非上市股份公司,投资方投资后成为融资企业股东,依法对公司债务承担有限责任。联营合同中的联营方式有多种,紧密型、松散型、合作型等,联营各方投资并非设立公司,没有共同进入实体组织的安排。(2)对赌协议中融资公司未达到约定条件,公司大股东或者实际控制人按约定的价格回购股权,股权转让不违反《公司法》的规定。联营合同中的保底条款约定不论联营体是否盈利,投资方均可以要求联营体定期向其分红,投资方也有权向联营体收回投资。(3)对赌协议中安排由大股东或者实际控制人以股权回购的方式保障投资方投资的基本安全,投资方收回投资,不涉及公司资产的减少,不构成抽逃公司资本,不影响公司债权人的利益。联营合同中的保底条款约定直接以联营体的财产返还投资人,侵犯其他投资人的利益,侵犯联营体债权人的利益。当然,如果对赌协议中安排由融资企业回购股权,有可能危害公司其他股东利益及公司债权人利益,同时也违反公司资本充实原则,其效力也是存疑的。从投资人的角度来看,对赌协议中的投资方的投资最终可以通过股权回购的方式返还，有保底的性质，但此保底非联营关系中的保底，并不当然无效。

第二，以公司上市为对赌条件是否影响合同效力。

该问题的提出实际上是对两个问题存在疑惑：一是证监会审核公司上市申请时关于对赌协议的态度；二是公司上市是政府监管部门的决定，是否可以成为合同当事人对赌标的问题。

（1）证监会关于对赌协议的态度，不影响合同的效力。证监会对IPO发审时比较关注申报公司的股权真实和股权结构的稳定，以及公司上市后对证券市场的影响等。如果存在对赌协议，在相当长一段时间都存在股权变动的可能性，如果大股东或者实际控制人参与对赌，为公司募集资金负担了实然债务、或然债务，有可能促使其在公司上市后转移募集到的资金用于偿还投资方债务，故对赌协议有可能成为侵犯中小股东权益、公司债权人利益、社会公众利益的隐患。上述因素是证监会反对未清除对赌协议的公司急于上市的主要原因。实务中，有些公司提出上市申报时向证监会提出解除对赌协议的保证，或者采取签订补充协议等方式规避证监会的审核。实务中有的当事人在签订《投资协议》的同时又签订《补充协议》，且将股权回购内容安排在《补充协议》中，这不能排除有规避IPO发审的嫌疑。如果说对赌协议作为证监会审核上市公司关注的重点，那么对赌协议的存在系公司是否被批准上市的条件，并非判断合同效力的标准，证监会对IPO的态度不能导致合同当然无效。证监会否定有对赌协议状态的公司上市，是为保证上市公司的股权结构稳定，维护证券市场的交易安全，确保上市公司准确披露信息，消除大股东或者实际控制人有过重的债务负担可能殃及股民的安全隐患等。证监会依法有权决定是否批准公司上市，但无权决定取缔对赌协议。人民法院有权依法认定对赌协议是否有效，决定是否取缔关于融资企业的对赌协议，但无权决定该融资企业是否可以上市。人民法院认定以公司上市为条件的对赌协议有效，不当然鼓励有对赌协议的公司上市，人民法院关于对赌协议合同效力的裁判，对行政监管机关的上市审批行为不发生影响。证监会对上市公司的监管行为属于依法行使行政职权，人民法院对合同效力的认定属于依法行使司法权，行政权和司法权有不同的主管领域和权力宗旨，在维护市场经济秩序中发挥不同的作用。人民法院依法认定对赌协议的合同效力，维持或者取缔当事人之间设定的民事法律关系，督促民事主体诚实守信，其根本目的是促进和保障市场经济的良序发展。

（2）公司上市是否可以成为对赌协议约定的目标。公司是否上市不取决于当事人的行为，取决于行政监管部门的批准，有一定的或然性，其是否可以作为合同约定的目标并成为当事人期待的对象，实务中还存有疑惑。公司上市仅是公司资本形态的一个变化，由封闭型公司变为开放型公司。公司上市后可以在证券市场上募集资本，是公司获得更多资金并做大做强的一个路径，法律并不禁止股东对公司上市有预期。从民事法律行为的一般原理出发考虑问题，公司上市是确定的、可能实现的目标，这个内容不违反法律的规定，不损害国家利益和社会公共利益，也就是不违反法律和公序良俗，故公司上市可以作为合同约定的标的，作为当事人期望达到的目标。政府监管部门的决定是行政管理机关行使国家行政职权行为，以行政职权行为结果作为合同标的，并非对赌协议的先例，在其他法律关系的场合，也出现过。例如，我国中外合资企业的股权转让需要履行政府监管部门批准的程序，因此，在关于中外合资企业的股权转让合同中，将政府主管部门的批准决定作为合同义务的条款在合同中予以约定，也是比较常见的。从合同当事人的民事法律行为的角度看，证监会对公司上市的审批，属于可能发生的客观事实，公司上市这一事件是不违反法律和公序良俗的，虽然公司上市与否取决于证监会的监管决定，但是，当事人在合同中也可以约定公司上市为实现其他民事权利的条件，这种约定不违反法律、法规的规定，不能简单否定其效力。

第三，在投资方以股东身份参与公司经营管理的情形下，以公司业绩对赌，是否违反公平原则。

投资方以股东身份参与公司经营管理，甚至在董事会中享有一票否决权，而公司的经营管理活动决定公司的业绩是否能够实现，似乎是投资方自己参与决定的事项，但经营失败又不承担责任，不承担经营失败的后果，这种安排对融资方的企业、大股东、实际控制人或高级管理人员等来说不公平，这是关于对赌协议普遍关心的焦点之一。首先，投资方投资后以股东身份参与公司经营管理不违反《公司法》的规定；其次，投资方参与公司管理的目的，一般为控制风险。在投资行业中，投资方成为融资企业的股东，一般被认为是为一种失败的投资，投资方的经营场地是资本市场，投资的最终目的是退出公司后获益。

在对赌协议中，合同各方当事人的目的是一致的，没有相反的目标，共同参与公司经营管理应是追求共同实现合同约定目标。投资方的资金被融资企业无偿使用若干年，用以推进企业的成长，在融资企业实现业绩时，双方当事人均获利，融资方的大股东等没有增加投资，但融资企业成长使其股权升值并最终获得利益，作为其获利的对价是提供了保证担保，保证投资方在投资失败时拿回投资的最低成本，这种安排是公平合理的。故无论是投资方还是原来的大股东、实际控制人、高级管理人员等参与公司的经营管理，甚至是投资方股东享有的特殊股东权利等，只要不违反《公司法》及其他法律的强制性规定，均是公司内部股东的意思自治，是当事人对不可预测的商业风险作出的自愿的合理分担，人民法院在司法角度上不予干预比较妥当。

［结论］认定对赌协议效力的主要依据是《民法典》和《公司法》及其他法律、法规。对赌协议关于公司财务业绩、公司上市、大股东及实际控制人等回购公司股份的约定，不违反《公司法》及其他法律、法规的强制性规定，不构成确认合同无效的要素。

【案例评析】

对赌协议中约定的目标公司的净利润、某项产品生产利润、公司上市及股权激励等内容，是否构成合同无效的因素

原告：甲方

被告：乙方、丙公司、丁公司

诉讼请求：请求乙方、丁公司向甲公司支付8988万元，受让甲公司所持有的丙公司49%的股份；乙方和丁公司共同赔偿甲公司损失4655万元。

图示：

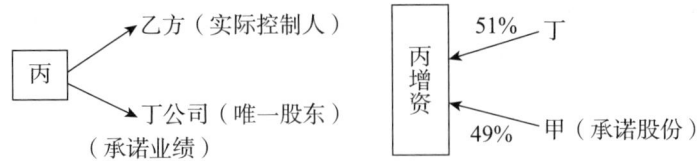

2010年10月19日，甲方、乙方、丁公司共同签署的《投资协议书》约定，合作宗旨与目的为：资源共享，优势互补，规范管理，加快发展，产品经营与资本经营相结合，做强做大丙公司主营业务，提升综合竞争力，致力于实现丙公司在中国境内资本市场公开发行并上市。关于股权结构约定：乙方为丙公司实际控制人，丁公司为丙公司唯一股东，乙方和丁公司承诺将对丙公司进行增资，本次增资后丁公司占丙公司增资后股份总数的51%；甲公司向丙公司投资7000万元取得丙公司本次增资后股份总数49%的股份。关于业绩承诺和股权奖励条款约定：乙方、丙公司、丁公司共同进行丙公司的经营业绩承诺，保证丙公司2010年度实现净利润不低于1500万元，2011年实现净利润不低于3000万元，2012年度实现净利润不低于5000万元。如丙公司2010年、2011年与2012年实现的年度净利润均达到或超过本协议承诺的业绩指标，甲公司将不少于本次增资后9%的丙公司股权作为奖励赠予丁公司。如丙公司公开发行股票申请在2013年12月31日之前通过证券监督管理委员会审核，则不论丙公司是否实现了本协议所承诺之业绩，甲公司将本次增资后9%的丙公司股权作为奖励赠予丁公司。如果丙公司2013年12月31日之前公开发行股票申请尚未通过证监会审核，若丙公司2010年、2011年与2012年实现的年度净利润均达到或超过本协议承诺的业绩指标，2013年度丙公司实现净利润达到1亿元，且丙公司鱼子酱产品产生的净利润不超过4000万元，甲公司再奖励丁公司本次增资后2%的丙公司股权。如果丙公司公开发行股票申请在2013年12月31日前通过证监会审核，则上列未通过审核情形下奖励条款自动失效。如果丙公司公开发行股票申请通过证监会审核，且甲公司持有的丙公司股份实现上市变现后，甲公司奖励乙方现金人民币500万元。

甲公司在该协议书中承诺并保证：按照协议要求按时完成投资入股的相应

流程，足额到位投资资金；采取具体行动积极协助丙公司实现在国内A股市场公开上市；投资后以股东身份通过董事会、股东会参与丙公司管理；协助丙公司拓展客户领域，选择投资项目，物色并购对象，推进丙公司做大做强。积极协助丙公司获取1亿元的贷款融资额度。

同日，四方当事人甲、乙、丙、丁又共同签署一份《补充协议》，约定：除非甲公司同意延长，如果本次投资完成之日起至2014年12月31日的期间内丙公司未完成公开发行股票和上市，则甲公司可于2014年12月31日后随时要求乙方及丁公司受让甲公司持有的全部或部分丙公司股份，乙方和丁公司承诺予以受让。乙方及丁公司受让价款计算公式如下：受让价款＝甲公司总投资额 $\times (1+8\%)^n$ －甲公司入股期间从丙公司获得的业绩补偿－甲公司届时因已转让部分丙公司股份所取得的收入（含已分红的收入）。上述公式中，n代表甲公司持有股份的时间；如果乙方、丁公司对丙公司发行上市申报不予以正常配合，或者丙公司提交给甲公司的尽职调查材料以及本次投资后的材料中相关数据有重大虚假（差额10%以上），或者乙方实际控制的其他投资、经营任何与丙公司主营业务相关的其他业务或企业，且其资产规模超过丙公司资产规模的5%；则甲公司有权选择在上述任何一种情况出现后一个月内要求乙方受让甲公司持有的全部或部分丙公司股份，乙方承诺予以受让，受让价格公式与上述相同。

2010年10月21日，甲公司向丙公司汇入7000万元。同年12月29日，丙公司完成变更登记，丁公司出资占公司注册资本51%，甲公司出资占丙公司注册资本49%。

2012年10月25日，某会计师事务所向丙公司出具《丙公司审计报告》中所附企业利润表显示，丙公司2012年1月至6月营业总收入为3233.683467万元。2012年12月31日丙公司编制的《利润表》显示本年度该公司营业总收入为2332.313769万元，《利润表（合并）》显示本年度该公司营业总收入为2324.469105万元。《利润表》记载本年度净利润为-485.491382万元，《利润表（合并）》记载本年度净利润为-485.175892万元。至此，《投资协议书》约定的相关业绩承诺没有达到目标，2014年12月31日前丙公司上市的目的已不可能实现。

因各方当事人投资合作不畅，2013年10月29日，甲公司向某省高级人民法院提起诉讼，认为乙方、丙公司、丁公司分别或共同违反了《投资协议书》和《补充协议》约定的义务，侵犯了甲公司的合法权益。请求法院判令：（1）乙方、丁公司向甲公司支付8988万元，受让甲公司所持有的丙公司49%的股份；（2）乙方和丁公司共同赔偿甲公司损失4655万元。

本案经两级人民法院两次审理，两审法院均判决认定《投资协议》和《补充协议》有效，乙方与丁公司应向甲公司支付人民币8989.2869万元，用于受让甲公司持有的丙公司49%的股份，驳回甲公司提出的赔偿诉讼请求。

该案中，涉案《投资协议》和《补充协议》的投资方为甲公司，融资方为丙公司、丁公司及乙方，丙方为目标公司，丁公司为融资前公司唯一股东，乙方为丙公司实际控制人。《投资协议》和《补充协议》虽然为甲公司、乙方、丙公司和丁公司共同签订，但实际上在合同中设立的权利及义务相对应的当事人为甲公司、乙方和丁公司，丙公司为接收投资和被持股的目标公司，为合同当事人履行权利和义务的对象，其不享有自主的合同权利与合同义务。甲公司的权利：第一，持股49%；第二，以股东身份通过董事会、股东会参与丙公司的经营和管理；第三，丙公司未出现合同约定的情形，甲公司有权要求乙方和丁公司回购其全部或者部分股份。甲公司的义务：第一，向丙公司投资7000万元，第二，在条件成就时向丁公司赠送股份和向乙方赠送500万元人民币。丁公司的权利：在条件成就时接收甲公司赠送的股份。乙方的权利：在条件成就时接收甲公司赠送的500万元人民币。丁公司和乙方承担的义务为：丙公司未出现合同约定的情形，例如，未达到合同约定的业绩，提供给甲公司尽职调查的材料虚假及乙方有其他同类企业的投资等，丁公司和乙方有义务回购甲公司股份。

合同约定对赌的条款，第一，以丙公司的业绩对赌，当丙公司业绩达到一定标准时，向融资企业大股东赠送股份。当丙公司2010年、2011年、2012年连续三年的利润分别不低于1500万元，3000万元，5000万元时，甲公司将不少于9%的股份赠送给丁公司。第二，以丙公司上市对赌，当丙公司成功上市时，甲向融资企业大股东丁赠送股份。丙公司于 2013 年底股票发行通过证监会审核，不论丙公司是否实现承诺的利润，甲公司将不少于 9% 的股份赠送给丁公司。第三，以丙公司利润、某种产品产生的利润及公司上市等混合条件对赌。当综合满足一定条件时再次奖励。如果丙公司于 2013 年未通过证监会的上市审核时，2010 年、2011 年、2012 年实现净利润的承诺，2013 年净利润达到 1 个亿，且丙公司的鱼子酱产品产生的利润不超过 4000 万元，甲公司再奖励丁公司 2% 的股权；如果丙公司于 2013 年通过证监会的上市审核，上述股权再奖励取消。第四，投资方股权变现后的对赌。融资公司成功上市后，投资方在股权变现退出公司时给予融资方一定的奖励。丙公司上市后，甲公司持有的丙公司股份变现时，应当奖励乙方 500 万元人民币。

涉案《投资协议》及《补充协议》的上述约定内容，涉及丙公司的净利润、某项产品生产利润、公司上市及股权激励等，与《合同法》规定的其他类合同相比较，对赌协议中权利义务并非系完全契约方式的，即一方当事人的权利系另一方当事人的义务，对赌协议体现的合同内容主要是针对实现目标公司各项指标的博弈条件，当丙公司能够达到约定指标后，甲公司将给予公司大股东丁公司约定的奖励，当丙公司的各项财务业绩完成或者丙公司上市且甲公司的股权成功转让后，甲公司对乙方个人给予约定的奖励。丙公司提供的材料不真实及乙方未保持竞业禁止状态，丁公司和乙方应承担相应的法律后果。根据涉案合同的上述特征，应认定当事人争议的涉案《投资协议》及《补充协议》为投行圈内俗称的对赌协议。该对赌协议中，目标公司丙公司接受全部的合同利益，而承担主要合同义务的是投资方甲公司和融资企业的股东丁公司及实际控制人乙方，丙公司的发展情况是双方博弈的目标。按基本的民法原理，双方当事人权利义务的实现可以解释为是附条件的法律行为，以第三方丙公司的动态发展结果为条件。合同约定的目标公司的各项业绩指标及上市等，是双方当事人共同追求的结果，当该约定的情形出现时，对赌各方当事人应当是共赢的，当约定的目标未实现时，投资方可以选择退出公司。

本案合同中安排丙公司业绩和上市目标达未能达到时，甲公司有权请求丁公司和乙方以合同约定的定价方式回购股权，该约定不涉及丙公司资产减少，不构成抽逃丙公司资本，不影响丙公司债权人利益，不违反《公司法》的规定，不具备否定合同效力的因素。

从涉案《投资协议》及《补充协议》的内容可以看出，投资方的目的是实现企业业绩，并非成为公司股东或者控制公司，随着约定目标的逐步实现，投资方甲公司将持有一定比例的融资企业股权奖励给融资企业大股东丁公司，在公司经营目的未达到时，投资方甲公司请求丁公司回购股份，甲公司并没有持有更多股权并控制公司的目的。在投资行业中，投资方成为融资企业的股东，一般被认为是为一种失败的投资，投资方投资的最终目的是退出公司后获益。涉案合同也约定，在投资方甲公司将股权成功转让后，奖励实际控制人乙方500万元人民币。合同的这种安排体现其公平与合理性，对各方当事人是有利的，不违反法律、法规的规定，乙方、丙公司、丁公司未实现合同约定目的时，应按合同约定回购甲持有的丙公司股份，支付相应的款项。

第七章

公司章程、股东会决议、董事会决议

56. 在公司内部行使权力的机关有哪些，其间权力是如何分配的

公司内部行使权力的机关包括股东会或者股东大会、董事会和监事会。

根据《民法典》的规定，目前我国法律认可的民事主体主要有三类：自然人、法人和非法人组织，公司属于法人。公司虽然不具有像自然人一样的自然意思及行为能力，但其作为民事主体，法律赋予其与自然人民事主体同样的地位，因而，公司也必须创设自己的组织机构，以行使其民事权利能力和行为能力。公司制度产生时即对此作出有效安排，并日益完善这一功能，公司的意志和行为由公司内部的组织机构来决定、表达和实践。公司设立各层次的组织机构，股东会或者股东大会、董事会、监事会，他们之间建立这样的逻辑关系：股东会由所有股东组成，作为公司的最高权力机关，行使公司的决策权；董事会由股东推荐或者选举的董事组成，作为公司的业务执行机关，行使公司经营管理的具体权力；监事会由股东选举或者推荐的人等组成，作为公司内部的监督机构，代表股东等监督董事会、董事以及经理履行职务的行为。西方国家创设公司制度，建立股东会、董事会、监事会的组织机构，并分别赋予各组织机构不同的权力，体现了他们"以权力制约权力"和"分权制衡"的思想。股东会或者股东大会、董事会、监事会之间存在权力制约的关系，但他们分别独立行使各自权力，独立进行意志决定。

公司的组织机构也有特殊的情况，例如，一人有限责任公司，由于公司股

东仅为一人,故设立股东会及董事会显得没有必要,一人公司没有股东会或者董事会。再如,对于小型公司,也有不设立董事会和监事会,仅安排一个执行董事或者监事行使董事会或监事会的职权,或者有一些小型公司不设董事,安排一个经理,由经理行使公司的管理职权。

国有独资公司是由国家单独出资,由国务院或者地方人民政府授权本级人民政府国有资产监督管理机构履行出资人职责的有限责任公司。国有独资公司不设立股东会,国有资产监督管理机构行使股东会职权。国有监督管理机构可以授权公司董事会行使股东会的部分职权。

股东会或者股东大会决议需要由股东在股东会或者股东大会中对议案进行表决。根据《公司法》第三十七条和第九十九条的规定,股东会或者股东大会行使下列职权:(1)决定公司的经营方针和投资计划;(2)选举和更换非由职工代表担任的董事、监事,决定有关董事、监事的报酬事项;(3)审议批准董事会的报告;(4)审议批准监事会或者监事的报告;(5)审议批准公司的年度财务预算方案、决算方案;(6)审议批准公司的利润分配方案和弥补亏损方案;(7)对公司增加或者减少注册资本作出决议;(8)对发行公司债券作出决议;(9)对公司合并、分立、解散、清算或者变更公司形式作出决议;(10)修改公司章程;(11)公司章程规定的其他职权。

董事会决议需由董事在董事会中对议案进行表决。根据《公司法》第四十六条和第一百零八条的规定,董事会的职权有下列几项:(1)召集股东会会议,并向股东会报告工作;(2)执行股东会的决议;(3)决定公司的经营计划和投资方案;(4)制订公司的年度财务预算方案、决算方案;(5)制订公司的利润分配方案和弥补亏损方案;(6)制订公司增加或者减少注册资本以及发行公司债券的方案;(7)制订公司合并、分立、解散或者变更公司形式的方案;(8)决定公司内部管理机构的设置;(9)决定聘任或者解聘公司经理及其报酬事项,并根据经理的提名决定聘任或者解聘公司副经理、财务负责人及其报酬事项;(10)制定公司的基本管理制度;(11)公司章程规定的其他职权。

《公司法》的规定是公司经常遇到的基本情况或者日常事务,是对通常情况下公司事务的概况性梳理,但在公司实践中,股东会或者股东大会、董事会决议的事项远远多于《公司法》所列举的项目，公司中主要的决策事项均是在股东会或者股东大会、董事会中通过决议的方式完成的。两机关决议是公司所有人及经营管理人对公司重大事项和基本事项的决定，指挥公司的基本管理和运营。

监事会决议需由监事在监事会中对议案进行表决通过。根据《公司法》第五十三条、第五十四条和第一百一十八条的规定，监事会的职权主要有以下几项：(1)检查公司财务；(2)对董事、高级管理人员执行公司职务的行为进行监督，对违反法律、行政法规、公司章程或者股东会决议的董事、高级管理人员提出罢免的建议；(3)当董事、高级管理人员的行为损害公司的利益时，要求董事、高级管理人员予以纠正；(4)提议召开临时股东会会议，在董事会不履行本法规定的召集和主持股东会会议职责时召集和主持股东会会议；(5)向股东会会议提出提案；(6)依照《公司法》第一百五十一条的规定，对董事、高级管理人员提起诉讼；(7)公司章程规定的其他职权；(8)对董事会决议事项提出质询或者建议。《公司法》对监事会职权的规定并不涉及公司的经营管理权限，主要是发挥监督作用，即在董事长、董事及高级管理人员不履行职责时，对其提出质疑。除起诉权外，监事会行使其他职权是被动的或者是一次性的完成替代使命，对公司运转没有主导作用。

除一人公司仅一个股东，或者不设董事会、监事会的公司仅设一个执行董事或者监事，由一个自然人独立进行意思表示以外，公司的股东会或股东大会、董事会、监事会是由多数人组成的，因而，不能像自然人一样由自然人个体表达意志，而是必须通过会议表决的方式将所有股东、董事、监事的分散意思吸收为集体单一意志来作出决定。股东会或者股东大会、董事会、监事会是统一意思的工具，通过民主决议的方式形成多数意见，产生股东会或者股东大会、董事会、监事会的意思决定。

股东会或者股东大会、董事会、监事会都是通过多数决的方式形成决议，表达统一后的意志，但多数决的方式略有不同。股东会或者股东大会的多数决，一般体现在根据投资多少而分担的风险上，以股东代表的出资份额来计算多数，而非以股东人数来计算多数，即体现的是资本多数决，但也不排除公司法的特殊规定或者公司章程的特殊约定。董事职务或者监事职务与公司资本没有关系，不分担公司的投资与收益风险，每一个董事、监事是独立承担公司经营责任或者监督责任的主体，所以，董事或者监事之间彼此没有区别，每个人都有同样的表决权。因而，董事会或者监事会是以人数计算多数的，即人数多数决。

有限责任公司的股东会和董事会没有严格的界限。由于股东人数比较少，股东通常以董事或者高级管理人员的身份直接参与公司的经营管理，因此，存在股东会和董事会人数相同，即所有股东都进入董事会，召开股东会即是召开董事会，股东会与董事会混同的情况，以董事会代替股东会等方式形成决议。尽管《公司法》对股东会和董事会的职权划分很明确，但实务中两会职权互相替代，股东会和董事会界限不清的情况是经常发生的。

股份有限公司的股东大会和董事会的界限是非常清晰的。股份有限公司股东对公司的态度与有限责任公司的股东是不同的。股份有限公司的股东人数比较多，按照不同分类股东可以划分为大股东、控制股东、中小股东、投资股东、投机股东、法人股东、机构投资者等。一般情况下，法人股东、控制股东是投资股东，也有个人股东是投资股东的，他们更关心是否能控制公司的经营管理和公司资产的增加、公司的盈利情况，甚至关联公司的利益等。投机股东更多关心的是股票在证券交易市场上的价值，他们持有股票的目的是在短期内获得较高的股息或者是通过买卖股票获利。机构投资者，主要是投资公司或者资产公司，他们一般不参与公司的经营管理，而是通过合同等方式的安排由企业的管理团队完成其预期目的，达到投资效果。机构投资者是在资本市场上冲浪的人，关心的是投资收益的安全，向公司注入的资金在约定的期限到来时能够获得高额回报，以短期投资分享投资企业的经营利润和成果。一般情况下，机构投资者对长期持有公司股票并不感兴趣，其实现收益的最终手段是在股票价格较高时转让股权获取投资利益。为了减少投资风险，通常情况下，机构投资者与投资公司或者投资公司大股东及管理团队有合同安排，在投资公司的经营业绩未达到其预期目的时，可以请求公司、公司大股东或者实际控制人回购其股份。当然，也有一些机构投资人长期持有业绩比较好的公司股票，不参与经营管理，选择每年分享红利。

由于股份有限公司股东构成的复杂性，尤其是上市公司，仅有少数大股东有控制和亲自参加经营管理公司的意愿，所以股东大会虽然是公司的最高权力机关，但实际上公司是通过董事会来控制和管理的。上市公司的股份大部分为流通股，由股市上分散和经常变动的股民持有。股民对公司的控制及经营等情况集体无关注意识，吸引股民眼球的是证券市场上股票价值的波动，股民需要上市公司有好的经营业绩及披露的真实信息等，这些利益更容易在董事会中得到保障。由于大部分股民对召开的股东大会不感兴趣，上市公司主要是依靠公司董事会来经营管理的，所以，在股份有限公司中至少是在上市公司中，还存在公司由谁说了算，股东大会和董事会谁更有权对公司负责等问题的探讨。

股东会或者股东大会与董事会职权范围的划分是比较明显的，股东会或者股东大会是公司的权力机构，行使的是所有者的权利，董事会行使的是管理者的职权。《公司法》第三十六条和第九十八条明确规定，股东会或者股东大会是公司的权力机构。《公司法》对股东会或者股东大会及董事会的职权范围有明确规定，但基于所有者和管理人之间的地位和关系，概括地说，股东会或者股东大会的权力是无限的，而董事会的权力是有限的，既可以被股东会或者股东大会给予更宽泛的职权，也可以被限缩到很小的职权范围。当然，股东们还可以通过制定的公司章程来特别解决股东会或者股东大会与董事会的职权范围问题。

公司作为独立存在的民事主体，对外要保证其民事主体的完整性和统一性，对内要调整各大、中、小投资人股东的利益平衡。《公司法》安排的股东会或者股东大会、董事会制度，形成所有权和经营权分离的局面，董事会独立负责公司经营事务，对股份有限公司尤其是上市公司尤为重要。上市公司的多数股东不参与公司的经营管理，尤其是股民在证券市场上买卖股票，对公司经营的状态不是很关心，但公司的经营损失也是购买股票股民的损失。为充分考虑排除大股东对公司的控制，防止大股东控制公司滥用权利，发生对部分股东尤其是大股东利益的倾斜，侵犯公司及公司中小股东，特别是股民利益，所以将上市公司交由董事会经营管理。股东选举董事组成董事会，董事作为专职业务人员，应不受股东利己主义行动倾向的影响，独立地管理公司财产，追求公司经营管理的效益，从而促成公司经营管理相对客观中立。但是，在实务中，大股东控制公司股东会或者股东大会、董事会，使会议决议内容向其利益倾斜的情况还是经常发生的，为避免大股东滥用权利损害公司、公司其他股东以及公司债权人的利益，《公司法》又规定了股东会或者股东大会决议、董事会决议无效制度和撤销制度，安排司法救济程序，进一步完善公司机关组织的民主制度。

[结论] 在公司内部行使公司管理职权的机关是股东会或者股东大会、董事会、监事会，他们之间建立这样的逻辑关系：股东会或者股东大会由所有股东组成，作为公司的最高权力机关，行使公司的决策权；董事会由股东推荐或者选举的董事组成，作为公司的业务执行机关，行使公司经营管理的具体权力；监事会由股东选举或者推荐的人等组成，作为公司内部的监督机构，代表股东监督董事会、董事以及经理履行职务的行为。

57. 公司内部有普遍效力的文件有哪些，各文件规定内容相互矛盾时如何处理

一般认为，公司内部有普遍效力的文件有公司章程、股东会或者股东大会决议、董事会决议，这些文件对公司股东、董事、高级管理人员等具有普遍约束力。

《公司法》第二十五条第一款规定："有限责任公司章程应当载明下列事项：（一）公司名称和住所；（二）公司经营范围；（三）公司注册资本；（四）股东的姓名或者名称；（五）股东的出资方式、出资额和出资时间；（六）公司的机构及其产生办法、职权、议事规则；（七）公司法定代表人；（八）股东会会议认为需要规定的其他事项。"《公司法》第八十一条规定："股份有限

公司章程应当载明下列事项：（一）公司名称和住所；（二）公司经营范围；（三）公司设立方式；（四）公司股份总数、每股金额和注册资本；（五）发起人的姓名或者名称、认购的股份数、出资方式和出资时间；（六）董事会的组成、职权和议事规则；（七）公司法定代表人；（八）监事会的组成、职权和议事规则；（九）公司利润分配办法；（十）公司的解散事由与清算办法；（十一）公司的通知和公告办法；（十二）股东大会会议认为需要规定的其他事项。"

从《公司法》规定公司章程应当载明的一般事项看，公司章程是公司宪法性的文件，是公司治理结构的总纲领，发挥统领和主导公司的纲领性文件的作用。公司章程囊括公司的最基本元素，规定公司的基本制度和组织框架，披露公司注册资本金、股东及投资情况，明确公司的主营业务等。公司章程不涉及公司日常经营管理中的具体事务。公司章程是公司的法定文件，是公司设立时必须具备的要件。参加设立公司的有限责任公司的原始股东和股份有限公司的发起人应当同意公司章程规定的内容。公司章程需要对社会公开宣示，使社会了解公司的基本构成要素，保证与公司交易的他人了解公司的基本情况，以维护社会经济交往的安全。

在公司成立后，公司可以修改公司章程，修改后的公司章程也必须重新在公司登记机关对外公示。

公司章程有两种情况：一种是设立时的章程，另一种是公司运行中经过修改的公司章程。公司设立时的公司章程由全体原始股东同意，在公司运营过程中，有可能出现新股东或者出现修改公司章程的情况，新股东加入公司时未参与公司章程的制作，未主动表决过章程，因此章程内容并不一定代表其意思；修改公司章程需要三分之二多数通过即可，因此，也可能存在不同意章程内容的股东，因而，公司章程虽然对公司股东有约束力，但并不一定代表股东的真实意愿，如果公司章程的规定导致股东利益失衡，应当针对具体情况作出调整。

公司章程为公司常设的法定文件，解决公司的基本原则和制度问题，具有相对稳定的特点。股东会或者股东大会、董事会决议是对公司日常经营管理事务作出的决议，具有一事一议并决定的特点，有临时和不稳定的因素。

公司的股东会或者股东大会、董事会，他们是以召开会议形成决议文件的方式行使对公司的管理和控制权的，这些决议文件与具有统领公司的宪法性文件公司章程之间存在一定的权力分配和制约。

监事会行使的是监督权，在公司经营管理中参与决策机会比较小，这里暂时不讨论其参与公司决策的特殊问题。

股东会或者股东大会决议和公司章程具有最高的权威性，董事会具有决定公司事务的常设性，在公司的日常经营管理中发挥重要作用。股东会或者股东大会是公司的最高权力机关，可以修改公司章程，可以行使董事会的职权，改变董事会或者监事会决议的事项。股东会或者股东大会也可以将自己的权力交由董事会或者监事会行使。

一般情况下，股东会或者股东大会、董事会决议应当符合公司章程，但在特殊情况下对个别事项的决议，也可以突破公司章程的规定。当股东会或者股东大会、董事会决议事项违反公司章程规定，但不具备无效和不成立因素时股东可以行使撤销权，依据《公司法》第二十二条的规定向人民法院提起撤销股东会或者股东大会决议之诉。如果股东未提起撤销之诉，超过法定期限六十日的股东会或者股东大会决议是效力稳定的决议，可以长期存续。但是，如果决议事项属于《公司法》规定应当在公司章程中载明并公示的事项，股东会或者股东大会决议事项与公司章程规定不一致的，公司股东会或者股东大会应当作出修改公司章程的决议，并将修改后的公司章程公示。

[结论] 公司章程为公司纲领性和常设性法定文件，解决公司的基本原则和制度问题，具有相对稳定性。股东会或者股东大会、董事会决议是对公司日常经营管理事务作出的决议，具有一事一议并决定的特点，具有临时性和不稳定性。当股东会或者股东大会决议、董事会决议违反公司章程时，股东可以在法定期限内行使撤销权，撤销违反公司章程的决议。

第七章 公司章程、股东会决议、董事会决议

【案例评析】

董事会决议是否可以取消股东资格

原告：甲

被告：A 公司

诉讼请求：请求确认 A 公司股东会决议无效。

图示：

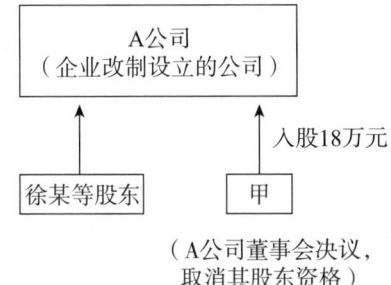

A 公司系 2006 年经过国有企业改制成立的。在《A 公司股东名册》和《全体股东授权签字明细表》中载明，股东为徐某、甲等 39 位。2006 年 10 月 8 日，会计师事务所出具的《验资报告》主要内容为：A 公司申请登记的注册资本为人民币 330 万元，由徐某、甲等 39 位股东缴纳。2006 年 10 月 30 日股东大会通过了《A 公司章程》，徐某、甲等 39 位股东在通过的章程中签名，第十一条第一项股东的姓名、股东出资额、身份证件号码及住所中，列有徐某、甲等 39 位股东。2006 年 11 月 16 日，A 公司经工商行政管理机关登记成立，在工商登记中甲被登记为 A 公司股东。2007 年 2 月 1 日，A 公司向甲核发了《股权证》，公司成立后，甲被选举为公司董事，一直参与公司经营活动。

2013 年 11 月 19 日，A 公司部分股东（共有 30 人）认为，甲于 A 公司设立前已调离改制企业，根据《A 公司章程》第二条关于"原企业自愿入股人员共同出资组建有限责任公司"的规定，应清退甲的股东资格，故向 A 公司董事会、监事会提出了书面建议。2014 年 3 月 6 日，A 公司召开了董事会，董事会议形成决议：（1）依照公司章程第二条关于"原企业自愿入股人员共同出资组建有限责任公司"的规定，取消甲股东资格，退还其入股本金 18 万元，收回

341

《股权证》。(2) 停发 2014 年的股东分红。2013 年分红由甲本人领取。同月 7 日，A 公司向甲下发通知书，通知内容为：由于你已于 2006 年 2 月 16 日经市委书记办公室研究同意调离 A 公司改制前企业，到市自来水公司工作，并未参加企业改制，《A 公司章程》第二条明确，A 公司是经改制成立的有限责任公司，由原企业自愿入股人员共同出资组建的，你在 A 公司所入股份，违反本公司章程规定，因此，决定取消你股东资格并退还入股本金，收回《股权证》，2014 年起停发一切股东分红。

甲向人民法院提起诉讼，请求判决确认 A 公司于 2014 年 3 月 6 日作出的董事会决议无效。甲的主要理由为：甲在公司成立时缴纳了入股资金，签署了《A 公司章程》，A 公司为甲颁发了《股权证》，甲为 A 公司股东。董事会作出取消股东资格的决定，不符合《公司法》第四十六条关于董事会职权范围的规定，董事会无权决定取消股东资格。在 A 公司成立的章程中，也没有相关约定。A 公司 2014 年 3 月 6 日的董事会对甲作出的决定，侵犯了甲的股东权利，违反了《公司法》的规定，应当认定无效。

A 公司的主要抗辩理由为：甲在企业改制之前已经丧失了企业职工资格，其参与改制、参加新设立公司并成为股东是错误的，违反企业职工参股的政策。A 公司在企业改制设立时有行政性调整和划转的资产，这些资产进入到 A 公司后折合到每个股东的股份中，甲非原企业职工，不应当享有这种利益，甲只投资了 18 万元，明显投资不到位。A 公司董事会决议是纠正公司设立中的错误，清理甲获得的不当利益，维护 A 公司股东的正当利益。

该案中，A 公司虽然为改制企业，但其是依据《公司法》设立的有限责任公司，公司的管理和运营及各股东、董事、监事及高级管理人员等行使权利和承担义务及责任，应当执行《公司法》的规定，公司章程有特殊规定并符合《公司法》的，应当执行公司章程的规定。甲以发起人名义参加设立 A 公司，签署了《A 公司章程》，缴纳了认缴的出资，公司为其颁发了《股权证》，并在工商行政管理机关将其登记为股东，应当依法确认甲取得了 A 公司的股东资格，享有股权。A 公司主张的其设立时有行政性调整或者划拨的资产进入 A 公司，折合到 A 公司股东的股份中，该问题属于核算股东出资与持股数额的对应问题，或者是核查甲出资是否足额问题，不影响甲取得 A 公司的股东资格。甲在 A 公司设立时已经缴纳 18 万元出资并获得相应股份，A 公司主张其不得享受改制时行政性调整或者划拨资产的利益，属于另外的法律关系，A 公司董事会不能因此决议取消甲的股东资格。

《A 公司章程》第二条关于"原企业自愿入股人员共同出资组建有限责任公司"，是对公司组建的一般描述，并未明确涉及改制前非企业职工是否可以成为 A 公司股东的问题，也未规定公司成立后发现改制前非企业职工成为公司股东时如何处理等问题，故依据《A 公司章程》的规定否定甲已经取得的股东资格，依据不足。《公司法》第四十六条规定的董事会职责范围不包括取消股东资格，A 公司以董事会决议方式取消甲的股东资格，停发甲股东红利，侵犯甲股东的民事权利，依法应当认定无效。

58. 公司股东会或者股东大会、董事会决议的效力范围

股东会或者股东大会、董事会属于决定公司内部事务的机构，除法律、法规有特殊规定的以外，其决议仅在公司内部发生法律效力，对外不发生法律效力。对于股东会或者股东大会、董事会的决议事项明显属于公司内部事务，其效力仅局限于内部，对这一点比较容易理解，例如，选举董事、通过财务报表、决定利润分配方案等。但是，对于有些决议事项描述了公司与公司以外的他人交易的情形，似乎又涉及公司外部关系，故对这类股东会或者股东大会、董事会决议的事项，是否对公司外部有影响，始终存有争议。

根据《公司法》第三十七条的规定，股东会或者股东大会的职权有两种情况：一种是仅涉及公司内部的；另外一种是既涉及公司内部，又有可能涉及公司外部的。其中，仅涉及公司内部事务的有：第（二）项，选举和更换非由职

工代表担任的董事、监事,决定有关董事、监事的报酬事项;第(四)项,审议批准监事会或者监事的报告;第(五)项,审议批准公司的年度财务预算方案、决算方案;第(十)项,修改公司章程。既涉及公司内部,又有可能涉及公司外部事务的有:第(一)项,决定公司的经营方针和投资计划,有可能涉及公司以外的合作伙伴和投资对象;第(三)项,审议批准董事会的报告,有可能董事会决议涉及公司以外的事务,例如,对外担保等;第(六)项,审议批准公司的利润分配方案和弥补亏损方案,有可能涉及公司债权人的利益;第(七)项,对公司增加或者减少注册资本作出决议,有可能涉及公司以外的新股发行对象和公司债权人的利益;第(八)项,对发行公司债券作出决议;第(九)项,对公司合并、分立、解散、清算或者变更公司形式作出决议,有可能涉及合并公司及公司债权人的利益;第(十一)项,公司章程规定的其他职权,这项规定是任意和开放性的,有可能涉及公司以外的他人利益。

此外,《公司法》除用专条规定股东会或者股东大会的职权范围外,还用专条明确规定公司发生特殊事项时必须召开股东会或者股东大会。例如,《公司法》第十六条第一款和第二款规定:"公司向其他企业投资或者为他人提供担保,依照公司章程的规定,由董事会或者股东会、股东大会决议;公司章程对投资或者担保的总额及单项投资或者担保的数额有限额规定的,不得超过规定的限额。公司为公司股东或者实际控制人提供担保的,必须经股东会或者股东大会决议。"第一百二十一条规定:"上市公司在一年内购买、出售重大资产或者担保金额超过公司资产总额百分之三十的,应当由股东大会作出决议,并经出席会议的股东所持表决权的三分之二以上通过。"第一百三十三条规定:"公司发行新股,股东大会应当对下列事项作出决议:(一)新股种类及数额;(二)新股发行价格;(三)新股发行的起止日期;(四)向原有股东发行新股的种类及数额。"第一百六十一条规定,上市公司经股东大会决议可以发行可转换为股票的公司债券,并在公司债券募集办法中规定具体的转换办法。第一百八十条规定:"公司因下列原因解散:……(二)股东会或者股东大会决议解散……"

根据《公司法》第四十六条的规定,董事会的职权也有两种情况:一种是局限于公司内部利益的；另一种既涉及公司内部又有可能涉及公司外部人利益的。其中，仅局限于公司内部利益的有：第（一）项，召集股东会会议，并向股东会报告工作；第（四）项，制订公司的年度财务预算方案、决算方案；第（八）项，决定公司内部管理机构的设置；第（九）项，决定聘任或者解聘公司经理及其报酬事项，并根据经理的提名决定聘任或者解聘公司副经理、财务负责人及其报酬事项；第（十）项，制定公司的基本管理制度。其他几项，既涉及公司内部利益，也有可能涉及公司外部利益的有：第（二）项，执行股东会的决议，如果股东会决议涉及外部人利益，董事会决议同样会涉及外部人利益；第（三）项，决定公司的经营计划和投资方案；第（五）项，制订公司的利润分配方案和弥补亏损方案；第（六）项，制订公司增加或者减少注册资本以及发行公司债券的方案；第（七）项，制订公司合并、分立、解散或者变更公司形式的方案；第（十一）项，公司章程规定的其他职权。上述几项均有可能涉及公司或者伙伴、合并公司、投资或者担保对象、公司以外的新股认购人、公司债券认购人、公司债权人利益等。

对于股东会或者股东大会、董事会决议仅涉及公司内部事项，对公司股东、董事、监事及高级管理人员有约束力，对于既涉及公司内部，又有可能涉及公司外部关系的几项决议，对公司以外的人是否有约束力，是有探讨价值的。

《公司法》第一条规定了该法的调整范围，该条开宗明义规定，"为了规范公司的组织和行为"制定本法。调整范围是划分部门法的标准和界限之一，每一部法律都有其调整的对象和要解决的问题，《公司法》显然是解决公司活动的，而且限于公司的组织和行为。《公司法》第一章规定总则，第二章至第十二章分别规定有限责任公司的设立和组织机构，有限责任公司的股权转让，股份有限公司的设立和组织机构，股份有限公司的股份发行和转让，公司董事、监事、高级管理人员的资格和义务，公司债券，公司财务、会计，公司合并、分立、增资、减资，公司解散和清算，外国公司的分支机构，法律责任等。从《公司法》各章节规定的内容看，约束的主体分别是公司及分公司和分支机构、公司股东、实际控制人、董事、监事、高级管理人员及经理等，调整的是上述主体在公司组织和行为活动中发生的法律关系，划定上述主体可以实施行为的大体界限、区分合法行为和违法行为的界限等。《公司法》各章节规定的内容，为上述主体的行为提供基本准则，引导其实施正常行为，以取得对其有利的法律后果。为上述主体设定了权利、义务及责任，及各主体行使权利的相互尊重和保障，以鞭策各公司行为主体在相互关系中实施正当的行为，警戒其在相互关系中实施的非正当行为。《公司法》通过对一系列原则、制度、方法、措施及制裁手段等安排，实现其维护的公司法律关系秩序化目的，并同时实现保障公司的运行不侵害公司以外他人的合法利益。

不论公司法律关系主体为正当行为或者非正当行为，公司法律关系秩序发生怎样的变动，公司以外的他人利益、社会公共利益及国家利益等不得因此而受到损失。

《公司法》未对公司以外的他人设定任何义务和责任，不涉及对公司以外的他人的行为规范等，仅仅规定了公司以外的他人权利。公司以外他人的权利主要包括两方面内容：一方面，在公司进行一些正当行为时，对可能影响到的他人利益予以保护，例如，《公司法》规定在公司合并、分立及减资时，需要通知公司债权人、清偿债权人的债务或者对债务提供担保等。另一方面，对《公司法》规范的主体进行一些非正当行为影响公司以外他人利益的，《公司法》也安排了对他人的保护手段，公司以外的他人可以依据《公司法》的相关规定，请求《公司法》规范的主体承担《公司法》规定的相应责任，例如，股东出资未足额、抽逃出资等情形发生时，该股东对公司债务向债权人负有补充清偿责任等。

《公司法》规定对公司以外的他人利益的保护，并非该法调整公司以外的法律关系，该安排的目的是当公司行为、活动影响到公司以外的他人利益时，应当予以衡平补偿，以保障公司组织活动的正当进行。《公司法》未规范公司以外的他人的义务和责任，公司以外的他人不是《公司法》规范的主体。但是，当《公司法》规范的主体进行公司组织和行为活动时侵犯了公司以外他人利益时，他人寻求救济应当有法可依，在公司等主体拒绝保障公司以外他人利益时，他人可以依照《公司法》的规定获得司法救济。

《公司法》是以公司、分公司、分支机构、子公司、股东及实际控制人、董事、监事及高级管理人员等为主体，以在公司的组织行为和活动中发生的社会关系为调整对象的法律规范，这是《公司法》作为部门法律与其他法律的根本区别。《公司法》调整的社会关系范围决定股东会或者股东大会决议、董事会决议的效力范围，即其效力范围仅局限于公司内部事务及法律关系，对公司及分支机构、子公司、股东及实际控制人、董事、监事和高级管理人员等有约束力，对公司以外的民事关系及民事主体，没有约束力。

[结论] 公司股东会或者股东大会、董事会决议的效力范围仅局限于公司内部，对《公司法》调整的主体公司、分公司、分支机构、子公司、股东及实际控制人、董事、监事及高级管理人员等具有约束力，对公司以外的他人，没有约束力。

59. 取消股东会或者股东大会、董事会决议的路径有哪些

《公司法》第二十二条第一款和第二款规定："公司股东会或者股东大会、董事会的决议内容违反法律、行政法规的无效。股东会或者股东大会、董事会的会议召集程序、表决方式违反法律、行政法规或者公司章程，或者决议内容违反公司章程的，股东可以自决议作出之日起六十日内，请求人民法院撤销。"第一款是关于认定决议无效的构成要件的规定，第二款是关于认定决议可撤销构成要件的规定。从表面上看，这两款规定泾渭分明，能够解决公司运营中的问题，涉及决议内容违反法律、法规的属于无效要件，涉及程序事项及章程事项的属于可撤销事项，相关权利人可以根据股东会或者股东大会、董事会决议存在问题的情形行使诉权，达到取消决议的目的。但是，实务中的问题相对复杂，这两款规定的问题不能囊括公司形成股东会或者股东大会、董事会决议的

各种情况,并且,有些情形似乎既不属于无效也不属于可撤销构成要件,相反,有些情形疑似既符合无效构成要件,又符合可撤销构成要件。虽然权利人利用两款规定的内容均能达到取消股东会或者股东大会、董事会决议的目的,但是,由于两款规定的起诉期间不同,分别依照第二十二条第一款和第二款起诉或者判决,后果会有不同。无效之诉是不受起诉期间限制的,而可撤销之诉规定为决议之日起六十日内行使诉权,对于起诉时超过决议之日六十日的,以无效事由起诉和以可撤销事由起诉,关系到是否具有诉权的问题,无效事由和可撤销事由的认定对决议是否被取消起决定因素,因此,对界限不清的问题应当有解决的方案。

我们国家《公司法》对于决议效力只有可撤销和无效的划分,第二十二条采用两分法,对决议无效和可撤销制度作出规定,实际上在其他国家公司立法中还有决议不存在和表见决议的概念。

决议不存在之诉,是指决议的程序严重违法,以至于决议的本身无法认可,或者达到了可以视为会议不存在的程度,此时当事人可以提起决议不存在诉讼,① 例如,在召集程序和决议方法上有重大瑕疵,以至于不能认定为是一次股东会或者股东大会决议、董事会决议。决议不存在之诉与撤销之诉相比较,有权提起决议不存在之诉的权利人范围可能要广泛得多,包括投赞成票的股东也可以提起诉讼,而且没有提起诉讼期间的限制。

表见决议之诉,是指根本就没有召集会议,与公司无关者伪造会议记录,或者根本就不存在召集会议的事实而制作的会议记录,或者召开不能视为股东大会的会议并制作的会议记录,存在这种称为表见决议的瑕疵时,所提起的诉讼。

国外公司法中描述的决议不存在之诉和表见决议之诉情形,在我国现实的公司实践中实际存在着,因此发生纠纷诉讼到法院的案件也有一定数量,但以此情形套用无效之诉和可撤销之诉的构成要件,似乎又不太贴切。

最高人民法院颁布的《公司法若干问题的规定(四)》没有引进表见决议

---

① 参见[韩]李哲松:《韩国公司法》,吴日焕译,中国政法大学出版社2000年版,第423页。

和决议不存在这两个概念,而是采用我们在司法实践中比较习惯的概念,即法律关系不成立的概念,列举了决议不成立的几种情形,解决几个多发的问题。

《公司法若干问题的规定(四)》第五条规定:"股东会或者股东大会、董事会决议存在下列情形之一,当事人主张决议不成立的,人民法院应当予以支持:(一)公司未召开会议的,但依据公司法第三十七条第二款或者公司章程规定可以不召开股东会或者股东大会而直接作出决定,并由全体股东在决定文件上签名、盖章的除外;(二)会议未对决议事项进行表决的;(三)出席会议的人数或者股东所持表决权不符合公司法或者公司章程规定的;(四)会议的表决结果未达到公司法或者公司章程规定的通过比例的;(五)导致决议不成立的其他情形。"

[结论] 根据《公司法》及司法解释的规定,拟取消股东会或者股东大会、董事会决议的,可以主张相关决议无效、可撤销及不成立,涉及决议内容违反法律、法规的,属于无效要件;涉及程序事项及章程事项的,属于可撤销要件;涉及不具备股东会或者股东大会、董事会的召开或者形成决议要件的,可以依据《公司法若干问题的规定(四)》认定决议不成立。

【案例评析】

在董事长拖延安排召开股东会的情形下,股东联合公司多数董事召集并主持股东会,在程序上是否违反《公司法》规定

原告:甲

被告:A公司

诉讼请求:请求撤销A公司股东会决议和董事会决议。

图示:

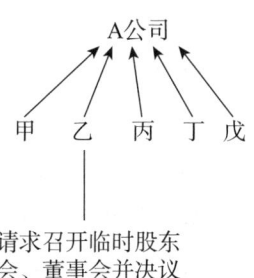

A公司是由甲、乙、丙、丁、戊于2012年共同设立的有限责任公司，注册资金700万元，其中甲持有公司39%股份，乙持有公司34%股份，甲为A公司董事长和法定代表人。公司章程规定：股东会会议分为定期会议和临时会议。召开股东会会议应当于召开前15日通知全体股东。定期会议应当于6个月召开一次。临时会议由代表十分之一以上表决权的股东、三分之一以上董事或者监事提议召开。

2015年1月16日，A公司乙股东提议于2015年2月3日召开公司临时股东会，会议议题为重新选举公司董事会和监事会成员等有关内容。乙股东将提议及临时会议议题文件送交给A公司董事长甲，甲签收了乙提交的文件，并答复乙称近期将安排召开股东会。截至2015年3月底，A公司未发出召开临时股东会会议的通知，乙遂联合A公司其他三名董事附议，通知A公司全体股东于2015年4月15日在A公司召开临时股东会，通知附件包括临时会议议题。2015年4月15日，A公司如期召开了临时股东会会议。A公司全体股东到会参加会议，甲在会议中途退离会场。临时股东会决议改选了A公司董事会成员和监事会成员。随后召开了A公司的董事会并形成决议。董事会重新选举张某为A公司董事长及法定代表人，免除甲在A公司担任的董事长职务。

甲以A公司股东会决议程序违法及违反公司章程规定，董事会部分成员不具备董事资格为由向人民法院提起诉讼，请求撤销A公司股东会决议和董事会决议。甲的主要理由为：乙提议召开A公司临时股东会会议，其作为公司董事长已经答应乙股东的请求，并开始着手计划安排召开股东会会议的事宜。当时，A公司主要董事及高级管理人员都在忙于重要项目的谈判，拟为A公司购买重要资产。乙在关键时刻争夺A公司控制权，未听从A公司统一安排，突然越权召集临时股东会会议，违反《公司法》第四十条规定的召开股东会和董事会的职权顺序，故股东会会议的召集程序违反《公司法》和A公司章程的规定，应予以撤销。由于股东会是非法召开的，其选举的董事及组成的董事会是非法的，该董事会并不代表A公司，其决议也应当撤销或者认定无效。

A公司的主要抗辩理由为，乙已经按照《公司法》和A公司章程的规定，请求公司安排召开临时股东会会议，但甲利用其对公司的控制地位，以各种理由推迟召开股东会会议，其目的是拖延时间以安排对其有利的关联交易。A公司章程规定临时股东会议由代表十分之一以上表决权的股东、三分之一以上董事或者监事提议召开，乙在A公司持有34%股份，超过十分之一，故乙有权提议召开临时股东会议。A公司共有5名董事，其中3名董事附议召集并主持了2015年4月15日召开的股东会会议，故该股东会决议程序不违反《公司法》及A公司章程的规定，甲关于撤销股东会决议的理由不成立。A公司现在的董事是股东会决议选举的，董事成员资格合法，董事会决议合法有效。

该案中，当事人争议的焦点涉及《公司法》第四十条规定公司召集临时股东会的程序问题。《公司法》第四十条规定："有限责任公司设立董事会的，股东会会议由董事会召集，董事长主持；董事长不能履行职务或者不履行职务的，由副董事长主持；副董事长不能履行职务或者不履行职务的，由半数以上董事共同推举一名董事主持。有限责任公司不设董事会的，股东会会议由执行董事召集和主持。董事会或者执行董事不能履行或者不履行召集股东会会议职责的，由监事会或者不设监事会的公司的监事召集和主持；监事会或者监事不召集和主持的，代表十分之一以上表决权的股东可以自行召集和主持。"

按照该条规定的召集和主持顺序为：董事会召集会议的，主持会议的顺序依次为，董事长、副董事长、半数以上董事推荐的董事；执行董事召集和主持股东会；监事会或者监事召集和主持；代表十分之一以上表决权的股东自行召集和主持。该条是先规定由谁召集会议的内容，然后再根据召集人的情况规定主持人。本案中乙股东提议召开股东会，董事长迟迟不作安排，未积极回应股东的请求，在董事会召集股东会的可能性很小的情形下，乙股东联合公司3名董事的附议召集股东会，也是在董事长拖延履行职责情形下的无奈之举。A公司共有5名董事，3名董事已经达到了董事会成员的多数，故通知该会议也可以视为公司董事会召集了临时股东会议。在会议召开时，甲作为股东和董事长参加了会议，但其中途退出，应视为其放弃了作为董事长行使主持会议的职权机会。由于乙已经联合了A公司的3位董事共同安排召集和主持了临时股东会，故该会议的召集及主持是由A公司半数以上的董事召集和主持的。甲中途退出可以视为其不履行董事长职务，没有证据证明A公司设有副董事长的职位，故三位董事已经是A公司董事的半数以上，该股东会在召集和主持程序上没有瑕疵，符合《公司法》第四十条的规定。A公司乙股东提议于2015年2月3日召开公司临时股东会，甲作为董事长签收了乙提交的文件，并答复乙称近期将安排召开股东会，但截至同年3月底，并未安排召集股东会。结合当事人提出的公司有重大投资项目及关联交易之说，可以判断对A公司正在进行的交易，股东之间意见是有分歧的，故甲作为A公司董事长有推迟、拖延或者拒绝召集股东会的嫌疑，在此情形下，A公司根据股东乙的提议安排召集的股东会并不违反《公司法》及A公司章程的规定，甲关于撤销股东会决议及董事会决议等诉讼主张，很难获得支持。

60. 提起股东会或者股东大会、董事会决议不成立、无效及可撤销之诉，是否有时间限制

《公司法》第二十二条规定了撤销股东会或者股东大会、董事会决议的时间，其目的是督促股东在短期内行使权利，修补决议存在的瑕疵，以不影响公司经营管理活动的推进。对于请求认定股东会或者股东大会、董事会决议不成立或者无效之诉，未规定提起诉讼的时间，最高人民法院颁布的《公司法若干问题的规定（四）》也没有对提起决议不成立和决议无效之诉的时间作出规定，故对此产生疑问，即对决议不成立和决议无效之诉是否要规定时间，控制诉讼在短期内发生，以免影响公司经营管理的稳定性。

关于行使诉权是否能够获得司法救济，有两个时间制度会经常被考虑，一个是诉讼时效制度，一个是除斥期间制度。

诉讼时效，是民事权利受到侵害的权利人于法定期间内不行使权利即丧失胜诉权。关于决议不成立、无效之诉和撤销之诉不适用诉讼时效制度。

主张撤销股东会决议，权利人行使的是形成权，民法理论一般认为形成权

不适用诉讼时效,而适用除斥期间制度。形成权可以权利人单方主张或者单方行为产生并引起一定法律后果,变更或者消灭以及产生新的法律关系,形成权的行使,不需要对方当事人的配合。但由于在形成权行使之前,涉及的法律关系有可能是不稳定的,为保护相对人的利益,形成权的行使要及时,因而对形成权规定了除斥期间制度。

对撤销股东会决议之诉,一般认为是形成权之诉,提起诉讼的权利人、时间等由法律作出明确规定。《公司法》第二十二条规定提起诉讼的权利人为股东,提起诉讼的时间为六十日。

主张股东会决议无效,是对股东会决议内容违反法律、法规禁止性或者强制性规范的客观事实的确认,不存在时间经过对权利的限制问题,因而不属于诉讼时效适用的对象。

关于股东会决议无效之诉的性质,国际公司法、民事诉讼法学界有争议,有确认之诉、形成之诉、折衷说等。对决议无效之诉,一般对提起诉讼的时间不作限制性规定,主要是考虑决议内容涉及的瑕疵性质,以短期的时间经过来推定瑕疵治愈有失公平,因而,只要利害关系人有诉的利益,随时可以提起诉讼。

最高人民法院《公司法若干问题的规定(四)》对决议未成立之诉的提起时间未作出限制性规定,一般认为,对该类诉讼的起诉时间,也不宜作出限制性规定。决议不成立的几个主要因素是未召开会议、未决议及决议表决权不符合规定的多数,这种未成立的决议,或者是不存在的决议,也不是经过时间能够修补的瑕疵,故以时间的经过控制诉权或者胜诉权,效果不好,对维护社会秩序不利。

[结论] 关于提起撤销决议之诉有时间限制,对提起的决议无效之诉和不成立之诉,没有时间的限制。

61. 谁有权提起股东会或者股东大会、董事会决议无效或者撤销之诉

关于无效之诉的提诉权人，《公司法》未作出规定，在实务中有两种观点：一种观点认为，提诉权限制在公司内部人员，与诉讼有最大的利害关系的人享有诉权。另外一种观点认为，提诉权人除公司内部人员外，还包括公司以外的其他人。主要理由有两个：第一，只要有诉的利益即有提诉权，这是民事诉讼法赋予民事主体诉权把握的一个基本原则。例如，受让人获得股权后，公司董事会决议不予办理变更登记，或者股东会决议分配利润方案违反《公司法》等，这时的股权受让人和公司债权人并非公司内部人员，但公司机关的决议使其权益面临危险和不安，他们的权利是民事权利，并非道德或者伦理的，或者行政争议等，他们具有诉的利益，法院对其主张的判决具有必要性和实效性。必要性是法院必须通过判决解决纠纷，实效性是指法院能够通过判决解决该纠纷。第二，《公司法》对无效之诉的提诉权人是开放性的规定，没有作出限制。《公司法》第二十二条对无效之诉与撤销之诉的规定作出了区别，即对撤销之诉的提诉权和提诉时间作了特殊规定，但对无效之诉未作任何限制。公司法司法解释进一步明确了这一立场。《公司法若干问题的规定（四）》第一条规定："公司股东、董事、监事等请求确认股东会或者股东大会、董事会决议无效或者不成立的，人民法院应当依法予以受理。"

［结论］公司股东、董事、监事等高级管理人员及公司以外的他人，均可以提起股东会、股东大会及董事会决议无效之诉。

62. 提起股东会或者股东大会、董事会决议撤销之诉的原告，需要提交哪些证据证明其股东身份

依据《公司法》第二十二条第二款和《公司法若干问题的规定（四）》的规定，提起诉讼的原告，应当提交初步证据证明其具有股东身份。

根据《公司法》第三十二条规定，有限责任公司应当置备股东名册，记载于股东名册的股东，可以依股东名册主张行使股东权利。公司应当将股东的姓名或者名称向公司登记机关登记；登记事项发生变更的，应当办理变更登记。未经登记或者变更登记的，不得对抗第三人。根据该条规定的内容，股东与公司之间证明股东身份的文件应当是股东名册或者公司登记机关的登记。股东名册是《公司法》规定的内部文件，公司应当具备。但是，实务中，由于缺乏对公司内部的强制监督机制，有些公司未单独置备股东名册。公司登记机关的股东登记是相关行政管理部门要求登记的必要条款，只要有公司登记，就必须有股东登记。如果发生诉讼，股东可以提交股东名册或者公司登记机关的登记，任一文件均可。在特殊情况下，有些股东已经取得了股权，但还未作股权变更登记，有的股东是隐名股东等，对没有在股东名册或者公司登记机关获得登记的股东，也可以提供公司其他文件或者合同等证明股东身份，例如，公司章程、股东会决议、出资证明、受让股权合同等。这些公司其他文件材料可能与股东名册或者公司登记一致，如果不一致，且公司不予认可的，说明股东身份有争议，原告应先解决股东身份问题，在股东身份没有争议的情况下才可以行使股东的司法救济权利。原告起诉时应首选提交直接证明股东身份的股东名册及公司登记机关的登记，因为这些文件是公司置备或者公司行为完成的，应推定公司认可原告的身份。但是，如果公司有证据证明起诉原告已经不具备股东身份的，应当驳回起诉。例如，股东名册或者公司登记机关登记的股东为显名

股东，隐名股东与公司关于股东权利的行使有特殊约定，公司认可隐名股东为公司股东。

股份有限公司分为上市公司和非上市公司，即开放型公司和封闭型公司，也可以分为发起设立和募集设立的公司。

股东名册或者公司登记机关的登记，可以证明股份有限公司的股东身份。公司发起人相当于有限责任公司的原始股东，应当认购公司全部股份，依据《公司法》的规定，公司应置备股东名册并在公司登记机关进行登记，原告起诉时直接提交股东名册或者公司登记机关的登记。

股份有限公司的股票是公司签发的证明股东所持股份的凭证（《公司法》第一百二十五条），因此，原告起诉时持有股票即可以初步证明股东身份。公司发行记名股票时，股东应被记载于股东名册中（《公司法》第一百三十条），因而持股票或者股东名册起诉的均可。公司发行无记名股票时，股东是不特定的，股份的转让在转让人和受让人之间交付股票后即发生法律效力，公司无须记入股东名册或者进行其他登记，无记名股票持有人可以原告身份起诉，起诉时持有无记名股票即可证明其股东身份。在证券交易场所认购股票的，由证券登记结算机构出具的持股证明或者其他书面文件证明其股东身份，起诉时需要提交相关材料证明其持有公司股份的情况。

实务中情况比较复杂，有些股东是通过其他途径获得的股份，例如，受让、继承、接受遗赠或者赠与等，如果起诉原告能够提供合理的依据，应当初步落实原告的股东身份，对公司没有证据推翻股东身份的，应当予以立案。

[结论] 原告提起撤销股东会或者股东大会、董事会决议之诉时，可以提交公司股东名册、出资证明书、公司登记机关登记、公司发行的记名股票及无记名股票、证券登记结算机构出具的持股证明或者其他书面文件证明其为公司股东。公司有证据证明原告不具有股东身份或者原告因股东身份与他人发生争议的，人民法院应当裁定驳回起诉或者中止诉讼。

63. 股东会或者股东大会、董事会决议无效或者撤销之诉案件，当事人诉讼地位如何确定

《公司法若干问题的规定（四）》第三条规定："原告请求确认股东会或者股东大会、董事会决议不成立、无效或者撤销决议的案件，应当列公司为被告。对决议涉及的其他利害关系人，可以依法列为第三人。一审法庭辩论终结前，其他有原告资格的人以相同的诉讼请求申请参加前款规定诉讼的，可以列为共同原告。"股东会或者股东大会、董事会决议是由股东或者董事多数通过的决议方式形成的，反映多数股东或者董事的意见和意志，但是，股东会或者股东大会、董事会是公司的权力机关，如果要取消上述公司机关作出的决议，诉讼对象是公司，应当明确以公司为被告。

关于其他股东参加诉讼的问题。在公司中，股东对公司权力机关决议的撤销权和认定无效权是相同的，是基于股东身份享有的权利，与股权比例大小没有关系。因此，某股东提起诉讼后，其他股东有可能也有参加诉讼的愿望，如果参加诉讼，应作为共同原告。其他股东申请参加诉讼，也应当符合《公司法》和《公司法若干问题的规定（四）》的规定，特别是对撤销之诉的股东，申请参加诉讼的时间，应符合《公司法》第二十二条的规定，具备原告条件。如果公司其他股东申请参加诉讼时已经超过了六十日的，应认定其已经丧失了起诉的权利，故不能再以原告身份参加诉讼。

针对股东会或者股东大会、董事会决议无效之诉和撤销之诉，除上述简单的股东参加诉讼的问题外，可能还会有诉的合并，出现其他当事人的场合，可能有些情况需要列有共同被告及第三人。

决议无效或撤销之诉，不仅涉及公司内部的团体法律关系，而且还可能涉及公司外部法律关系。对于公司内部关系，无效或者撤销之诉的判决应当具有

溯及力，而对公司外部关系，判决结果没有溯及力，这样安排的目的是保护善意的交易对方。股东会或者董事会决议涉及的内容有可能具有执行内容并且被执行，在提起无效或者撤销之诉时往往要求返还，或者认定发生的相关法律关系无效，此时，可能会涉及其他民事主体，根据原告起诉请求情况，可以决定列为共同被告或者第三人。例如，董事会决定董事薪金问题，股东认为违反股东会决议或者公司章程，请求撤销并要求相关董事返还多领的薪酬。又如，股东会以多数决的方式安排新股认购，股东在起诉请求认定股东会或者股东大会决议无效时，可以同时请求相关人员返还股份。再如，股东起诉请求认定的股东会或者股东大会决议涉及分配利润、对大股东借款等情形均有可能涉及返还问题。一般情况下不会出现共同被告或者第三人参加的问题，但是，如果涉及返还或者涉及其他法律关系加入审理的，可以将相关的具体股东、董事或者高管人员或者公司以外的他人等列为共同被告或者第三人。

[结论] 股东会或者股东大会、董事会决议无效或者撤销之诉案件，公司为被告；与原告有共同诉讼请求并符合法律规定起诉条件的，可以申请作为共同原告参加诉讼；决议涉及向公司返还或者涉及其他法律关系的，可以列相关民事主体为共同被告或者第三人。

64. 股东以未收到开会通知为由，起诉请求认定股东会或者股东大会决议无效或者请求撤销决议的案件，法院应如何处理

《公司法》第二十二条规定了股东会或者股东大会决议无效和可撤销的构成要件，一般理解，决议内容违反法律或者行政法规的，属于无效要件，会议的召集程序、表决方式违反法律、行政法规的，属于可撤销要件。那么，公司未通知个别股东开会的情形，是属于会议召集程序违法，还是属于决议根本违

法呢，即属于无效要件还是撤销要件呢？显然，二者诉讼权利是不同的，至少在起诉期间的规定上是有明确的区别，撤销之诉有作出决议之起六十日内起诉的明确限制，而无效之诉没有关于起诉时间的限制。最高人民法院《公司法若干问题的规定（四）》第五条规定的决议不成立的情形，一般是指未开会或者未表决，表决票数不够形成的决议，也未将通知的问题单独列明，该问题目前还没有明确的解决方案。

对于未通知某个股东开会的情形，如果将其确认为程序要件，有些公司可能会忽略中、小股东的根本权利，对不影响表决多数的股东不通知其开会。中、小股东可能因为不知道召开股东会或者股东大会，无法在决议形成之日起六十日内行使诉权。因此，实务中对这种情形是以构成无效要件对待，还是以构成撤销要件对待，未通知全体股东或者故意遗漏持异己意见的股东即召开了股东会或者股东大会，是属于召集程序违反《公司法》的规定，还是因侵犯了股东固有权利而违反《公司法》的规定，这一问题存在一些争论。

一种观点认为，属于召集程序违法，对这种情况发生时，如果是小股东，其投票权的行使不影响决议结果，即使通知其开会，他们投反对票，股东会或者股东大会的结果也不会改变。因而，该种情况不会实质性地损害公司或者小股东利益，不应当认定股东会决议无效，应当按《公司法》第二十二条第二款的规定处理，由股东在六十日内行使撤销权，超过六十日的，不再受理。因没有被通知开会对小股东固有权利的侵害问题，小股东可以按照《公司法》第一百五十二条的规定，起诉对该事件负有责任的公司董事、高级管理人员等，请求其予以赔偿。

另一种观点认为，应当确认发生该种情况时会议决议无效。主要有几个理由：第一，参加股东会是股东的固有权利，任何人都不能采取任何形式剥夺这个权利。第二，股东会是由股东组成的，未通知全体股东，股东会的组成是违法的。《公司法》第三十六条规定："有限责任公司股东会由全体股东组成。股东会是公司的权力机构，依照本法行使职权。"第九十八条规定："股份有限公司股东大会由全体股东组成。股东大会是公司的权力机构，依照本法行使职权。"股东会或者股东大会为公司的非常设机构，以开会的形式工作，如果召开会议未通知到全体成员，属于根本性的违法，这与普通的召集程序违法有质的差别，其后果是公司有可能被能够形成多数决的股东团伙控制，几个股东可以形成多数，他们无须通知其他股东即可开会并形成决议，通过这种方式经常性地剥夺其他股东参加股东会的固有权利，以至于未参加会议的股东不知道公司发生了什么事情，团伙股东或者大股东进而中饱私利，侵占公司利益，损害公司其他股东利益。第三，将其规定为无效事由，不受会议结束时间的限制，在任何情况下，股东发现未通知其开会均可以主张无效。一方面使股东权利可以获得有效的救济，另一方面可以有效督促公司通知到每一位股东开会，这样组成的股东会或者股东大会才是合法的。

对于这种案件，由于是以未收到通知为由提起诉讼的，原告可能主张的是撤销，也可能主张的是无效，无论以任何一种理由均可以起诉，人民法院应当受理，受理仅解决诉权的问题，原告是否能够胜诉，还需要进行实体审理。

法院受理后应进行实体审查，如果原告主张的未收到通知理由不成立，应驳回原告的诉讼请求。例如，公司按股东名册上登记的股东地址进行了通知，但该股东离开了登记的住所，以至于其未收到邮寄送达的通知，应认定为公司依法履行了通知的职责。公司已经采取有效的方式通知了原告股东，未收到通知的后果由原告股东自己承担。

还存在公司虽然未向原告股东履行通知义务，但股东知道了开会并参加了会议的情况，实务中也可以个别处理。例如，公司未向原告股东通知开会，但原告股东参加了会议或者参加了投票表决。对这种情况，由于没有影响到原告股东行使权利，应当按照股东会或者股东大会违反程序要件处理，股东只能行使撤销之诉的权利。如果其起诉时间符合《公司法》第二十二条第二款规定，撤销事由成立的，人民法院应当判决撤销股东会或者股东大会决议，否则，如果超过六十日，或者撤销事由不成立的，可以驳回起诉或者驳回诉讼请求。

公司未向原告股东履行通知义务即召集股东会、股东大会并形成决议，且原告股东未参加会议和投票表决的，可以考虑认定股东会或者股东大会决议构成无效要件，按会议的召开违反《公司法》规定为由，认定无效。

原告起诉请求确认股东会或者股东大会无效或者撤销，对诉讼依赖的事实构成无效还是撤销要件把握不准,故在起诉时可能犹豫,针对同一种情形,有的原告股东选择确认无效之诉,有的原告股东选择提起撤销之诉,有的在诉讼中根据诉讼的进展和法官的态度,还可能要求更换无效或者撤销诉讼请求。对这种情形,在诉讼中可以考虑放宽把握。首先,允许当事人在诉讼中自己申请转换。其次,如果原告股东是以无效构成要件起诉,主张决议无效,但发生的事实构成可撤销要件,并且其起诉时间符合《公司法》规定的,可以直接判决撤销决议;相反,原告股东以撤销构成要件为事由起诉,但决议构成无效要件事由的,可以直接判决决议无效。

[结论] 以未收到通知为由提起诉讼的,原告可能主张的是决议撤销,也可能主张的是无效,无论以任何一种理由均可以起诉,人民法院应当受理。公司故意不通知中小股东召开股东会的,可以考虑股东会的组成是违反《公司法》规定的,决议具备无效因素。

【案例评析】

未通知股东开会,伪造股东会决议中的股东签名,是否构成股东会决议无效的因素

原告:甲、乙、丙

被告:A 公司

诉讼请求:请求法院认定 2014 年 5 月 11 日的股东会决议无效。

图示:

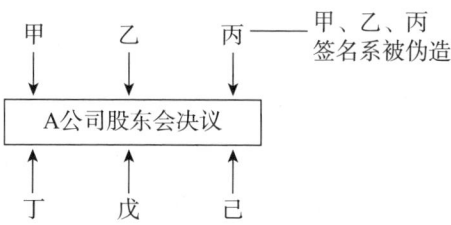

2005 年 3 月 12 日,A 有限责任公司成立,由甲、乙、丙、丁、戊、己共同投资,注册资金 800 万元。公司章程载明:甲出资 4 万元,占注册资金的 0.5%,乙出资 4.8 万元,占注册资金的 0.6%,丙出资 2 万元,占注册资金的 0.25%……公司的经营期限是 10 年,从企业法人营业执照签发之日开始计算,

出现公司经营期限届满、股东会决议解散公司等情形之一的，可以解散公司。该公司章程的全体股东签名处，有甲、乙、丙、丁、戊、己签名，并加盖了A公司公章。2005年5月30日，根据A公司股东会决议，A公司修改了公司章程。公司章程载明的A公司注册资金仍为800万元，其中，股东丁名下的出资变更为232万元，股东戊名下的出资变更为480万元。该公司章程的全体股东签名处，有股东甲、乙、丙、丁、戊、己的签名。2007年11月14日，A公司召开股东会并决议修改公司章程。修改后的A公司章程载明，召开股东会会议应当于召开日前10日前通知全体股东；股东会会议作出修改公司章程等决议时，必须经代表三分之二以上表决权的股东通过……

2014年5月11日的A公司股东会决议载明，经执行董事召集，在全体股东参加下召开本次股东会，一致通过如下事项，变更营业期限为21年，修改公司章程……该股东会决议全体股东签名处，有股东甲、乙、丙的签名，但该签名并非甲、乙、丙亲自签署。

甲、乙、丙发现2014年5月11日的股东会决议后，不同意将公司经营期限修改为21年，遂向人民法院提起诉讼，主张其未收到A公司召开股东会会议的通知，2014年A公司未召开过股东会会议，该股东会会议决议的签名系伪造的，请求法院认定2014年5月11日的股东会决议无效。

A公司的主要抗辩理由为，A公司2014年5月11日的股东会会议的决议是由代表三分之二以上表决权的股东通过的，决议的通过符合《公司法》及A公司章程的规定，决议应合法有效。A公司已经按照该决议内容修改了公司章程并变更了相应的公司登记内容，公司的经营期限延长至21年。甲、乙、丙为A公司的小股东，三位股东持有A公司的股份比例累计为1.35%，即使其参加股东会会议并投反对票，也不影响该次公司股东会形成的表决多数。因此，虽然A公司存在遗漏了通知甲、乙、丙三位股东关于召开股东会会议的情形，程序上有瑕疵，但三位股东未在法定期限内行使撤销权。由于三位股东的持股比例较小，即使其参加会议也不影响股东会会议最终形成决议的结果，因此，应维持股东会决议的效力。

该案中，A公司为有限责任公司，根据《公司法》第三十七条的规定，股东会决议的形成可以有两种方式：一种是以召开会议的方式形成，另一种是以书面一致同意的方式形成。根据案例中当事人提出主张的情况，A 公司 2014 年 5 月 11 股东会决议的形成，采取两种方式形成都存在问题。如果是以书面一致同意方式形成，显然，股东甲、乙、丙的签名是被伪造的，甲、乙、丙并不追认签名的代理权，故这份股东会决议不具备全体股东均表示一致同意的要件，不能认定是采取书面一致同意的方式形成了股东会决议。如果是以开会的方式形成的股东会决议，存在未通知股东甲、乙、丙开会的问题。A 公司召开股东会，但未向甲、乙、丙股东发出开会的通知，没有证据证明股东甲、乙、丙知道并参加了会议，召开的股东会违反了《公司法》和 A 公司章程的规定，剥夺了甲、乙、丙作为股东的参加股东会议的固有权利。2014 年 5 月 11 日的股东会决议将公司的经营期限修改为 21 年，改变了 A 公司章程的最初安排，该变更涉及甲、乙、丙的投资计划安排。根据 A 公司修改前的公司章程规定，A 公司的经营期限为 10 年，即到 2015 年 3 月 12 日，A 公司营业期满。根据《公司法》第七十四条的规定，公司章程规定的营业期满或者公司章程规定的解散事由出现，股东会会议通过修改公司章程公司存续的，对股东会该项决议投反对票的股东，可以请求公司按照合理的价格收购其股份。公司和投反对票的股东应当在决议通过之日起 60 日内达成协议，如果不能达成协议，股东应当在决议通过之日起 90 日内向人民法院提起诉讼。股东请求公司收购其股权，属于单独股东权利，直接涉及股东的个人投资利益，不能以股东多数决的方式替代。A 公司 2014 年 5 月 11 日的股东会决议内容涉及修改并延长公司营业期限，该股东会决议形成的日期接近 A 公司营业期满的日期，即 2015 年 3 月 12 日。显然，2014 年 5 月 11 日会议决议安排推迟公司营业期满时间，在原定的公司营业届满日期到来时，可以使 A 公司不需要解散，直接规避执行《公司法》第七十四条的规定。这种安排的结果，剥夺了股东甲、乙、丙选择退出 A 公司和请求 A 公司收购其股权的权利，迫使其将投资继续留在 A 公司中，侵犯了股东甲、乙、丙作为股东的单独股东权利。2014 年 5 月 11 日的股东会议内容涉及修改公司经营期限，直接涉及股东甲、乙、丙的投资权益，但 A 公司未通知股东甲、乙、丙参加，决议文件上的签名是伪造的，侵犯了股东参加股东会的固有权利；股东会决议修改并延长公司经营期限，直接影响到股东甲、乙、丙的投资计划，违背股东甲、乙、丙的投资意愿。该股东会决议因存在上述违反《公司法》规定的问题，具备无效的因素。

65. 股东起诉认定公司会议机关决议无效或者请求撤销决议的，公司是否可以股东在会议结束后已经认可或者执行了决议内容进行抗辩

原告起诉请求认定股东会或者股东大会、董事会决议无效，或者请求撤销上述决议的案件，公司有证据证明原告股东在股东会或者股东大会、董事会决议后的自主行为，已经接受了相关会议决议内容；或者原告股东有明确意思表示同意相关会议决议内容，并以此提出抗辩的，这种情况涉及对事后股东有追认行为的问题如何处理。

股东在会议结束后以自己的行为明确表示接受会议内容，但又基于其他原因对其明确认可的行为表示反悔，拟通过诉讼的方式取消决议的情形，对取消公司会议机关决议的司法救济，实际上存在保护公司整体利益和股东个别利益的冲突。个别股东行使权利，使公司的整体行动发生变化，例如，个别股东以会议召集程序违法而行使诉权，取消了会议，致使公司重新召开会议，但最终形成的决议未变，这样有可能会消耗成本、耽误时间。但是，又不能不设定这样的权利，否则公司会议机关的秩序会混乱，会议的召开会很随意。由于股东会或者股东大会、董事会决议事项涉及的主要是公司内部的问题，因此，如果股东事后认可了股东会或者股东大会、董事会决议的内容，属于对其私权利的处分，其处分后公司还要继续运转，故不宜再给其机会允许其认可后又反悔，此时立法或者司法的倾向应是选择保护全体股东或者公司的整体利益，而不是选择个别股东的诉权。

《民法典》第八十五条规定："营利法人的权力机构、执行机构作出决议的会议召集程序、表决方式违反法律、行政法规、法人章程，或者决议内容违反法人章程的，营利法人的出资人可以请求人民法院撤销该决议。但是，营利法人依据该决议与善意相对人形成的民事法律关系不受影响。"《民法典》生效后，最高人民法院对《公司法若干问题的规定（四）》第四条进行了修改，修改后的第四条内容为："股东请求撤销股东会或者股东大会、董事会决议，符合民法典第八十五条、公司法第二十二条第二款规定的，人民法院应当予以支持，但会议召集程序或者表决方式仅有轻微瑕疵，且对决议未产生实质影响的，人民法院不予支持。"该司法解释的规定意图很明显，在程序上有轻微瑕疵的情形下，法律选择保护公司整体利益。在公司召开相关会议未适当履行通知程序，存在程序上的瑕疵，但股东事后知道了会议内容，并接受和履行了会议决议的内容，应视为其同意该决议，对这种情况，应当认定为存在轻微的瑕疵。

关于这个问题，有一个争论，是将事后认可局限于可撤销的事由，还是属于无效与可撤销的事由均可。主张扩大到属于无效事由的理由是基于决议事项系公司内部私权利，民事主体有自由处分的权利，不涉及公司外部的第三人利益。主张不扩大到无效的理由认为，无效属于绝对违法事项，不属于私权利可以处分的范畴，有利害关系的股东可以提起诉讼，纠正公司存在的违反法律和法规的行为。笔者倾向于不能扩大到无效的事由上，无效事由具有时间经过仍不可治愈的特点，如果有人提起诉讼，其违反法律、法规的内容，应当被取消。

《民法典》第一百五十二条第一款第（三）项规定，当事人知道撤销事由后明确表示或者以自己的行为表明放弃撤销权，撤销权消灭。《民法典》将民事法律行为存在事后追认的情形，划定为对撤销权事由的行使范围，并未将事后追认情形扩大到无效事由。

［结论］股东起诉认定公司会议机关决议无效或者请求撤销上述决议案件，公司以股东在会议结束后已经认可或者执行了决议内容进行抗辩的，可以考虑适用《公司法若干问题的规定（四）》第四条之规定，召集程序或者表决方式

仅有轻微瑕疵，且未对决议产生实质影响，驳回原告的诉讼请求。

66. 股东会或者股东大会、董事会决议被取消后，依据决议履行的事项是否会受到影响

针对股东会或者股东大会、董事会决议发生争议，有可能会有涉及公司内部法律关系、外部法律关系或兼具有内部和外部法律关系的情况。单纯涉及内部关系的，例如，董事会决议涉及董事的报酬过高、股东会决议向股东分红事项等。单纯涉及外部关系的，例如，公司对外投资或者担保等。既涉及内部关系又涉及外部关系的，例如，公司招募新股东的增资决议、公司与其他公司的合并决议等。

对于股东会或者股东大会、董事会决议事项单纯的涉及内部关系，决议无效或者撤销的，对内部关系有溯及力。当然，如果决议事项不涉及过去的，判决无溯及力，只对将来的行为有效果。例如，决议事项为公司的年度财务预算方案等，不涉及过去，只涉及将来不再执行的问题。如果决议事项涉及过去的，决议对已经发生的事件或者行为有效果。例如，决议涉及分红的，股东已经领取了红利，应当返还公司；决议涉及董事、监事报酬事项的，相关董事、监事已经领取的报酬，应当返还公司。公司内部事项属于受《公司法》调整的民事主体之间发生的关系，受《公司法》的约束，故关于股东会或者股东大会、董事会决议无效或者撤销的判决，对公司内部有直接的约束力，判决内容对将来有效果的，公司或者相关的股东、董事、监事及高级管理人员等不能再依照决议采取行动；对过去有效果的，有给付内容的，相关民事主体应当予以返还，有涉及公司其他内部行为的，也应当恢复到未执行决议时的状态。对于该类诉讼，如果有给付内容并有争议的，当事人可以在起诉时一并向相关民事主体提出给付内容的诉讼请求，确认之诉或者形成之诉与给付之诉也可以合并

审理。

对股东会或者股东大会、董事会决议既涉及内部关系，又涉及外部关系的，或者单纯涉及外部关系的，关于取消决议判决对公司以外的其他民事主体没有溯及力。股东会或者股东大会、董事会决议属于公司内部权力机关，按照其权限分工对公司经营管理事项等作出的决定，对受《公司法》调整的本公司的民事主体有约束力，对本公司以外的他人没有约束力，故关于取消决议的判决，对公司以外的他人不产生法律后果。

《民法典》第八十五条规定："营利法人的权力机构、执行机构作出决议的会议召集程序、表决方式违反法律、行政法规、法人章程，或者决议内容违反法人章程的，营利法人的出资人可以请求人民法院撤销该决议。但是，营利法人依据该决议与善意相对人形成的民事法律关系不受影响。"有限责任公司和股份有限公司均属于营利法人，《民法典》的该规定适用于公司。当然，《民法典》第八十五条规定还有一个重要的要件，相对人需是善意的，如果是非善意的，决议被撤销时，有可能影响到公司与相对人之间形成的法律关系。

如果公司已经因执行该决议与公司以外的他人建立相应法律关系的，公司拟取消该法律关系时应当与他人协商解决，他人不同意取消并为此发生争议的，该争议的解决应当依据其间建立的法律关系的性质决定适用相关法律予以调整。例如，基于股东会或者股东大会决议而发生的与其他公司的合并，基于股东会或者股东大会、董事会决议而发生的收购其他公司股权，公司执行股东会或者股东大会、董事会决议而发生的侵权行为，基于股东会或者股东大会、董事会决议而向其他公司或者项目的投资，基于股东会或者股东大会、董事会决议而决定为债权人提供的担保，基于股东会或者股东大会、董事会决议决定与其他民事主体的融资合同、资产买卖合同等各类交易。根据《民法典》第八十五条及公司法司法解释的规定，如果相对人为非善意，对决议涉及的其他法律关系的性质及非善意一方民事责任的分担等均有可能发生影响。

股东会或者股东大会、董事会决议无效及撤销之诉，与公司依据该决议与他人建立的其他法律关系分别是两个独立法律关系，如果发生争议构成两个独立的诉，人民法院可以根据案件的复杂程度和涉及当事人的情况，决定将两个案件合并审理，或者决定分开审理。

国外公司法关于股东会或者股东大会、董事会决议被取消时效力范围的认识，可以为我们认识该问题开阔思路。

《韩国商法》第 376 条、第 190 条规定，① 法院关于取消决议的判决对第三者也发生效力，但是，判决以前，以决议的有效为前提在公司和股东与第三人之间所形成的一切行为不受判决的影响。《韩国商法》还特别对几种后续性法律关系的溯及力作出规定，如第 431 条规定，新股发行无效判决被确定时，新股的将来失去其效力。关于公司合并无效判决限制了其溯及力，即使承认合并决议有瑕疵，以决议有效为前提而积累的现存法律关系仍然被尊重。

《德国公司法》与《韩国公司法》相同，也有类似的规定。此外，《德国公司法》认为被确认决议涉及公司结构的变更，② 而且该决议已经在商务注册处获准注册的，不能简单撤销该项决议。

[结论] 股东会或者股东大会、董事会决议被取消后，依据决议履行的事项不当然失去法律效力，对公司内部发生的其他法律关系，决议被取消的，其效力会受到影响，对公司外部发生的其他法律关系，由于《公司法》调整主体的限定性，决议被取消后，不当然失去法律效力。

67. 《公司法》涉及公司对外担保问题的规定，是否属于导致担保合同无效的强制性规定

《公司法》第十六条对公司担保的一般情形作出了规定，第一百二十一条对上市公司担保又作出了特殊规定。

---

① 参见［韩］李哲松：《韩国公司法》，吴日焕译，中国政法大学出版社 2000 年版，第 430 页。
② 参见［德］托马斯·莱赛尔、吕迪格·法伊尔：《德国资合公司法》，高旭军等译，法律出版社 2005 年版，第 280 页。

《公司法》第十六条规定:"公司向其他企业投资或者为他人提供担保,依照公司章程的规定,由董事会或者股东会、股东大会决议;公司章程对投资或者担保的总额及单项投资或者担保的数额有限额规定的,不得超过规定的限额。公司为公司股东或者实际控制人提供担保的,必须经股东会或者股东大会决议。前款规定的股东或者受前款规定的实际控制人支配的股东,不得参加前款规定事项的表决。该项表决由出席会议的其他股东所持表决权的过半数通过。"

《公司法》第一百二十一条规定:"上市公司在一年内购买、出售重大资产或者担保金额超过公司资产总额百分之三十的,应当由股东大会作出决议,并经出席会议的股东所持表决权的三分之二以上通过。"

《公司法》第十六条第一款是对公司担保问题的一般规定,《公司法》第十六条第二款规定和第一百二十一条的规定,实际上是对公司提供担保问题的特殊规定。

从担保合同法律关系当事人的地位看,《公司法》第十六条第二款规定涉及的情形,公司是担保人而股东或者实际控制人是被担保人。《公司法》第一百二十一条规定涉及的情形,上市公司为担保人,被担保人可以是任何人,但担保债务数额或者称为担保份额超过公司资产总额百分之三十。该两种情形是对《公司法》第十六条第一款的特殊规定,该两种情形出现时,《公司法》明确公司必须召开股东会或者股东大会,不允许公司章程再作任意宽泛的选择性规定。

《公司法》将公司涉及担保问题的几种情形作出规定,一般情形由公司章程规定,特殊情形由股东会或者股东大会决议。

公司章程是由公司股东通过股东会、股东大会决议制作的,《公司法》第二十五条、第八十一条是关于有限责任公司章程和股份有限公司章程应当载明事项的规定,该规定未将公司担保问题列入公司章程必须规定的内容。《公司法》的立法意图很明确,关于公司担保问题,属于股东意思自治的范围,是否写入公司章程由股东通过股东会或者股东大会自主决定。公司章程关于担保问题可能会存在各种情形,例如,未规定公司担保问题、规定由董事会决议或者由股东会或者股东大会决议、规定无须会议决议、授权法定代表人或者执行董事决定、规定担保有一定的限额等。结合《公司法》第二十五条、第八十一条关于公司章程应当具备的基本内容的规定看，第十六条第一款的规定是引导性规范，《公司法》未明确要求公司担保问题必须写入公司章程中，担保问题是否在公司章程中规定，完全取决于股东会、股东大会制作公司章程的决议结果。

公司章程具有相对固定和常态化的特点，对《公司法》未列为必要的担保行为或者情形，由股东通过公司章程预先作出合理安排，或者安排董事会决议，或者安排股东会、股东大会决议，或者可以不作任何安排等，《公司法》对此没有列为强制性规范予以规定。

股东会或者股东大会是全体股东均有权参加的会议，是公司的最高权力机关，有严格的召集程序和议事及表决通过规则等。股东会或者股东大会决议具有适时决定的灵活性，《公司法》对几种必要情形确定由股东会或者股东大会决议，由股东根据企业最近的经济需求，临时作出决议，防止公司经济利益发生的不当倾斜及公司可能承受的风险等。

公司章程是股东会或者股东大会决议制作的，是股东应当共同遵守的准则。《公司法》利用公司章程、股东会或者股东大会在公司内部的权威地位，规定了决定担保的必要程序，但《公司法》并未规定涉及公司为股东、实际控制人、董事及高级管理人或者对他人提供担保的具体条件或者内容等。《公司法》第十六条规定对股东、实际控制人提供担保时应当召开股东会、股东大会，第一百二十一条规定上市公司提供担保金额超过资产总额百分之三十时，应当召开股东大会并需要特殊多数决议通过等，均属于对公司内部必须履行一定程序的强制性规定，《公司法》未对公司担保问题进行实质性干预，并没有涉及公司担保的实质要件，也就是说，没有禁止或者限制公司担保的行为，例如，规定公司在哪种情形下可以提供担保，哪种情形下不能提供担保，哪种情形下担保总额受限制等。《公司法》仅规定公司担保在公司内部可能或者必须要遵循的公司组织活动规则。

从《公司法》第十六条和第一百二十一条规定的内容可以看出，控制公司提供担保的工具有两个：一个是公司章程，另一个是董事会、股东会或者股东大会决议。

《公司法》安排的公司担保，涉及由公司章程规定、董事会决议、股东会或者股东大会决议等，其实质是由股东集体民主决定公司在什么情况下可以提供担保。公司章程是股东会或者股东大会决议制作的，董事会是股东选举的董事组成的，董事会的职权范围除《公司法》列明的一般权限外，股东会或者股东大会可以决议特别授权，可见，股东会或者股东大会是决定公司是否提供担保的核心工具。公司章程是相对稳定的，董事会决议、股东会或者股东大会决议是适时决定并一事一议的，是具有灵活性的。

从《公司法》第十六条和第一百二十一条规定的内容看，《公司法》规定的内容仅仅是要求在公司内部启动相应的程序，或者遵循公司章程的规定，并未限制或者禁止公司为担保行为，并未涉及规定公司担保的实质要件。公司章程的规定、董事会决议、股东会或者股东大会决议，可以决定公司担保，也可以决定公司不提供担保，或者对担保提出其他限制等，有股东自治的随意性，没有法律规定的强制性，即《公司法》不限制或禁止公司的担保行为。

[结论]《民法典》第一百五十三条规定："违反法律、行政法规的强制性规定的民事法律行为无效。但是，该强制性规定不导致该民事法律行为无效的除外。"《公司法》第十六条和第一百二十一条的关于担保问题的规定，属于《民法典》第一百五十三条规定的但书内容，即《公司法》第十六条、第一百二十一条的强制性规定，涉及是否启动公司内部权力机关的工作程序，《公司法》不决定该公司是否提供担保，《公司法》的强制性规定，不导致公司的担保行为无效。

第八章

董事及高级管理人员责任

68. 董事与公司、公司股东、公司职工及公司以外的第三人的关系

任职董事的基本条件及产生办法。为维护公司利益和社会利益,各国公司法律对董事应当具备的基本资格都有限制性规定,通常会规定几个限制条件:自然人、有完全行为能力、国籍限制、在其他公司兼职的限制、在破产及吊销营业执照公司执业经历的限制、有个人犯罪行为的限制等。具体到个公司,由于董事为直接管理公司的任职人员,故个公司对董事也有基本的能力或者技能要求,需要个人资格加一定的专业条件,例如,具备一定资格的会计师、精算师、职业管理人、股东或者股东的家族成员等。一般情况下,董事是股东推荐或者提名产生的,例如,按出资比例确定股东提名或者推荐董事的名额。有些公司将董事入选方法写进公司章程中,有些公司是在公司设立时写入投资协议或者出资人协议中,还有些公司是由股东大会决议选举董事等。我国《公司法》第八十一条规定,股份有限公司章程应当载明董事会的组成、职权和议事规则。公司一般还设立特殊董事,例如,独立董事、外部董事及职工董事等。特殊董事产生的渠道各有不同,很多公司独立董事从律师中选任。

董事在发生任职期满、解聘、辞职、死亡与失踪等事件时退出职位。一般公司均规定董事的任职期,我国《公司法》规定董事任期为三年,可以连选连任。为防止董事对公司的过度控制,规定董事的任职期限,任职期满可以续期。在任职期内董事应尽职尽责,如有不当行为有可能被解聘。例如,董事有

违反公司章程行为，有违反应承担的公司义务行为，有违法行为，有犯罪行为（虚假账簿、虚假信息、侵占公司财产、渎职行为），有个人品行或者道德原因使公司声誉和信誉受到影响或者使公司受到负面评价的情形，有董事的重大管理失误等使公司陷入严重风险情形，董事丧失行为能力情形等，均可能遭到公司的解聘。

第一，董事与公司的关系。

董事在公司执掌公司经营管理大权，决定公司的命运，董事的权利来源于哪里，董事和公司及相关利益人的关系如何，从法律视角上如何看待，是劳务关系、信托关系、委托关系或商务代理关系等。大家在研究董事与公司的关系时，习惯性地从其他法律关系中寻找类似的情形，拟定董事在公司中的特殊地位，但是，由于观察角度不同，结论也不同。实际上，虽然这些其他法律关系的一些特殊属性在董事与公司的关系中也有一些表现，但公司与董事的关系不能完全等同于其他法律关系，或者说不能用其他法律关系的特征约束董事与公司，不能用其他法律关系的权利与义务套用董事与公司的关系。董事与公司的关系，体现在董事在公司享有的权力、权利及义务和责任上，这些内容构成董事与公司之间的关系。

公司赋予董事权力与权利，董事向公司承担义务和责任。董事主要是在董事会中行使权力与权利，董事会的议事范围是董事行使权力和权利的范围，董事会是向公司负责的，董事也是向公司负责的。"公司董事只对公司负责，这是普通法的基本原则。这个原则的意思是说，除公司以外，董事不必对任何人士或者单位承担义务，即使是公司的母公司、子公司、个别股东、债权人或公司雇员，董事也不必（亦不应）向其负责或承担任何义务。"[①]

董事代表公司利益。公司是一个经济实体，有独立的财产和独立的组织机构，有独立的人格，有独立的利益。公司利益是指公司作为一个经济实体的商业利益。参与或者分享公司利益的有股东、公司雇员及公司以外的债权人等，这些民事主体的利益是依托在公司财富的增长上，依托在公司财产经营管理的

---

① 王影丽：《董事责任制度》，中国财政经济出版社 2002 年版，第 66 页。

效益上。股东、公司雇员及公司以外的债权人等,他们每个个体并非公司利益的代表,而是从公司增长的财富中分享利益,是公司利益的受益者。董事是代表公司利益的,是唯公司利益至上的。董事并不参与分配公司利润,不同于股东,股东要对公司的盈利分红,董事也不同于公司的普通员工或者雇员及高级管理人员等,普通员工或者高管等与公司是雇佣关系或者劳动关系,公司根据其在公司的劳动水平与其订立劳动合同,依据劳动合同支付薪酬。董事主要是以自己的职业技能对公司的经营管理问题作出决策,如果说董事在公司中以董事身份领取薪酬,这种薪酬不同于一般意义上的劳动报酬。当然,随着社会经济的发展,也出现了职业董事等,在公司需要完成某些特定计划时,可能安排聘用有专门技能的管理人员作为职业董事参与决策,当公司特定计划完成时,职业董事有可能退出董事会。董事通常是以开会的方式进行工作,在董事会中对公司的经营管理发表意见,一般仅作出表决决定。董事会决议由各岗位具体高级管理人员负责实施,有些公司董事会有执行董事,专门负责落实董事会的决议。有些公司对董事有分工,例如,负责人力资源管理的董事、财务管理董事及业务管理董事等,在董事会会议结束后由他们负责落实。

我国《公司法》第一百一十二条第三款规定:"董事应当对董事会的决议承担责任。董事会的决议违反法律、行政法规或者公司章程、股东大会决议,致使公司遭受严重损失的,参与决议的董事对公司负赔偿责任。但经证明在表决时曾表明异议并记载于会议记录的,该董事可以免除责任。"

第二,董事与股东的关系。

公司设立股东会及董事会是基于所有权和经营权相分离,科学合理安排公司的经营管理的考虑。从法律意义上说,股东和董事之间没有直接法律关系,董事代表公司利益,作出表决决定应当是符合公司最大利益的。但事实上,董事分别是由不同股东推荐选任的,在处理公司事务作出决定时或少或多甚至是全部倾向于其所代表的股东利益。有的董事甚至有意安排其提名股东利益而忽视公司利益或者协助其提名股东直接侵犯公司权益。

在公司清算阶段,董事和股东之间有直接关系,董事作为清算义务人时直接对公司全体股东负责。我国《公司法》第一百八十三条规定:"公司因本法

第一百八十条第（一）项、第（二）项、第（四）项、第（五）项规定而解散的，应当在解散事由出现之日起十五日内成立清算组，开始清算。有限责任公司的清算组由股东组成，股份有限公司的清算组由董事或者股东大会确定的人员组成。"

第三，董事与公司职工的关系。

董事与公司职工没有直接关系，一般情况下董事是通过开会并在董事会中行使权力，除执行董事外，董事与公司职工不以董事身份发生关系，如果发生关系也是以董事在公司中的具体管理职务与公司职工之间发生管理关系。有些公司管理职责直接安排给董事，例如，主管财务董事、主管人事董事、主管营销或者生产的董事等，在这种情况下，董事代表公司与职工发生管理关系。从董事与公司职工均为公司提供服务来说，董事与公司职工和公司都存在劳务关系，但董事与公司的关系和职工与公司的关系是不同的。董事并非普通职工，董事与公司存在聘用或者委托关系，而职工是单纯的劳动合同关系，企业支付给董事的薪金计算方法与支付给职工薪金的计算方法是不同的。在企业破产时董事与职工的待遇不同，对拖欠的薪金和工资，有不同的清偿顺序。

第四，董事与公司以外第三人的关系。

董事为公司内设董事会成员，处理公司的经营管理问题，通常情况下，董事对公司以外的第三人不承担责任，但是，如果董事会决议违法或者违反公司章程侵犯公司以外第三人利益或者公共利益的，董事有可能以个人身份承担相应的民事责任。例如，上市公司董事会决定披露的信息是虚假的，表决时投赞成票的董事应当对此事件承担责任。当然，有利害关系的股民也可以主张撤开董事要求公司直接承担责任。执行董事或者法定代表人，分管具体业务的董事，在执行公司具体事务时对外代表公司，即使有越权行为，公司以外的第三人也可以适用表见代理制度，要求公司承担责任，其主张与董事个人不发生法律关系。

[结论] 董事与公司的关系，体现在董事在公司享有的权力、权利及义务和责任上，这些内容构成董事与公司之间的关系。除有特殊约定，董事与公司股东和职工及公司以外的第三人，一般不发生直接法律关系。

69. 公司董事有哪些基本义务

我国《公司法》第一百四十七条第一款规定："董事、监事、高级管理人员应当遵守法律、行政法规和公司章程，对公司负有忠实义务和勤勉义务。"我国公司法律规定了董事的忠实义务和勤勉义务，在外国公司法律中还规定有董事的注意义务等。忠实、勤勉及注意，是很概括的用词，如果具体展开，其主要义务有以下几个方面：

第一，遵守法律、法规、国家出台的相关管理规定及公司章程等义务。

董事在参与研究并针对表决事项作出投票时，应当安排和保障公司在法律及公司章程的轨道上运行。董事应当熟悉公司运营的相关管理规定，遵守公司章程及公司内部管理规范，确保公司活动适法和符合公司章程。国家法律、法规及国家行政管理部门针对市场经济秩序及公司的经营行为有规定的，董事在行使管理权力时不得违反该相关规定，应当保证公司行为符合相关法律、法规及规范、管理意见等。董事应当了解相关法律、法规等，以便决策公司经营管理事项时不偏离法律，例如，国家工商行政管理总局关于公司管理的相关规定、证监会关于上市公司管理的相关规定、商务部关于涉外企业及特殊经营行业管理的相关规定、国家税务局关于税收管理的相关规定、海关总署关于海关管理的相关管理规定等。对每一部法律规范的具体内容，可以不要求董事精通，但是其应当有依法治理公司的清晰意识，在必要时其可以咨询法律专业人员，使公司行为符合法律、法规及管理规范。董事会不能带领公司违法，不能因董事的擅自违法行为决定将公司置于违法的风险状态，或者使公司因执行董事会决议而受到行政处罚。对公司章程，董事必须明确遵守和执行，董事应当明确公司章程的具体内容与含义，确保其行使权力符合公司章程规定。

第二，勤勉、谨慎和高度注意的义务。

董事应当是具备一定管理能力和经验的专业人员，在董事会中通过参事议事并以个人能力以投票表决的方式发挥作用，决定和影响公司的经营发展。一个好的并更有专业能力的经营管理团队，会使公司在市场竞争中获利并避免或者减少风险，同时，一个坏的并管理能力差的团队，有可能决策不准确，使公司经常失去市场机会或者给公司带来更多的经营风险。

董事在履行职务时应当足够勤勉，在会议前对议案充分研究，作必要的准备，在议事时发表意见有一定的根据，充分考虑本公司的财务能力、生产和销售能力、职工利益及企业前景、市场行情与风险，最后还应当对决议事项的适法情况进行评估等。董事应不断加强业务学习，增长经营和管理能力，保持开拓精神和创新能力，提高决策和管理水平。现代社会经济发展迅捷，商业机会稍纵即逝，董事只有不断吸纳新的知识和经验，才能对企业面临的问题作出准确、稳妥的判断和决策。

董事在履行职务时应当慎重选择策略，以公司利益为重，对企业可能获得的收益及承担的风险进行对比、评估等，在表决时要谨慎考虑公司利益、股东利益、职工利益、社会利益等。

董事受公司之托经营管理公司资产，应当兢兢业业，像管理自己财产一样高度注意。在履行职务时不得粗心大意，草草了事，董事应当集中其商业智慧，精心策划和安排本公司事务。董事的高度注意义务，还要求董事不得兼任其他公司的董事或者高级管理人员等，避免董事分散注意力和精力，混同不同公司的利益追求。

第三，忠实义务。

忠实义务包含忠诚与诚实两个方面内容。忠诚是指董事必须对公司忠诚，董事受命于公司，必须以公司利益为重。在公司内部，董事参事议事，应保障公司的商业机会由公司利用，不得将这些机会用于个人目的。有些公司章程直接规定了董事的竞业禁止制度，要求董事不得投资与本公司同类的或者相近似的行业，同时也不得在其他公司兼职，要求董事将全部精力和时间投入到本公司，忠实本公司利益等。当然，董事侵占公司财产，进行自我交易，以公司财产或者名义为其个人债务提供担保等，不仅是损害了公司利益，更是对公司的直接侵权行为。在公司外部，董事应当注意自己的社会形象，避免成为公众舆论中的不良焦点，避免因个人生活不良嗜好危及公司利益，损害公司荣誉，使公司信誉受到损伤或者引起质疑等。

诚实是指董事为人品行高尚，信守承诺，不得有违反社会公德及有害公序良俗的行为，不得有不良受信记录。例如，伪造学历、工作经历，个人拖欠巨额债务到期不还等不良记录。董事在公司中承载重要的使命，公司利益中包含股东利益、职工利益、公司债权人利益，同时公司还要承担必要的社会责任。如果董事个人有这样或那样的不良形象或者记录，很难让公司及与公司利益相关的众多受益者相信有不良记录的董事能够诚信地管理公司财产，善意公平地处置众多参与者的利益。因此，凡董事有不良品行的行为，应当被列为违反对公司的忠诚义务。董事的经济状态，有些是应当向公司披露的，例如，持股信息、重大债务的负债信息等，以取得公司及股东的绝对信任。

第四，参加董事会会议的义务。

参加会议应当是董事的基本义务，董事必须亲自参加会议，如因个人原因长期不能参加会议的，不可能很好地履行董事职责，应当退出董事席位。董事以自己的学识、经验及专业能力取信于公司，接受公司的委托管理公司，应亲力亲为，不应辜负公司的信任，不得将董事权力委托他人行使，应保证经常参加董事会会议。如果是偶然不能参加会议的，可以委托他人代替参加。我国《公司法》第一百一十二条第一款规定："董事会会议，应由董事本人出席；董事因故不能出席，可以书面委托其他董事代为出席，委托书中应载明授权范围。"

第五，董事服从董事会决议的义务。

无论董事的投票是否赞成董事会决议，都必须执行董事会的决议，不得违背董事会决议，另有所为。董事即使不同意董事会决议，在会议中对决议事项弃权或者投反对票，在公司履行具体职务时仍然需要按董事会决议进行工作。

第六，保密义务。

董事会是公司的决策机构，研究问题多涉及公司商业秘密，保密是题中应有之意。因泄密对公司造成损失的，应当承担责任。因泄密引起社会责任的，涉泄密董事除承担民事责任外，还有可能承担其他责任。例如，对于上市公司重组信息等，如果泄露秘密引起公众恐慌，或者引起股市动荡的，董事要承担相应的法律责任。

[结论] 董事应当遵守法律、法规、国家出台的相关管理规定及公司章程等，对公司负有勤勉、谨慎和高度注意的义务，忠实义务，董事有参加董事会会议的义务，董事必须服从董事会决议，对公司事务有保密义务。

70. 董事违反义务应承担怎样的责任或者法律后果

违反董事应当承担的义务所对应的责任或者法律后果，大概有以下几种情况：

第一，董事被解聘。

如果董事长期不能参加会议，或者对公司事务等漠不关心，执业能力和水平较差，或者违反竞业禁止规定，对多家类似企业有投资，有到期不还债务，在社会上有不良名声，违反法律、法规等，这些因素均可能影响董事很好履职，如果董事具备上述情形之一的，公司可以考虑解聘董事的问题。董事行为符合公司章程规定的解聘情形或者公司与董事签订的聘用合同中关于解除董事职务条件的，董事职务也有可能被解除。

一般认为，公司与董事之间是委托关系，解聘和辞职都可以由单方法律行为完成，无须征得对方同意。关于解聘，公司单方作出决定即生效。董事与公司之间基于信任，形成托管公司事务、经营公司资产关系，如果信任不存在了，任何一方可以随时解除合同。

第二，董事安排的不当交易被取缔后，收益归入公司或者由董事承担公司损失的责任。

关于取缔不当交易，一般是采取主张行使撤销权或者主张认定合同无效，而收益归入公司。对于董事行为目的并非出于公司利益，而是有其他考虑，董事将公司作为其牟取私利工具的，可以取缔相关交易，将收益收归公司所有，或者由董事承担公司的相应损失。

董事利用董事会决议或者利用其在公司的特殊管理权限，安排了关联交易，进行了自我交易，以公司财产为自己债务设定担保或者长期借用公司财产、资金不还等，公司可以依法终止或者撤销相关交易，维护公司财产利益。例如，对董事安排的关联交易、自我交易，公司可以主张撤销该交易或者认定无效，并由对方返还公司财产及其他利益。

对于董事违反忠诚义务，篡夺公司商业机会，将属于公司的商业机会让渡给其关联公司的，公司可以行使权利，请求该董事及其关联公司将该商业机会发生的利润归入公司。董事将公司作为自己或者帮助他人获取利益的工具，自己或者他人获得的利益原本是属于公司应当获得的利益，该利益应当归入公司。

当发生董事自我交易，篡夺公司商业机会等情形时，是行使撤销交易，否认当事人法律关系的效力，恢复原状，还是行使归入权，认可其效力并将收益归公司，对这两种方案，公司是可以选择的。公司可以在两者中选择一种方法救济，一般是不可以同时选取的。例如，董事进行自我交易或者关联交易时，公司可以作出撤销交易与认可交易的选择，如果撤销交易，通常情况下的法律后果是返还原物，赔偿损失；如果选择认可交易，可以将交易的利益归入公司。从法律的角度看，哪一种方法对公司有利，公司就可以选择哪一种。董事安排了自我交易或者关联交易，将公司的机会或者利益输送给其自己或者其关联公司，在公司以外对标的经营可能已经获得了更大利益，这里有董事在公司以外经营的智慧和市场机会等，在这种情况下，认可已经发生的交易，行使归入权可以将这些利益归入公司，公司有可能获得的收益更多。如果采取撤销交易的方法，公司只能得到返还原物及赔偿等后果，该利益可能小于认可交易的利益。对董事不能又打又罚，从民法角度看，这样不公平，因此，赋予公司一种选择权，可以选择一种救济方式。

当然，关于归入的问题也很复杂，应结合案件具体情形进行判断，计算合理的成本和支出。例如，某董事将其任职的房地产公司开发建设的商品房屋委托给其自己设立的公司销售，在签订委托销售合同时，其任职的房地产公司没有任何利润，通过销售房屋，董事设立的公司几乎拿到了该商品房开发建设项目的全部利润，所得销售款也全部进入到该董事自己公司账户。该案是典型的自我交易，委托销售合同谈判的两边当事人都是他自己，一边是董事，一边是股东，屁股坐在自己投资为股东的公司一边，自己当然获利更多。类似这种案例，在判决董事自我交易，侵占公司利益，所得利润归入公司时，应当扣除销售房屋时的合理费用及劳务支出，例如，宣传广告费用、合理的中介劳务费用、销售人员工资等。

第三，董事有重大过失造成公司损失的，应当公平合理分担公司的经济损失。

董事承担经济损失是有条件的，至少是在其有故意侵占公司利益的目的或者是有重大过失时，才考虑承担公司的经济损失，否则，不应当承担公司损失。董事决策公司事务，完全出于对公司利益的考量，其有自主自由决定的权力，即使因其决策失误导致公司经营出现风险或者形成经济损失，也不应因此承担经济责任。董事管理公司事务时有必要的谨慎义务和注意义务，但这个义务是比较宽松的，允许董事根据个人专业知识和经验作出判断。投资公司获利有一定的商业冒险和投机情节，如果不赋予董事宽泛的权力，不符合投资公司获利的经营规律。股东投资商业或者实业是有风险的，如果没有风险可以将钱放在银行吃利息，购买国债，甚至是购买稳健的基金，收取稳定的投资回报，这样的风险很低，但同时收益也很小，这不是股东投资的目的，如果追求这样的结果，股东可以不投资公司。股东投资公司是在市场经济中直接获利，将公司交给董事等管理层，由董事们利用其职业技能为股东获利。董事经营公司是以公司章程确定的经营范围为基础，在市场上谋求机会，通过经营获利。市场经济是竞争的，存在风险是必然的，风险和机会并存，因此，应当让董事放开手脚，发挥其个人潜能，通过董事会集体为公司盈利。法律应当给予董事这样的宽容和机会，就像医生救死扶伤一样，允许存在一定的风险误差，否则，医生不敢冒险救人。对合理的冒险和亏损，公司应当自行担当，不应追究董事的经济责任。一般情况下，董事出于公司利益考虑，在不违背法律、法规、公司章程及董事基本义务的情况下，不应当考虑承担公司损失责任的问题。但是，对于董事的过失明显，疏于勤勉职责的，应当考虑由董事合理分担公司的损失。最高人民法院新近出台的《民法典担保制度解释》第七条第二款规定："法定代表人超越权限提供担保造成公司损失，公司请求法定代表人承担赔偿责任的，人民法院应予支持。"一般情况下，法定代表人是由公司的董事长担任的，也属于公司的董事。

第四，董事应当承担的社会责任。

公司容纳了各方利益，包括投资人股东利益、职工利益、与公司交往各方民事主体的利益、公司承载的社会责任等。董事受聘于公司，主管公司内部事务，参与公司决策，主宰公司的命运，对公司的利益负责。但董事对公司运营中可能遇到的各种其他利益也应当兼顾，依法公平合理并妥善安排各种交叉利益这是董事应当承担的社会责任。

董事应当将职工的利益放在重要位置，对职工利益负责。职工在企业中付出劳动，依法享有劳动法规定的各项权利，公司应依法及劳动合同向职工支付报酬，依法为职工缴纳社会保险金及职工依法享有的各种补贴、福利及补偿金等，职工因公生病、受伤、致残、致死，应当得到合理的补偿金及抚恤金，董事应当依法维护职工利益。必要时，公司应选职工代表进入董事会，以方便董事会在决议事项时全面准确保障职工利益。我国《公司法》第四十四条第二款规定："两个以上的国有企业或者两个以上的其他国有投资主体投资设立的有限责任公司，其董事会成员中应当有公司职工代表；其他有限责任公司董事会成员中可以有公司职工代表。董事会中的职工代表由公司职工通过职工代表大会、职工大会或者其他形式民主选举产生。"

董事应当具有高度的社会责任感，对公共安全利益负责，对经济秩序的维护负责。企业生产的产品质量及生产排放等要符合国家规定质量及环境标准，不得侵害社会公共利益，对食品、药品、医疗器械生产等国家有专门性规定的特殊行业，董事应当对社会公共利益负责，对企业行为引起的侵犯社会公共利益事件负责，承担个人民事及刑事责任。企业对自然资源的开发和利用应符合国家相关法律规定，对董事会集体决议不合法的生产安排导致的野蛮开发及安全事故等，董事负有不可推卸的个人责任。上市公司的运行应符合资本市场的相关管理规定，董事因集体决议披露虚假信息，对被误导的股民损失负有赔偿责任。董事故意或者过失行为泄露秘密，引起股市动荡等，董事在执行职务时触犯了法律，应当负有相应的民事或者刑事责任。

董事应对与之发生交易的民事主体负责。通常情况下公司以外的人与公司交往时是认可公司董事的，尤其是有些公司的董事是负责主管具体业务的，而该董事有可能正是与公司以外的人有业务接触或者谈判的人，因此，董事的行为往往产生表见代理的效果，故董事应当慎重言行，不得滥用权力，既要对公司负责，也要对公司以外的他人负责，避免对方误解以发生争端。当公司面临减资、合并、分立及清算和破产时，董事应依法行使职权，向债权人履行必要的告知义务，依法保护公司债权人利益。我国《公司法》第二百零四条规定："公司在合并、分立、减少注册资本或者进行清算时，不依照本法规定通知或者公告债权人的，由公司登记机关责令改正，对公司处以一万元以上十万元以下的罚款。公司在进行清算时，隐匿财产，对资产负债表或者财产清单作虚假记载或者在未清偿债务前分配公司财产的，由公司登记机关责令改正，对公司处以隐匿财产或者未清偿债务前分配公司财产金额百分之五以上百分之十以下的罚款；对直接负责的主管人员和其他直接责任人员处以一万元以上十万元以下的罚款。"

［结论］董事违反义务有可能被公司解聘，如果其故意侵占公司利益或者机会，公司有权将其所得利益予以追回，或者取消董事安排的不当交易。对于董事重大过失形成的公司损失，董事也有可能需要合理分担。董事管理公司，其同时承载着社会责任，法律、法规规定公司董事应当维护公司职工利益和社会公共利益，董事对此负有法律责任。

【案例评析】

有限责任公司董事、高级管理人员离任后是否具有竞业禁止义务

原告：A公司

被告：甲

诉讼请求：请求甲经营的 B 公司所得收入归入 A 公司所有。

图示：

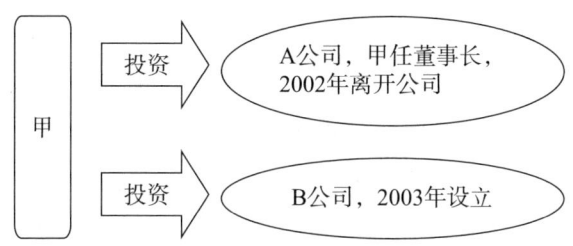

A 公司系 1998 年 2 月经国有企业改制后成立的有限责任公司。甲入股 6 万元，被股东会选举为董事并担任主管生产的副厂长。2002 年 11 月，甲在未办理相关离职手续的情况下离开公司。2003 年初，甲另行登记成立了 B 公司，生产与 A 公司基本相同的产品。自 2003 年 1 月至 2007 年 6 月，甲经营的 B 公司开具增值税专用发票的经营额为 10 113 603.67 元，缴纳税款 1 719 312.46 元。

A 公司对甲提起诉讼，请求甲将所得收入归 A 公司所有。其主要诉讼理由为：根据《公司法》第一百四十八条的规定，董事、高级管理人员未经股东会或者股东大会同意，利用职务便利为自己或者他人谋取属于公司的商业机会，自营或者为他人经营与所任职公司同类的业务，所得的收入应当归公司所有。甲是擅自离任，也没有经 A 公司董事会同意，甲对 A 公司依法负有忠实义务。甲作为 A 公司的董事，从事与 A 公司同类的经营业务，违反了《公司法》的规定，损害了 A 公司的合法利益，甲应当将其开办的 B 公司的两年内的利润归为 A 公司所有。

甲的主要抗辩理由为：其离开 A 公司的原因是因为 A 公司不按期发工资，拒绝为其缴纳劳动保险费并被迫解除劳动关系。其离开 A 公司后创办 B 公司，不是在任职期间，《公司法》第一百四十八条未规定离任后一定期间的竞业禁止义务，不存在违反忠实义务的问题。其在 A 公司的董事职务是委任，A 公司须向董事支付报酬。自其离开 A 公司后，A 公司未再给其报酬，也未通知其开会等，A 公司不再给其董事的权利，其也不再负有董事的义务。

该案中，甲 1998 年 2 月任 A 公司董事，2002 年底因 A 公司不按期发工资，拒绝缴纳劳动保险费等离开公司。A公司拒绝向甲支付工资报酬等，致使甲离开A公司，且在甲离开A公司后未再履行A公司董事职责，应确认该期间事实上已经终止了聘任关系。自甲离开A公司后，甲不再是A公司董事。甲离开A公司后才开办B公司，不存在甲同时担任A公司董事职务和开办其他企业的行为。《公司法》第一百四十八条是对在任董事忠实义务的明确规定，对董事离任后的行为没有约束力，甲设立B公司的行为发生在非任职董事期间，故不能适用《公司法》该条款规定确定甲的义务或者责任。A公司始终未能提交甲有关于董事离任后应不得经营与本公司同类业务等涉及竞业禁止义务内容的《公司章程》、相关规定、决议或者约定等，其主张甲离开公司设立其他同类企业违反董事忠实义务等没有合同依据。A公司未能提交关于甲利用其在A公司的职务身份侵占公司利益，B公司的经营收入与甲在A公司的职务有直接关系等方面的证据，其主张B公司的经营收入应归其所有，不符合承担侵权民事责任的法律规定。综上分析，从董事的职务责任、竞业禁止及侵占公司利益等，公司董事可能因侵犯公司利益应承担责任的几种情形进行分析，均不能确定甲应当向A公司承担责任，故甲开办的B公司的收入，不能归入A公司，A公司的主张很难获得支持。

71. 董事承担公司民事责任需要具备哪些基本因素

董事履行公司职务行为时对公司造成损失的，需要承担损失赔偿责任时，通常应具备以下几个要件：

第一，董事的行为违反法律法规、国家相关管理规定、公司章程、股东会或者股东大会决议等公司外部及内部的规定等。

董事经营管理公司应当遵守国家相关法律、法规规范，履行公司应当承担的义务及社会责任，必要时应当咨询法律顾问，其行为应当符合谨慎义务和注意义务的要求。对公司内部的公司章程、股东会或股东大会决议及董事会决议，董事必须遵守和执行，对章程违法、股东会或者股东大会决议、董事会决议违法的，可以通过一定程序请求公司修改，必要时可以提起诉讼予以修正。对执行违法的公司章程及股东会或者股东大会决议和董事会决议，董事有可能面临承担法律责任的后果。此时董事可能面临进退两难，执行违法的公司章程或者决议是违法的，可能要承担一定的法律后果，不执行也是不符合董事义务的要求，在公司内部也将面临一定的后果，因此，赋予董事一个机会：提议公司开会，通过股东会或者股东大会、董事会等会议，修改章程或者股东会或股东大会、董事会决议，删除违法内容。根据我国《公司法》第四十六条规定，董事会行使召集股东会会议的权利。根据第一百条规定，董事会认为有必要时召集股东大会。根据第一百零九条规定，董事长召集和主持董事会。根据第一百一十条规定，代表十分之一以上表决权的股东、三分之一以上董事或者监事，可以提议召集董事会临时会议。如果公司坚持不修改的，可以提起诉讼，通过诉讼认定违法内容无效。对启动公司内部程序没有成功解决问题的，董事还可以通过司法程序解决。董事对公司章程、股东会决议及董事会决议有诉权，可以依法向人民法院提起诉讼。《公司法》第二十二条第一款规定："公司股东会或者股东大会、董事会的决议内容违反法律、行政法规的无效。"该规定的起诉主体是开放的，与公司有利害关系的董事可以依法行使诉权，向人民法院提起诉讼，请求确定相关决议无效，取消相关决议。

最后一个救济手段就是辞职，这样也可以避免承担责任。董事履行职责必须依法进行，如果发现其必须执行的行为存在不适法时，应当积极采取措施，不应明知违法仍坚持执行，对形成社会危害的，董事有可能要承担相应的法律后果。

第二，董事行为对公司造成的后果必须是比较严重的经济后果，对非重大经济后果，不宜追究董事民事责任。

董事以集体决议的方式经营管理公司，通过董事会决定公司的生产经营计划或者投资方案等，根据公司成长及市场行情等决定增资扩股、减少注册资本、公司合并及分立等重要决定。董事的这些决定是有风险的，无论成功与失败均不能以事后的标准来评价董事的功与过,不能用事后的标准来考察董事的决定是否得当,因此,应当给董事适当的空间,鼓励董事抓住商业机会,有战略眼光和行为,不断为企业开拓业务,制定对董事出现小的和一般过失与失败时,由公司承受风险的政策,这样可以解除董事的思想顾虑。对董事在谨慎思考后,在合理的风险范围内的损失,不应追究董事责任。只有对公司造成比较严重经济后果的,才可以考虑结合其他要件确定是否要求董事承担相应的责任问题。

第三,违反谨慎、勤勉和注意义务。

谨慎、勤勉和注意义务是董事必须遵守的基本义务,董事在参加董事会决议时对议题应事先调研、考察、论证,确保实施后能够给企业带来机会、效益或者减少负债等,经常评估企业的经济状态,对企业的经营状态与市场行情保持高度敏感,避免企业陷入清偿不能或者破产的风险。对于董事尽到充分谨慎注意义务,而公司仍然遭遇了损失时,应当给予足够的宽容,对属于合理的决策风险,不能追究董事的责任。对董事的决定行为,只能从决策时董事是否足够谨慎,认真考察了市场发展机会,对可能出现的风险,是否安排了防范机制,有合理的预案,是否以公司利益为唯一目标和出发点等方面看问题,不能以事后事物发展的状态及结果评估董事的行为是否准确,应当根据决策时的状态进行分析。违反谨慎、勤勉和注意义务,一般在主观上表现为比较严重的过失。

第四,是否从公司利益出发进行决策。

董事在作出决定时是否从公司利益出发并符合公司利益,是决定董事是否承担责任的一个重要因素。有些董事进行自我交易、关联交易等未向公司披露的,给公司造成损失,无疑应直接向公司作出全面赔偿,所得收入应归入公司。归入权的行使与董事因重大过失给公司造成损失的赔偿相比较,适用法律的条件是不同的。对于董事决策时有重大过失,属于不够谨慎和勤勉及注意问题,其赔偿范围是有限度的。对于自我交易、侵占公司利益和篡夺公司商业机会的,所得收入或其他所得利益,直接归入公司,不用考虑损害行为、因果关系、公司损害事实发生等要件。只要董事发生这些行为,该交易项下所得利益，公司均可以主张归入。

第五，承担责任的范围。

对于董事违反忠实义务，故意侵占公司利益而承担损失的范围，一般是比较明确的，全部返还侵占公司的财产，不能返还的，应承担全面赔偿损失的责任。例如，利用关联公司转移公司资产，进行自我交易损害公司利益等，应当返还公司资产及公司可得利益的，董事应负全责。对董事因疏于勤勉、谨慎和注意义务的，董事承担责任的范围比较模糊，有全面赔偿损失的，有对损失赔偿一部分的，也有按董事薪酬范围赔偿的，也有将损失折合一定比例由董事赔偿的。对董事因过失导致公司的损失或者社会损失，有些公司可能因赔偿或者罚款而破产，损害范围之大是董事个人的经济能力无法达到的。公司法律对董事赔偿范围未作明确规定，实务中可以根据具体情况酌定。有些职业董事，在上市公司担任重要角色，对公司造成的损失负有主要责任，在其有职业保险且根据其在企业领取薪金，有经济能力赔偿的情况下，再结合公司内部章程规定和聘用合同约定等，可以根据实际情况判断由其作出全部赔偿。对一般公司的董事，虽然其对损失负有主要责任，但根据其在企业报酬情况，无经济能力作出全面赔偿的，可以结合公司章程、聘用合同并参考其在公司的实际收入，酌情赔偿。

第六，董事责任的豁免。

对于董事作出的决定及发生的关联交易、自我交易等，虽然给公司造成了损失，但该董事事先向股东会或者股东大会明确通报关联交易实质内容，股东会或者股东大会决议同意交易的，该董事有可能不被追究责任。这是董事责任豁免的含义，也是一个被广泛认可的规则。主要理由是，公司产权人是股东，公司盈利最大受益人是股东，因此，股东有权决定放弃或者处分自己的利益，这种放弃或者处分是以股东会或者股东大会决议的方式集体决定的。因此，一般认为只要向股东会通报，并经股东会或者股东大会决议同意的，董事的行为就可以得到豁免。但是，有两种情况不适用该豁免：一种是交易事项违反法律、法规规定的，尽管股东会或者股东大会决议通过了该交易，但因该交易的违法性，董事应承担的责任不宜豁免。这种情况属于董事和股东大会共同违法，侵害了公司以外的利益，例如，虚假陈述、公司发布虚假信息损害股民公众利益等。另一种是滥用多数决，侵害中、小股东利益的豁免无效，这是为避免大股东担任董事或者推荐的董事侵占公司利益，其利用在股东会或者股东大会表决的优势地位，控制股东会或者股东大会决议，为自己获利而损害公司利益。

《公司法若干问题的规定（五）》第一条规定："关联交易损害公司利益，原告公司依据民法典第八十四条、公司法第二十一条规定请求控股股东、实际控制人、董事、监事、高级管理人员赔偿所造成的损失，被告仅以该交易已经履行了信息披露、经股东会或者股东大会同意等法律、行政法规或者公司章程规定的程序为由抗辩的，人民法院不予支持。"适用该条规定的前提是发生了关联交易损害公司利益的事实。基于董事在公司处于经营地位的特殊身份，应推定其对所决定的事项属于关联交易知情，在发生关联交易，董事应忠实于公司利益，不得故意利用法律规定的程序规避对公司忠实的责任。《公司法若干问题的规定（五）》列举了实务中董事逃避责任可能使用的工具，利用股东会或者股东大会决议、履行了法律规定的必要程序、公开信息披露等，如果董事对关联交易实质损害公司利益能够作出判断的，其以履行职责符合法定程序，推卸责任，敷衍公司或非关联方股东的，不能获得支持。

[结论] 董事的行为违法或者公司章程等规定，给公司造成比较严重的经济后果，未尽谨慎、勤勉和注意义务的过失是否严重，是否未从公司利益出发进行决策，股东会或者股东大会是否对董事决定的事项进行免责等，是决定董事是否承担公司损失责任的关键因素。

【案例评析】

关联交易所得利益不能归入公司时，是否可以认定相关董事的侵权责任

原告：甲

被告：B公司、C公司、张某

诉讼请求：返还房屋销售款给A公司。

图示：

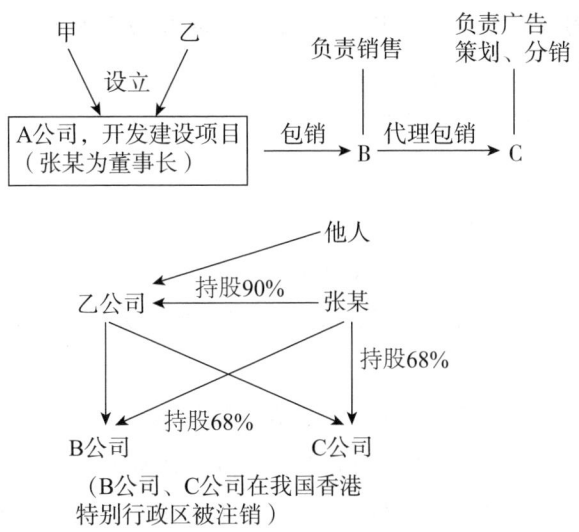

1993 年 4 月，为开发建设某公园小区，甲与乙签订协议约定，双方共同投资设立 A 公司，合资期限为 10 年，某公园小区组团公寓全部外销，主要面向港澳地区，以保守价格出售住宅计算，三年可收回全部投资，合营企业可创利润人民币 1 亿元左右，由于该开发的项目全部是高档次外销型住宅，决定由"乙公司"负责包销。同日，A 公司与 B 公司签订《包销协议》，约定由 B 公司负责包销等内容。1994 年 4 月，B 公司与 C 公司签订《代理包销协议》，主要约定，由于 B 公司拥有销售某公园小区项目房产之境内外全球独家销售代理权，B 公司将委托 C 公司负责广告策划、宣传、推广、分销等所有事宜，无论实际销售情况如何，C 公司需按固定不变的结算价格计算而得出的总结算价款，按期按量支付 B 公司，C 公司销售之收入超过结算价款之部分为 C 公司应得之费用和利润等。

乙公司为张某与他人在我国香港特别行政区设立的有限责任公司，张某在乙公司中持股 90%，B 公司和 C 公司为乙公司和张某共同设立的公司，张某为 B 公司和 C 公司各持股 68% 的股东。张某为 A 公司董事长，为乙公司、B 公司和 C 公司的实际控制人。上述乙公司、B 公司和 C 公司参与签订的协议中，在法人签字栏中均由张某签字署名。

至2001年该项目房产基本销售完成，但B公司未与A公司结算销售房款。

甲向A公司及张某发函，请求A公司起诉B公司及C公司返还售房款，甲的请求未得到回应，甲向人民法院提起股东代表诉讼，请求B公司、C公司和张某共同完成销售结算并返还销售款。

B公司与张某的主要抗辩理由为，A公司已经与B公司进行了结算，B公司销售的房屋款项已经返还给了A公司。

在诉讼中确认，B公司和C公司在我国香港特别行政区被依法注销。根据《司法鉴定报告》的鉴定意见确认：B公司应偿付A公司售房款总计人民币1.6亿元。

该案中，甲、乙共同设立A公司，合作期限10年，预计实现利润1亿元，A公司董事长为张某。张某在我国香港特别行政区与他人设立乙公司，在乙公司中张某持股90%，张某又联合乙公司设立B公司和C公司，应认定张某为乙公司、B公司和C公司的实际控制人。张某为A公司董事长并将A公司的项目委托张某实际控制的B公司和C公司销售，构成关联公司交易。张某实际控制的B公司、C公司收取A巨额售房款后未入A公司账，给A公司造成巨大损失。张某为A公司董事长，将A公司项目安排其关联公司B公司和C公司销售，并恶意注销B公司和C公司，形成销售房款无账可查及回款困难的局面，其利用关联公司发生的关联交易损害A公司利益，根据《公司法》第二十一条关于"公司的控股股东、实际控制人、董事、监事、高级管理人员不得利用其关联关系损害公司利益。违反前款规定，给公司造成损失的，应当承担赔偿责任"的规定，张某对B公司和C公司不能返还的售房款，负有赔偿责任。

第九章

关联公司与关联交易

72. 什么是关联公司，为什么要依法规制关联公司

关联公司是指两个或者两个以上公司主体之间形成的一种组织联盟，他们之间存在控制与被控制或者是组织与协调的关系，在市场经济中他们有统一安排或者共同进退的整体利益。关联公司的出现，打破了公司法人人格独立的界限，公司之间通过某种手段建立了控制与被控制或者相互控制关系，在关联公司成员内部，一家公司成为另一家公司的经营客体，被控制的公司失去了独立意志。为规制关联公司，公司法律制度对建立关联公司的规范、关联公司中被控制公司的利益、关联公司的中小股东及与关联公司发生交易的债权人利益、社会公众利益如何保护等均作出规定。

从外观形式上看，关联公司是两个以上公司主体之间的关系状态，即公司之间存在控制与被控制或者相互控制关系，一家公司通过对外投资形成对另一家公司的控股，使公司与其他公司之间形成控制与从属关系，或者通过其他安排使公司之间能够经常、持续地发生影响，在公司之间实际存在控制与从属关系或者相互控制与制约关系。

从实质上看，关联公司关系有可能导致公司失去独立的人格。在缺乏人格独立的关联公司关系中，一般有一个或者多个实际控制人或者控制公司，或者关联公司之间通过相互持股或者其他合同关系等建立相互制约，从而达到相互控制效果等。公司决策并非由公司内部的权力机关按照本公司自身的利益作出，各关联公司的行为由实际控制人或者控制公司决定。在关联公司体系中，以关联公司的整体利益为轴心，在参加商品经济活动时一致行动，维护关联公

司的整体利益。关联公司中的各公司,往往不再是一个独立的民事主体,而是一个被支配的客体,公司独立意志被实际控制人或者控制公司剥夺,或者是发生关联的公司独立意志受其加入的契约关系影响、制约等。关联公司关系有可能使公司仅具备法律形式上的独立人格外观,但实质上公司已经失去了独立意志,丧失独立的法人人格。关联公司之间的控制关系,是持续的,经常性的。对于虽然存在控制关系,但控制是非持续性的或者非经常性的,而是一次性或者偶然的情形,不能认定构成关联公司关系。

关联公司是相对于独立公司提出的概念。公司法律制度发展的初期,法律赋予公司绝对独立的人格,对公司的集中控制仅限于公司内部。公司有独立的意志、独立的组织机构、独立的利益。公司的独立意志依法不受公司以外的意志控制和安排,公司的意志根据法律、公司章程及公司内部的其他规则按照一定的程序形成。通常情况下,股东会是公司的绝对权力机构,股东会选举产生董事会,由公司股东会或者董事会形成决议,由公司董事、高管等负责表达和实施公司的决定,监事会负责监督董事、高管及公司运作是否符合股东及公司利益等。公司有独立的组织机构,表现为公司内部治理结构权限清晰,有独立的经营管理团队,公司决策来自股东会和董事会,不受外界因素干扰和控制,在公司关系中,股东、董事、监事、高级管理人员、聘用职工及公司以外的第三人的利益和权利,安排和界定得比较清晰。公司有独立的利益,通常表现为公司有自己的独立核算会计体系,会计账簿等相关公司档案材料与其他公司不发生混淆,公司为自己的利益经营,不发生让渡缔约机会、优质资产、盈利业务及转移利润情形等。

关联公司是市场经济主体适应商品经济社会发展选择的经营方式。在公司制度发展的早期,独立公司是比较普遍的现象,在资本市场上商人通过向公司投资,通过经营公司获得收益。然而,随着市场经济的发展,单一的仅仅依赖公司间接获取利益的简单经营方式已经不能满足商人的投资需要,商人不但通过向本公司投资获利,而且还要由本公司再向其他公司投资,通过本公司控制其他公司,将其他公司作为本公司的经营客体,获取其他公司的经营利润或者商业机会。在这种需求下,产生了公司与公司之间的控制关系,被控制公司无法获得独立的人格，关联公司现象形成了。例如，建立母子公司关系，子公司听命于母公司的领导和安排，母公司可以获取子公司的经营成果。再如，通过建立公司之间的联盟，包括垄断市场、排除竞争、占有市场销售份额、一致行动、联合定价等。公司的转投资行为使得一家公司可以成为另一家公司的经营客体，当这种经济现象出现时，法律制度定位的公司独立地位和独立人格规则受到了挑战。关联公司现象的出现，是市场经济发展的需求，通过向其他公司投资或者以股权收购等方式渗透到其他公司，直接控制竞争对手，可以有效地排除市场竞争；通过关联公司控制生产链条、控制销售市场，可以控制产品的市场价格；关联公司之间的关联交易，可以减少公司之间的猜疑，加强信任，使交易更加便捷、长期并持续稳定，同时也减少交易成本；通过建立关联公司，跨行业经营，既可以分散投资风险，也可以分享不同行业或者经济领域的经济发展与经营成果；等等。关联公司为企业不断扩大和发展带来的诸多好处，使得愿意做大做强的企业纷纷采取关联公司的形式投资经营。关联公司的出现是社会经济制度的发展和进步，是市场经济的必然选择，主流市场经济主体纷纷采用关联公司的模式开展经营，是现代公司实践的一个重要特征。

  关联公司的出现和发展，冲击了传统的公司独立人格制度，不仅使公司内部及外部关系变得相对复杂，而且对市场经济秩序也发生一定的影响。在公司内部，可能改变了股东、董事在公司中的支配地位和管理权力，动摇公司独立人格制度，公司之间的控制，满足大股东或者实际控制人的利益，转移公司利润，损害中小股东权益；在公司外部，可能通过资产或者利润转移等方式规避到期债务、规避税收；通过关联公司的联盟，可以垄断市场发生不当控制和不公平竞争等情况，这些行为有可能殃及社会公平交易秩序与安全等。因此，引导和促进关联公司健康运营和发展，维护市场经济公平的交易秩序，调整更为复杂的关联公司关系，便成为完善市场经济法律制度所追逐的目标。

  关联公司是公司运营高端化发展的必然结果，法律对关联公司的态度不是否定，而是积极引导和促进，通过立法规范关联公司的建立，对关联公司引起的特殊关系予以规范，对关联公司的不当行为予以调整。德国公司法律将公司划分为独立企业和附属企业，如果一个企业能够直接或者间接地对另一个企业施加影响，则另一企业就是附属企业。德国的康采恩法，对关联企业、康采恩等法律制度作出专门规定。我国台湾地区"公司法"第三百六十九条规定，具有控制与从属关系之公司、具有相互投资关系之公司为关联企业。我国《公司法》也肯定了建立关联公司关系，我国《公司法》第十四条第二款规定："公司可以设立子公司，子公司具有法人资格，依法独立承担民事责任。"第十五条规定："公司可以向其他企业投资；但是，除法律另有规定外，不得成为对所投资企业的债务承担连带责任的出资人。"我国《公司法》是允许公司作为出资人向其他有限责任公司或者股份有限公司投资的，投资的结果可能使其与被投资公司之间形成关联关系。对于关联公司引起的法律关系或者是利益关系的变动，各个国家和地区的商事或者经济规范也有所涉及，例如，针对关联公司对市场竞争的破坏，制定反垄断法、反不正当竞争法；针对关联公司对公司独立人格制度的突破，规定关联公司的共同承担责任制度，维护公司债权人利益；针对关联公司中的控制公司有可能剥夺被控制公司的利润等，规定被控制公司及股东的诉权；针对关联公司的隐蔽性，为引导关联公司的正确发展，通过《公司法》《证券法》规定信息披露制度、公示制度、通知制度，保护可能与公司发生关系的相对人及社会公众利益，维护经济秩序和交易安全；针对关联公司收益的整体性，通过《会计法》规定可以合理调整关联公司之间的会计核算，防止规避国家税收等。

我国近年来市场经济建设发展速度非常快，世界各国比较成功的公司运营模式很快就被引进来，在大、中型公司中，建立关联公司模式开展投资和经营的现象比较普遍，但我国公司法律制度起步比较晚，并未及时跟进市场经济的发展。目前，我国《公司法》除在第十五条规定肯定可以建立关联公司外，在第二百一十六条还规定了关联公司可能涉及的几个概念，该条第（二）项规定了控股股东的概念，第（三）项规定了实际控制人的概念，第（四）项规定了关联关系的概念及同受国家控股的企业关联关系的排除。此外，第一百二十四条规定了上市公司董事涉及关联关系的表决回避制度。第二十一条规定了利用关联关系损害他人利益的处置内容。为积极应对实务中大量的因关联公司引起的纠纷，最高人民法院于2019年出台《公司法若干问题的规定（五）》，规制了关联公司中的部分行为,《民法典》生效后,最高人民法院又对相关内容进行修改,其中该司法解释第一条第一款规定:"关联交易损害公司利益,原告公司依据民法典第八十四条、公司法第二十一条规定请求控股股东、实际控制人、董事、监事、高级管理人员赔偿所造成的损失,被告仅以该交易已经履行了信息披露、经股东会或者股东大会同意等法律、行政法规或者公司章程规定的程序为由抗辩的,人民法院不予支持。"

关联公司问题相对复杂,对于更加详尽的法律层面的关联公司制度规范,立法暂时是缺失的,这种局面,有可能导致实践中对因此发生的社会矛盾没有统一的司法标准,这使得我们研究和探讨解决该问题的方案尤为重要。

[结论]关联公司是市场经济发展的选择,是有利于公司获得持续发展和更多经济利益的手段,法律的功能是对关联公司导致的利益失衡予以调整,维护各民事主体的正当权益。

【案例评析】

关联公司之间拖欠的债务,是否可以主张人格混同导致债权债务关系同归一人而债务消灭

原告：B公司

被告：A公司

诉讼请求：A公司返还拖欠B公司的欠款。

图示：

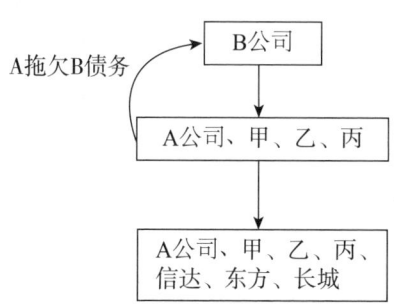

1993年3月,某省体改委批准同意将国有企业某造纸厂改组设立A公司,甲公司是A公司大股东。1996年底,经某省体改委批准,A公司与甲公司、乙

公司、丙公司共同发起设立 B 公司。A 公司将其生产纸袋的生产线作为出资财产交付给 B 公司，持股数额达 8.07%，成为 B 公司的第一大股东。1997 年 B 公司在上海证券交易所挂牌交易，成为上市公司。2001 年以后，因债转股安排，A 公司发生股东变更，信达、东方和长城三个资产管理投资公司成为 A 公司的大股东，甲公司变更为持股 0.08% 的小股东。

1998 年至 2000 年期间，B 公司与 A 公司陆续签订各类合同，因履行各类合同，A 公司拖欠 B 公司债务。自 1998 年至 2006 年期间，B 公司与 A 公司之间存在关联交易，B 公司从 2000 年起，每年在上市公司年报中均披露了 B 公司与 A 公司之间的关联交易事项，详细到交易内容、交易价格、结算金额等明细资料。B 公司的第一大股东 A 公司对披露事项，未曾提出过异议。根据 B 公司 2000 年年报，B 公司与其第一大股东 A 公司之间在人员、资产、财务上已经实现人员分离，财务独立，资产完整。B 公司委托会计师事务所对其间债务进行审计，确认至 2007 年起诉时，A 公司拖欠 B 公司债务共计 1.7 亿元。

B 公司起诉 A 公司，请求 A 公司清偿债务。B 公司的主要理由是：A 公司与 B 公司是大股东与上市公司的关系，A 公司持有 B 公司 8.07% 的股份，A 公司拖欠 B 公司欠款不予归还，请求 A 公司归还欠款。

A 公司抗辩理由为：其与 B 公司系同一控制人甲公司控制。自 1998 年至 2001 年期间，两公司同属甲公司领导，在公司的管理上共同发文，包括财务管理方面的规章制度、生产经营计划、年度工作计划和年度公司报告等。甲公司为使上市公司 B 公司业绩好，在 A 公司和 B 公司之间安排了大量不实的交易数额，如果要查清具体欠款数额，需要司法鉴定。即使欠款数额真实，因 A 公司和 B 公司均不具有独立法人人格，存在公司法人人格混同，其之间交易为不公平的关联交易，故不同意归还案涉款项。A 公司与 B 公司应视为同一人，根据《合同法》第九十一条关于"债权债务同归一人，合同的权利义务终止"的规定，应驳回 B 公司的诉讼请求。

本案中，B 公司和 A 公司之间有共同投资人——甲公司，两公司之间构成关联公司。A 公司设立在先，甲公司为 A 公司大股东，A 公司与其他公司共同发起设立 B 公司，A 公司是 B 公司的大股东，根据持股情况，甲公司在 A 公司中有大股东地位，A公司在B公司中有大股东地位，在B公司设立之初，可以认定甲公司是两公司的实际控制人。但自2001年开始，A公司的大股东已经变更为三个资产公司，即信达、东方和长城三个资产管理投资公司成为A公司的大股东，甲公司变更为持股仅0.08%的小股东，自此不能再以持股多数认定甲公司为实际控制人地位。该案中，A公司提出甲公司是两公司的实际控制人，两公司人格混同的主张，但其提供的证据反映在1998年至2001年期间，两公司统一由甲公司发布文件、制定工作计划等，但未提交关联交易价格不公平、不合理等证据。自2001以后，甲公司丧失了A公司的大股东地位，甲公司是否还有统一控制的情况，A公司没有进一步提出有力的证据加以证明。故其主张的关联关系存在，但其主张的控制关系及控制关系发生关联交易对其利益造成损失的证据是欠缺的。自2001年后，甲公司失去持股比例的多数地位，甲公司对A公司是否继续控制，A公司未提交证据，且B公司从2000年起，每年在上市公司年报中均披露了B公司与A公司之间的关联交易事项，详细到交易内容、交易价格、结算金额等明细资料，A公司对此未曾提出异议，A公司应当偿还拖欠债务。A公司关于人格混同，债权债务同归一人，债务消灭的观点难以成立。

73. 关联公司对债权人共同承担民事责任的认定标准有哪些

关联公司对外共同承担民事责任，是指关联公司中的一个成员对外发生债务责任时，将关联公司中的成员公司视为一体，共同承担民事责任。关联公司共同承担责任是维护公司债权人利益的重要制度。

在我国，凡是领取了企业法人营业执照的有限责任公司或者股份有限公司，一般应视为有独立人格和独立意志的民事主体。在公司法律关系中，首先是要求设立的各有限责任公司或者股份有限公司均有独立的人格，以公司财产对外承担民事责任。设立公司行为属于国家行政许可范畴，是国家单方批准一个社团具有法律人格的行为。在具备一定组织、财产且其经营范围符合国家经济秩序管理许可的条件下，经申请，国家可以批准设立有限责任公司或者股份有限公司。公司一经批准立即取得法律上的独立人格，具有独立意志，独立承担民事责任、行政责任等。因此，凡是在公司登记机关领取了企业法人营业执照的有限责任公司或者股份有限公司，国家法律法规已经认可了其在社会中的法律地位，具有独立的人格，应独立承担责任。

公司虽然领取了企业法人营业执照，取得了独立的法人人格，独立承担民事责任，但依据公司法律制度特殊情况下仍然可以认定其丧失了独立的意志，非独立承担民事责任，这种制度安排是法律基于公司独立人格被不正当使用情形下的特殊规定。

关联公司是公司法律制度规定公司民事责任非独立的一个法律事实，具体是指在预先未建立民事法律关系的情形下，会产生一个公司的民事责任转移给其他民事主体，或者是其他民事主体与公司共同承担民事责任的情形。公司民事责任非独立的后果，需要公司法律作出特别规定。当关联公司现象出现时，公司制度有可能规制为公司非独立责任，即关联公司共同承担责任。确认公司的人格非独立，一公司承担另一公司民事责任，应当是非常谨慎的。已经取得独立法人资格的公司，应独立的承担民事责任，当其打破独立主体资格界限时，应当承担相应的法律后果，在其享受某些特殊利益或者好处的时候，应当承担相应的义务或者责任，这符合权利义务对等的法律原则。由于公司在外观上已经具备了独立承担有限责任的民事主体资格，要依据关联公司现象认定公司非独立承担民事责任，应重点关注关联公司对外承担共同责任的构成要件。

关联公司共同承担民事责任，是指关联公司作为一个整体对外承担责任，也称为连带责任。在实务中应注意以下几个构成要件：

第一，公司之间构成关联关系，形成关联公司。

关联公司有纵向建立的，也有横向建立的。通过纵向投资关系建立的关联公司，往往是单向的控制，即上级公司对下级公司的控制，比较典型的是母、子公司之间的关系，公司和控股公司的关系。我国《公司法》第十五条规定："公司可以向其他企业投资；但是，除法律另有规定外，不得成为对所投资企业的债务承担连带责任的出资人。"该规定是关于转投资的规定，限定了被投资公司的类型，允许设立关联公司，但不得承担连带责任，从投资公司的角度保持独立，避免承担另一公司债务的连带责任。另外，通过其他关系安排也可以产生一个公司对另一个公司的控制，也可以视为纵向建立控制关系的关联公司。例如，两家公司股东或者董事存在完全相同或者多数相同、存在亲属关系，足以在股东会、董事会中通过多数表决的方式控制从属公司；再如，一家公司监管另一家公司的人事任免、财务会计、业务经营等，也可以形成一家公司对另一家公司的有效控制，足以导致从属公司失去独立的人格和意志。

通过横向建立的关联公司，公司之间的控制并非单向的控制与从属关系，有可能是彼此互为控制与从属关系，比较典型的是相互投资、交叉持股，互派董事或者高级管理人员及以合同方式建立的其他协调或者控制关系等。横向关联公司之间有互相控制或者制约的色彩，这种控制和制约，应当在法律允许的范围内，如果超出法律规定的范围，导致各关联公司丧失独立的意志和利益，出现人格混同情形的，在对外承担民事责任时关联公司会被视为一个整体，共同承担债务责任。关于相互持股问题，我国台湾地区公司制度作出限制性规定，例如，我国台湾地区"公司法"规定，公司与他公司相互投资各达对方有表决权之股份总数或资本总额三分之一以上者，为相互投资公司。被持有已发行有表决权之股份总数或资本总额超过半数之从属公司，不得将控制公司之股份收买或者收为质物。前项控制公司及其从属公司直接或间接持有他公司已发行有表决权之股份总数或资本总额合计超过半数者，他公司亦不得将控制公司及其从属公司之股份收买或收为质物。[①] 我国台湾地区"公司法"的上述规定表明，相互持股不超过三分之一时，不作任何规范，不认可构成相互控制的关联公司。相互持股在三分之一以上，不得超过一半，在三分之一和一半之间是其认可的相互投资范围。

[①] 柯芳枝：《公司法论》，中国政法大学出版社2004年版，第589页。

我国台湾地区"公司法"对关联公司（关系企业）有明确的概念，指独立存在而相互间具有下列关系的企业：（1）有控制与从属关系之公司；（2）相互投资之公司。有控制与从属关系的公司，一般是通过持有他公司有表决权之股份或者出资额，超过他公司已发行有表决权之股份或者出资额半数，即可从外观上认定存在控制关系。①

实际上，无论是纵向建立的关联公司，还是横向建立的关联公司，以及兼具两种控制方式的关联公司，他们之间有一些共同的特点，即关联公司之间实际存在控制与从属关系，或者是相互控制关系，这种控制与从属或者是相互控制的关联关系是持续的、经常的，是关联公司之间存在的一种管理和协调体制。关联公司整体存在统一组织、一致行动、相互配合与衔接等全局利益关系，关联关系中被控制的成员有可能存在丧失独立人格与意志的情形。公司之间的这种控制与从属或者相互控制的持续关系，一般被认为可以构成关联关系，因履行合同或者其他关系存在的一次性的、偶然的控制等，不构成关联关系。

关联公司的控制与从属关系，一般体现在人事控制、财务控制及业务经营控制关系等。例如，控制公司任命从属公司董事、经理等高管人员，互相控制公司之间均为对方保留董事席位，由控制公司统一主管财务，安排利润转移以逃避税收，控制公司统一安排调度业务经营，使从属公司进行不符合常规的业务或者不利益的经营等。

在我国，国有企业有其特殊性，不能依据投资关系认定为存在关联关系。对关联关系，我国《公司法》有明确的规定。《公司法》第二百一十六条第（四）项规定："关联关系，是指公司控股股东、实际控制人、董事、监事、高级管理人员与其直接或者间接控制的企业之间的关系，以及可能导致公司利益转移的其他关系。但是，国家控股的企业之间不仅因为同受国家控股而具有关联关系。"《公司法》在该条规定中明确排除了国家控股的国有企业之间，不构成关联关系。

---

① 柯芳枝：《公司法论》，中国政法大学出版社2004年版，第386页。

第二，关联公司关系中的关联环节参与了引起民事责任的法律事实。

公司之间的关联关系是公司法律允许建立的，因此，即使构成了关联关系，也不当然承担共同责任。关联公司是否要承担共同责任，应当结合引发民事责任的法律事实，结合关联关系中的关联环节对法律事实的参与程度，根据具体情况作出决定。

一般可以分两种情况：一种是关联公司直接参与了引起民事责任的法律事实；另一种是关联公司虽未直接参与法律事实，但关联公司之间的关联环节足以陷入法人格混同，关联公司基于法人格混同承担共同责任。当然，有些案例是关联公司同时存在上述两种情况，因而需要共同承担责任。

在债权责任中比较常见的是合同责任和侵权责任。合同和侵权承担民事责任的法律构成要件有所区别，合同责任是主动设定民事法律关系形成的，对责任后果等双方往往是有预期的；而侵权责任是被动的，是由法律规定的，侵权人对承担责任往往没有预期，其承担责任是因其行为不当，妨碍了他人权益，遵循法律规定应作出的弥补和赔偿。

在合同关系中引起的共同责任，关联公司中的各成员公司往往是参与了合同的签订、履行，或者是实际享有了合同的权利。例如，由上级公司签订合同，但下级公司实际承受了合同利益，以上级公司的名义借款，实际将资金拨付给下级公司使用。在因关联公司关系承担的合同民事责任案例中，一般具有这样的特点，一个公司有可能并非合同的签约主体，但实际上积极参与合同的履行，享有合同的权利而未支付合理对价，隐藏在合同背后，仅享有合同权利而未承担合同义务，签约公司为表面上的合同当事人，其将合同的权利无偿让渡给隐藏在背后的公司，表面上的合同当事人与隐藏的公司之间存在关联关系，构成关联公司。还有的情况是两个关联公司在不同阶段混同参与合同的签订和履行，例如，上级公司签订主合同，下级公司签补充协议，两公司混同参与合同的履行等。

有两种情形是需要排除适用的：一种是合同表面当事人和隐藏在合同背后的公司之间不构成关联公司，即参与合同的履行或者实际享有合同利益的公司与签订合同的公司之间不存在关联关系，不能依据关联公司法律制度确认其共同承担民事责任。当然，不依据关联公司关系认定承担责任，不排除适用其他法律制度，要求两公司对债务共同承担连带责任。对于没有关联公司关系的公司，有可能与其他公司共同承担了民事责任，但应排除适用关联公司法律制度。另一种是隐藏在合同背后的公司支付了合理的对价，存在正当交易。即使存在关联公司关系，但参与履行合同的公司支付了合理的对价，虽然与签订合同的公司存在关联关系，但彼此保持相对人格独立，其经营和运作符合公司法律对公司独立人格规范制度的要求，应排除适用关联公司制度。

在侵权关系中引起的民事责任。承担侵权责任的一般构成要件为：民事主体主观上存在故意或者过失，客观上有侵权行为，受害人发生了损害结果，侵权行为和损害结果之间存在因果关系。另外，法律还有关于侵权行为的其他特殊规定等。上述侵权要件均确定存在，并且在侵权主体应当承担责任的前提下，再考虑关联公司是否要共同承担责任。而关联公司承担侵权民事责任应当考虑的主要是侵权行为环节，即在确定应当承担民事侵权责任的情况下，是否让关联公司共同承担责任，应着重考虑在侵权行为上关联公司的参与度。例如，仓储公司在保管货物的过程中管理不善导致货物变质，仓储公司应承担侵权责任。由于仓储公司将库房发包给其关联公司经营，仓储公司的整个库房管理系统完全是由关联公司负责的，在这种情形下，可以考虑存储公司及其关联公司共同承担责任，即对受害人的损失承担连带责任。再如，环境污染案件中，发生污染的被告企业，排放污染的主要生产环节被关联公司管理和控制，由关联公司组织实施生产或者提供主要技术，关联公司应当与发生污染的被告企业共同承担责任。在医药生产、食品生产和销售领域中，也往往会出现挂靠、连锁、分装、分销、加盟等经营模式，如果发生产品质量问题等侵权事件，可以考虑关联公司的共同责任问题。由于我国目前关于挂靠、连锁、分装、分销、加盟等经济形式各有不同特点，公司之间是否构成关联公司还应根据具体情形作出判断，不能将上述经济现象一并认定为关联公司。

关联公司共同承担侵权责任的特点，在外观上看往往是侵权公司在组织生产或者销售，发生侵权的主体是侵权公司，即对外公示的是侵权公司的行为。但是，在这个侵权公司内部的某个生产或者销售管理环节，关联公司实际参与了生产、销售或者实施了管理等，关联公司获准在侵权公司内部的活动内容，对侵权行为发挥了一定的作用，因此，关联公司与侵权公司应对侵权行为共同承担责任。

侵权责任与合同责任竞合情形下如何处理。侵权事件是在当事人之间事先存在合同关系的情形下发生的，即在合同的签订或者履行过程中发生及因产品质量问题发生的侵权责任等情形，法律规定当事人可以有两种救济途径：一种是一方当事人依据合同请求对方当事人按照约定承担相应责任；另一种是撇开合同，直接依据《民法典》侵权责任编请求对方承担侵权责任。两种方法受害人可以任选其一，不能合并主张或者获得双倍的赔偿，一般称这种情形为侵权责任与合同责任的竞合。

我国《民法典》第一千二百零三条规定："因产品存在缺陷造成他人损害的，被侵权人可以向产品的生产者请求赔偿，也可以向产品的销售者请求赔偿。产品缺陷由生产者造成的，销售者赔偿后，有权向生产者追偿。因销售者的过错使产品存在缺陷的，生产者赔偿后，有权向销售者追偿。"根据上述规定，受害人既可以选择依据合同向销售者起诉，也可以选择依据《民法典》向产品生产者起诉。法律赋予受害人两种诉权，受害人可以任选其一，但受害人只能获得一个赔偿，而赔偿的最终支付者是导致产品质量发生问题的生产者或者销售者。

关联公司中的关联环节足以使公司陷入人格混同的情形，是指关联公司之间的控制足以导致人格混同，基于人格混同也应承担关联公司的共同责任。实践中，对关联公司人格混同的认定，应当极为慎重和严谨，不宜简单否定公司法人资格。根据近几年我国的司法实践总结，可以认定公司人格混同的参考环节有如下几个：（1）资产混同。表现为各公司没有各自独立的出资，上下级公司之间的财务安排未分离，没有单独的财务账册，未单独核算经营利润等，各公司之间转移资产、利益及交易机会等没有对价，互相挪用。（2）人员混同。主要表现为董事、高管等企业的核心管理人员混同，或者被统一的实际控制人控制、任命等。（3）业务混同。各公司混同经营业务，生产或者销售及其他业务混同操作，没有明显界限。（4）对外没有可见的分开的公示形式。主要表现为办公地点或者营业场所一致，对外互相代表，在某种场合经常表明两家公司是一回事，共享利润，或者其他行为曾经误导或者暗示公众为一体公司等。对于这种情况，虽然未参与合同或者侵权法律关系，但也有可能基于关联公司之间的人格混同而承担共同责任。

关联公司之间人格混同的刺破公司面纱与股东滥用公司法人资格刺破公司面纱略有不同，关联公司中的刺破公司面纱，是因公司被控制，控制公司承担连带责任，一般是公司外部的力量导致公司丧失独立人格。而股东滥用公司人格是股东在管理公司过程中，股东个人资产与公司资产界限不清。这种区分不是绝对的，有时是重合的，例如，控制公司为被控制公司股东，既构成关联公司的控制，也可能构成股东滥用法人资格。关联公司的建立是法律允许的，而股东滥用法人资格是法律绝对禁止的。所谓滥用，即借用合法的形式，但超越了法律赋予其权利的目的和范围，没有节制或者过度地使用了权利，以至于侵犯了他人的利益。建立关联公司关系，有利于公司之间的协调发展，但是，如果其运行超出法律规定的范围，就有可能构成股东滥用公司法人人格。

[结论] 关联公司中的关联环节参与了引起民事责任的法律事实的，可以考虑对债权人承担关联公司的共同责任。

【案例评析】

控股股东利用在公司的控制地位使自己受益，侵害了公司其他股东的合法权益，对其他股东的损失是否负有赔偿责任

原告：D公司

被告：A公司、甲公司、乙公司

诉讼请求：解除股权转让合同，由A、甲公司和乙公司共同返还股权转让款及利息。

图示：

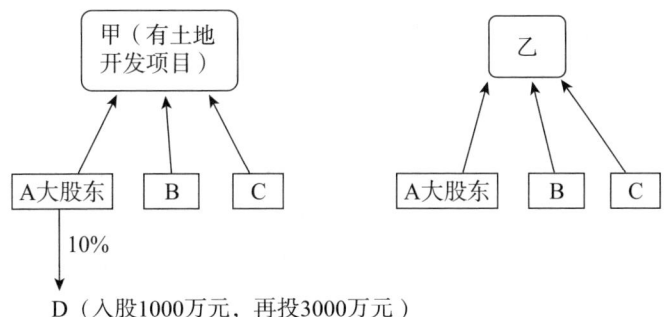

某自然人股东A与B、C公司共同出资设立了两家房地产公司，一家为甲公司，另一家为乙公司，A在两家公司的出资均超过公司注册资本金的一半以上，为两家公司的控股股东。A以甲公司名义向政府主管部门提交申请，拟取得某市代开发土地使用权，负责某市经济开发区的建设项目，某市相关行政主管机关研究同意并予以批准。由于资金不足，甲公司股东会决议决定引进战略投资者，由A让出10%的股份给新加入公司的战略投资人，新股东需支付4000万元取得股权，该笔资金用于甲公司缴纳土地使用权出让金和前期的拆迁补偿费用中的不足资金等。经介绍D公司愿意以战略投资者的身份加入甲公司，并同意分期向甲公司投资4000万元。合同签订后D公司向甲公司缴纳第一期款项1000万元并取得股东地位，此后，D拒不按约定向甲公司再投入剩余的3000万元。甲公司原股东对D公司不满，A遂以甲公司名义向政府主管部门提出申请，请求将获得批准的土地项目移交给乙公司开发经营。政府主管部门同意乙公司开发土地，但尚未签订土地使用权出让合同，由于甲公司和乙公司的大股东有部分都是相同的，政府相关主管部门同意了甲公司的请求，与乙公司签订了土地使用权出让合同。乙公司缴纳土地使用权出让金后依法取得了该宗地块的土地使用权，并开始开发建设相关项目。D公司投入甲公司的1000万元资金实际用于支付该宗地块的拆迁补偿款。甲公司除拟取得涉案的土地使用权和相关房地产开发项目外，没有其他资产和经营活动。

D公司以A、甲公司及乙公司为被告提起诉讼，请求解除股权转让合同，由A、甲公司和乙公司共同返还其股权转让款1000万元及占用资金期间的利息。D公司的主要理由为，大股东A利用其在公司的控制地位将甲公司可以获得的项目权益及资产转移到其控制的乙公司，且乙公司实际使用了其投入到甲公司的款项，甲公司与乙公司为关联公司，故A、甲公司和乙公司应共同承担返还股权转让款项的责任。

A的抗辩理由是：第一，转移土地使用权及相关项目是甲公司行为，经政府相关主管部门批准的，与其个人无关；第二，其与D公司之间的股权转让合同已经履行完毕，不同意解除股权转让合同；第三，即使解除股权转让合同，因合同约定的股权转让款是支付给甲公司的，A为挽救甲公司放弃个人股权，其未从中获得对价，不负有退还股权转让款的义务。

甲公司的抗辩理由是：其与D公司没有股权转让合同，其是股权转让的目标公司，没有返还股权转让款的义务。

乙公司的抗辩理由是：其与D公司没有合同或者其他法律关系，其获得土地使用权已经向政府相关主管部门支付土地使用权出让金。至于其获得土地使用权之前甲公司支付的拆迁补偿款，系甲公司与拆迁户之间履行拆迁合同，是甲公司误认为其可以实现对地段的开发而自行自愿拆迁行为，与乙公司无关。D公司请求返还受让A的甲公司股权转让款与其无关，不承担返还义务。

该案中，A在甲公司和乙公司均有投资，并且在两家公司中占有控制地位，甲公司和乙公司构成关联公司关系。D公司签订受让甲公司股权合同的目的是甲公司即将取得土地使用权及开发项目地块，甲公司开发经营该项目后其股权升值，股东获取利润。但甲公司未取得项目地块且其此外亦并无其他经营资产，在其他股东均放弃经营的情形下，甲公司的股权价值与D公司受让股权的预期目的存在显著差距，故D公司关于解除股权转让合同的请求，可以获得支持。甲公司和乙公司虽然取得了法律上的独立地位，但A作为两家公司的控股股东，操纵了土地使用权及项目和资金的转移，在股权转让合同中，其直接安排的股权转让款的支付对象，是对自己权利的处分，在股权转让合同解除后，A公司应负有返还股权转让款的义务。A利用在两家公司的控制地位使自己受益，侵害了甲公司其他股东的合法权益，对该损失应付有赔偿责任。《公司法》第二十条第一款和第二款规定："公司股东应当遵守法律、行政法规和公司章程，依法行使股东权利，不得滥用股东权利损害公司或者其他股东的利益；不得滥用公司法人独立地位和股东有限责任损害公司债权人的利益。公司股东滥用股东权利给公司或者其他股东造成损失的，应当依法承担赔偿责任。"

甲公司因股权转让的安排直接收取了 D 公司支付的款项，在股权转让合同解除后，负有返还款项的义务。甲公司和乙公司均为 A 控股公司，在乙公司不能提供 1000 万元款项非用于该宗地块拆迁补偿使用的证据情形下，应推定乙公司与甲公司联手合作，使用了 D 公司因该宗地块投入的资金，乙公司利用关联公司关系未支付任何对价获得不当利益，应当负有返还义务。

74. 关联公司制度对中、小股东（或者外部股东）利益设置了哪些保护

关联公司往往是按照大股东或者实际控制人的意愿建立的。公司在资本市场上如何获利，转投资的投资对象、投资比例等一般由占有表决权多数的大股东或者公司实际控制人决定，中、小股东的意志在和大股东的利益一致时，才有可能通过公司实现，中、小股东能够控制公司的情况相对少。当然，也不排除个别公司实际是由中、小股东控制经营和决策的情况。多数情况下，在实际建立的关联公司体系中，各关联公司的中、小股东经营管理权很难落实，其财产收益的正当利益也可能服从了关联公司的整体安排，违反了投资公司的最初目的。因此，公司法律在允许公司建立关联关系的同时，作为弥补，对中、小股东的利益也提供了相应的保护制度，主要体现在以下几个方面：

第一，规定公司控股股东、实际控制人、董事、监事等高级管理人员不得利用关联关系损害公司利益。

公司控股股东、实际控制人、董事、监事等高级管理人员在管理公司中有优势地位，因此，公司法律制度对其提出明确的约束指引，不得利用关联关系

损害公司利益。关于利用关联关系与公司利益的关系问题,我国《公司法》第二十一条明确规定:"公司的控股股东、实际控制人、董事、监事、高级管理人员不得利用其关联关系损害公司利益。违反前款规定,给公司造成损失的,应当承担赔偿责任。"第二百一十六条第(四)项明确规定:"关联关系,是指公司控股股东、实际控制人、董事、监事、高级管理人员与其直接或者间接控制的企业之间的关系,以及可能导致公司利益转移的其他关系。"

该规定是从限制损害公司利益角度作出的,损害公司利益就会间接损害公司股东利益。因此,《公司法》将不得利用关联公司损害公司利益作出明确规定,也是对中、小股东利益的保护。

公司法律制度不禁止建立关联公司体系,而关联公司体系的建立,有可能要对各公司之间的业务、收益及利润等进行调整,比较典型的是控制公司经常将被控制公司的收益划转,或者将优质资产转移。这种调整是有可能损害中、小股东利益的,因此,有些国家公司法律规定在当年的会计年度内给予补足,否则构成侵权,中、小股东基于此行为可以行使诉权。

第二,规定股东不得滥用权利损害公司其他股东利益。

股东应当正当行使在公司中的权利,如果滥用权利,有可能损害中、小股东权利。例如,股东利用其表决权的多数控制公司实施某项决策,而该决策的实施显然仅对其个人有好处,并非为公司的经营和发展着想,或者该决策的实施直接损害了中小股东的利益。我国《公司法》第二十条第一款和第二款规定:"公司股东应当遵守法律、行政法规和公司章程,依法行使股东权利,不得滥用股东权利损害公司或者其他股东的利益;不得滥用公司法人独立地位和股东有限责任损害公司债权人的利益。公司股东滥用股东权利给公司或者其他股东造成损失的,应当依法承担赔偿责任。"

关于何谓"滥用"权利,我国《公司法》没有作出进一步的解释,实务中可以掌握几个标准:(1)一般是指其行使权利在形式上是合法的,例如,在股东会中行使表决权,依据公司章程的特别授权行使权利等,但是,其行使该权利的目的已经背离了法律或者公司章程赋予其权利的目的。《公司法》赋予股东在股东会上行使表决权,其目的是让股东参与公司的管理和决策利润分配等，而公司章程赋予股东特殊权利的目的一般是让股东有管理公司的特权，因此，股东行使表决权或者管理权应当为公司的目的，或者为股东的正当利益，而不是为其自己谋求特殊利益。(2) 股东行使该权利使其自己或者关联公司获益。例如，公司大股东利用对表决权多数的绝对控制，以股东会决议的形式决定将公司利益或者商业机会转移给关联公司，发生不公平交易，将公司赖以生存的主要业务或者优质资产转让给关联公司等，损害公司利益，或以增资和引进战略股东及与关联公司合并等的方式稀释中小股东股权等，直接损害中小股东利益。(3) 实际发生了公司或者中小股东利益受损的后果。

第三，规定表决回避、一致意见表决或竞业禁止制度。

建立关联公司及与关联公司发生交易，有可能损害外部股东利益，即与关联公司中的关联关系无利益关系的其他股东利益，为此，公司法律设定了表决回避制度，凡是涉及关联交易、关联关系的事项，与该事项有关联关系的股东或者董事不得参与表决。我国《公司法》第一百二十四条规定："上市公司董事与董事会会议决议事项所涉及的企业有关联关系的，不得对该项决议行使表决权，也不得代理其他董事行使表决权。该董事会会议由过半数的无关联关系董事出席即可举行，董事会会议所作决议须经无关联关系董事过半数通过。出席董事会的无关联关系董事人数不足三人的，应将该事项提交上市公司股东大会审议。"

将一致意见表决写进公司章程中，以防止利用关联关系损害外部股东利益。一致意见表决是指，凡涉及关联关系的事项，采取一致意见表决的方式通过决议，放弃多数意见形成决议的决议方式。一致意见表决，在股东人数比较少的有限责任公司或者非上市的股份公司中比较容易做到，全体股东均参加会议并实施表决，在股东人数比较多的股份公司，尤其是上市公司，要求全体股东参加会议进行表决及形成一致的同意意见，几乎不太可能。

将对股东的竞业禁止写进公司章程中，作为股东共同遵守的制度予以明确，这样对股东建立关联公司及发生关联交易起到一定的抑制和预防作用。对董事的竞业禁止，一般在公司法律制度中就有明确规定，例如，我国《公司法》第一百四十八条第（五）项规定：未经股东会或者股东大会同意，董事不得利用职务便利为自己或者他人谋取属于公司的商业机会，自营或者为他人经营与所任职公司同类的业务。另外，董事在与公司签订的聘用合同以及在公司章程中，均有可能规定竞业禁止的问题。

第四，规定损失补偿及股权回购制度。

一般情况下，中、小股东或者没有参与关联公司的外部股东，是关联公司交易的不利一方，鉴于关联公司的整体安排有可能危害中、小股东或者外部股东利益，公司法律制度有关于损失补偿及股权回购的制度安排。关联公司在发生关联交易时，应当考虑未参与关联方的外部股东利益，对外部股东利益作适当补偿或者允许外部股东退出公司，收购外部股东股权。当然，这种安排应当在关联交易发生时双方协商确定。如果不能协商确定，因关联交易损害公司利益的，股东可以主张涉及关联交易的控制方或者相关负责人向公司作出赔偿，损害中小股东或者外部股东利益的，股东也可以直接提起相应诉讼。

第五，中、小股东（或者外部股东）的直接诉权和股东代表诉讼权。

中、小股东或者关联公司的外部股东在关联公司发生关联交易或者建立关联公司的过程中，其自身权益受到侵害的，可以直接提起诉讼。例如，通过虚假增资或者公司分立、合并等方式排挤中、小股东或者外部股东，稀释中、小股东或者外部股东股权等，中、小股东或者外部股东可以直接行使诉权，主张相应的行为无效。当关联交易直接损害公司利益时，中、小股东或者外部股东可以提起股东代表诉讼，替公司主张权益，间接维护自身利益。例如，公司向其他关联公司转移利润、优质资产，与关联公司发生关联交易，价格明显偏离市场价格等，中、小股东可以提起股东代表诉讼，主张撤销相关交易，或者补足公司利益。

［结论］公司法律在允许建立关联公司关系的同时，规定公司控股股东、实际控制人、董事、监事等高级管理人员利用关联关系损害公司利益的赔偿制度、表决回避制度、一致意见表决制度、竞业禁止制度、损失填补及股权回购等制度，作为弥补关联关系之外的中、小股东或者非关联方利益的制度。

75. 关联公司制度中对被控制公司利益的保护有哪些安排

在关联公司关系中,控制公司往往操纵关联公司整体,挪用被控制公司资源、转移利润、安排被控制公司为不符合常规或者不利益的经营,将被控制公司作为工具,使控制公司或者其他关联公司获利。上述现象在实务中时有发生。为保护被控制公司利益,公司法律制度规定了适当补偿制度。要求控制公司对被控制公司造成的损失在一定期限内进行利益填补。我国台湾地区"公司法"规定:控制公司直接或者间接使从属公司为不合常规或者其他不利益之经营,而未于会计年度终了时为适当补偿,致从属公司受到损害者,应负赔偿责任。控制公司负责人如使从属公司为前项之经营者,应与控制公司就前项损害负连带赔偿责任。对于控制公司不予补偿的,被控制公司可以提起诉讼,请求补偿。被控制公司因受到控制,往往怠于起诉,公司法律制度设立了股东代表诉讼制度,被控制公司的股东可以自己名义提起诉讼,追索利益归公司所有。有些国家和地区还进一步规定在发生控制公司使被控制公司为不符合常规经营或者不利益经营,并且未适当补偿的,债权人也可以自己名义代位被控制公司提起诉讼。我国台湾地区"公司法"就作出了这种规定,并且规定债权人行使代位权不受债权额多少及清偿期长短的限制,每一债权人均可以单独行使诉权。我国台湾地区"公司法"还规定,债权人的诉讼权利要比股东的诉讼权利宽泛得多,股东行使该项诉权要受持股数额、时间的限制等。

[结论] 在关联公司关系中,虽然关联公司内部没有争议,但长期被控制安排的利益失衡,应当在法律层面上安排强制补偿制度,一方面补偿被控制方涉及的利益,另一方面防止逃避税收义务及责任等。

第十章

股东代表诉讼

76. 什么是股东代表诉讼制度

近年来，因公司内部侵权问题而引发的股东代表诉讼案件逐年增多，是近年来人民法院受理的有关公司诉讼新类型案件之一。《公司法》第一百五十一条对股东代表诉讼问题作出明确规定。

股东代表诉讼又称派生诉讼（英美法系，如英国、美国）、代表诉讼（大陆法系，如德国、日本、我国台湾地区）、传来诉讼、代位诉讼等，是指当公司的利益受到侵害而公司却怠于起诉，或者说公司的操纵者拒绝以公司名义起诉时，公司股东以自己的名义起诉，所得赔偿归于公司的一种诉讼形态。或者说，当公司的正当权益受到他人侵害，特别是受到有公司控股股东或者实际控制人、公司董事和高级管理人员等的侵害，而公司怠于行使诉权时，符合法定条件的股东以自己的名义为公司的利益对侵权人提起诉讼，请求返还公司利益，并追究相关人员法律责任的诉讼制度。

由于这种诉讼是因侵犯公司利益引发的，与公司有直接利害关系，因此，诉讼结果应归于公司。由于起诉不是以公司名义提起的，而是股东以自己的名义提起的，因此称为股东代表诉讼。股东代表诉讼是学术概念，《公司法》并没有直接对该类诉讼下定义，学理上从程序角度出发描述该类案件的特点，对该类诉讼的案由，还应当根据争议的法律关系性质和当事人的诉讼请求确定。

股东代表诉讼制度产生的根源是公司"所有权和经营权"相分离。在公司制度产生的初期，公司的投资人数有限，股东自己管理公司，公司不设立董事会，公司的所有权与经营权不产生分离，公司的意志直接体现所有者股东的意志,所以,在公司制度发展的早期,没有股东代表诉讼的问题。

随着公司制度的发展,公司股东人数众多,所有股东都参加公司的经营管理,统一股东意志后再管理公司的日常事务已经成为很困难的事情,并且在公司上市以后,吸引投资人眼球的不再是唯一的通过经营公司获取利润,更多的投资人看重的是证券交易市场,通过买卖公司股票获取利润,这部分股东不再关心公司的经营管理事务。在这种情况下,一方面是公司事务越来越复杂,依靠人数众多且利益分散的股东会管理公司事务不符合公司经营效率和发展的需要,另一方面是部分股东对公司的经营管理问题没有兴趣,因此,董事会在公司治理结构中的地位显得越来越重要,权力越来越大,公司所有权和经营权分离的格局逐渐形成,股东代表诉讼制度有了萌芽的基础。

公司交由董事会、公司高级管理人员经营管理是公司制度发展的必然结果,逐渐形成由股东出资,董事会组织公司的人力、物力资源经营公司,创造财富,再分配给股东的格局。在公司"所有权和经营权"相分离的过程中,股东会对公司的管理越来越弱,而董事会、高管人员对公司的控制越来越加强,为确保董事和高管人员能够忠实履行职务、维护公司利益,并对公司尽到善良管理人的注意义务,公司法律制度也加强了对董事会及公司高管人员司职行为的监督机制。

公司法对董事会行使职权的监督是这样安排的:首先,规定股东选举产生董事会,并且股东有权对不称职的董事罢免;其次,对董事会的职权范围作出规定,加强董事、高管人员对公司和股东的法律责任,对董事等违反忠实勤勉义务的后果作出规定;最后,对董事的侵权行为,股东可以提起诉讼,股东代表诉讼制度是对董事会、董事等高管人员的监督机制之一。

股东代表诉讼制度是中、小股东维护公司利益的司法救济手段。从上述安排可以看出,对董事等高级管理人员的监督可以表现在公司内部机制和外部机制。在公司内部,董事会是由股东会或者股东大会选举的董事组成的,因此当董事违反忠实义务时,股东会或者股东大会可以通过决议罢免董事。但股东会或者股东大会决议是采取资本多数决的方式形成决议,在控股股东或者代表其利益的董事侵害公司利益时,股东会或者股东大会很难形成追究董事责任的决议，因此，在公司外部规定监督机制，即由股东提起诉讼来实现其主张，挽回公司的损害。股东代表诉讼制度是中、小股东监督公司经营管理机构、获得救济的一项重要法律制度。当董事等高级管理人员违反忠实义务，而代表公司的董事会决定公司不予追究时，股东可以代表处于相同地位的其他股东行使诉权。

公司法对董事和高级管理人员职务行为和责任的法律规定，属于事前督促，对股东代表诉讼制度的设立，属于对董事和公司高级管理人员履行职责的事后监督和救济，事前督促和事后监督与救济相辅相成，构成对董事在公司治理结构中的责任体制。股东代表诉讼制度，是确保公司健康运营的一项重要法律制度。

股东代表诉讼制度产生的标志。股东代表诉讼起源于英国的衡平法，1843年，英国发生了著名的"福斯诉哈博特尔"案件，股东代表诉讼制度是随着这个案件所确定的一些例外规则而发展起来的，"福斯诉哈博特尔"案件成为股东代表诉讼制度起源的一个标志性的案件。

英国普通法中有一个基本原则：如果公司权益受到侵害，股东不得以股东的名义提起诉讼。这项原则是在"福斯诉哈博特尔"案件中确立的。"福斯诉哈博特尔"案件的基本情况是这样的，公司董事将自己的土地高价卖给公司，公司两名股东以公司所有股东代表的身份提起诉讼，主张董事以欺诈手段侵占股东财产。在该案中，原告股东提起的股东代表诉讼未获支持，被法官驳回。法官的理由为，侵占公司财产是公司的诉权，股东不能提起诉讼。此判例确立了一个只有公司才能为适当原告的规则，即"福斯诉哈博特尔"规则。这一规则认为，即使董事等确有损害公司利益的行为，但由于公司是独立的法人，对董事是否起诉，应由股东大会来决定，而且是以公司的名义行使诉权。

福斯诉哈博特尔案件虽然这样判了，但这并不公平，从公司内部治理结构看，由于股东会决议采取资本多数决的形式，股东会往往代表的是大股东的利益，大股东通过股东会和董事会控制公司，如果公司利益因大股东或董事的不当行为受到损害，大股东在权衡其自身利益和公司利益时，很难决定由公司提起诉讼，返还其受益或由其对公司作出赔偿，因此由股东会决定起诉董事或者大股东的可能性很小。但公司是全体股东的，公司的损失最终将实际转嫁到中小股东的头上，大股东或董事的不当行为直接损害的是公司利益，间接损害的是中、小股东的利益。因此英国的衡平法对依据普通法确立的"福斯诉哈博特尔"规则逐渐作出些例外的规定，在有限的几种情形下，允许单个股东就侵犯公司权利行为提起诉讼。

股东代表诉讼问题是由"福斯诉哈博特尔"案件引出的，但该判例并没有准许股东代表诉讼，股东代表诉讼制度是通过对该判例的例外规则建立起来的，"福斯诉哈博特尔"规则及例外规则，确立了股东代表诉讼制度的一些基本内容，现代各国和地区确立的股东代表诉讼制度皆源于此。

英国衡平法确立的对少数股东权利的保护，被英美法系及大陆法系国家和地区所援引和借鉴（美国、加拿大、澳大利亚、新西兰等），各国和地区纷纷规定了股东代表诉讼制度。股东代表诉讼制度虽然起源于英国，但英国的股东代表诉讼实践却相对比较保守。在美国，股东代表诉讼制度得到进一步的完善和发展，甚至在某一阶段曾一度滥用，这种情况促使美国立法机构进一步规范股东代表诉讼制度，因此与世界其他国家和地区相比，现代美国公司法中的股东代表诉讼制度是相对比较发达、内容比较完整、规则比较严细的制度。

受英美法系公司法的影响，大陆法系国家和地区纷纷引入股东代表诉讼制度。1893年法国允许股东提起股东代表诉讼，德国、西班牙等也先后确立了股东代表诉讼制度。1948年日本在《日本证券交易法》中开始规定股东代表诉讼制度，1966年，我国台湾地区"公司法"也规定了股东代表诉讼制度。

我国1993年《公司法》对股东代表诉讼制度规定得不是很明确，但实践中该类诉讼不少，执法不是很统一。2005年修订的《公司法》增加规定了股东代表诉讼制度，加强了董事和公司高管人员、公司控股股东及实际控制人的责任，并规定其滥用职权，违反忠实勤勉义务给公司造成损失的，股东有权提起股东代表诉讼，请求其承担赔偿责任。

[结论] 股东代表诉讼是赋予股东诉权的一项特殊诉讼制度。当公司利益可能受到损害，但公司怠于行使诉权时，赋予与损害没有直接利害关系的公司股东起诉权，由股东行使公司的诉讼权利。

【案例评析】

被股东会会议决议除名的股东，是否可以提起股东代表诉讼

原告：乙

被告：甲公司、A 公司董事李某、张某、孙某、赵某、吴某

诉讼请求：甲公司及 A 公司董事对公司损失承担 2 亿元的赔偿责任。

图示：

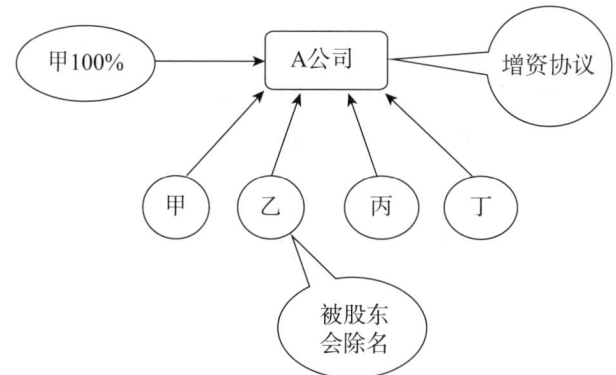

2007 年 4 月，甲设立 A 公司，注册资本 6000 万元。2012 年 1 月，甲、乙、丙、丁签订《A 公司增资四方协议》约定，A 公司增资至 10 亿元，乙、丙、丁有意对 A 公司增资并成为新股东。本次增资分三期进行缴纳，在协议生效的先期条件全部满足后，A 公司发出缴款通知的三个工作日内，乙、丙、丁各方应缴纳增资款总额 20% 的首期增资款，2012 年 5 月 20 日前缴纳增资款总额的 40% 的第二期增资款，剩余增资款于 2012 年 8 月底前缴足。协议另约定，如果增资方逾期缴纳增资款超过 30 个工作日，则守约方有权且在 10 日内选择如下方式处置：(1) 按违约方实缴出资重新调整认缴出资数额和比例；(2) 取消违约方在协议项下的出资资格；(3) 要求违约方继续履行本协议约定的义务，补缴增资款。协议签订后，乙、丙、丁各方按期缴纳第一期和第二期增资款，但乙未按期缴纳第三期增资款并超过了 30 日。A 公司与甲、丙、丁形成会议纪要，决定按照增资协议的约定，取消乙对 A 公司的出资资格。并于 2012 年 10 月和 11 月，两次函告乙关于取消乙对 A 公司的出资资格的决定。2013 年 12

月，A公司召开股东会并形成股东会决议，决议四项内容：（1）取消乙公司的认缴出资资格，向其退回已经缴纳的出资。（2）根据丙、丁缴纳出资的情况决定将A公司的注册资本减少为8个亿。（3）根据甲、丙、丁的出资情况重新确定各股东在公司的持股比例。（4）修改公司章程，将减资和股东变更情况写入公司章程。股东会议决议后，A公司已经在工商行政管理机关办理了相应的变更登记手续。A公司未将丙缴纳的出资退还。

乙提起诉讼称，其为A公司股东，参加签订了A公司增资协议，缴纳出资的义务正在履行中。李某、张某、孙某、赵某、吴某为A公司董事会董事，与A公司股东甲联合侵占A公司利益，滥用职权和控制地位，处分A公司海外投资公司资产，导致A公司丧失对海外投资公司的控制地位，给A公司造成重大财产损失。故其依据《公司法》第一百五十一条之规定提起股东代表诉讼，请求甲公司及上述A公司董事会董事对公司损失承担赔偿责任2亿元。

甲及A公司董事主要抗辩理由：乙已经不是A公司股东。乙未履行其与A公司其他股东签订的《A公司增资四方协议》约定的出资义务，根据该协议的约定，A公司的其他股东已经召开股东会决议对其除名，取消了乙的股东资格，为此A公司办理了减资手续，乙已经不具有原告资格，不能提起股东代表诉讼，请求驳回其起诉。

该案中，甲、乙、丙、丁签订的《A公司增资四方协议》，是A公司增加注册资本金及吸收新股东的安排，乙参加签订了协议并认购了部分增资。根据该协议的约定，在乙完全履行缴纳出资义务的情形下，可以获得A公司的股东身份，成为A公司的股东，如果其未履行出资义务或者未完全履行出资义务，协议的守约方有权选择取消乙的出资资格。在乙公司未如期缴纳第三期出资的情况下，A公司其他股东即签订《A公司增资四方协议》的当事人以股东会决议的方式决定将乙除名，取消了乙的出资人资格，并办理的A公司的减资手续和公司股权变更登记手续。现有证据表明，乙已经不具有证明其为A公司股东身份的证据，故其不能行使A公司股东的权利。乙提起股东代表诉讼，因未提交其具有A公司股东身份的充分证据，不符合原告资格，其起诉不符合《民事诉讼法》和《公司法》规定的受理条件。

77. 股东代表诉讼的诉因是什么

诉因是民事主体发动民事诉讼的原因，民事主体之所以提起民事诉讼，是因为其认为自己的民事权益受到侵害或与他人发生争议，需要行使诉权，请求法院作出裁判。民事主体权益受到侵害是激发其发动诉讼程序的原因。

激发股东提起股东代表诉讼的诉因主要有两个：

第一，公司利益受到损害时公司怠于行使诉权。

作为一般民事诉讼，起诉主体或者称原告与诉因是有直接利害关系的，是诉因涉及民事法律关系的一方主体，也就是通常所说的，自己的民事权益受到侵害或者与他人发生争议。如果他人的民事权益受到侵害，不能以自己的名义行使诉权，也就是不能作为原告行使诉权，但可以代理他人行使诉权，提起诉讼。

股东代表诉讼是一种例外情况，股东代表诉讼是在公司的利益受到侵害而公司怠于行使诉权时，股东以自己的名义提起诉讼，股东作为原告，但主张的权益是公司的，诉讼结果也归属于公司所有。

股东将出资交给公司后即享有公司的股权，公司成立后独立于股东，具有独立的人格和财产，股东人格和财产与公司的人格和财产是分离与各自独立的，股东和公司均具有独立的债权债务关系，公司对外民事权利、义务及责任均由公司以自己的名义行使或者承受，包括公司的诉权也应当由公司自己行使。

但是，由于公司的所有权和经营权分离，公司的所有权是股东的，董事、高级管理人员或者控股股东实际享有公司的经营管理权，决定公司的经营方向、策略和具体事项，当这些人利用实际控制公司或者掌握经营管理的特权，从其自身利益出发来决断公司事务损害了公司利益时，这些代表公司行使权力的人很难决定以公司的名义起诉自己，并由其自己返还从公司中获得的非法利益，因此他们会怠于行使诉权。在这种情况下，《公司法》作出这样的制度安排，赋予股东提起代表诉讼的权利。当董事和高级管理人员或者控股股东在公司的行为涉及其自身利益，而他们又利用控制公司的权力，放弃公司利益时，允许股东提起代表诉讼，主张返还董事等高级管理人员或者控股公司所放弃的公司利益及追究董事、高级管理人员和控股股东的责任。

法律赋予股东代表诉讼的权利，是因为公司的损失与股东的利益有直接的利害关系。

股东与公司均具有独立的人格和财产，股东对公司财产的利害关系是间接的或者说是抽象性的，对公司的对外权利没有直接的或者代位的实体权利或者诉讼权利。在股东代表诉讼制度中，诉因虽然与股东个人没有直接的利害关系，股东起诉所依据的实体法律关系产生的诉权，是专属于公司的。但是，由于公司是属于全体股东的，所以这项权利也可以理解为是专属于全体股东的，股东行使该权利，是代表处于相同地位的全体股东直索侵权人返还公司利益，通过实现公司的利益来获取公司股东的利益。

股东依据《公司法》规定享有分配公司利润的权利，当公司的利益因不法侵害遭受损失时，股东在公司分配中的利益将相应减少，股东将成为终极受害者。因此，法律赋予股东在董事、高级管理人员或者控股股东有放弃公司利益或者侵害公司利益行为时有代表诉讼的权利，代表诉讼的结果返还公司，股东间接受益。

前述谈到的是为什么要设置股东代表诉讼，设立该项制度的现实需求，从上述论证中可以看出，股东代表诉讼的基本诉因是公司的利益受到损害，但公司怠于行使诉权。因此这类案件原告起诉时，应当主张公司的利益受到侵害，其已经督促过公司起诉，但公司没有提起诉讼。

第二，公司利益受到侵害是因为公司的控股股东、董事、高级管理人员的作为或不作为或者第三人侵犯公司利益。

第二个诉因也可以称为股东代表诉讼的起诉事由，即公司董事、监事、经理等高级管理人员违反《公司法》规定的义务，或者控股股东、公司实际控人利用其控制地位，损害公司利益，致使公司遭受损失，第三人侵害公司的利益。

关于可提起股东代表诉讼的事由，各国公司法规定的范围不一致，美国规定的有关人员被追究责任的范围比较广泛，但各种类股东代表诉讼的案件也大多是基于违反注意义务和忠诚信托义务的案例，例如，严重的玩忽职守、浪费公司资产、基于自我交易、过分的补偿费、篡夺公司商业机会案件等。美国公司法规定的股东代表诉讼的事由，甚至扩大到第三人侵害公司权益的情形，即第三人侵害公司权益，公司怠于起诉时，股东也可以发动诉讼。

英国规定比较保守，追究董事的事由，仅限于重大的违法行为。学者Shapira 指出，股东提起股东代表诉讼的条件为：在欺诈及不法行为者以投票控制公司的情况下，以及不法行为者有个人利益（即使失职是疏忽或善意）及他们有影响投票结果的能力下，股东才可以提起诉讼。股东可以对公司的欺诈和控制公司的不法行为者提起股东代表诉讼。福斯诉哈博特尔案例的例外情况，就是对持少数股权的股东的欺诈和不法行为控制公司的情况，可以由股东提起股东代表诉讼。欺诈和控制是关键。关于欺诈一词：Templeman 法官在 Daniels v Daniels 一案中阐述为：当董事无论是有意地或无意地，无论是存心欺诈或者疏忽地行使其职权，从公司取得个人利益，均属欺诈。关于控制解释为：不法行为者可控制足够的股权以否决提诉的决议案。①

韩国公司法对股东代表诉讼的情由确定为追究董事的责任，明确代表诉讼是为追究董事对公司的责任而设立的制度。关于责任的范围，韩国公司法立法界有两种态度，一种认为责任的范围限于《韩国商法》第 399 条和第 428 条规定的董事责任。另一种认为可以扩大到董事与公司交易的债务履行请求，甚至是董事在位期间的任何责任行为均可以作为股东代表诉讼可诉的对象。

我国《公司法》规定控股股东、董事、监事、公司高级管理人员、实际控制人和其他人存在侵犯公司利益的具体行为，应对公司负赔偿责任，股东可以对其提起股东代表诉讼。

---

① 参见王影丽：《董事责任制度》，中央财政经济出版社 2002 年版，第 359 页。

《公司法》第一百四十八条具体列举了董事、高管人员不得有的行为，包括八项内容："（一）挪用公司资金；（二）将公司资金以其个人名义或者以其他个人名义开立账户存储；（三）违反公司章程的规定，未经股东会、股东大会或者董事会同意，将公司资金借贷给他人或者以公司财产为他人提供担保；（四）违反公司章程的规定或者未经股东会、股东大会同意，与本公司订立合同或者进行交易；（五）未经股东会或者股东大会同意，利用职务便利为自己或者他人谋取属于公司的商业机会，自营或者为他人经营与所任职公司同类的业务；（六）接受他人与公司交易的佣金归为己有；（七）擅自披露公司秘密；（八）违反对公司忠实义务的其他行为。"

根据《公司法》第一百五十一条规定，董事、高管人员有第一百四十九条规定情形的，他人侵犯公司合法权益，给公司造成损失的，股东可以提起股东代表诉讼。

《公司法若干问题的规定（五）》第一条规定："关联交易损害公司利益，原告公司依据民法典第八十四条、公司法第二十一条规定请求控股股东、实际控制人、董事、监事、高级管理人员赔偿所造成的损失，被告仅以该交易已经履行了信息披露、经股东会或者股东大会同意等法律、行政法规或者公司章程规定的程序为由抗辩的，人民法院不予支持。公司没有提起诉讼的，符合公司法第一百五十一条第一款规定条件的股东，可以依据公司法第一百五十一条第二款、第三款规定向人民法院提起诉讼。"该司法解释第二条规定："关联交易合同存在无效、可撤销或者对公司不发生效力的情形，公司没有起诉合同相对方的，符合公司法第一百五十一条第一款规定条件的股东，可以依据公司法第一百五十一条第二款、第三款规定向人民法院提起诉讼。"

上述两个诉因是确定股东代表诉讼的基本特征。

［结论］激发股东提起股东代表诉讼的诉因，主要是公司利益受到损害，侵害一般是来源于公司大股东、实际控制人或者董事、高级管理人员等，公司被侵权人控制，怠于向侵权方行使诉权。

78. 如何确定股东代表诉讼的原告资格

提起诉讼的股东在股东代表诉讼中为原告。为防止股东权利过度滥用，干扰公司的正常运营，各国公司法一般规定股东代表诉讼权为少数股东权，对可以行使权利的股东的持股比例、持股数额和时间一般均作限制性规定。

股东代表诉讼的诉因虽然是维护公司的权利，但股东行使的诉权是属于股东个人的权利，因此存在股东个人的观点和主张是否能够代表公司大多数股东利益的问题，当股东的持股数额超过一定比例时，其利益在公司中占有相当份额，其主张和观点是充分符合公司利益的，其行使诉权可以被理解为是维护公司大多数股东的正当权益。但是，如果诉权被赋予得过于广泛，允许每一个股东，特别是持股份额很小的股东，不受任何限制地行使诉权，势必会使公司经常陷入股东提起的诉讼，公司的正常经营以及名誉等会受到影响，公司将会因股东的"过分溺爱而死"。因此，股东代表诉讼的诉权应当确定在一定范围内，设定为少数股东权，对提起代表诉讼股东资格作必要的限制。

国外立法一般将股东代表诉讼规定为少数股东权，分别从不同角度对原告资格作出限制性规定：第一，对股东持股比例作出限制。要求股东必须持有一定比例的股份，当股东的持股数额超过一定比例，其利益在公司中即占有相当的份额，在执行公司权利方面被认为是能够公正和充分地代表公司利益。第二，对持股时间作出限制规定。与规定持股比例的理由相同，持股时间长的老股东，其利益与公司利益长期捆绑在一起，其主张更有可能符合公司利益。第三，当时持股原则。要求在侵权行为发生时原告必须持股，侵权行为发生之前或者之后而非行为发生时持股的股东，不具有原告资格。设置该限定的主要意图是，原告是侵权行为的间接受害者，而不是与侵权行为无关的股东，其通过诉讼直接维护公司利益的同时，间接维护自身利益，防止原告以股东代表诉讼为手段，实现其他目的。第四，连续持股原则。连续持股是指侵权行为发生时至诉讼终结必须持续持有公司股份，其规定的目的与当时持股原则目的基本相同。

关于提起股东代表诉讼的诉权，《公司法》对有限责任公司和股份有限公司作出了不同的规定，在有限责任公司中规定为单独股东权，持一股的股东即可以提起股东代表诉讼，而在股份有限公司中则规定为少数股东权，根据《公司法》第一百五十一条的规定，股份有限公司股东必须连续一百八十日以上单独或者合计持有公司百分之一以上股份，才有权提起股东代表诉讼。

《公司法》第一百五十一条规定了股份有限公司股东提起诉讼的持股比例和持股时间，但没有规定持股时间起算点和当时持股与连续持股的问题，这些问题直接涉及原告资格。

关于《公司法》第一百五十一条规定，《公司法若干问题的规定（一）》明确了两个问题：一是一百八十日的起算点，二是合计和累计的问题。

对持股时间的起算点，即关于连续持股一百八十日的起算时间，《公司法》并没有作出规定，可以有三种理解：第一种，侵权行为发生时为起算点，自此连续持股一百八十天；第二种，没有任何起算点，只要连续持股够一百八十天即可；第三种，起诉前连续持股满一百八十天。对该问题，学术界有过争论，多数意见认为应当采取简单方便并且是放宽计算的方法，即自股东起诉之日向前推算满一百八十日即符合持股时间。

对当时持股原则，学术界多数意见认为对此问题应不作规定，少数意见认为应当在司法解释中规定。

主张不规定当时持股原则的理由主要有两个：一是我国股东代表诉讼案件发生的不是很多，即使不要求原告当时持股，也不会发生滥诉的情况。二是实践中由于侵权行为状态复杂，侵权行为发生时间往往难以界定，如果规定当时持股，为解决原告资格的程序问题需要占用更多的司法资源，浪费司法成本。

主张规定当时持股原则的理由主要有两个：一是对于侵权行为发生时不持股的股东来说，侵权行为不直接或间接侵害其权益，或者说其可以避免权利受到侵害，因此不应赋予其诉权，相反诉权应仅限于侵权行为发生时持股的股东。二是实务中有可能存在实现其他目的,恶意收购公司股票后再对公司提起诉讼的情况,为避免通过恶意诉讼损害公司利益情形的发生,应规定当时持股原则。

一般情况下,对股东代表诉讼限制性规定应当与公司运作的现状和诉讼案件发生情况相对应,我国现阶段股东代表诉讼案件还不是很多,没有形成股东滥讼的局面,因此,从实务角度考量,对股东代表诉讼尚不需要作更加严格的限制,可以考虑暂时不规定当时持股原则,如果将来形成滥讼以至于影响公司正常经营秩序的局面时,还可以对起诉股东资格作出更严格规定。

对于持续持股原则,与对当时持股原则不作规定的理由相同,可以暂时对此不作限制性规定,但对于起诉时具备股东资格,在诉讼中丧失股东资格的,可以依据《公司法》和《民事诉讼法》的规定驳回起诉。

股份有限公司股东必须连续一百八十日以上单独或者合计持有公司百分之一以上股份,才有权提起股东代表诉讼。这里的合计是指股东的合计,并不是指持股数额的合计。对于股份公司,规定起诉的比例比较高,百分之一,对于上市公司来说能达到持有百分之一股份的股东是少数的,而且能够达到的都是大股东,这项制度是为中、小股东设计的,因此,可以允许多个股东股份数额的合计计算,只要持股比例达到一定份额,代表公司利益即可。

在实务操作中,提起股东代表诉讼的人为原告,股东代表诉讼案件开始以后,应当允许其他股东作为共同原告参加诉讼,但是参加诉讼的主张应当与原告一致,不能增加诉讼请求。

股东代表诉讼权源于股东的共益权,不是自益权,不是原告股东独自享有的权利,原告提起诉讼,不影响其他股东行使该权利,其他股东可以参加诉讼。其他股东参加诉讼可以分摊诉讼的风险,败诉时共同承担诉讼费用,同时可以使诉讼更具有代表公司利益的广泛性。为减少讼累,其他股东参加诉讼时不应当增加诉讼请求。原告起诉后又撤诉的,不影响其他股东行使诉权,以同一理由再行起诉。股东代表诉讼的判决对公司其他股东产生既判力。

[结论] 股东代表诉讼制度,既要考虑允许股东诉讼,又要考虑防止股东滥用诉权,影响公司正常经营秩序,故《公司法》对股东提起股东代表诉讼有

一定的资格限定，原告股东起诉时应当符合法律的规定。

【案例评析】

提起股东代表诉讼的股东在诉讼中丧失了股东身份，诉讼程序是否还可以继续推进

原告：A公司

被告：刘某、C公司、席某、杨某、左某、靳某、孙某

第三人：甲公司

诉讼请求：确认相应的股权转让协议无效，上述被告共同返还财产或者赔偿A公司损失1亿元人民币。

图示：

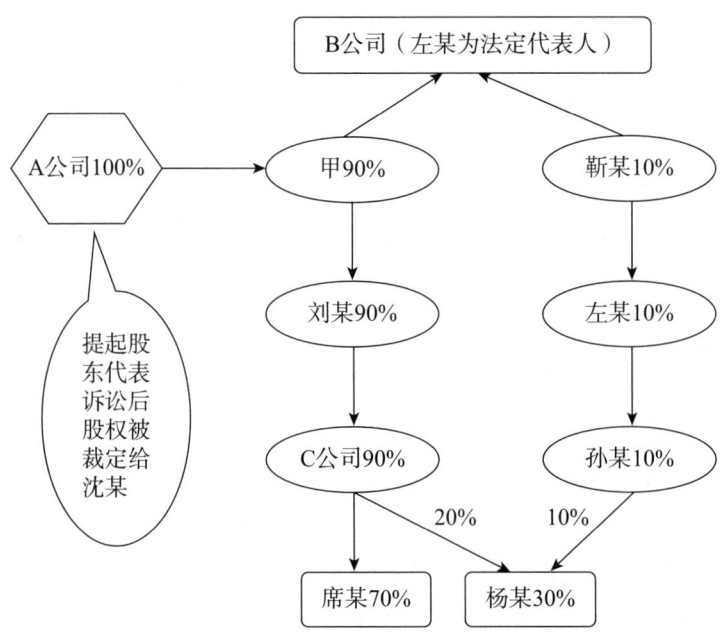

A公司向人民法院起诉称：2007年12月7日，B公司90%的股权由甲持有，甲为B公司实际控制，B公司另外10%股权则暂时登记在靳某名下，由靳某代持。2008年4月15日，A公司原法定代表人、B公司法定代表人左某在未取得A公司及其他关联公司同意的情况下，擅自将靳某代持的10%B公司股

权转让至自己名下，左某成为 B 公司 10% 股权的登记股东。2010 年 4 月 29 日，李某代表甲公司与受让方刘某签订股权转让协议书，将甲公司持有的 90% B 公司股权以 90 万元的价格转让给刘某。同日，李某与左某召开 B 公司股东会决议认可了该股权转让协议。同年 5 月 27 日，刘某办理了该股权转让的工商登记手续，成为 B 公司 90% 股权的登记股东。2010 年 6 月 13 日，刘某将其受让的 90% B 公司股权以 90 万元价格转让给 C 公司。2010 年 6 月 27 日，左某将登记在其名下的 10% B 公司股权以 10 万元的价格转让给孙某。2010 年 7 月 30 日，C 公司将其持有的 90% B 公司股权中的 70% 以 70 万元的价格转让给席某，20% B 公司股权以 20 万元的价格转让给杨某，孙某将其持有的 10% 股权以 10 万元价格转让给杨某。截至 2010 年 7 月 30 日，B 公司股权分别为席某持有 70%，杨某持有 30%。左某、李某作为甲公司及关联公司的高级管理人员，在明知上述资产实际价值的情况下，仍以极低的价格将 B 公司的资产出售，其行为违反了《公司法》的强制性规定，严重侵害了甲公司的合法权益。B 公司股权的诸多后手受让人，亦存在与左某、李某恶意串通或者明知受让股权价值与转让价格明显不符，仍低价购买的情形，符合《合同法》第五十二条规定的无效情形。由于左某、李某等甲公司高级管理人员实际控制甲公司的经营和管理，甲公司无法自行提起诉讼，因此，A 公司作为甲公司 100% 股权的持有人，提起诉讼，请求法院依法判令：(1) 确认刘某与甲公司签订的股权转让合同无效；(2) 确认刘某与 C 公司签订的股权转让合同无效；(3) 确认 C 公司与席某签订的股权转让合同无效；(4) 确认 C 公司与杨某签订的股权转让合同无效；(5) 确认左某与靳某签订的股权转让合同无效；(6) 确认左某与孙某签订的股权转让合同无效；(7) 确认孙某与杨某签订的股权转让合同无效；(8) 判令上述被告共同返还财产或者赔偿 A 公司损失人民币 1 亿元。

诉讼中，A 公司在甲公司所持有的 100% 股权及相应的其他权利，已由某区人民法院作出的执行裁定书，裁定归沈某所有，并且完成了股权变更手续。

该案中，A 公司在起诉时是甲公司股东，可以提起股东代表诉讼。但是，在诉讼中 A 公司失去了甲公司的股东身份，其股权在强制执行程序中被拍卖给沈某，A 公司现已不是甲公司的股东，故其不能行使股东的相关权利，不能提起甲公司的股东代表诉讼，A公司不再具有原告的诉讼主体资格，依法应驳回其起诉。

79. 哪些人可以被列为股东代表诉讼的被告

股东代表诉讼的诉因是公司控股股东、董事、高级管理人员侵犯公司的利益，公司怠于行使诉权，因此股东起诉是针对控股股东、公司董事、高级管理人员的，其应为被告。

对于股东代表诉讼的被告，世界各国立法基本有两种情况，一种是以日本为代表的，被告仅限于公司的董事、监事、发起人、清算人及从不法行为中受益的股东，将股东代表诉讼限制在解决公司内部治理结构的监督问题和救济问题上。另一种是以美国为代表的，被告的范围比较宽泛，将股东代表诉讼的被告范围扩大到公司以外的他人，其起诉原因为他人对公司形成侵害，公司怠于起诉时，可以列他人为被告，由股东主张公司权益。我国属于后一种。

根据《公司法》规定，股东代表诉讼的被告应当是滥用股权的股东、公司董事、监事和高级管理人员，公司实际控制人，以及侵犯公司利益的其他人。《公司法》第二十条第二款规定："公司股东滥用股东权利给公司或者其他股东造成损失的，应当依法承担赔偿责任。"第二十一条规定："公司的控股股东、实际控制人、董事、监事、高级管理人员不得利用其关联关系损害公司利益。违反前款规定，给公司造成损失的，应当承担赔偿责任。"第一百一十二条第三款规定："董事应当对董事会的决议承担责任。董事会的决议违反法律、行政法规或者公司章程、股东大会决议，致使公司遭受严重损失的，参与决议的董事对公司负赔偿责任。但经证明在表决时曾表明异议并记载于会议记录的，该董事可以免除责任。"第一百四十九条规定："董事、监事、高级管理人员执行公司职务时违反法律、行政法规或者公司章程的规定，给公司造成损失的，应当承担赔偿责任。"根据上述规定，公司股东、董事、监事等高管人员，以及公司的实际控制人和损害公司利益的其他人，有可能成为该类诉讼的适格被告。

关于被告的承担责任问题，目前还有两个问题没有解决：一个是董事等高管人员承担责任的范围，是以公司的实际损失承担责任，还是以其在公司获得的报酬为前提确定标准等；另一个是董事等高级管理人员在什么条件下可以免责，例如，经股东会、股东大会决议的行为是否可以免责。

[结论] 公司股东、实际控制人、董事及高级管理人员和公司以外的他人，被原告股东主张侵犯公司利益的人，均可以列为被告。

80. 在股东代表诉讼中如何确定公司的诉讼地位

公司在诉讼中应当处于第三人的诉讼地位，公司不得以提起诉讼的方式替代参加诉讼。

关于公司在股东代表诉讼中的诉讼地位，各国公司法有不同的规定。

美国股东代表诉讼确定公司处于被告的地位，其解释为，股东代表诉讼是请求法院强制命令公司对侵害公司权益的第三人提起诉讼。因此，股东代表诉讼实际上是两个诉的合并，即对公司的诉讼和对侵权人的诉讼的合并，因此，股东代表诉讼对公司的态度为设定公司处于被告的地位，一并列为原告股东起诉的对象，公司和侵权人列为共同被告。

日本公司法设定的公司即不是原告，也不是被告，而是在诉讼开始后，作为"共同诉讼当事人参加诉讼"。日本公司法对公司和公司其他股东的态度是，为防止通谋诉讼，作为预先防止手段，允许公司或者其他股东参加诉讼，作为事后的防止手段，案件审结以后，公司或者其他股东可以提起再审诉讼。不允许公司参加被告一方的诉讼。

韩国公司法从公司受既判力的影响,并具有当事人资格,而且还可以请求再审的角度考虑,将公司视为共同诉讼的参加人。公司参加诉讼是以董事等高级管理人员为对象进行的,只能参加股东一方的诉讼,不能参加董事一方诉讼,同时公司也不得以另行起诉的方式代替参加诉讼。如果公司另行起诉,应视为重复起诉。

我国《公司法》对公司在股东代表诉讼中的地位没有作出明确规定,但公司是该类案件涉诉法律关系的一方当事人,股东在诉讼中维护的是公司权益,如果原告股东胜诉,判决结果应当归于公司,因此,公司在股东代表诉讼中应当以第三人的身份参加诉讼。

公司是股东代表诉讼的直接利害关系人,但其怠于行使诉权,诉讼不是由其发起的,而是由股东提起的,股东追求诉讼的结果,虽然公司在胜诉中将享有胜诉成果,但公司对诉讼没有积极性,将其列为原告显然不利于诉讼的推进。

个别股东代表处于相同地位的股东提起代表诉讼,是为挽回公司的损失。公司是全体股东利益的载体,在股东代表诉讼中,股东追求的利益与公司的利益是一致的,因此公司不应处于起诉股东主张利害关系的相对的一方,不属于被告,公司更不能主动积极地参加和帮助控股股东、董事等高管人员一方诉讼。股东起诉追究的是控股股东或者董事等高级管理人员的责任,因此,应当赋予公司地位相对消极的第三人的诉讼地位。

根据《公司法若干问题的规定(四)》第二十四条规定,符合《公司法》第一百五十一条第一款规定条件的股东,根据依据《公司法》第一百五十一条第二款、第三款规定,直接对董事、监事、高级管理人员或者他人提起诉讼的,应当列公司为第三人参加诉讼。符合《公司法》第一百五十一条第一款规定条件的其他股东在一审法庭辩论终结前以相同的诉讼请求申请参加前款规定的诉讼,应当列为共同原告。

[结论] 公司在诉讼中应当处于第三人的诉讼地位,公司不得以提起诉讼的方式替代参加诉讼。

81. 什么是股东代表诉讼的前置程序

由于股东代表诉讼是在公司怠于行使诉权的情况下发生的，诉讼法律关系涉及的是公司的直接利益，与股东没有直接的利害关系，因此，股东在起诉前一定要履行督促公司起诉的程序，股东在督促公司起诉，但公司仍不行使诉权时，其才可以提起诉讼。如经督促后公司行使诉权的，股东应当让位于公司，由公司直接发动诉讼，股东无须再提起诉讼。股东督促公司起诉的程序为股东代表诉讼的前置程序。

外国公司法中对股东诉讼代表制度规定得相对比较详细，对于前置程序规定得也很复杂。

日本公司法规定：自六个月前起连续持有股份的股东，可以书面请求公司提起追究责任的诉讼。自请求之日起六十天内，公司不提起诉讼时，提出请求的股东可为公司提起诉讼，但如果因为规定的期间经过，对公司可能发生无法挽回损失的情形下，股东可以立即提起诉讼。[①]

股东代表诉讼维护的是公司的权益，股东应当首先依赖公司内部的救济途径，穷尽内部救济机制无法达到预期效果时，才可以提起诉讼。根据《公司法》第一百五十一条规定，董事等高管人员有侵权行为时，持股时间和数额符合《公司法》规定的股东可以书面请求监事会或者不设监事会的有限责任公司的监事向人民法院提起诉讼；监事有侵权行为时，前述股东可以书面请求董事会或者不设董事会的有限责任公司的执行董事提起诉讼。

监事会、监事或者董事会、执行董事收到前款规定的股东书面请求后拒绝提起诉讼，或者自收到请求之日起三十日内未提起诉讼的，或者情况紧急、不

---

① 参见吴建斌主编：《日本公司法规范》，法律出版社 2003 年版，第 111 页。

立即提起诉讼将会使公司利益受到难以弥补的损害时，具有股东代表诉讼诉权的股东有权为了公司的利益以自己名义直接向人民法院提起诉讼。

《公司法》规定了董事会和监事会可以起诉，由于董事会和监事会并不是民事诉讼主体，在最高人民法院颁布的《公司法若干问题的规定（四）》第二十三条作出规定，该条规定：根据该条规定，董事会、执行董事或者监事会、监事代表公司提起诉讼的，仍然列公司为原告，将代表公司参加诉讼的法定代表人或者负责人更换为起诉的董事长、执行董事或者监事会主席、监事。

[结论] 为充分尊重公司内部治理机制，鼓励股东对公司权益问题在公司内部启动公司的正当程序予以解决，当股东在公司内部不能达到目的时再行使诉权，故《公司法》规定股东代表诉讼的前置程序。

82. 股东代表诉讼胜诉利益是归属于公司还是归属于股东

股东代表诉讼中，如果股东胜诉，胜诉的结果应当判归公司所有，而不是归股东。最高人民法院颁布的《公司法若干问题的规定（四）》第二十五条规定："股东依据公司法第一百五十一条第二款、第三款规定直接提起诉讼的案件，胜诉利益归属于公司。股东请求被告直接向其承担民事责任的，人民法院不予支持。"

由于股东为公司的利益提起诉讼需要支出必要的诉讼费用，因此有些国家的公司法规定，股东提起的诉讼成功，公司在接受判决给付的同时，应当对原告予以合理的补偿，这种补偿主要是补偿原告启动诉讼及参加诉讼发生的合理费用。如果股东败诉，应当承担被告参加诉讼发生的合理费用。最高人民法院颁布的《公司法若干问题的规定（四）》第二十六条规定："股东依据公司法第一百五十一条第二款、第三款规定直接提起诉讼的案件，其诉讼请求部分或者全部得到人民法院支持的，公司应当承担股东因参加诉讼支付的合理费用。"

[结论]股东代表诉讼仅是赋予股东的特殊诉权，即公司的诉权，并未将公司的实体权利赋予股东，故如果胜诉，胜诉利益仍属于公司。

83. 股东代表诉讼程序中是否有诉讼费用担保制度

为防止股东滥用诉权，无端骚扰公司的正常经营，或者针对公司董事等为不法目的提起诉讼，对股东代表诉讼规定了诉讼费用担保制度，即被告有权请求原告股东提供诉讼费用担保。

因为诉讼费用担保制度主要是为防止股东滥用诉权的，所以要区分原告起诉的善意和恶意，对存在恶意可能的，才可以要求原告提供诉讼费用担保。

被告应当证明原告诉讼是恶意的，例如，准备中伤董事后予以罢免，损害控股股东形象或者名义等，诉讼是为个人目的，并非为公司及全体股东的正当利益。

担保费用的多少，应当把握适度，既能阻却滥诉，又能保证正当的诉讼进行。诉讼费用担保制度的目的是阻却股东的恶意诉讼，在原告的诉讼请求不成立时，原告要赔偿被告参加诉讼而支出的费用。但被告请求的担保费数额不能过高，不能因费用过高而使正常的诉讼夭折。

被告行使诉讼担保请求权的制度，从世界各国的立法发展看，规定得越来越少，有些国家予以取消。我国《公司法》没有规定诉讼费用担保制度，该类案件是否要增加规定，还需要研究。

[结论]为防止股东滥用诉权影响公司正常的经营秩序，或者是对董事、监事及高级管理人员名誉的诋毁的因素，设立诉讼担保制度，一方面可以在经济上阻止股东盲目提起诉讼，另一方面，在股东败诉时给受到损失的公司及董事、监事和高级管理人员适当的经济赔偿。

相关法律

中华人民共和国公司法

（1993年12月29日第八届全国人民代表大会常务委员会第五次会议通过　根据1999年12月25日第九届全国人民代表大会常务委员会第十三次会议《关于修改〈中华人民共和国公司法〉的决定》第一次修正　根据2004年8月28日第十届全国人民代表大会常务委员会第十一次会议《关于修改〈中华人民共和国公司法〉的决定》第二次修正　2005年10月27日第十届全国人民代表大会常务委员会第十八次会议修订　根据2013年12月28日第十二届全国人民代表大会常务委员会第六次会议《关于修改〈中华人民共和国海洋环境保护法〉等七部法律的决定》第三次修正　根据2018年10月26日第十三届全国人民代表大会常务委员会第六次会议《关于修改〈中华人民共和国公司法〉的决定》第四次修正）

目　录

第一章　总则
第二章　有限责任公司的设立和组织机构
　第一节　设立
　第二节　组织机构
　第三节　一人有限责任公司的特别规定
　第四节　国有独资公司的特别规定
第三章　有限责任公司的股权转让
第四章　股份有限公司的设立和组织机构
　第一节　设立
　第二节　股东大会
　第三节　董事会、经理
　第四节　监事会
　第五节　上市公司组织机构的特别规定
第五章　股份有限公司的股份发行和转让
　第一节　股份发行
　第二节　股份转让
第六章　公司董事、监事、高级管理人员的资格和义务
第七章　公司债券

第八章　公司财务、会计
第九章　公司合并、分立、增资、减资
第十章　公司解散和清算
第十一章　外国公司的分支机构
第十二章　法律责任
第十三章　附则

第一章　总　则

第一条　为了规范公司的组织和行为，保护公司、股东和债权人的合法权益，维护社会经济秩序，促进社会主义市场经济的发展，制定本法。

第二条　本法所称公司是指依照本法在中国境内设立的有限责任公司和股份有限公司。

第三条　公司是企业法人，有独立的法人财产，享有法人财产权。公司以其全部财产对公司的债务承担责任。

有限责任公司的股东以其认缴的出资额为限对公司承担责任；股份有限公司的股东以其认购的股份为限对公司承担责任。

第四条　公司股东依法享有资产收益、参与重大决策和选择管理者等权利。

第五条　公司从事经营活动，必须遵守法律、行政法规，遵守社会公德、商业道德，诚实守信，接受政府和社会公众的监督，承担社会责任。

公司的合法权益受法律保护，不受侵犯。

第六条　设立公司，应当依法向公司登记机关申请设立登记。符合本法规定的设立条件的，由公司登记机关分别登记为有限责任公司或者股份有限公司；不符合本法规定的设立条件的，不得登记为有限责任公司或者股份有限公司。

法律、行政法规规定设立公司必须报经批准的，应当在公司登记前依法办理批准手续。

公众可以向公司登记机关申请查询公司登记事项，公司登记机关应当提供查询服务。

第七条　依法设立的公司，由公司登记机关发给公司营业执照。公司营业执照签发日期为公司成立日期。

公司营业执照应当载明公司的名称、住所、注册资本、经营范围、法定代表人姓名等事项。

公司营业执照记载的事项发生变更的,公司应当依法办理变更登记,由公司登记机关换发营业执照。

第八条 依照本法设立的有限责任公司,必须在公司名称中标明有限责任公司或者有限公司字样。

依照本法设立的股份有限公司,必须在公司名称中标明股份有限公司或者股份公司字样。

第九条 有限责任公司变更为股份有限公司,应当符合本法规定的股份有限公司的条件。股份有限公司变更为有限责任公司,应当符合本法规定的有限责任公司的条件。

有限责任公司变更为股份有限公司的,或者股份有限公司变更为有限责任公司的,公司变更前的债权、债务由变更后的公司承继。

第十条 公司以其主要办事机构所在地为住所。

第十一条 设立公司必须依法制定公司章程。公司章程对公司、股东、董事、监事、高级管理人员具有约束力。

第十二条 公司的经营范围由公司章程规定,并依法登记。公司可以修改公司章程,改变经营范围,但是应当办理变更登记。

公司的经营范围中属于法律、行政法规规定须经批准的项目,应当依法经过批准。

第十三条 公司法定代表人依照公司章程的规定,由董事长、执行董事或者经理担任,并依法登记。公司法定代表人变更,应当办理变更登记。

第十四条 公司可以设立分公司。设立分公司,应当向公司登记机关申请登记,领取营业执照。分公司不具有法人资格,其民事责任由公司承担。

公司可以设立子公司,子公司具有法人资格,依法独立承担民事责任。

第十五条 公司可以向其他企业投资;但是,除法律另有规定外,不得成为对所投资企业的债务承担连带责任的出资人。

第十六条 公司向其他企业投资或者为他人提供担保,依照公司章程的规定,由董事会或者股东会、股东大会决议;公司章程对投资或者担保的总额及单项投资或者担保的数额有限额规定的,不得超过规定的限额。

公司为公司股东或者实际控制人提供担保的,必须经股东会或者股东大会决议。

前款规定的股东或者受前款规定的实际控制人支配的股东,不得参加前款规定事项的表决。该项表决由出席会议的其他股东所持表决权的过半数通过。

第十七条 公司必须保护职工的合法权益，依法与职工签订劳动合同，参加社会保险，加强劳动保护，实现安全生产。

公司应当采用多种形式，加强公司职工的职业教育和岗位培训，提高职工素质。

第十八条 公司职工依照《中华人民共和国工会法》组织工会，开展工会活动，维护职工合法权益。公司应当为本公司工会提供必要的活动条件。公司工会代表职工就职工的劳动报酬、工作时间、福利、保险和劳动安全卫生等事项依法与公司签订集体合同。

公司依照宪法和有关法律的规定，通过职工代表大会或者其他形式，实行民主管理。

公司研究决定改制以及经营方面的重大问题、制定重要的规章制度时，应当听取公司工会的意见，并通过职工代表大会或者其他形式听取职工的意见和建议。

第十九条 在公司中，根据中国共产党章程的规定，设立中国共产党的组织，开展党的活动。公司应当为党组织的活动提供必要条件。

第二十条 公司股东应当遵守法律、行政法规和公司章程，依法行使股东权利，不得滥用股东权利损害公司或者其他股东的利益；不得滥用公司法人独立地位和股东有限责任损害公司债权人的利益。

公司股东滥用股东权利给公司或者其他股东造成损失的，应当依法承担赔偿责任。

公司股东滥用公司法人独立地位和股东有限责任，逃避债务，严重损害公司债权人利益的，应当对公司债务承担连带责任。

第二十一条 公司的控股股东、实际控制人、董事、监事、高级管理人员不得利用其关联关系损害公司利益。

违反前款规定，给公司造成损失的，应当承担赔偿责任。

第二十二条 公司股东会或者股东大会、董事会的决议内容违反法律、行政法规的无效。

股东会或者股东大会、董事会的会议召集程序、表决方式违反法律、行政法规或者公司章程，或者决议内容违反公司章程的，股东可以自决议作出之日起六十日内，请求人民法院撤销。

股东依照前款规定提起诉讼的，人民法院可以应公司的请求，要求股东提供相应担保。

公司根据股东会或者股东大会、董事会决议已办理变更登记的，人民法院宣告该决议无效或者撤销该决议后，公司应当向公司登记机关申请撤销变更登记。

第二章　有限责任公司的设立和组织机构

第一节　设立

第二十三条　设立有限责任公司，应当具备下列条件：

（一）股东符合法定人数；

（二）有符合公司章程规定的全体股东认缴的出资额；

（三）股东共同制定公司章程；

（四）有公司名称，建立符合有限责任公司要求的组织机构；

（五）有公司住所。

第二十四条　有限责任公司由五十个以下股东出资设立。

第二十五条　有限责任公司章程应当载明下列事项：

（一）公司名称和住所；

（二）公司经营范围；

（三）公司注册资本；

（四）股东的姓名或者名称；

（五）股东的出资方式、出资额和出资时间；

（六）公司的机构及其产生办法、职权、议事规则；

（七）公司法定代表人；

（八）股东会会议认为需要规定的其他事项。

股东应当在公司章程上签名、盖章。

第二十六条　有限责任公司的注册资本为在公司登记机关登记的全体股东认缴的出资额。

法律、行政法规以及国务院决定对有限责任公司注册资本实缴、注册资本最低限额另有规定的，从其规定。

第二十七条　股东可以用货币出资，也可以用实物、知识产权、土地使用权等可以用货币估价并可以依法转让的非货币财产作价出资；但是，法律、行政法规规定不得作为出资的财产除外。

对作为出资的非货币财产应当评估作价，核实财产，不得高估或者低估作价。法律、行政法规对评估作价有规定的，从其规定。

第二十八条　股东应当按期足额缴纳公司章程中规定的各自所认缴的出资额。股东以货币出资的，应当将货币出资足额存入有限责任公司在银行开设的账户；以非货币财产出资的，应当依法办理其财产权的转移手续。

股东不按照前款规定缴纳出资的，除应当向公司足额缴纳外，还应当向已按期足额缴纳出资的股东承担违约责任。

第二十九条　股东认足公司章程规定的出资后，由全体股东指定的代表或者共同委托的代理人向公司登记机关报送公司登记申请书、公司章程等文件，申请设立登记。

第三十条　有限责任公司成立后，发现作为设立公司出资的非货币财产的实际价额显著低于公司章程所定价额的，应当由交付该出资的股东补足其差额；公司设立时的其他股东承担连带责任。

第三十一条　有限责任公司成立后，应当向股东签发出资证明书。

出资证明书应当载明下列事项：

（一）公司名称；

（二）公司成立日期；

（三）公司注册资本；

（四）股东的姓名或者名称、缴纳的出资额和出资日期；

（五）出资证明书的编号和核发日期。

出资证明书由公司盖章。

第三十二条　有限责任公司应当置备股东名册，记载下列事项：

（一）股东的姓名或者名称及住所；

（二）股东的出资额；

（三）出资证明书编号。

记载于股东名册的股东，可以依股东名册主张行使股东权利。

公司应当将股东的姓名或者名称向公司登记机关登记；登记事项发生变更的，应当办理变更登记。未经登记或者变更登记的，不得对抗第三人。

第三十三条　股东有权查阅、复制公司章程、股东会会议记录、董事会会议决议、监事会会议决议和财务会计报告。

股东可以要求查阅公司会计账簿。股东要求查阅公司会计账簿的，应当向公司提出书面请求，说明目的。公司有合理根据认为股东查阅会计账簿有不正当目的，可能损害公司合法利益的，可以拒绝提供查阅，并应当自股东提出书面请求之日起十五日内书面答复股东并说明理由。公司拒绝提供查阅的，股东可以请求人民法院要求公司提供查阅。

第三十四条　股东按照实缴的出资比例分取红利；公司新增资本时，股东有权优先按照实缴的出资比例认缴出资。但是，全体股东约定不按照出资比例分取红利或者不按照出资比例优先认缴出资的除外。

第三十五条　公司成立后，股东不得抽逃出资。

第二节　组织机构

第三十六条　有限责任公司股东会由全体股东组成。股东会是公司的权力机构，依照本法行使职权。

第三十七条　股东会行使下列职权：

（一）决定公司的经营方针和投资计划；

（二）选举和更换非由职工代表担任的董事、监事，决定有关董事、监事的报酬事项；

（三）审议批准董事会的报告；

（四）审议批准监事会或者监事的报告；

（五）审议批准公司的年度财务预算方案、决算方案；

（六）审议批准公司的利润分配方案和弥补亏损方案；

（七）对公司增加或者减少注册资本作出决议；

（八）对发行公司债券作出决议；

（九）对公司合并、分立、解散、清算或者变更公司形式作出决议；

（十）修改公司章程；

（十一）公司章程规定的其他职权。

对前款所列事项股东以书面形式一致表示同意的，可以不召开股东会会议，直接作出决定，并由全体股东在决定文件上签名、盖章。

第三十八条　首次股东会会议由出资最多的股东召集和主持，依照本法规定行使职权。

第三十九条　股东会会议分为定期会议和临时会议。

定期会议应当依照公司章程的规定按时召开。代表十分之一以上表决权的股东，三分之一以上的董事，监事会或者不设监事会的公司的监事提议召开临时会议的，应当召开临时会议。

第四十条　有限责任公司设立董事会的，股东会会议由董事会召集，董事长主持；董事长不能履行职务或者不履行职务的，由副董事长主持；副董事长不能履行职务或者不履行职务的，由半数以上董事共同推举一名董事主持。

有限责任公司不设董事会的，股东会会议由执行董事召集和主持。

董事会或者执行董事不能履行或者不履行召集股东会会议职责的，由监事会或者不设监事会的公司的监事召集和主持；监事会或者监事不召集和主持的，代表十分之一以上表决权的股东可以自行召集和主持。

第四十一条　召开股东会会议，应当于会议召开十五日前通知全体股东；但是，公司章程另有规定或者全体股东另有约定的除外。

股东会应当对所议事项的决定作成会议记录，出席会议的股东应当在会议记录上签名。

第四十二条　股东会会议由股东按照出资比例行使表决权；但是，公司章程另有规定的除外。

第四十三条　股东会的议事方式和表决程序，除本法有规定的外，由公司章程规定。

股东会会议作出修改公司章程、增加或者减少注册资本的决议，以及公司合并、分立、解散或者变更公司形式的决议，必须经代表三分之二以上表决权的股东通过。

第四十四条　有限责任公司设董事会，其成员为三人至十三人；但是，本法第五十条另有规定的除外。

两个以上的国有企业或者两个以上的其他国有投资主体投资设立的有限责任公司，其董事会成员中应当有公司职工代表；其他有限责任公司董事会成员中可以有公司职工代表。董事会中的职工代表由公司职工通过职工代表大会、职工大会或者其他形式民主选举产生。

董事会设董事长一人,可以设副董事长。董事长、副董事长的产生办法由公司章程规定。

第四十五条 董事任期由公司章程规定,但每届任期不得超过三年。董事任期届满,连选可以连任。

董事任期届满未及时改选,或者董事在任期内辞职导致董事会成员低于法定人数的,在改选出的董事就任前,原董事仍应当依照法律、行政法规和公司章程的规定,履行董事职务。

第四十六条 董事会对股东会负责,行使下列职权:

(一)召集股东会会议,并向股东会报告工作;

(二)执行股东会的决议;

(三)决定公司的经营计划和投资方案;

(四)制订公司的年度财务预算方案、决算方案;

(五)制订公司的利润分配方案和弥补亏损方案;

(六)制订公司增加或者减少注册资本以及发行公司债券的方案;

(七)制订公司合并、分立、解散或者变更公司形式的方案;

(八)决定公司内部管理机构的设置;

(九)决定聘任或者解聘公司经理及其报酬事项,并根据经理的提名决定聘任或者解聘公司副经理、财务负责人及其报酬事项;

(十)制定公司的基本管理制度;

(十一)公司章程规定的其他职权。

第四十七条 董事会会议由董事长召集和主持;董事长不能履行职务或者不履行职务的,由副董事长召集和主持;副董事长不能履行职务或者不履行职务的,由半数以上董事共同推举一名董事召集和主持。

第四十八条 董事会的议事方式和表决程序,除本法有规定的外,由公司章程规定。

董事会应当对所议事项的决定作成会议记录,出席会议的董事应当在会议记录上签名。

董事会决议的表决，实行一人一票。

第四十九条　有限责任公司可以设经理，由董事会决定聘任或者解聘。经理对董事会负责，行使下列职权：

（一）主持公司的生产经营管理工作，组织实施董事会决议；

（二）组织实施公司年度经营计划和投资方案；

（三）拟订公司内部管理机构设置方案；

（四）拟订公司的基本管理制度；

（五）制定公司的具体规章；

（六）提请聘任或者解聘公司副经理、财务负责人；

（七）决定聘任或者解聘除应由董事会决定聘任或者解聘以外的负责管理人员；

（八）董事会授予的其他职权。

公司章程对经理职权另有规定的，从其规定。

经理列席董事会会议。

第五十条　股东人数较少或者规模较小的有限责任公司，可以设一名执行董事，不设董事会。执行董事可以兼任公司经理。

执行董事的职权由公司章程规定。

第五十一条　有限责任公司设监事会，其成员不得少于三人。股东人数较少或者规模较小的有限责任公司，可以设一至二名监事，不设监事会。

监事会应当包括股东代表和适当比例的公司职工代表，其中职工代表的比例不得低于三分之一，具体比例由公司章程规定。监事会中的职工代表由公司职工通过职工代表大会、职工大会或者其他形式民主选举产生。

监事会设主席一人，由全体监事过半数选举产生。监事会主席召集和主持监事会会议；监事会主席不能履行职务或者不履行职务的，由半数以上监事共同推举一名监事召集和主持监事会会议。

董事、高级管理人员不得兼任监事。

第五十二条　监事的任期每届为三年。监事任期届满，连选可以连任。

监事任期届满未及时改选，或者监事在任期内辞职导致监事会成员低于法定人数的，在改选出的监事就任前，原监事仍应当依照法律、行政法规和公司章程的规定，履行监事职务。

第五十三条 监事会、不设监事会的公司的监事行使下列职权：

（一）检查公司财务；

（二）对董事、高级管理人员执行公司职务的行为进行监督，对违反法律、行政法规、公司章程或者股东会决议的董事、高级管理人员提出罢免的建议；

（三）当董事、高级管理人员的行为损害公司的利益时，要求董事、高级管理人员予以纠正；

（四）提议召开临时股东会会议，在董事会不履行本法规定的召集和主持股东会会议职责时召集和主持股东会会议；

（五）向股东会会议提出提案；

（六）依照本法第一百五十一条的规定，对董事、高级管理人员提起诉讼；

（七）公司章程规定的其他职权。

第五十四条 监事可以列席董事会会议，并对董事会决议事项提出质询或者建议。

监事会、不设监事会的公司的监事发现公司经营情况异常，可以进行调查；必要时，可以聘请会计师事务所等协助其工作，费用由公司承担。

第五十五条 监事会每年度至少召开一次会议，监事可以提议召开临时监事会会议。

监事的议事方式和表决程序，除本法有规定的外，由公司章程规定。

监事会决议应当经半数以上监事通过。

监事会应当对所议事项的决定作成会议记录，出席会议的监事应当在会议记录上签名。

第五十六条 监事会、不设监事会的公司的监事行使职权所必需的费用，由公司承担。

第三节 一人有限责任公司的特别规定

第五十七条 一人有限责任公司的设立和组织机构，适用本节规定；本节没有规定的，适用本章第一节、第二节的规定。

本法所称一人有限责任公司，是指只有一个自然人股东或者一个法人股东的有限责任公司。

第五十八条 一个自然人只能投资设立一个一人有限责任公司。该一人有限责任公司不能投资设立新的一人有限责任公司。

第五十九条 一人有限责任公司应当在公司登记中注明自然人独资或者法人独资，并在公司营业执照中载明。

第六十条 一人有限责任公司章程由股东制定。

第六十一条 一人有限责任公司不设股东会。股东作出本法第三十七条第一款所列决定时，应当采用书面形式，并由股东签名后置备于公司。

第六十二条 一人有限责任公司应当在每一会计年度终了时编制财务会计报告，并经会计师事务所审计。

第六十三条 一人有限责任公司的股东不能证明公司财产独立于股东自己的财产的，应当对公司债务承担连带责任。

第四节 国有独资公司的特别规定

第六十四条 国有独资公司的设立和组织机构，适用本节规定；本节没有规定的，适用本章第一节、第二节的规定。

本法所称国有独资公司，是指国家单独出资、由国务院或者地方人民政府授权本级人民政府国有资产监督管理机构履行出资人职责的有限责任公司。

第六十五条 国有独资公司章程由国有资产监督管理机构制定，或者由董事会制订报国有资产监督管理机构批准。

第六十六条 国有独资公司不设股东会，由国有资产监督管理机构行使股东会职权。国有资产监督管理机构可以授权公司董事会行使股东会的部分职权，决定公司的重大事项，但公司的合并、分立、解散、增加或者减少注册资本和发行公司债券，必须由国有资产监督管理机构决定；其中，重要的国有独资公司合并、分立、解散、申请破产的，应当由国有资产监督管理机构审核后，报本级人民政府批准。

前款所称重要的国有独资公司，按照国务院的规定确定。

第六十七条 国有独资公司设董事会，依照本法第四十六条、第六十六条的规定行使职权。董事每届任期不得超过三年。董事会成员中应当有公司职工代表。

董事会成员由国有资产监督管理机构委派；但是，董事会成员中的职工代表由公司职工代表大会选举产生。

董事会设董事长一人，可以设副董事长。董事长、副董事长由国有资产监督管理机构从董事会成员中指定。

第六十八条 国有独资公司设经理,由董事会聘任或者解聘。经理依照本法第四十九条规定行使职权。

经国有资产监督管理机构同意,董事会成员可以兼任经理。

第六十九条 国有独资公司的董事长、副董事长、董事、高级管理人员,未经国有资产监督管理机构同意,不得在其他有限责任公司、股份有限公司或者其他经济组织兼职。

第七十条 国有独资公司监事会成员不得少于五人,其中职工代表的比例不得低于三分之一,具体比例由公司章程规定。

监事会成员由国有资产监督管理机构委派;但是,监事会成员中的职工代表由公司职工代表大会选举产生。监事会主席由国有资产监督管理机构从监事会成员中指定。

监事会行使本法第五十三条第(一)项至第(三)项规定的职权和国务院规定的其他职权。

第三章 有限责任公司的股权转让

第七十一条 有限责任公司的股东之间可以相互转让其全部或者部分股权。

股东向股东以外的人转让股权,应当经其他股东过半数同意。股东应就其股权转让事项书面通知其他股东征求同意,其他股东自接到书面通知之日起满三十日未答复的,视为同意转让。其他股东半数以上不同意转让的,不同意的股东应当购买该转让的股权;不购买的,视为同意转让。

经股东同意转让的股权,在同等条件下,其他股东有优先购买权。两个以上股东主张行使优先购买权的,协商确定各自的购买比例;协商不成的,按照转让时各自的出资比例行使优先购买权。

公司章程对股权转让另有规定的,从其规定。

第七十二条 人民法院依照法律规定的强制执行程序转让股东的股权时,应当通知公司及全体股东,其他股东在同等条件下有优先购买权。其他股东自人民法院通知之日起满二十日不行使优先购买权的,视为放弃优先购买权。

第七十三条 依照本法第七十一条、第七十二条转让股权后,公司应当注销原股东的出资证明书，向新股东签发出资证明书，并相应修改公司章程和股东名册中有关股东及其出资额的记载。对公司章程的该项修改不需再由股东会表决。

第七十四条 有下列情形之一的，对股东会该项决议投反对票的股东可以请求公司按照合理的价格收购其股权：

（一）公司连续五年不向股东分配利润，而公司该五年连续盈利，并且符合本法规定的分配利润条件的；

（二）公司合并、分立、转让主要财产的；

（三）公司章程规定的营业期限届满或者章程规定的其他解散事由出现，股东会会议通过决议修改章程使公司存续的。

自股东会会议决议通过之日起六十日内，股东与公司不能达成股权收购协议的，股东可以自股东会会议决议通过之日起九十日内向人民法院提起诉讼。

第七十五条 自然人股东死亡后，其合法继承人可以继承股东资格；但是，公司章程另有规定的除外。

第四章 股份有限公司的设立和组织机构

第一节 设立

第七十六条 设立股份有限公司，应当具备下列条件：

（一）发起人符合法定人数；

（二）有符合公司章程规定的全体发起人认购的股本总额或者募集的实收股本总额；

（三）股份发行、筹办事项符合法律规定；

（四）发起人制订公司章程，采用募集方式设立的经创立大会通过；

（五）有公司名称，建立符合股份有限公司要求的组织机构；

（六）有公司住所。

第七十七条 股份有限公司的设立，可以采取发起设立或者募集设立的方式。

发起设立，是指由发起人认购公司应发行的全部股份而设立公司。

募集设立，是指由发起人认购公司应发行股份的一部分，其余股份向社会公开募集或者向特定对象募集而设立公司。

第七十八条　设立股份有限公司，应当有二人以上二百人以下为发起人，其中须有半数以上的发起人在中国境内有住所。

第七十九条　股份有限公司发起人承担公司筹办事务。

发起人应当签订发起人协议，明确各自在公司设立过程中的权利和义务。

第八十条　股份有限公司采取发起设立方式设立的，注册资本为在公司登记机关登记的全体发起人认购的股本总额。在发起人认购的股份缴足前，不得向他人募集股份。

股份有限公司采取募集方式设立的，注册资本为在公司登记机关登记的实收股本总额。

法律、行政法规以及国务院决定对股份有限公司注册资本实缴、注册资本最低限额另有规定的，从其规定。

第八十一条　股份有限公司章程应当载明下列事项：

（一）公司名称和住所；

（二）公司经营范围；

（三）公司设立方式；

（四）公司股份总数、每股金额和注册资本；

（五）发起人的姓名或者名称、认购的股份数、出资方式和出资时间；

（六）董事会的组成、职权和议事规则；

（七）公司法定代表人；

（八）监事会的组成、职权和议事规则；

（九）公司利润分配办法；

（十）公司的解散事由与清算办法；

（十一）公司的通知和公告办法；

（十二）股东大会会议认为需要规定的其他事项。

第八十二条　发起人的出资方式，适用本法第二十七条的规定。

第八十三条　以发起设立方式设立股份有限公司的，发起人应当书面认足公司章程规定其认购的股份，并按照公司章程规定缴纳出资。以非货币财产出资的，应当依法办理其财产权的转移手续。

发起人不依照前款规定缴纳出资的，应当按照发起人协议承担违约责任。

发起人认足公司章程规定的出资后，应当选举董事会和监事会，由董事会向公司登记机关报送公司章程以及法律、行政法规规定的其他文件，申请设立登记。

第八十四条　以募集设立方式设立股份有限公司的，发起人认购的股份不得少于公司股份总数的百分之三十五；但是，法律、行政法规另有规定的，从其规定。

第八十五条　发起人向社会公开募集股份，必须公告招股说明书，并制作认股书。认股书应当载明本法第八十六条所列事项，由认股人填写认购股数、金额、住所，并签名、盖章。认股人按照所认购股数缴纳股款。

第八十六条　招股说明书应当附有发起人制订的公司章程，并载明下列事项：

（一）发起人认购的股份数；

（二）每股的票面金额和发行价格；

（三）无记名股票的发行总数；

（四）募集资金的用途；

（五）认股人的权利、义务；

（六）本次募股的起止期限及逾期未募足时认股人可以撤回所认股份的说明。

第八十七条　发起人向社会公开募集股份，应当由依法设立的证券公司承销，签订承销协议。

第八十八条　发起人向社会公开募集股份，应当同银行签订代收股款协议。

代收股款的银行应当按照协议代收和保存股款，向缴纳股款的认股人出具收款单据，并负有向有关部门出具收款证明的义务。

第八十九条　发行股份的股款缴足后，必须经依法设立的验资机构验资并出具证明。发起人应当自股款缴足之日起三十日内主持召开公司创立大会。创立大会由发起人、认股人组成。

发行的股份超过招股说明书规定的截止期限尚未募足的，或者发行股份的股款缴足后，发起人在三十日内未召开创立大会的，认股人可以按照所缴股款并加算银行同期存款利息，要求发起人返还。

第九十条　发起人应当在创立大会召开十五日前将会议日期通知各认股人或者予以公告。创立大会应有代表股份总数过半数的发起人、认股人出席，方可举行。

创立大会行使下列职权：

（一）审议发起人关于公司筹办情况的报告；

（二）通过公司章程；

（三）选举董事会成员；

（四）选举监事会成员；

（五）对公司的设立费用进行审核；

（六）对发起人用于抵作股款的财产的作价进行审核；

（七）发生不可抗力或者经营条件发生重大变化直接影响公司设立的，可以作出不设立公司的决议。

创立大会对前款所列事项作出决议，必须经出席会议的认股人所持表决权过半数通过。

第九十一条　发起人、认股人缴纳股款或者交付抵作股款的出资后，除未按期募足股份、发起人未按期召开创立大会或者创立大会决议不设立公司的情形外，不得抽回其股本。

第九十二条　董事会应于创立大会结束后三十日内，向公司登记机关报送下列文件，申请设立登记：

（一）公司登记申请书；

（二）创立大会的会议记录；

（三）公司章程；

（四）验资证明；

（五）法定代表人、董事、监事的任职文件及其身份证明；

（六）发起人的法人资格证明或者自然人身份证明；

（七）公司住所证明。

以募集方式设立股份有限公司公开发行股票的，还应当向公司登记机关报送国务院证券监督管理机构的核准文件。

第九十三条　股份有限公司成立后，发起人未按照公司章程的规定缴足出资的，应当补缴；其他发起人承担连带责任。

股份有限公司成立后，发现作为设立公司出资的非货币财产的实际价额显著低于公司章程所定价额的，应当由交付该出资的发起人补足其差额；其他发起人承担连带责任。

第九十四条　股份有限公司的发起人应当承担下列责任：

（一）公司不能成立时，对设立行为所产生的债务和费用负连带责任；

（二）公司不能成立时，对认股人已缴纳的股款，负返还股款并加算银行同期存款利息的连带责任；

（三）在公司设立过程中，由于发起人的过失致使公司利益受到损害的，应当对公司承担赔偿责任。

第九十五条　有限责任公司变更为股份有限公司时，折合的实收股本总额不得高于公司净资产额。有限责任公司变更为股份有限公司，为增加资本公开发行股份时，应当依法办理。

第九十六条　股份有限公司应当将公司章程、股东名册、公司债券存根、股东大会会议记录、董事会会议记录、监事会会议记录、财务会计报告置备于本公司。

第九十七条　股东有权查阅公司章程、股东名册、公司债券存根、股东大会会议记录、董事会会议决议、监事会会议决议、财务会计报告，对公司的经营提出建议或者质询。

第二节　股东大会

第九十八条　股份有限公司股东大会由全体股东组成。股东大会是公司的权力机构，依照本法行使职权。

第九十九条　本法第三十七条第一款关于有限责任公司股东会职权的规定，适用于股份有限公司股东大会。

第一百条　股东大会应当每年召开一次年会。有下列情形之一的，应当在两个月内召开临时股东大会：

（一）董事人数不足本法规定人数或者公司章程所定人数的三分之二时；

（二）公司未弥补的亏损达实收股本总额三分之一时；

（三）单独或者合计持有公司百分之十以上股份的股东请求时；

（四）董事会认为必要时；

（五）监事会提议召开时；

（六）公司章程规定的其他情形。

第一百零一条　股东大会会议由董事会召集，董事长主持；董事长不能履行职务或者不履行职务的，由副董事长主持；副董事长不能履行职务或者不履行职务的，由半数以上董事共同推举一名董事主持。

董事会不能履行或者不履行召集股东大会会议职责的,监事会应当及时召集和主持;监事会不召集和主持的,连续九十日以上单独或者合计持有公司百分之十以上股份的股东可以自行召集和主持。

第一百零二条 召开股东大会会议,应当将会议召开的时间、地点和审议的事项于会议召开二十日前通知各股东;临时股东大会应当于会议召开十五日前通知各股东;发行无记名股票的,应当于会议召开三十日前公告会议召开的时间、地点和审议事项。

单独或者合计持有公司百分之三以上股份的股东,可以在股东大会召开十日前提出临时提案并书面提交董事会;董事会应当在收到提案后二日内通知其他股东,并将该临时提案提交股东大会审议。临时提案的内容应当属于股东大会职权范围,并有明确议题和具体决议事项。

股东大会不得对前两款通知中未列明的事项作出决议。

无记名股票持有人出席股东大会会议的,应当于会议召开五日前至股东大会闭会时将股票交存于公司。

第一百零三条 股东出席股东大会会议,所持每一股份有一表决权。但是,公司持有的本公司股份没有表决权。

股东大会作出决议,必须经出席会议的股东所持表决权过半数通过。但是,股东大会作出修改公司章程、增加或者减少注册资本的决议,以及公司合并、分立、解散或者变更公司形式的决议,必须经出席会议的股东所持表决权的三分之二以上通过。

第一百零四条 本法和公司章程规定公司转让、受让重大资产或者对外提供担保等事项必须经股东大会作出决议的,董事会应当及时召集股东大会会议,由股东大会就上述事项进行表决。

第一百零五条 股东大会选举董事、监事,可以依照公司章程的规定或者股东大会的决议,实行累积投票制。

本法所称累积投票制,是指股东大会选举董事或者监事时,每一股份拥有与应选董事或者监事人数相同的表决权,股东拥有的表决权可以集中使用。

第一百零六条 股东可以委托代理人出席股东大会会议,代理人应当向公司提交股东授权委托书,并在授权范围内行使表决权。

第一百零七条 股东大会应当对所议事项的决定作成会议记录,主持人、出席会议的董事应当在会议记录上签名。会议记录应当与出席股东的签名册及代理出席的委托书一并保存。

第三节 董事会、经理

第一百零八条 股份有限公司设董事会,其成员为五人至十九人。

董事会成员中可以有公司职工代表。董事会中的职工代表由公司职工通过职工代表大会、职工大会或者其他形式民主选举产生。

本法第四十五条关于有限责任公司董事任期的规定,适用于股份有限公司董事。

本法第四十六条关于有限责任公司董事会职权的规定,适用于股份有限公司董事会。

第一百零九条 董事会设董事长一人,可以设副董事长。董事长和副董事长由董事会以全体董事的过半数选举产生。

董事长召集和主持董事会会议,检查董事会决议的实施情况。副董事长协助董事长工作,董事长不能履行职务或者不履行职务的,由副董事长履行职务;副董事长不能履行职务或者不履行职务的,由半数以上董事共同推举一名董事履行职务。

第一百一十条 董事会每年度至少召开两次会议,每次会议应当于会议召开十日前通知全体董事和监事。

代表十分之一以上表决权的股东、三分之一以上董事或者监事会,可以提议召开董事会临时会议。董事长应当自接到提议后十日内,召集和主持董事会会议。

董事会召开临时会议,可以另定召集董事会的通知方式和通知时限。

第一百一十一条 董事会会议应有过半数的董事出席方可举行。董事会作出决议,必须经全体董事的过半数通过。

董事会决议的表决,实行一人一票。

第一百一十二条 董事会会议,应由董事本人出席;董事因故不能出席,可以书面委托其他董事代为出席,委托书中应载明授权范围。

董事会应当对会议所议事项的决定作成会议记录,出席会议的董事应当在会议记录上签名。

董事应当对董事会的决议承担责任。董事会的决议违反法律、行政法规或者公司章程、股东大会决议,致使公司遭受严重损失的,参与决议的董事对公司负赔偿责任。但经证明在表决时曾表明异议并记载于会议记录的,该董事可以免除责任。

第一百一十三条 股份有限公司设经理，由董事会决定聘任或者解聘。

本法第四十九条关于有限责任公司经理职权的规定，适用于股份有限公司经理。

第一百一十四条 公司董事会可以决定由董事会成员兼任经理。

第一百一十五条 公司不得直接或者通过子公司向董事、监事、高级管理人员提供借款。

第一百一十六条 公司应当定期向股东披露董事、监事、高级管理人员从公司获得报酬的情况。

第四节 监事会

第一百一十七条 股份有限公司设监事会，其成员不得少于三人。

监事会应当包括股东代表和适当比例的公司职工代表，其中职工代表的比例不得低于三分之一，具体比例由公司章程规定。监事会中的职工代表由公司职工通过职工代表大会、职工大会或者其他形式民主选举产生。

监事会设主席一人，可以设副主席。监事会主席和副主席由全体监事过半数选举产生。监事会主席召集和主持监事会会议；监事会主席不能履行职务或者不履行职务的，由监事会副主席召集和主持监事会会议；监事会副主席不能履行职务或者不履行职务的，由半数以上监事共同推举一名监事召集和主持监事会会议。

董事、高级管理人员不得兼任监事。

本法第五十二条关于有限责任公司监事任期的规定，适用于股份有限公司监事。

第一百一十八条 本法第五十三条、第五十四条关于有限责任公司监事会职权的规定，适用于股份有限公司监事会。

监事会行使职权所必需的费用，由公司承担。

第一百一十九条 监事会每六个月至少召开一次会议。监事可以提议召开临时监事会会议。

监事会的议事方式和表决程序，除本法有规定的外，由公司章程规定。

监事会决议应当经半数以上监事通过。

监事会应当对所议事项的决定作成会议记录，出席会议的监事应当在会议记录上签名。

第五节　上市公司组织机构的特别规定

第一百二十条　本法所称上市公司，是指其股票在证券交易所上市交易的股份有限公司。

第一百二十一条　上市公司在一年内购买、出售重大资产或者担保金额超过公司资产总额百分之三十的，应当由股东大会作出决议，并经出席会议的股东所持表决权的三分之二以上通过。

第一百二十二条　上市公司设独立董事，具体办法由国务院规定。

第一百二十三条　上市公司设董事会秘书，负责公司股东大会和董事会会议的筹备、文件保管以及公司股东资料的管理，办理信息披露事务等事宜。

第一百二十四条　上市公司董事与董事会会议决议事项所涉及的企业有关联关系的，不得对该项决议行使表决权，也不得代理其他董事行使表决权。该董事会会议由过半数的无关联关系董事出席即可举行，董事会会议所作决议须经无关联关系董事过半数通过。出席董事会的无关联关系董事人数不足三人的，应将该事项提交上市公司股东大会审议。

第五章　股份有限公司的股份发行和转让

第一节　股份发行

第一百二十五条　股份有限公司的资本划分为股份，每一股的金额相等。

公司的股份采取股票的形式。股票是公司签发的证明股东所持股份的凭证。

第一百二十六条　股份的发行，实行公平、公正的原则，同种类的每一股份应当具有同等权利。

同次发行的同种类股票，每股的发行条件和价格应当相同；任何单位或者个人所认购的股份，每股应当支付相同价额。

第一百二十七条　股票发行价格可以按票面金额，也可以超过票面金额，但不得低于票面金额。

第一百二十八条　股票采用纸面形式或者国务院证券监督管理机构规定的其他

形式。

股票应当载明下列主要事项：

（一）公司名称；

（二）公司成立日期；

（三）股票种类、票面金额及代表的股份数；

（四）股票的编号。

股票由法定代表人签名，公司盖章。

发起人的股票，应当标明发起人股票字样。

第一百二十九条 公司发行的股票，可以为记名股票，也可以为无记名股票。

公司向发起人、法人发行的股票，应当为记名股票，并应记载该发起人、法人的名称或者姓名，不得另立户名或者以代表人姓名记名。

第一百三十条 公司发行记名股票的，应当置备股东名册，记载下列事项：

（一）股东的姓名或者名称及住所；

（二）各股东所持股份数；

（三）各股东所持股票的编号；

（四）各股东取得股份的日期。

发行无记名股票的，公司应当记载其股票数量、编号及发行日期。

第一百三十一条 国务院可以对公司发行本法规定以外的其他种类的股份，另行作出规定。

第一百三十二条 股份有限公司成立后，即向股东正式交付股票。公司成立前不得向股东交付股票。

第一百三十三条 公司发行新股，股东大会应当对下列事项作出决议：

（一）新股种类及数额；

（二）新股发行价格；

（三）新股发行的起止日期；

（四）向原有股东发行新股的种类及数额。

第一百三十四条 公司经国务院证券监督管理机构核准公开发行新股时，必须公告新股招股说明书和财务会计报告，并制作认股书。

本法第八十七条、第八十八条的规定适用于公司公开发行新股。

第一百三十五条 公司发行新股，可以根据公司经营情况和财务状况，确定其作价方案。

第一百三十六条 公司发行新股募足股款后，必须向公司登记机关办理变更登记，并公告。

第二节 股份转让

第一百三十七条 股东持有的股份可以依法转让。

第一百三十八条 股东转让其股份，应当在依法设立的证券交易场所进行或者按照国务院规定的其他方式进行。

第一百三十九条 记名股票，由股东以背书方式或者法律、行政法规规定的其他方式转让；转让后由公司将受让人的姓名或者名称及住所记载于股东名册。

股东大会召开前二十日内或者公司决定分配股利的基准日前五日内，不得进行前款规定的股东名册的变更登记。但是，法律对上市公司股东名册变更登记另有规定的，从其规定。

第一百四十条 无记名股票的转让，由股东将该股票交付给受让人后即发生转让的效力。

第一百四十一条 发起人持有的本公司股份，自公司成立之日起一年内不得转让。公司公开发行股份前已发行的股份，自公司股票在证券交易所上市交易之日起一年内不得转让。

公司董事、监事、高级管理人员应当向公司申报所持有的本公司的股份及其变动情况，在任职期间每年转让的股份不得超过其所持有本公司股份总数的百分之二十五；所持本公司股份自公司股票上市交易之日起一年内不得转让。上述人员离职后半年内，不得转让其所持有的本公司股份。公司章程可以对公司董事、监事、高级管理人员转让其所持有的本公司股份作出其他限制性规定。

第一百四十二条 公司不得收购本公司股份。但是，有下列情形之一的除外：

（一）减少公司注册资本；

（二）与持有本公司股份的其他公司合并；

（三）将股份用于员工持股计划或者股权激励；

（四）股东因对股东大会作出的公司合并、分立决议持异议，要求公司收购其股份；

（五）将股份用于转换上市公司发行的可转换为股票的公司债券；

（六）上市公司为维护公司价值及股东权益所必需。

公司因前款第（一）项、第（二）项规定的情形收购本公司股份的，应当经股东大会决议；公司因前款第（三）项、第（五）项、第（六）项规定的情形收购本公司股份的，可以依照公司章程的规定或者股东大会的授权，经三分之二以上董事出席的董事会会议决议。

公司依照本条第一款规定收购本公司股份后，属于第（一）项情形的，应当自收购之日起十日内注销；属于第（二）项、第（四）项情形的，应当在六个月内转让或者注销；属于第（三）项、第（五）项、第（六）项情形的，公司合计持有的本公司股份数不得超过本公司已发行股份总额的百分之十，并应当在三年内转让或者注销。

上市公司收购本公司股份的，应当依照《中华人民共和国证券法》的规定履行信息披露义务。上市公司因本条第一款第（三）项、第（五）项、第（六）项规定的情形收购本公司股份的，应当通过公开的集中交易方式进行。

公司不得接受本公司的股票作为质押权的标的。

第一百四十三条 记名股票被盗、遗失或者灭失，股东可以依照《中华人民共和国民事诉讼法》规定的公示催告程序，请求人民法院宣告该股票失效。人民法院宣告该股票失效后，股东可以向公司申请补发股票。

第一百四十四条 上市公司的股票，依照有关法律、行政法规及证券交易所交易规则上市交易。

第一百四十五条 上市公司必须依照法律、行政法规的规定，公开其财务状况、经营情况及重大诉讼，在每会计年度内半年公布一次财务会计报告。

第六章 公司董事、监事、高级管理人员的资格和义务

第一百四十六条 有下列情形之一的，不得担任公司的董事、监事、高级管理人员：

（一）无民事行为能力或者限制民事行为能力；

（二）因贪污、贿赂、侵占财产、挪用财产或者破坏社会主义市场经济秩序，被判处刑罚，执行期满未逾五年，或者因犯罪被剥夺政治权利，执行期满未逾五年；

（三）担任破产清算的公司、企业的董事或者厂长、经理，对该公司、企业的破产负有个人责任的，自该公司、企业破产清算完结之日起未逾三年；

（四）担任因违法被吊销营业执照、责令关闭的公司、企业的法定代表人，并负有个人责任的，自该公司、企业被吊销营业执照之日起未逾三年；

（五）个人所负数额较大的债务到期未清偿。

公司违反前款规定选举、委派董事、监事或者聘任高级管理人员的，该选举、委派或者聘任无效。

董事、监事、高级管理人员在任职期间出现本条第一款所列情形的，公司应当解除其职务。

第一百四十七条　董事、监事、高级管理人员应当遵守法律、行政法规和公司章程，对公司负有忠实义务和勤勉义务。

董事、监事、高级管理人员不得利用职权收受贿赂或者其他非法收入，不得侵占公司的财产。

第一百四十八条　董事、高级管理人员不得有下列行为：

（一）挪用公司资金；

（二）将公司资金以其个人名义或者以其他个人名义开立账户存储；

（三）违反公司章程的规定，未经股东会、股东大会或者董事会同意，将公司资金借贷给他人或者以公司财产为他人提供担保；

（四）违反公司章程的规定或者未经股东会、股东大会同意，与本公司订立合同或者进行交易；

（五）未经股东会或者股东大会同意，利用职务便利为自己或者他人谋取属于公司的商业机会，自营或者为他人经营与所任职公司同类的业务；

（六）接受他人与公司交易的佣金归为己有；

（七）擅自披露公司秘密；

（八）违反对公司忠实义务的其他行为。

董事、高级管理人员违反前款规定所得的收入应当归公司所有。

第一百四十九条　董事、监事、高级管理人员执行公司职务时违反法律、行政法规或者公司章程的规定，给公司造成损失的，应当承担赔偿责任。

第一百五十条　股东会或者股东大会要求董事、监事、高级管理人员列席会议的，董事、监事、高级管理人员应当列席并接受股东的质询。

董事、高级管理人员应当如实向监事会或者不设监事会的有限责任公司的监事提供有关情况和资料，不得妨碍监事会或者监事行使职权。

第一百五十一条　董事、高级管理人员有本法第一百四十九条规定的情形的，有限责任公司的股东、股份有限公司连续一百八十日以上单独或者合计持有公司百分之一以上股份的股东，可以书面请求监事会或者不设监事会的有限责任公司的监事向人民法院提起诉讼；监事有本法第一百四十九条规定的情形的，前述股东可以书面请求董事会或者不设董事会的有限责任公司的执行董事向人民法院提起诉讼。

监事会、不设监事会的有限责任公司的监事，或者董事会、执行董事收到前款规定的股东书面请求后拒绝提起诉讼，或者自收到请求之日起三十日内未提起诉讼，或者情况紧急、不立即提起诉讼将会使公司利益受到难以弥补的损害的，前款规定的股东有权为了公司的利益以自己的名义直接向人民法院提起诉讼。

他人侵犯公司合法权益，给公司造成损失的，本条第一款规定的股东可以依照前两款的规定向人民法院提起诉讼。

第一百五十二条　董事、高级管理人员违反法律、行政法规或者公司章程的规定，损害股东利益的，股东可以向人民法院提起诉讼。

第七章　公司债券

第一百五十三条　本法所称公司债券，是指公司依照法定程序发行、约定在一定期限还本付息的有价证券。

公司发行公司债券应当符合《中华人民共和国证券法》规定的发行条件。

第一百五十四条　发行公司债券的申请经国务院授权的部门核准后，应当公告公司债券募集办法。

公司债券募集办法中应当载明下列主要事项：

（一）公司名称；

（二）债券募集资金的用途；

（三）债券总额和债券的票面金额；

（四）债券利率的确定方式；

（五）还本付息的期限和方式；

（六）债券担保情况；

（七）债券的发行价格、发行的起止日期；

（八）公司净资产额；

（九）已发行的尚未到期的公司债券总额；

（十）公司债券的承销机构。

第一百五十五条 公司以实物券方式发行公司债券的，必须在债券上载明公司名称、债券票面金额、利率、偿还期限等事项，并由法定代表人签名，公司盖章。

第一百五十六条 公司债券，可以为记名债券，也可以为无记名债券。

第一百五十七条 公司发行公司债券应当置备公司债券存根簿。

发行记名公司债券的，应当在公司债券存根簿上载明下列事项：

（一）债券持有人的姓名或者名称及住所；

（二）债券持有人取得债券的日期及债券的编号；

（三）债券总额，债券的票面金额、利率、还本付息的期限和方式；

（四）债券的发行日期。

发行无记名公司债券的，应当在公司债券存根簿上载明债券总额、利率、偿还期限和方式、发行日期及债券的编号。

第一百五十八条 记名公司债券的登记结算机构应当建立债券登记、存管、付息、兑付等相关制度。

第一百五十九条 公司债券可以转让，转让价格由转让人与受让人约定。

公司债券在证券交易所上市交易的，按照证券交易所的交易规则转让。

第一百六十条 记名公司债券，由债券持有人以背书方式或者法律、行政法规规定的其他方式转让；转让后由公司将受让人的姓名或者名称及住所记载于公司债券存根簿。

无记名公司债券的转让，由债券持有人将该债券交付给受让人后即发生转让的效力。

第一百六十一条 上市公司经股东大会决议可以发行可转换为股票的公司债券，并在公司债券募集办法中规定具体的转换办法。上市公司发行可转换为股票的公司债券，应当报国务院证券监督管理机构核准。

发行可转换为股票的公司债券，应当在债券上标明可转换公司债券字样，并在公司债券存根簿上载明可转换公司债券的数额。

第一百六十二条 发行可转换为股票的公司债券的，公司应当按照其转换办法向债券持有人换发股票，但债券持有人对转换股票或者不转换股票有选择权。

第八章 公司财务、会计

第一百六十三条 公司应当依照法律、行政法规和国务院财政部门的规定建立本公司的财务、会计制度。

第一百六十四条 公司应当在每一会计年度终了时编制财务会计报告，并依法经会计师事务所审计。

财务会计报告应当依照法律、行政法规和国务院财政部门的规定制作。

第一百六十五条 有限责任公司应当依照公司章程规定的期限将财务会计报告送交各股东。

股份有限公司的财务会计报告应当在召开股东大会年会的二十日前置备于本公司，供股东查阅；公开发行股票的股份有限公司必须公告其财务会计报告。

第一百六十六条 公司分配当年税后利润时，应当提取利润的百分之十列入公司法定公积金。公司法定公积金累计额为公司注册资本的百分之五十以上的，可以不再提取。

公司的法定公积金不足以弥补以前年度亏损的，在依照前款规定提取法定公积金之前，应当先用当年利润弥补亏损。

公司从税后利润中提取法定公积金后，经股东会或者股东大会决议，还可以从税后利润中提取任意公积金。

公司弥补亏损和提取公积金后所余税后利润，有限责任公司依照本法第三十四条的规定分配；股份有限公司按照股东持有的股份比例分配，但股份有限公司章程规定不按持股比例分配的除外。

股东会、股东大会或者董事会违反前款规定，在公司弥补亏损和提取法定公积金之前向股东分配利润的，股东必须将违反规定分配的利润退还公司。

公司持有的本公司股份不得分配利润。

第一百六十七条 股份有限公司以超过股票票面金额的发行价格发行股份所得的溢价款以及国务院财政部门规定列入资本公积金的其他收入，应当列为公司资本公积金。

第一百六十八条 公司的公积金用于弥补公司的亏损、扩大公司生产经营或者转为增加公司资本。但是，资本公积金不得用于弥补公司的亏损。

法定公积金转为资本时，所留存的该项公积金不得少于转增前公司注册资本的百分之二十五。

第一百六十九条 公司聘用、解聘承办公司审计业务的会计师事务所，依照公司章程的规定，由股东会、股东大会或者董事会决定。

公司股东会、股东大会或者董事会就解聘会计师事务所进行表决时，应当允许会计师事务所陈述意见。

第一百七十条 公司应当向聘用的会计师事务所提供真实、完整的会计凭证、会计账簿、财务会计报告及其他会计资料，不得拒绝、隐匿、谎报。

第一百七十一条 公司除法定的会计账簿外，不得另立会计账簿。

对公司资产，不得以任何个人名义开立账户存储。

第九章 公司合并、分立、增资、减资

第一百七十二条 公司合并可以采取吸收合并或者新设合并。

一个公司吸收其他公司为吸收合并，被吸收的公司解散。两个以上公司合并设立一个新的公司为新设合并，合并各方解散。

第一百七十三条 公司合并，应当由合并各方签订合并协议，并编制资产负债表及财产清单。公司应当自作出合并决议之日起十日内通知债权人，并于三十日内在报纸上公告。债权人自接到通知书之日起三十日内，未接到通知书的自公告之日起四十五日内，可以要求公司清偿债务或者提供相应的担保。

第一百七十四条 公司合并时，合并各方的债权、债务，应当由合并后存续的公司或者新设的公司承继。

第一百七十五条 公司分立，其财产作相应的分割。

公司分立，应当编制资产负债表及财产清单。公司应当自作出分立决议之日起十日内通知债权人，并于三十日内在报纸上公告。

第一百七十六条 公司分立前的债务由分立后的公司承担连带责任。但是，公司在分立前与债权人就债务清偿达成的书面协议另有约定的除外。

第一百七十七条 公司需要减少注册资本时，必须编制资产负债表及财产清单。

公司应当自作出减少注册资本决议之日起十日内通知债权人，并于三十日内在报纸上公告。债权人自接到通知书之日起三十日内，未接到通知书的自公告之日起四十五日内，有权要求公司清偿债务或者提供相应的担保。

第一百七十八条 有限责任公司增加注册资本时，股东认缴新增资本的出资，依照本法设立有限责任公司缴纳出资的有关规定执行。

股份有限公司为增加注册资本发行新股时，股东认购新股，依照本法设立股份有限公司缴纳股款的有关规定执行。

第一百七十九条 公司合并或者分立，登记事项发生变更的，应当依法向公司登记机关办理变更登记；公司解散的，应当依法办理公司注销登记；设立新公司的，应当依法办理公司设立登记。

公司增加或者减少注册资本，应当依法向公司登记机关办理变更登记。

第十章　公司解散和清算

第一百八十条 公司因下列原因解散：

（一）公司章程规定的营业期限届满或者公司章程规定的其他解散事由出现；

（二）股东会或者股东大会决议解散；

（三）因公司合并或者分立需要解散；

（四）依法被吊销营业执照、责令关闭或者被撤销；

（五）人民法院依照本法第一百八十二条的规定予以解散。

第一百八十一条 公司有本法第一百八十条第（一）项情形的，可以通过修改公司章程而存续。

依照前款规定修改公司章程，有限责任公司须经持有三分之二以上表决权的股东通过，股份有限公司须经出席股东大会会议的股东所持表决权的三分之二以上通过。

第一百八十二条 公司经营管理发生严重困难，继续存续会使股东利益受到重大损失，通过其他途径不能解决的，持有公司全部股东表决权百分之十以上的股东，可以请求人民法院解散公司。

第一百八十三条 公司因本法第一百八十条第（一）项、第（二）项、第（四）项、第（五）项规定而解散的，应当在解散事由出现之日起十五日内成立清算组，开始清算。有限责任公司的清算组由股东组成，股份有限公司的清算组由董事或者股东大会确定的人员组成。逾期不成立清算组进行清算的，债权人可以申请人民法院指定有关人员组成清算组进行清算。人民法院应当受理该申请，并及时组织清算组进行清算。

第一百八十四条 清算组在清算期间行使下列职权：

（一）清理公司财产，分别编制资产负债表和财产清单；

（二）通知、公告债权人；

（三）处理与清算有关的公司未了结的业务；

（四）清缴所欠税款以及清算过程中产生的税款；

（五）清理债权、债务；

（六）处理公司清偿债务后的剩余财产；

（七）代表公司参与民事诉讼活动。

第一百八十五条 清算组应当自成立之日起十日内通知债权人，并于六十日内在报纸上公告。债权人应当自接到通知书之日起三十日内，未接到通知书的自公告之日起四十五日内，向清算组申报其债权。

债权人申报债权，应当说明债权的有关事项，并提供证明材料。清算组应当对债权进行登记。

在申报债权期间，清算组不得对债权人进行清偿。

第一百八十六条 清算组在清理公司财产、编制资产负债表和财产清单后，应当制定清算方案，并报股东会、股东大会或者人民法院确认。

公司财产在分别支付清算费用、职工的工资、社会保险费用和法定补偿金，缴纳所欠税款，清偿公司债务后的剩余财产，有限责任公司按照股东的出资比例分配，股份有限公司按照股东持有的股份比例分配。

清算期间，公司存续，但不得开展与清算无关的经营活动。公司财产在未依照前款规定清偿前，不得分配给股东。

第一百八十七条 清算组在清理公司财产、编制资产负债表和财产清单后，发现公司财产不足清偿债务的，应当依法向人民法院申请宣告破产。

公司经人民法院裁定宣告破产后，清算组应当将清算事务移交给人民法院。

第一百八十八条 公司清算结束后，清算组应当制作清算报告，报股东会、股东大会或者人民法院确认，并报送公司登记机关，申请注销公司登记，公告公司终止。

第一百八十九条 清算组成员应当忠于职守，依法履行清算义务。

清算组成员不得利用职权收受贿赂或者其他非法收入，不得侵占公司财产。

清算组成员因故意或者重大过失给公司或者债权人造成损失的，应当承担赔偿责任。

第一百九十条 公司被依法宣告破产的，依照有关企业破产的法律实施破产清算。

第十一章　外国公司的分支机构

第一百九十一条 本法所称外国公司是指依照外国法律在中国境外设立的公司。

第一百九十二条 外国公司在中国境内设立分支机构，必须向中国主管机关提出申请，并提交其公司章程、所属国的公司登记证书等有关文件，经批准后，向公司登记机关依法办理登记，领取营业执照。

外国公司分支机构的审批办法由国务院另行规定。

第一百九十三条 外国公司在中国境内设立分支机构，必须在中国境内指定负责该分支机构的代表人或者代理人，并向该分支机构拨付与其所从事的经营活动相适应的资金。

对外国公司分支机构的经营资金需要规定最低限额的，由国务院另行规定。

第一百九十四条 外国公司的分支机构应当在其名称中标明该外国公司的国籍及责任形式。

外国公司的分支机构应当在本机构中置备该外国公司章程。

第一百九十五条 外国公司在中国境内设立的分支机构不具有中国法人资格。

外国公司对其分支机构在中国境内进行经营活动承担民事责任。

第一百九十六条 经批准设立的外国公司分支机构，在中国境内从事业务活动，必须遵守中国的法律，不得损害中国的社会公共利益，其合法权益受中国法律保护。

第一百九十七条 外国公司撤销其在中国境内的分支机构时，必须依法清偿债务，依照本法有关公司清算程序的规定进行清算。未清偿债务之前，不得将其分支机构的财产移至中国境外。

第十二章　法律责任

第一百九十八条　违反本法规定，虚报注册资本、提交虚假材料或者采取其他欺诈手段隐瞒重要事实取得公司登记的，由公司登记机关责令改正，对虚报注册资本的公司，处以虚报注册资本金额百分之五以上百分之十五以下的罚款；对提交虚假材料或者采取其他欺诈手段隐瞒重要事实的公司，处以五万元以上五十万元以下的罚款；情节严重的，撤销公司登记或者吊销营业执照。

第一百九十九条　公司的发起人、股东虚假出资，未交付或者未按期交付作为出资的货币或者非货币财产的，由公司登记机关责令改正，处以虚假出资金额百分之五以上百分之十五以下的罚款。

第二百条　公司的发起人、股东在公司成立后，抽逃其出资的，由公司登记机关责令改正，处以所抽逃出资金额百分之五以上百分之十五以下的罚款。

第二百零一条　公司违反本法规定，在法定的会计账簿以外另立会计账簿的，由县级以上人民政府财政部门责令改正，处以五万元以上五十万元以下的罚款。

第二百零二条　公司在依法向有关主管部门提供的财务会计报告等材料上作虚假记载或者隐瞒重要事实的，由有关主管部门对直接负责的主管人员和其他直接责任人员处以三万元以上三十万元以下的罚款。

第二百零三条　公司不依照本法规定提取法定公积金的，由县级以上人民政府财政部门责令如数补足应当提取的金额，可以对公司处以二十万元以下的罚款。

第二百零四条　公司在合并、分立、减少注册资本或者进行清算时，不依照本法规定通知或者公告债权人的，由公司登记机关责令改正，对公司处以一万元以上十万元以下的罚款。

公司在进行清算时，隐匿财产，对资产负债表或者财产清单作虚假记载或者在未清偿债务前分配公司财产的，由公司登记机关责令改正，对公司处以隐匿财产或者未清偿债务前分配公司财产金额百分之五以上百分之十以下的罚款；对直接负责的主管人员和其他直接责任人员处以一万元以上十万元以下的罚款。

第二百零五条　公司在清算期间开展与清算无关的经营活动的，由公司登记机关予以警告，没收违法所得。

第二百零六条　清算组不依照本法规定向公司登记机关报送清算报告，或者报送清算报告隐瞒重要事实或者有重大遗漏的，由公司登记机关责令改正。

清算组成员利用职权徇私舞弊、谋取非法收入或者侵占公司财产的，由公司登记机关责令退还公司财产，没收违法所得，并可以处以违法所得一倍以上五倍以下的罚款。

第二百零七条　承担资产评估、验资或者验证的机构提供虚假材料的，由公司登记机关没收违法所得，处以违法所得一倍以上五倍以下的罚款，并可以由有关主管部门依法责令该机构停业、吊销直接责任人员的资格证书，吊销营业执照。

承担资产评估、验资或者验证的机构因过失提供有重大遗漏的报告的，由公司登记机关责令改正，情节较重的，处以所得收入一倍以上五倍以下的罚款，并可以由有关主管部门依法责令该机构停业、吊销直接责任人员的资格证书，吊销营业执照。

承担资产评估、验资或者验证的机构因其出具的评估结果、验资或者验证证明不实，给公司债权人造成损失的，除能够证明自己没有过错的外，在其评估或者证明不实的金额范围内承担赔偿责任。

第二百零八条　公司登记机关对不符合本法规定条件的登记申请予以登记，或者对符合本法规定条件的登记申请不予登记的，对直接负责的主管人员和其他直接责任人员，依法给予行政处分。

第二百零九条　公司登记机关的上级部门强令公司登记机关对不符合本法规定条件的登记申请予以登记，或者对符合本法规定条件的登记申请不予登记的，或者对违法登记进行包庇的，对直接负责的主管人员和其他直接责任人员依法给予行政处分。

第二百一十条　未依法登记为有限责任公司或者股份有限公司，而冒用有限责任公司或者股份有限公司名义的，或者未依法登记为有限责任公司或者股份有限公司的分公司，而冒用有限责任公司或者股份有限公司的分公司名义的，由公司登记机关责令改正或者予以取缔，可以并处十万元以下的罚款。

第二百一十一条　公司成立后无正当理由超过六个月未开业的，或者开业后自行停业连续六个月以上的，可以由公司登记机关吊销营业执照。

公司登记事项发生变更时，未依照本法规定办理有关变更登记的，由公司登记机关责令限期登记；逾期不登记的，处以一万元以上十万元以下的罚款。

第二百一十二条　外国公司违反本法规定，擅自在中国境内设立分支机构的，由公司登记机关责令改正或者关闭，可以并处五万元以上二十万元以下的罚款。

第二百一十三条 利用公司名义从事危害国家安全、社会公共利益的严重违法行为的，吊销营业执照。

第二百一十四条 公司违反本法规定，应当承担民事赔偿责任和缴纳罚款、罚金的，其财产不足以支付时，先承担民事赔偿责任。

第二百一十五条 违反本法规定，构成犯罪的，依法追究刑事责任。

第十三章 附 则

第二百一十六条 本法下列用语的含义：

（一）高级管理人员，是指公司的经理、副经理、财务负责人，上市公司董事会秘书和公司章程规定的其他人员。

（二）控股股东，是指其出资额占有限责任公司资本总额百分之五十以上或者其持有的股份占股份有限公司股本总额百分之五十以上的股东；出资额或者持有股份的比例虽然不足百分之五十，但依其出资额或者持有的股份所享有的表决权已足以对股东会、股东大会的决议产生重大影响的股东。

（三）实际控制人，是指虽不是公司的股东，但通过投资关系、协议或者其他安排，能够实际支配公司行为的人。

（四）关联关系，是指公司控股股东、实际控制人、董事、监事、高级管理人员与其直接或者间接控制的企业之间的关系，以及可能导致公司利益转移的其他关系。但是，国家控股的企业之间不仅因为同受国家控股而具有关联关系。

第二百一十七条 外商投资的有限责任公司和股份有限公司适用本法；有关外商投资的法律另有规定的，适用其规定。

第二百一十八条 本法自 2006 年 1 月 1 日起施行。

中华人民共和国合伙企业法

(1997年2月23日第八届全国人民代表大会常务委员会第二十四次会议通过 2006年8月27日第十届全国人民代表大会常务委员会第二十三次会议修订)

目 录

第一章 总则
第二章 普通合伙企业
 第一节 合伙企业设立
 第二节 合伙企业财产
 第三节 合伙事务执行
 第四节 合伙企业与第三人关系
 第五节 入伙、退伙
 第六节 特殊的普通合伙企业
第三章 有限合伙企业
第四章 合伙企业解散、清算
第五章 法律责任
第六章 附则

第一章 总　则

第一条 为了规范合伙企业的行为，保护合伙企业及其合伙人、债权人的合法权益，维护社会经济秩序，促进社会主义市场经济的发展，制定本法。

第二条 本法所称合伙企业，是指自然人、法人和其他组织依照本法在中国境内设立的普通合伙企业和有限合伙企业。

普通合伙企业由普通合伙人组成，合伙人对合伙企业债务承担无限连带责任。本法对普通合伙人承担责任的形式有特别规定的，从其规定。

有限合伙企业由普通合伙人和有限合伙人组成，普通合伙人对合伙企业债务承担无限连带责任，有限合伙人以其认缴的出资额为限对合伙企业债务承担责任。

第三条 国有独资公司、国有企业、上市公司以及公益性的事业单位、社会团体不得成为普通合伙人。

第四条 合伙协议依法由全体合伙人协商一致、以书面形式订立。

第五条 订立合伙协议、设立合伙企业，应当遵循自愿、平等、公平、诚实信用原则。

第六条 合伙企业的生产经营所得和其他所得，按照国家有关税收规定，由合伙人分别缴纳所得税。

第七条 合伙企业及其合伙人必须遵守法律、行政法规，遵守社会公德、商业道德，承担社会责任。

第八条 合伙企业及其合伙人的合法财产及其权益受法律保护。

第九条 申请设立合伙企业，应当向企业登记机关提交登记申请书、合伙协议书、合伙人身份证明等文件。

合伙企业的经营范围中有属于法律、行政法规规定在登记前须经批准的项目的，该项经营业务应当依法经过批准，并在登记时提交批准文件。

第十条 申请人提交的登记申请材料齐全、符合法定形式，企业登记机关能够当场登记的，应予当场登记，发给营业执照。

除前款规定情形外，企业登记机关应当自受理申请之日起二十日内，作出是否登记的决定。予以登记的，发给营业执照；不予登记的，应当给予书面答复，并说明理由。

第十一条 合伙企业的营业执照签发日期，为合伙企业成立日期。

合伙企业领取营业执照前，合伙人不得以合伙企业名义从事合伙业务。

第十二条 合伙企业设立分支机构，应当向分支机构所在地的企业登记机关申请登记，领取营业执照。

第十三条 合伙企业登记事项发生变更的，执行合伙事务的合伙人应当自作出变更决定或者发生变更事由之日起十五日内，向企业登记机关申请办理变更登记。

第二章 普通合伙企业

第一节 合伙企业设立

第十四条 设立合伙企业，应当具备下列条件：

（一）有二个以上合伙人。合伙人为自然人的，应当具有完全民事行为能力；

（二）有书面合伙协议；

（三）有合伙人认缴或者实际缴付的出资；

（四）有合伙企业的名称和生产经营场所；

（五）法律、行政法规规定的其他条件。

第十五条 合伙企业名称中应当标明"普通合伙"字样。

第十六条 合伙人可以用货币、实物、知识产权、土地使用权或者其他财产权利出资，也可以用劳务出资。

合伙人以实物、知识产权、土地使用权或者其他财产权利出资，需要评估作价的，可以由全体合伙人协商确定，也可以由全体合伙人委托法定评估机构评估。

合伙人以劳务出资的，其评估办法由全体合伙人协商确定，并在合伙协议中载明。

第十七条 合伙人应当按照合伙协议约定的出资方式、数额和缴付期限，履行出资义务。

以非货币财产出资的，依照法律、行政法规的规定，需要办理财产权转移手续的，应当依法办理。

第十八条 合伙协议应当载明下列事项：

（一）合伙企业的名称和主要经营场所的地点；

（二）合伙目的和合伙经营范围；

（三）合伙人的姓名或者名称、住所；

（四）合伙人的出资方式、数额和缴付期限；

（五）利润分配、亏损分担方式；

（六）合伙事务的执行；

（七）入伙与退伙；

（八）争议解决办法；

（九）合伙企业的解散与清算；

（十）违约责任。

第十九条 合伙协议经全体合伙人签名、盖章后生效。合伙人按照合伙协议享有权利，履行义务。

修改或者补充合伙协议，应当经全体合伙人一致同意；但是，合伙协议另有约定的除外。

合伙协议未约定或者约定不明确的事项，由合伙人协商决定；协商不成的，依照本法和其他有关法律、行政法规的规定处理。

第二节 合伙企业财产

第二十条 合伙人的出资、以合伙企业名义取得的收益和依法取得的其他财产，均为合伙企业的财产。

第二十一条 合伙人在合伙企业清算前，不得请求分割合伙企业的财产；但是，本法另有规定的除外。

合伙人在合伙企业清算前私自转移或者处分合伙企业财产的，合伙企业不得以此对抗善意第三人。

第二十二条 除合伙协议另有约定外，合伙人向合伙人以外的人转让其在合伙企业中的全部或者部分财产份额时，须经其他合伙人一致同意。

合伙人之间转让在合伙企业中的全部或者部分财产份额时，应当通知其他合伙人。

第二十三条 合伙人向合伙人以外的人转让其在合伙企业中的财产份额的，在同等条件下，其他合伙人有优先购买权；但是，合伙协议另有约定的除外。

第二十四条 合伙人以外的人依法受让合伙人在合伙企业中的财产份额的，经修改合伙协议即成为合伙企业的合伙人，依照本法和修改后的合伙协议享有权利，履行义务。

第二十五条 合伙人以其在合伙企业中的财产份额出质的，须经其他合伙人一致同意；未经其他合伙人一致同意，其行为无效，由此给善意第三人造成损失的，由行为人依法承担赔偿责任。

第三节 合伙事务执行

第二十六条 合伙人对执行合伙事务享有同等的权利。

按照合伙协议的约定或者经全体合伙人决定，可以委托一个或者数个合伙人对外代表合伙企业，执行合伙事务。

作为合伙人的法人、其他组织执行合伙事务的，由其委派的代表执行。

第二十七条 依照本法第二十六条第二款规定委托一个或者数个合伙人执行合伙事务的，其他合伙人不再执行合伙事务。

不执行合伙事务的合伙人有权监督执行事务合伙人执行合伙事务的情况。

第二十八条 由一个或者数个合伙人执行合伙事务的，执行事务合伙人应当定期向其他合伙人报告事务执行情况以及合伙企业的经营和财务状况,其执行合伙事务所产生的收益归合伙企业,所产生的费用和亏损由合伙企业承担。

合伙人为了解合伙企业的经营状况和财务状况,有权查阅合伙企业会计账簿等财务资料。

第二十九条 合伙人分别执行合伙事务的,执行事务合伙人可以对其他合伙人执行的事务提出异议。提出异议时,应当暂停该项事务的执行。如果发生争议,依照本法第三十条规定作出决定。

受委托执行合伙事务的合伙人不按照合伙协议或者全体合伙人的决定执行事务的,其他合伙人可以决定撤销该委托。

第三十条 合伙人对合伙企业有关事项作出决议,按照合伙协议约定的表决办法办理。合伙协议未约定或者约定不明确的,实行合伙人一人一票并经全体合伙人过半数通过的表决办法。

本法对合伙企业的表决办法另有规定的,从其规定。

第三十一条 除合伙协议另有约定外,合伙企业的下列事项应当经全体合伙人一致同意:

(一)改变合伙企业的名称;

(二)改变合伙企业的经营范围、主要经营场所的地点;

(三)处分合伙企业的不动产;

(四)转让或者处分合伙企业的知识产权和其他财产权利;

(五)以合伙企业名义为他人提供担保;

(六)聘任合伙人以外的人担任合伙企业的经营管理人员。

第三十二条 合伙人不得自营或者同他人合作经营与本合伙企业相竞争的业务。

除合伙协议另有约定或者经全体合伙人一致同意外,合伙人不得同本合伙企业进行交易。

合伙人不得从事损害本合伙企业利益的活动。

第三十三条 合伙企业的利润分配、亏损分担,按照合伙协议的约定办理;合伙协议未约定或者约定不明确的,由合伙人协商决定;协商不成的,由合伙人按照实缴出资比例分配、分担;无法确定出资比例的,由合伙人平均分配、分担。

合伙协议不得约定将全部利润分配给部分合伙人或者由部分合伙人承担全部亏损。

第三十四条 合伙人按照合伙协议的约定或者经全体合伙人决定,可以增加或者减少对合伙企业的出资。

第三十五条 被聘任的合伙企业的经营管理人员应当在合伙企业授权范围内履行职务。

被聘任的合伙企业的经营管理人员，超越合伙企业授权范围履行职务，或者在履行职务过程中因故意或者重大过失给合伙企业造成损失的，依法承担赔偿责任。

第三十六条 合伙企业应当依照法律、行政法规的规定建立企业财务、会计制度。

第四节 合伙企业与第三人关系

第三十七条 合伙企业对合伙人执行合伙事务以及对外代表合伙企业权利的限制，不得对抗善意第三人。

第三十八条 合伙企业对其债务，应先以其全部财产进行清偿。

第三十九条 合伙企业不能清偿到期债务的，合伙人承担无限连带责任。

第四十条 合伙人由于承担无限连带责任，清偿数额超过本法第三十三条第一款规定的其亏损分担比例的，有权向其他合伙人追偿。

第四十一条 合伙人发生与合伙企业无关的债务，相关债权人不得以其债权抵销其对合伙企业的债务；也不得代位行使合伙人在合伙企业中的权利。

第四十二条 合伙人的自有财产不足清偿其与合伙企业无关的债务的，该合伙人可以以其从合伙企业中分取的收益用于清偿；债权人也可以依法请求人民法院强制执行该合伙人在合伙企业中的财产份额用于清偿。

人民法院强制执行合伙人的财产份额时，应当通知全体合伙人，其他合伙人有优先购买权；其他合伙人未购买，又不同意将该财产份额转让给他人的，依照本法第五十一条的规定为该合伙人办理退伙结算，或者办理削减该合伙人相应财产份额的结算。

第五节 入伙、退伙

第四十三条 新合伙人入伙，除合伙协议另有约定外，应当经全体合伙人一致同意，并依法订立书面入伙协议。

订立入伙协议时，原合伙人应当向新合伙人如实告知原合伙企业的经营状况和财务状况。

第四十四条 入伙的新合伙人与原合伙人享有同等权利，承担同等责任。入伙协议另有约定的，从其约定。

新合伙人对入伙前合伙企业的债务承担无限连带责任。

第四十五条 合伙协议约定合伙期限的，在合伙企业存续期间，有下列情形之一的，合伙人可以退伙：

（一）合伙协议约定的退伙事由出现；

（二）经全体合伙人一致同意；

（三）发生合伙人难以继续参加合伙的事由；

（四）其他合伙人严重违反合伙协议约定的义务。

第四十六条 合伙协议未约定合伙期限的，合伙人在不给合伙企业事务执行造成不利影响的情况下，可以退伙，但应当提前三十日通知其他合伙人。

第四十七条 合伙人违反本法第四十五条、第四十六条的规定退伙的，应当赔偿由此给合伙企业造成的损失。

第四十八条 合伙人有下列情形之一的，当然退伙：

（一）作为合伙人的自然人死亡或者被依法宣告死亡；

（二）个人丧失偿债能力；

（三）作为合伙人的法人或者其他组织依法被吊销营业执照、责令关闭、撤销，或者被宣告破产；

（四）法律规定或者合伙协议约定合伙人必须具有相关资格而丧失该资格；

（五）合伙人在合伙企业中的全部财产份额被人民法院强制执行。

合伙人被依法认定为无民事行为能力人或者限制民事行为能力人的，经其他合伙人一致同意，可以依法转为有限合伙人，普通合伙企业依法转为有限合伙企业。其他合伙人未能一致同意的，该无民事行为能力或者限制民事行为能力的合伙人退伙。

退伙事由实际发生之日为退伙生效日。

第四十九条 合伙人有下列情形之一的，经其他合伙人一致同意，可以决议将其除名：

（一）未履行出资义务；

（二）因故意或者重大过失给合伙企业造成损失；

（三）执行合伙事务时有不正当行为；

（四）发生合伙协议约定的事由。

对合伙人的除名决议应当书面通知被除名人。被除名人接到除名通知之日，除名生效，被除名人退伙。

被除名人对除名决议有异议的，可以自接到除名通知之日起三十日内，向人民法院起诉。

第五十条 合伙人死亡或者被依法宣告死亡的，对该合伙人在合伙企业中的财产份额享有合法继承权的继承人，按照合伙协议的约定或者经全体合伙人一致同意，从继承开始之日起，取得该合伙企业的合伙人资格。

有下列情形之一的，合伙企业应当向合伙人的继承人退还被继承合伙人的财产份额：

（一）继承人不愿意成为合伙人；

（二）法律规定或者合伙协议约定合伙人必须具有相关资格，而该继承人未取得该资格；

（三）合伙协议约定不能成为合伙人的其他情形。

合伙人的继承人为无民事行为能力人或者限制民事行为能力人的，经全体合伙人一致同意，可以依法成为有限合伙人，普通合伙企业依法转为有限合伙企业。全体合伙人未能一致同意的，合伙企业应当将被继承合伙人的财产份额退还该继承人。

第五十一条 合伙人退伙，其他合伙人应当与该退伙人按照退伙时的合伙企业财产状况进行结算，退还退伙人的财产份额。退伙人对给合伙企业造成的损失负有赔偿责任的，相应扣减其应当赔偿的数额。

退伙时有未了结的合伙企业事务的，待该事务了结后进行结算。

第五十二条 退伙人在合伙企业中财产份额的退还办法，由合伙协议约定或者由全体合伙人决定，可以退还货币，也可以退还实物。

第五十三条 退伙人对基于其退伙前的原因发生的合伙企业债务，承担无限连带责任。

第五十四条 合伙人退伙时，合伙企业财产少于合伙企业债务的，退伙人应当依照本法第三十三条第一款的规定分担亏损。

第六节 特殊的普通合伙企业

第五十五条 以专业知识和专门技能为客户提供有偿服务的专业服务机构，可以设立为特殊的普通合伙企业。

特殊的普通合伙企业是指合伙人依照本法第五十七条的规定承担责任的普通合伙企业。

特殊的普通合伙企业适用本节规定；本节未作规定的，适用本章第一节至第五节的规定。

第五十六条 特殊的普通合伙企业名称中应当标明"特殊普通合伙"字样。

第五十七条 一个合伙人或者数个合伙人在执业活动中因故意或者重大过失造成合伙企业债务的,应当承担无限责任或者无限连带责任,其他合伙人以其在合伙企业中的财产份额为限承担责任。

合伙人在执业活动中非因故意或者重大过失造成的合伙企业债务以及合伙企业的其他债务,由全体合伙人承担无限连带责任。

第五十八条 合伙人执业活动中因故意或者重大过失造成的合伙企业债务,以合伙企业财产对外承担责任后,该合伙人应当按照合伙协议的约定对给合伙企业造成的损失承担赔偿责任。

第五十九条 特殊的普通合伙企业应当建立执业风险基金、办理职业保险。

执业风险基金用于偿付合伙人执业活动造成的债务。执业风险基金应当单独立户管理。具体管理办法由国务院规定。

第三章 有限合伙企业

第六十条 有限合伙企业及其合伙人适用本章规定;本章未作规定的,适用本法第二章第一节至第五节关于普通合伙企业及其合伙人的规定。

第六十一条 有限合伙企业由二个以上五十个以下合伙人设立;但是,法律另有规定的除外。

有限合伙企业至少应当有一个普通合伙人。

第六十二条 有限合伙企业名称中应当标明"有限合伙"字样。

第六十三条 合伙协议除符合本法第十八条的规定外,还应当载明下列事项:

(一)普通合伙人和有限合伙人的姓名或者名称、住所;

(二)执行事务合伙人应具备的条件和选择程序;

(三)执行事务合伙人权限与违约处理办法;

(四)执行事务合伙人的除名条件和更换程序;

(五)有限合伙人入伙、退伙的条件、程序以及相关责任;

(六)有限合伙人和普通合伙人相互转变程序。

第六十四条 有限合伙人可以用货币、实物、知识产权、土地使用权或者其他财产权利作价出资。

有限合伙人不得以劳务出资。

第六十五条 有限合伙人应当按照合伙协议的约定按期足额缴纳出资；未按期足额缴纳的，应当承担补缴义务，并对其他合伙人承担违约责任。

第六十六条 有限合伙企业登记事项中应当载明有限合伙人的姓名或者名称及认缴的出资数额。

第六十七条 有限合伙企业由普通合伙人执行合伙事务。执行事务合伙人可以要求在合伙协议中确定执行事务的报酬及报酬提取方式。

第六十八条 有限合伙人不执行合伙事务，不得对外代表有限合伙企业。

有限合伙人的下列行为，不视为执行合伙事务：

（一）参与决定普通合伙人入伙、退伙；

（二）对企业的经营管理提出建议；

（三）参与选择承办有限合伙企业审计业务的会计师事务所；

（四）获取经审计的有限合伙企业财务会计报告；

（五）对涉及自身利益的情况，查阅有限合伙企业财务会计账簿等财务资料；

（六）在有限合伙企业中的利益受到侵害时，向有责任的合伙人主张权利或者提起诉讼；

（七）执行事务合伙人怠于行使权利时，督促其行使权利或者为了本企业的利益以自己的名义提起诉讼；

（八）依法为本企业提供担保。

第六十九条 有限合伙企业不得将全部利润分配给部分合伙人；但是，合伙协议另有约定的除外。

第七十条 有限合伙人可以同本有限合伙企业进行交易；但是，合伙协议另有约定的除外。

第七十一条 有限合伙人可以自营或者同他人合作经营与本有限合伙企业相竞争的业务；但是，合伙协议另有约定的除外。

第七十二条 有限合伙人可以将其在有限合伙企业中的财产份额出质；但是，合伙协议另有约定的除外。

第七十三条 有限合伙人可以按照合伙协议的约定向合伙人以外的人转让其在有限合伙企业中的财产份额，但应当提前三十日通知其他合伙人。

第七十四条 有限合伙人的自有财产不足清偿其与合伙企业无关的债务的，该合伙人可以以其从有限合伙企业中分取的收益用于清偿；债权人也可以依法请求人民法院强制执行该合伙人在有限合伙企业中的财产份额用于清偿。

人民法院强制执行有限合伙人的财产份额时,应当通知全体合伙人。在同等条件下,其他合伙人有优先购买权。

第七十五条 有限合伙企业仅剩有限合伙人的,应当解散;有限合伙企业仅剩普通合伙人的,转为普通合伙企业。

第七十六条 第三人有理由相信有限合伙人为普通合伙人并与其交易的,该有限合伙人对该笔交易承担与普通合伙人同样的责任。

有限合伙人未经授权以有限合伙企业名义与他人进行交易,给有限合伙企业或者其他合伙人造成损失的,该有限合伙人应当承担赔偿责任。

第七十七条 新入伙的有限合伙人对入伙前有限合伙企业的债务,以其认缴的出资额为限承担责任。

第七十八条 有限合伙人有本法第四十八条第一款第一项、第三项至第五项所列情形之一的,当然退伙。

第七十九条 作为有限合伙人的自然人在有限合伙企业存续期间丧失民事行为能力的,其他合伙人不得因此要求其退伙。

第八十条 作为有限合伙人的自然人死亡、被依法宣告死亡或者作为有限合伙人的法人及其他组织终止时,其继承人或者权利承受人可以依法取得该有限合伙人在有限合伙企业中的资格。

第八十一条 有限合伙人退伙后,对基于其退伙前的原因发生的有限合伙企业债务,以其退伙时从有限合伙企业中取回的财产承担责任。

第八十二条 除合伙协议另有约定外,普通合伙人转变为有限合伙人,或者有限合伙人转变为普通合伙人,应当经全体合伙人一致同意。

第八十三条 有限合伙人转变为普通合伙人的,对其作为有限合伙人期间有限合伙企业发生的债务承担无限连带责任。

第八十四条 普通合伙人转变为有限合伙人的,对其作为普通合伙人期间合伙企业发生的债务承担无限连带责任。

第四章 合伙企业解散、清算

第八十五条 合伙企业有下列情形之一的,应当解散:

（一）合伙期限届满，合伙人决定不再经营；

（二）合伙协议约定的解散事由出现；

（三）全体合伙人决定解散；

（四）合伙人已不具备法定人数满三十天；

（五）合伙协议约定的合伙目的已经实现或者无法实现；

（六）依法被吊销营业执照、责令关闭或者被撤销；

（七）法律、行政法规规定的其他原因。

第八十六条 合伙企业解散，应当由清算人进行清算。

清算人由全体合伙人担任；经全体合伙人过半数同意，可以自合伙企业解散事由出现后十五日内指定一个或者数个合伙人，或者委托第三人，担任清算人。

自合伙企业解散事由出现之日起十五日内未确定清算人的，合伙人或者其他利害关系人可以申请人民法院指定清算人。

第八十七条 清算人在清算期间执行下列事务：

（一）清理合伙企业财产，分别编制资产负债表和财产清单；

（二）处理与清算有关的合伙企业未了结事务；

（三）清缴所欠税款；

（四）清理债权、债务；

（五）处理合伙企业清偿债务后的剩余财产；

（六）代表合伙企业参加诉讼或者仲裁活动。

第八十八条 清算人自被确定之日起十日内将合伙企业解散事项通知债权人，并于六十日内在报纸上公告。债权人应当自接到通知书之日起三十日内，未接到通知书的自公告之日起四十五日内，向清算人申报债权。

债权人申报债权，应当说明债权的有关事项，并提供证明材料。清算人应当对债权进行登记。

清算期间，合伙企业存续，但不得开展与清算无关的经营活动。

第八十九条 合伙企业财产在支付清算费用和职工工资、社会保险费用、法定补偿金以及缴纳所欠税款、清偿债务后的剩余财产，依照本法第三十三条第一款的规定进行分配。

第九十条 清算结束，清算人应当编制清算报告，经全体合伙人签名、盖章后，在十五日内向企业登记机关报送清算报告，申请办理合伙企业注销登记。

第九十一条 合伙企业注销后，原普通合伙人对合伙企业存续期间的债务仍应承担无限连带责任。

第九十二条　合伙企业不能清偿到期债务的，债权人可以依法向人民法院提出破产清算申请，也可以要求普通合伙人清偿。

合伙企业依法被宣告破产的，普通合伙人对合伙企业债务仍应承担无限连带责任。

第五章　法律责任

第九十三条　违反本法规定，提交虚假文件或者采取其他欺骗手段，取得合伙企业登记的，由企业登记机关责令改正，处以五千元以上五万元以下的罚款；情节严重的，撤销企业登记，并处以五万元以上二十万元以下的罚款。

第九十四条　违反本法规定，合伙企业未在其名称中标明"普通合伙""特殊普通合伙"或者"有限合伙"字样的，由企业登记机关责令限期改正，处以二千元以上一万元以下的罚款。

第九十五条　违反本法规定，未领取营业执照，而以合伙企业或者合伙企业分支机构名义从事合伙业务的，由企业登记机关责令停止，处以五千元以上五万元以下的罚款。

合伙企业登记事项发生变更时，未依照本法规定办理变更登记的，由企业登记机关责令限期登记；逾期不登记的，处以二千元以上二万元以下的罚款。

合伙企业登记事项发生变更，执行合伙事务的合伙人未按期申请办理变更登记的，应当赔偿由此给合伙企业、其他合伙人或者善意第三人造成的损失。

第九十六条　合伙人执行合伙事务，或者合伙企业从业人员利用职务上的便利，将应当归合伙企业的利益据为己有的，或者采取其他手段侵占合伙企业财产的，应当将该利益和财产退还合伙企业；给合伙企业或者其他合伙人造成损失的，依法承担赔偿责任。

第九十七条　合伙人对本法规定或者合伙协议约定必须经全体合伙人一致同意始得执行的事务擅自处理，给合伙企业或者其他合伙人造成损失的，依法承担赔偿责任。

第九十八条　不具有事务执行权的合伙人擅自执行合伙事务，给合伙企业或者其他合伙人造成损失的，依法承担赔偿责任。

第九十九条　合伙人违反本法规定或者合伙协议的约定，从事与本合伙企业相竞争的业务或者与本合伙企业进行交易的，该收益归合伙企业所有；给合伙企业或者其他合伙人造成损失的，依法承担赔偿责任。

第一百条 清算人未依照本法规定向企业登记机关报送清算报告，或者报送清算报告隐瞒重要事实，或者有重大遗漏的，由企业登记机关责令改正。由此产生的费用和损失，由清算人承担和赔偿。

第一百零一条 清算人执行清算事务，牟取非法收入或者侵占合伙企业财产的，应当将该收入和侵占的财产退还合伙企业；给合伙企业或者其他合伙人造成损失的，依法承担赔偿责任。

第一百零二条 清算人违反本法规定，隐匿、转移合伙企业财产，对资产负债表或者财产清单作虚假记载，或者在未清偿债务前分配财产，损害债权人利益的，依法承担赔偿责任。

第一百零三条 合伙人违反合伙协议的，应当依法承担违约责任。

合伙人履行合伙协议发生争议的，合伙人可以通过协商或者调解解决。不愿通过协商、调解解决或者协商、调解不成的，可以按照合伙协议约定的仲裁条款或者事后达成的书面仲裁协议，向仲裁机构申请仲裁。合伙协议中未订立仲裁条款，事后又没有达成书面仲裁协议的，可以向人民法院起诉。

第一百零四条 有关行政管理机关的工作人员违反本法规定，滥用职权、徇私舞弊、收受贿赂、侵害合伙企业合法权益的，依法给予行政处分。

第一百零五条 违反本法规定，构成犯罪的，依法追究刑事责任。

第一百零六条 违反本法规定，应当承担民事赔偿责任和缴纳罚款、罚金，其财产不足以同时支付的，先承担民事赔偿责任。

第六章 附 则

第一百零七条 非企业专业服务机构依据有关法律采取合伙制的，其合伙人承担责任的形式可以适用本法关于特殊的普通合伙企业合伙人承担责任的规定。

第一百零八条 外国企业或者个人在中国境内设立合伙企业的管理办法由国务院规定。

第一百零九条 本法自2007年6月1日起施行。

中华人民共和国外商投资法

(2019年3月15日第十三届全国人民代表大会第二次会议通过)

目　录

第一章　总则
第二章　投资促进
第三章　投资保护
第四章　投资管理
第五章　法律责任
第六章　附则

第一章　总　则

第一条　为了进一步扩大对外开放，积极促进外商投资，保护外商投资合法权益，规范外商投资管理，推动形成全面开放新格局，促进社会主义市场经济健康发展，根据宪法，制定本法。

第二条　在中华人民共和国境内（以下简称中国境内）的外商投资，适用本法。

本法所称外商投资，是指外国的自然人、企业或者其他组织（以下称外国投资者）直接或者间接在中国境内进行的投资活动，包括下列情形：

（一）外国投资者单独或者与其他投资者共同在中国境内设立外商投资企业；

（二）外国投资者取得中国境内企业的股份、股权、财产份额或者其他类似权益；

（三）外国投资者单独或者与其他投资者共同在中国境内投资新建项目；

（四）法律、行政法规或者国务院规定的其他方式的投资。

本法所称外商投资企业，是指全部或者部分由外国投资者投资，依照中国法律在中国境内经登记注册设立的企业。

第三条　国家坚持对外开放的基本国策，鼓励外国投资者依法在中国境内投资。

国家实行高水平投资自由化便利化政策，建立和完善外商投资促进机制，营造稳定、透明、可预期和公平竞争的市场环境。

第四条 国家对外商投资实行准入前国民待遇加负面清单管理制度。

前款所称准入前国民待遇，是指在投资准入阶段给予外国投资者及其投资不低于本国投资者及其投资的待遇；所称负面清单，是指国家规定在特定领域对外商投资实施的准入特别管理措施。国家对负面清单之外的外商投资，给予国民待遇。

负面清单由国务院发布或者批准发布。

中华人民共和国缔结或者参加的国际条约、协定对外国投资者准入待遇有更优惠规定的，可以按照相关规定执行。

第五条 国家依法保护外国投资者在中国境内的投资、收益和其他合法权益。

第六条 在中国境内进行投资活动的外国投资者、外商投资企业，应当遵守中国法律法规，不得危害中国国家安全、损害社会公共利益。

第七条 国务院商务主管部门、投资主管部门按照职责分工，开展外商投资促进、保护和管理工作；国务院其他有关部门在各自职责范围内，负责外商投资促进、保护和管理的相关工作。

县级以上地方人民政府有关部门依照法律法规和本级人民政府确定的职责分工，开展外商投资促进、保护和管理工作。

第八条 外商投资企业职工依法建立工会组织，开展工会活动，维护职工的合法权益。外商投资企业应当为本企业工会提供必要的活动条件。

第二章 投资促进

第九条 外商投资企业依法平等适用国家支持企业发展的各项政策。

第十条 制定与外商投资有关的法律、法规、规章，应当采取适当方式征求外商投资企业的意见和建议。

与外商投资有关的规范性文件、裁判文书等，应当依法及时公布。

第十一条 国家建立健全外商投资服务体系，为外国投资者和外商投资企业提供法律法规、政策措施、投资项目信息等方面的咨询和服务。

第十二条 国家与其他国家和地区、国际组织建立多边、双边投资促进合作机制，加强投资领域的国际交流与合作。

第十三条 国家根据需要,设立特殊经济区域,或者在部分地区实行外商投资试验性政策措施,促进外商投资,扩大对外开放。

第十四条 国家根据国民经济和社会发展需要,鼓励和引导外国投资者在特定行业、领域、地区投资。外国投资者、外商投资企业可以依照法律、行政法规或者国务院的规定享受优惠待遇。

第十五条 国家保障外商投资企业依法平等参与标准制定工作,强化标准制定的信息公开和社会监督。

国家制定的强制性标准平等适用于外商投资企业。

第十六条 国家保障外商投资企业依法通过公平竞争参与政府采购活动。政府采购依法对外商投资企业在中国境内生产的产品、提供的服务平等对待。

第十七条 外商投资企业可以依法通过公开发行股票、公司债券等证券和其他方式进行融资。

第十八条 县级以上地方人民政府可以根据法律、行政法规、地方性法规的规定,在法定权限内制定外商投资促进和便利化政策措施。

第十九条 各级人民政府及其有关部门应当按照便利、高效、透明的原则,简化办事程序,提高办事效率,优化政务服务,进一步提高外商投资服务水平。

有关主管部门应当编制和公布外商投资指引,为外国投资者和外商投资企业提供服务和便利。

第三章　投资保护

第二十条 国家对外国投资者的投资不实行征收。

在特殊情况下,国家为了公共利益的需要,可以依照法律规定对外国投资者的投资实行征收或者征用。征收、征用应当依照法定程序进行,并及时给予公平、合理的补偿。

第二十一条 外国投资者在中国境内的出资、利润、资本收益、资产处置所得、知识产权许可使用费、依法获得的补偿或者赔偿、清算所得等,可以依法以人民币或者外汇自由汇入、汇出。

第二十二条 国家保护外国投资者和外商投资企业的知识产权,保护知识产权权利人和相关权利人的合法权益;对知识产权侵权行为,严格依法追究法律责任。

国家鼓励在外商投资过程中基于自愿原则和商业规则开展技术合作。技术合作的条件由投资各方遵循公平原则平等协商确定。行政机关及其工作人员不得利用行政手段强制转让技术。

第二十三条 行政机关及其工作人员对于履行职责过程中知悉的外国投资者、外商投资企业的商业秘密,应当依法予以保密,不得泄露或者非法向他人提供。

第二十四条 各级人民政府及其有关部门制定涉及外商投资的规范性文件,应当符合法律法规的规定;没有法律、行政法规依据的,不得减损外商投资企业的合法权益或者增加其义务,不得设置市场准入和退出条件,不得干预外商投资企业的正常生产经营活动。

第二十五条 地方各级人民政府及其有关部门应当履行向外国投资者、外商投资企业依法作出的政策承诺以及依法订立的各类合同。

因国家利益、社会公共利益需要改变政策承诺、合同约定的,应当依照法定权限和程序进行,并依法对外国投资者、外商投资企业因此受到的损失予以补偿。

第二十六条 国家建立外商投资企业投诉工作机制,及时处理外商投资企业或者其投资者反映的问题,协调完善相关政策措施。

外商投资企业或者其投资者认为行政机关及其工作人员的行政行为侵犯其合法权益的,可以通过外商投资企业投诉工作机制申请协调解决。

外商投资企业或者其投资者认为行政机关及其工作人员的行政行为侵犯其合法权益的,除依照前款规定通过外商投资企业投诉工作机制申请协调解决外,还可以依法申请行政复议、提起行政诉讼。

第二十七条 外商投资企业可以依法成立和自愿参加商会、协会。商会、协会依照法律法规和章程的规定开展相关活动,维护会员的合法权益。

第四章 投资管理

第二十八条 外商投资准入负面清单规定禁止投资的领域,外国投资者不得投资。

外商投资准入负面清单规定限制投资的领域,外国投资者进行投资应当符合负面清单规定的条件。

外商投资准入负面清单以外的领域，按照内外资一致的原则实施管理。

第二十九条 外商投资需要办理投资项目核准、备案的，按照国家有关规定执行。

第三十条 外国投资者在依法需要取得许可的行业、领域进行投资的，应当依法办理相关许可手续。

有关主管部门应当按照与内资一致的条件和程序，审核外国投资者的许可申请，法律、行政法规另有规定的除外。

第三十一条 外商投资企业的组织形式、组织机构及其活动准则，适用《中华人民共和国公司法》《中华人民共和国合伙企业法》等法律的规定。

第三十二条 外商投资企业开展生产经营活动，应当遵守法律、行政法规有关劳动保护、社会保险的规定，依照法律、行政法规和国家有关规定办理税收、会计、外汇等事宜，并接受相关主管部门依法实施的监督检查。

第三十三条 外国投资者并购中国境内企业或者以其他方式参与经营者集中的，应当依照《中华人民共和国反垄断法》的规定接受经营者集中审查。

第三十四条 国家建立外商投资信息报告制度。外国投资者或者外商投资企业应当通过企业登记系统以及企业信用信息公示系统向商务主管部门报送投资信息。

外商投资信息报告的内容和范围按照确有必要的原则确定；通过部门信息共享能够获得的投资信息，不得再行要求报送。

第三十五条 国家建立外商投资安全审查制度，对影响或者可能影响国家安全的外商投资进行安全审查。

依法作出的安全审查决定为最终决定。

第五章　法律责任

第三十六条 外国投资者投资外商投资准入负面清单规定禁止投资的领域的，由有关主管部门责令停止投资活动，限期处分股份、资产或者采取其他必要措施，恢复到实施投资前的状态；有违法所得的，没收违法所得。

外国投资者的投资活动违反外商投资准入负面清单规定的限制性准入特别管理措施的，由有关主管部门责令限期改正，采取必要措施满足准入特别管理措施的要求；逾期不改正的,依照前款规定处理。

外国投资者的投资活动违反外商投资准入负面清单规定的,除依照前两款规定处理外,还应当依法承担相应的法律责任。

第三十七条 外国投资者、外商投资企业违反本法规定,未按照外商投资信息报告制度的要求报送投资信息的,由商务主管部门责令限期改正;逾期不改正的,处十万元以上五十万元以下的罚款。

第三十八条 对外国投资者、外商投资企业违反法律、法规的行为,由有关部门依法查处,并按照国家有关规定纳入信用信息系统。

第三十九条 行政机关工作人员在外商投资促进、保护和管理工作中滥用职权、玩忽职守、徇私舞弊的,或者泄露、非法向他人提供履行职责过程中知悉的商业秘密的,依法给予处分;构成犯罪的,依法追究刑事责任。

第六章 附 则

第四十条 任何国家或者地区在投资方面对中华人民共和国采取歧视性的禁止、限制或者其他类似措施的,中华人民共和国可以根据实际情况对该国家或者该地区采取相应的措施。

第四十一条 对外国投资者在中国境内投资银行业、证券业、保险业等金融行业,或者在证券市场、外汇市场等金融市场进行投资的管理,国家另有规定的,依照其规定。

第四十二条 本法自 2020 年 1 月 1 日起施行。《中华人民共和国中外合资经营企业法》《中华人民共和国外资企业法》《中华人民共和国中外合作经营企业法》同时废止。

本法施行前依照《中华人民共和国中外合资经营企业法》《中华人民共和国外资企业法》《中华人民共和国中外合作经营企业法》设立的外商投资企业,在本法施行后五年内可以继续保留原企业组织形式等。具体实施办法由国务院规定。

最高人民法院
关于适用《中华人民共和国公司法》若干问题的规定（一）

法释〔2014〕2号

(2006年3月27日最高人民法院审判委员会第1382次会议通过　根据2014年2月17日最高人民法院审判委员会第1607次会议《关于修改关于适用〈中华人民共和国公司法〉若干问题的规定的决定》修正)

为正确适用2005年10月27日十届全国人大常委会第十八次会议修订的《中华人民共和国公司法》，对人民法院在审理相关的民事纠纷案件中，具体适用公司法的有关问题规定如下：

第一条　公司法实施后，人民法院尚未审结的和新受理的民事案件，其民事行为或事件发生在公司法实施以前的，适用当时的法律法规和司法解释。

第二条　因公司法实施前有关民事行为或者事件发生纠纷起诉到人民法院的，如当时的法律法规和司法解释没有明确规定时，可参照适用公司法的有关规定。

第三条　原告以公司法第二十二条第二款、第七十四条第二款规定事由，向人民法院提起诉讼时，超过公司法规定期限的，人民法院不予受理。

第四条　公司法第一百五十一条规定的180日以上连续持股期间，应为股东向人民法院提起诉讼时，已期满的持股时间；规定的合计持有公司百分之一以上股份，是指两个以上股东持股份额的合计。

第五条　人民法院对公司法实施前已经终审的案件依法进行再审时，不适用公司法的规定。

第六条　本规定自公布之日起实施。

最高人民法院
关于适用《中华人民共和国公司法》
若干问题的规定（二）

（2008年5月5日最高人民法院审判委员会第1447次会议通过 根据2014年2月17日最高人民法院审判委员会第1607次会议通过的《最高人民法院关于修改〈关于适用《中华人民共和国公司法》若干问题的规定〉的决定》第一次修正 根据2020年12月23日最高人民法院审判委员会第1823次会议通过的《最高人民法院关于修改〈最高人民法院关于破产企业国有划拨土地使用权应否列入破产财产等问题的批复〉等二十九件商事类司法解释的决定》第二次修正）

为正确适用《中华人民共和国公司法》，结合审判实践，就人民法院审理公司解散和清算案件适用法律问题作出如下规定。

第一条 单独或者合计持有公司全部股东表决权百分之十以上的股东，以下列事由之一提起解散公司诉讼，并符合公司法第一百八十二条规定的，人民法院应予受理：

（一）公司持续两年以上无法召开股东会或者股东大会，公司经营管理发生严重困难的；

（二）股东表决时无法达到法定或者公司章程规定的比例，持续两年以上不能做出有效的股东会或者股东大会决议，公司经营管理发生严重困难的；

（三）公司董事长期冲突，且无法通过股东会或者股东大会解决，公司经营管理发生严重困难的；

（四）经营管理发生其他严重困难，公司继续存续会使股东利益受到重大损失的情形。

股东以知情权、利润分配请求权等权益受到损害，或者公司亏损、财产不足以偿还全部债务，以及公司被吊销企业法人营业执照未进行清算等为由，提起解散公司诉讼的，人民法院不予受理。

第二条 股东提起解散公司诉讼，同时又申请人民法院对公司进行清算的，人民法院对其提出的清算申请不予受理。人民法院可以告知原告，在人民法院判决解散公司后，依据民法典第七十条、公司法第一百八十三条和本规定第七条的规定，自行组织清算或者另行申请人民法院对公司进行清算。

第三条 股东提起解散公司诉讼时，向人民法院申请财产保全或者证据保全的，在股东提供担保且不影响公司正常经营的情形下，人民法院可予以保全。

第四条 股东提起解散公司诉讼应当以公司为被告。

原告以其他股东为被告一并提起诉讼的，人民法院应当告知原告将其他股东变更为第三人；原告坚持不予变更的，人民法院应当驳回原告对其他股东的起诉。

原告提起解散公司诉讼应当告知其他股东，或者由人民法院通知其参加诉讼。其他股东或者有关利害关系人申请以共同原告或者第三人身份参加诉讼的，人民法院应予准许。

第五条 人民法院审理解散公司诉讼案件，应当注重调解。当事人协商同意由公司或者股东收购股份，或者以减资等方式使公司存续，且不违反法律、行政法规强制性规定的，人民法院应予支持。当事人不能协商一致使公司存续的，人民法院应当及时判决。

经人民法院调解公司收购原告股份的，公司应当自调解书生效之日起六个月内将股份转让或者注销。股份转让或者注销之前，原告不得以公司收购其股份为由对抗公司债权人。

第六条 人民法院关于解散公司诉讼作出的判决，对公司全体股东具有法律约束力。

人民法院判决驳回解散公司诉讼请求后，提起该诉讼的股东或者其他股东又以同一事实和理由提起解散公司诉讼的，人民法院不予受理。

第七条 公司应当依照民法典第七十条、公司法第一百八十三条的规定，在解散事由出现之日起十五日内成立清算组，开始自行清算。

有下列情形之一，债权人、公司股东、董事或其他利害关系人申请人民法院指定清算组进行清算的，人民法院应予受理：

（一）公司解散逾期不成立清算组进行清算的；

（二）虽然成立清算组但故意拖延清算的；

（三）违法清算可能严重损害债权人或者股东利益的。

第八条 人民法院受理公司清算案件,应当及时指定有关人员组成清算组。

清算组成员可以从下列人员或者机构中产生:

(一)公司股东、董事、监事、高级管理人员;

(二)依法设立的律师事务所、会计师事务所、破产清算事务所等社会中介机构;

(三)依法设立的律师事务所、会计师事务所、破产清算事务所等社会中介机构中具备相关专业知识并取得执业资格的人员。

第九条 人民法院指定的清算组成员有下列情形之一的,人民法院可以根据债权人、公司股东、董事或其他利害关系人的申请,或者依职权更换清算组成员:

(一)有违反法律或者行政法规的行为;

(二)丧失执业能力或者民事行为能力;

(三)有严重损害公司或者债权人利益的行为。

第十条 公司依法清算结束并办理注销登记前,有关公司的民事诉讼,应当以公司的名义进行。

公司成立清算组的,由清算组负责人代表公司参加诉讼;尚未成立清算组的,由原法定代表人代表公司参加诉讼。

第十一条 公司清算时,清算组应当按照公司法第一百八十五条的规定,将公司解散清算事宜书面通知全体已知债权人,并根据公司规模和营业地域范围在全国或者公司注册登记地省级有影响的报纸上进行公告。

清算组未按照前款规定履行通知和公告义务,导致债权人未及时申报债权而未获清偿,债权人主张清算组成员对因此造成的损失承担赔偿责任的,人民法院应依法予以支持。

第十二条 公司清算时,债权人对清算组核定的债权有异议的,可以要求清算组重新核定。清算组不予重新核定,或者债权人对重新核定的债权仍有异议,债权人以公司为被告向人民法院提起诉讼请求确认的,人民法院应予受理。

第十三条 债权人在规定的期限内未申报债权,在公司清算程序终结前补充申报的,清算组应予登记。

公司清算程序终结,是指清算报告经股东会、股东大会或者人民法院确认完毕。

第十四条 债权人补充申报的债权,可以在公司尚未分配财产中依法清偿。公司尚未分配财产不能全额清偿,债权人主张股东以其在剩余财产分配中已经取得的财产予以清偿的，人民法院应予支持；但债权人因重大过错未在规定期限内申报债权的除外。

债权人或者清算组，以公司尚未分配财产和股东在剩余财产分配中已经取得的财产，不能全额清偿补充申报的债权为由，向人民法院提出破产清算申请的，人民法院不予受理。

第十五条　公司自行清算的，清算方案应当报股东会或者股东大会决议确认；人民法院组织清算的，清算方案应当报人民法院确认。未经确认的清算方案，清算组不得执行。

执行未经确认的清算方案给公司或者债权人造成损失，公司、股东、董事、公司其他利害关系人或者债权人主张清算组成员承担赔偿责任的，人民法院应依法予以支持。

第十六条　人民法院组织清算的，清算组应当自成立之日起六个月内清算完毕。

因特殊情况无法在六个月内完成清算的，清算组应当向人民法院申请延长。

第十七条　人民法院指定的清算组在清理公司财产、编制资产负债表和财产清单时，发现公司财产不足清偿债务的，可以与债权人协商制作有关债务清偿方案。

债务清偿方案经全体债权人确认且不损害其他利害关系人利益的，人民法院可依清算组的申请裁定予以认可。清算组依据该清偿方案清偿债务后，应当向人民法院申请裁定终结清算程序。

债权人对债务清偿方案不予确认或者人民法院不予认可的，清算组应当依法向人民法院申请宣告破产。

第十八条　有限责任公司的股东、股份有限公司的董事和控股股东未在法定期限内成立清算组开始清算，导致公司财产贬值、流失、毁损或者灭失，债权人主张其在造成损失范围内对公司债务承担赔偿责任的，人民法院应依法予以支持。

有限责任公司的股东、股份有限公司的董事和控股股东因怠于履行义务，导致公司主要财产、账册、重要文件等灭失，无法进行清算，债权人主张其对公司债务承担连带清偿责任的，人民法院应依法予以支持。

上述情形系实际控制人原因造成，债权人主张实际控制人对公司债务承担相应民事责任的，人民法院应依法予以支持。

第十九条　有限责任公司的股东、股份有限公司的董事和控股股东，以及公司的实际控制人在公司解散后，恶意处置公司财产给债权人造成损失，或者未经依法清算，以虚假的清算报告骗取公司登记机关办理法人注销登记，债权人主张其对公司债务承担相应赔偿责任的，人民法院应依法予以支持。

第二十条　公司解散应当在依法清算完毕后，申请办理注销登记。公司未经清算即办理注销登记，导致公司无法进行清算，债权人主张有限责任公司的股东、股份有限公司的董事和控股股东，以及公司的实际控制人对公司债务承担清偿责任的，人民法院应依法予以支持。

公司未经依法清算即办理注销登记，股东或者第三人在公司登记机关办理注销登记时承诺对公司债务承担责任，债权人主张其对公司债务承担相应民事责任的，人民法院应依法予以支持。

第二十一条　按照本规定第十八条和第二十条第一款的规定应当承担责任的有限责任公司的股东、股份有限公司的董事和控股股东，以及公司的实际控制人为二人以上的，其中一人或者数人依法承担民事责任后，主张其他人员按照过错大小分担责任的，人民法院应依法予以支持。

第二十二条　公司解散时，股东尚未缴纳的出资均应作为清算财产。股东尚未缴纳的出资，包括到期应缴未缴的出资，以及依照公司法第二十六条和第八十条的规定分期缴纳尚未届满缴纳期限的出资。

公司财产不足以清偿债务时，债权人主张未缴出资股东，以及公司设立时的其他股东或者发起人在未缴出资范围内对公司债务承担连带清偿责任的，人民法院应依法予以支持。

第二十三条　清算组成员从事清算事务时，违反法律、行政法规或者公司章程给公司或者债权人造成损失，公司或者债权人主张其承担赔偿责任的，人民法院应依法予以支持。

有限责任公司的股东、股份有限公司连续一百八十日以上单独或者合计持有公司百分之一以上股份的股东，依据公司法第一百五十一条第三款的规定，以清算组成员有前款所述行为为由向人民法院提起诉讼的，人民法院应予受理。

公司已经清算完毕注销，上述股东参照公司法第一百五十一条第三款的规定，直接以清算组成员为被告、其他股东为第三人向人民法院提起诉讼的，人民法院应予受理。

第二十四条　解散公司诉讼案件和公司清算案件由公司住所地人民法院管辖。公司住所地是指公司主要办事机构所在地。公司办事机构所在地不明确的，由其注册地人民法院管辖。

基层人民法院管辖县、县级市或者区的公司登记机关核准登记公司的解散诉讼案件和公司清算案件;中级人民法院管辖地区、地级市以上的公司登记机关核准登记公司的解散诉讼案件和公司清算案件。

最高人民法院
关于适用《中华人民共和国公司法》若干问题的规定(三)

(2010年12月6日最高人民法院审判委员会第1504次会议通过 根据2014年2月17日最高人民法院审判委员会第1607次会议通过的《最高人民法院关于修改〈关于适用《中华人民共和国公司法》若干问题的规定〉的决定》第一次修正 根据2020年12月23日最高人民法院审判委员会第1823次会议通过的《最高人民法院关于修改〈最高人民法院关于破产企业国有划拨土地使用权应否列入破产财产等问题的批复〉等二十九件商事类司法解释的决定》第二次修正)

为正确适用《中华人民共和国公司法》,结合审判实践,就人民法院审理公司设立、出资、股权确认等纠纷案件适用法律问题作出如下规定。

第一条 为设立公司而签署公司章程、向公司认购出资或者股份并履行公司设立职责的人,应当认定为公司的发起人,包括有限责任公司设立时的股东。

第二条 发起人为设立公司以自己名义对外签订合同,合同相对人请求该发起人承担合同责任的,人民法院应予支持;公司成立后合同相对人请求公司承担合同责任的,人民法院应予支持。

第三条 发起人以设立中公司名义对外签订合同,公司成立后合同相对人请求公司承担合同责任的,人民法院应予支持。

公司成立后有证据证明发起人利用设立中公司的名义为自己的利益与相对人签订合同,公司以此为由主张不承担合同责任的,人民法院应予支持,但相对人为善意的除外。

第四条 公司因故未成立,债权人请求全体或者部分发起人对设立公司行为所产生的费用和债务承担连带清偿责任的，人民法院应予支持。

部分发起人依照前款规定承担责任后，请求其他发起人分担的，人民法院应当判令其他发起人按照约定的责任承担比例分担责任；没有约定责任承担比例的，按照约定的出资比例分担责任；没有约定出资比例的，按照均等份额分担责任。

因部分发起人的过错导致公司未成立，其他发起人主张其承担设立行为所产生的费用和债务的，人民法院应当根据过错情况，确定过错一方的责任范围。

第五条 发起人因履行公司设立职责造成他人损害，公司成立后受害人请求公司承担侵权赔偿责任的，人民法院应予支持；公司未成立，受害人请求全体发起人承担连带赔偿责任的，人民法院应予支持。

公司或者无过错的发起人承担赔偿责任后，可以向有过错的发起人追偿。

第六条 股份有限公司的认股人未按期缴纳所认股份的股款，经公司发起人催缴后在合理期间内仍未缴纳，公司发起人对该股份另行募集的，人民法院应当认定该募集行为有效。认股人延期缴纳股款给公司造成损失，公司请求该认股人承担赔偿责任的，人民法院应予支持。

第七条 出资人以不享有处分权的财产出资，当事人之间对于出资行为效力产生争议的，人民法院可以参照民法典第三百一十一条的规定予以认定。

以贪污、受贿、侵占、挪用等违法犯罪所得的货币出资后取得股权的，对违法犯罪行为予以追究、处罚时，应当采取拍卖或者变卖的方式处置其股权。

第八条 出资人以划拨土地使用权出资，或者以设定权利负担的土地使用权出资，公司、其他股东或者公司债权人主张认定出资人未履行出资义务的，人民法院应当责令当事人在指定的合理期间内办理土地变更手续或者解除权利负担；逾期未办理或者未解除的，人民法院应当认定出资人未依法全面履行出资义务。

第九条 出资人以非货币财产出资，未依法评估作价，公司、其他股东或者公司债权人请求认定出资人未履行出资义务的，人民法院应当委托具有合法资格的评估机构对该财产评估作价。评估确定的价额显著低于公司章程所定价额的，人民法院应当认定出资人未依法全面履行出资义务。

第十条 出资人以房屋、土地使用权或者需要办理权属登记的知识产权等财产出资，已经交付公司使用但未办理权属变更手续，公司、其他股东或者公司债权人主张认定出资人未履行出资义务的，人民法院应当责令当事人在指定的合理期间内办理权属变更手续；在前述期间内办理了权属变更手续的，人民法院应当认定其已经履行了出资义务；出资人主张自其实际交付财产给公司使用时享有相应股东权利的，人民法院应予支持。

出资人以前款规定的财产出资，已经办理权属变更手续但未交付给公司使用，公司或者其他股东主张其向公司交付、并在实际交付之前不享有相应股东权利的，人民法院应予支持。

第十一条 出资人以其他公司股权出资，符合下列条件的，人民法院应当认定出资人已履行出资义务：

（一）出资的股权由出资人合法持有并依法可以转让；

（二）出资的股权无权利瑕疵或者权利负担；

（三）出资人已履行关于股权转让的法定手续；

（四）出资的股权已依法进行了价值评估。

股权出资不符合前款第（一）、（二）、（三）项的规定，公司、其他股东或者公司债权人请求认定出资人未履行出资义务的，人民法院应当责令该出资人在指定的合理期间内采取补正措施，以符合上述条件；逾期未补正的，人民法院应当认定其未依法全面履行出资义务。

股权出资不符合本条第一款第（四）项的规定，公司、其他股东或者公司债权人请求认定出资人未履行出资义务的，人民法院应当按照本规定第九条的规定处理。

第十二条 公司成立后，公司、股东或者公司债权人以相关股东的行为符合下列情形之一且损害公司权益为由，请求认定该股东抽逃出资的，人民法院应予支持：

（一）制作虚假财务会计报表虚增利润进行分配；

（二）通过虚构债权债务关系将其出资转出；

（三）利用关联交易将出资转出；

（四）其他未经法定程序将出资抽回的行为。

第十三条 股东未履行或者未全面履行出资义务，公司或者其他股东请求其向公司依法全面履行出资义务的，人民法院应予支持。

公司债权人请求未履行或者未全面履行出资义务的股东在未出资本息范围内对公司债务不能清偿的部分承担补充赔偿责任的，人民法院应予支持；未履行或者未全面履行出资义务的股东已经承担上述责任，其他债权人提出相同请求的，人民法院不予支持。

股东在公司设立时未履行或者未全面履行出资义务，依照本条第一款或者第二款提起诉讼的原告，请求公司的发起人与被告股东承担连带责任的，人民法院应予支持；公司的发起人承担责任后，可以向被告股东追偿。

股东在公司增资时未履行或者未全面履行出资义务，依照本条第一款或者第二款提起诉讼的原告，请求未尽公司法第一百四十七条第一款规定的义务而使出资未缴足的董事、高级管理人员承担相应责任的，人民法院应予支持；董事、高级管理人员承担责任后，可以向被告股东追偿。

第十四条 股东抽逃出资，公司或者其他股东请求其向公司返还出资本息、协助抽逃出资的其他股东、董事、高级管理人员或者实际控制人对此承担连带责任的，人民法院应予支持。

公司债权人请求抽逃出资的股东在抽逃出资本息范围内对公司债务不能清偿的部分承担补充赔偿责任、协助抽逃出资的其他股东、董事、高级管理人员或者实际控制人对此承担连带责任的，人民法院应予支持；抽逃出资的股东已经承担上述责任，其他债权人提出相同请求的，人民法院不予支持。

第十五条 出资人以符合法定条件的非货币财产出资后，因市场变化或者其他客观因素导致出资财产贬值，公司、其他股东或者公司债权人请求该出资人承担补足出资责任的，人民法院不予支持。但是，当事人另有约定的除外。

第十六条 股东未履行或者未全面履行出资义务或者抽逃出资，公司根据公司章程或者股东会决议对其利润分配请求权、新股优先认购权、剩余财产分配请求权等股东权利作出相应的合理限制，该股东请求认定该限制无效的，人民法院不予支持。

第十七条 有限责任公司的股东未履行出资义务或者抽逃全部出资，经公司催告缴纳或者返还，其在合理期间内仍未缴纳或者返还出资，公司以股东会决议解除该股东的股东资格，该股东请求确认该解除行为无效的，人民法院不予支持。

在前款规定的情形下，人民法院在判决时应当释明，公司应当及时办理法定减资程序或者由其他股东或者第三人缴纳相应的出资。在办理法定减资程序或者其他股东或者第三人缴纳相应的出资之前，公司债权人依照本规定第十三条或者第十四条请求相关当事人承担相应责任的，人民法院应予支持。

第十八条 有限责任公司的股东未履行或者未全面履行出资义务即转让股权，受让人对此知道或者应当知道，公司请求该股东履行出资义务、受让人对此承担连带责任的，人民法院应予支持；公司债权人依照本规定第十三条第二款向该股东提起诉讼，同时请求前述受让人对此承担连带责任的，人民法院应予支持。

受让人根据前款规定承担责任后，向该未履行或者未全面履行出资义务的股东追偿的，人民法院应予支持。但是，当事人另有约定的除外。

第十九条　公司股东未履行或者未全面履行出资义务或者抽逃出资，公司或者其他股东请求其向公司全面履行出资义务或者返还出资，被告股东以诉讼时效为由进行抗辩的，人民法院不予支持。

公司债权人的债权未过诉讼时效期间，其依照本规定第十三条第二款、第十四条第二款的规定请求未履行或者未全面履行出资义务或者抽逃出资的股东承担赔偿责任，被告股东以出资义务或者返还出资义务超过诉讼时效期间为由进行抗辩的，人民法院不予支持。

第二十条　当事人之间对是否已履行出资义务发生争议，原告提供对股东履行出资义务产生合理怀疑证据的，被告股东应当就其已履行出资义务承担举证责任。

第二十一条　当事人向人民法院起诉请求确认其股东资格的，应当以公司为被告，与案件争议股权有利害关系的人作为第三人参加诉讼。

第二十二条　当事人之间对股权归属发生争议，一方请求人民法院确认其享有股权的，应当证明以下事实之一：

（一）已经依法向公司出资或者认缴出资，且不违反法律法规强制性规定；

（二）已经受让或者以其他形式继受公司股权，且不违反法律法规强制性规定。

第二十三条　当事人依法履行出资义务或者依法继受取得股权后，公司未根据公司法第三十一条、第三十二条的规定签发出资证明书、记载于股东名册并办理公司登记机关登记，当事人请求公司履行上述义务的，人民法院应予支持。

第二十四条　有限责任公司的实际出资人与名义出资人订立合同，约定由实际出资人出资并享有投资权益，以名义出资人为名义股东，实际出资人与名义股东对该合同效力发生争议的，如无法律规定的无效情形，人民法院应当认定该合同有效。

前款规定的实际出资人与名义股东因投资权益的归属发生争议，实际出资人以其实际履行了出资义务为由向名义股东主张权利的，人民法院应予支持。名义股东以公司股东名册记载、公司登记机关登记为由否认实际出资人权利的，人民法院不予支持。

实际出资人未经公司其他股东半数以上同意，请求公司变更股东、签发出资证明

511

书、记载于股东名册、记载于公司章程并办理公司登记机关登记的，人民法院不予支持。

第二十五条 名义股东将登记于其名下的股权转让、质押或者以其他方式处分，实际出资人以其对于股权享有实际权利为由，请求认定处分股权行为无效的，人民法院可以参照民法典第三百一十一条的规定处理。

名义股东处分股权造成实际出资人损失，实际出资人请求名义股东承担赔偿责任的，人民法院应予支持。

第二十六条 公司债权人以登记于公司登记机关的股东未履行出资义务为由，请求其对公司债务不能清偿的部分在未出资本息范围内承担补充赔偿责任，股东以其仅为名义股东而非实际出资人为由进行抗辩的，人民法院不予支持。

名义股东根据前款规定承担赔偿责任后，向实际出资人追偿的，人民法院应予支持。

第二十七条 股权转让后尚未向公司登记机关办理变更登记，原股东将仍登记于其名下的股权转让、质押或者以其他方式处分，受让股东以其对于股权享有实际权利为由，请求认定处分股权行为无效的，人民法院可以参照民法典第三百一十一条的规定处理。

原股东处分股权造成受让股东损失，受让股东请求原股东承担赔偿责任、对于未及时办理变更登记有过错的董事、高级管理人员或者实际控制人承担相应责任的，人民法院应予支持；受让股东对于未及时办理变更登记也有过错的，可以适当减轻上述董事、高级管理人员或者实际控制人的责任。

第二十八条 冒用他人名义出资并将该他人作为股东在公司登记机关登记的，冒名登记行为人应当承担相应责任；公司、其他股东或者公司债权人以未履行出资义务为由，请求被冒名登记为股东的承担补足出资责任或者对公司债务不能清偿部分的赔偿责任的，人民法院不予支持。

最高人民法院
关于适用《中华人民共和国公司法》
若干问题的规定（四）

(2016年12月5日最高人民法院审判委员会第1702次会议通过 根据2020年12月23日最高人民法院审判委员会第1823次会议通过的《最高人民法院关于修改〈最高人民法院关于破产企业国有划拨土地使用权应否列入破产财产等问题的批复〉等二十九件商事类司法解释的决定》修正)

为正确适用《中华人民共和国公司法》，结合人民法院审判实践，现就公司决议效力、股东知情权、利润分配权、优先购买权和股东代表诉讼等案件适用法律问题作出如下规定。

第一条 公司股东、董事、监事等请求确认股东会或者股东大会、董事会决议无效或者不成立的，人民法院应当依法予以受理。

第二条 依据民法典第八十五条、公司法第二十二条第二款请求撤销股东会或者股东大会、董事会决议的原告，应当在起诉时具有公司股东资格。

第三条 原告请求确认股东会或者股东大会、董事会决议不成立、无效或者撤销决议的案件，应当列公司为被告。对决议涉及的其他利害关系人，可以依法列为第三人。

一审法庭辩论终结前，其他有原告资格的人以相同的诉讼请求申请参加前款规定诉讼的，可以列为共同原告。

第四条 股东请求撤销股东会或者股东大会、董事会决议，符合民法典第八十五条、公司法第二十二条第二款规定的，人民法院应当予以支持，但会议召集程序或者表决方式仅有轻微瑕疵，且对决议未产生实质影响的，人民法院不予支持。

第五条 股东会或者股东大会、董事会决议存在下列情形之一，当事人主张决议不成立的，人民法院应当予以支持：

（一）公司未召开会议的，但依公司法第三十七条第二款或者公司章程规定可以不召开股东会或者股东大会而直接作出决定，并由全体股东在决定文件上签名、盖章的

除外;

(二) 会议未对决议事项进行表决的;

(三) 出席会议的人数或者股东所持表决权不符合公司法或者公司章程规定的;

(四) 会议的表决结果未达到公司法或者公司章程规定的通过比例的;

(五) 导致决议不成立的其他情形。

第六条 股东会或者股东大会、董事会决议被人民法院判决确认无效或者撤销的,公司依据该决议与善意相对人形成的民事法律关系不受影响。

第七条 股东依据公司法第三十三条、第九十七条或者公司章程的规定,起诉请求查阅或者复制公司特定文件材料的,人民法院应当依法予以受理。

公司有证据证明前款规定的原告在起诉时不具有公司股东资格的,人民法院应当驳回起诉,但原告有初步证据证明在持股期间其合法权益受到损害,请求依法查阅或者复制其持股期间的公司特定文件材料的除外。

第八条 有限责任公司有证据证明股东存在下列情形之一的,人民法院应当认定股东有公司法第三十三条第二款规定的"不正当目的":

(一) 股东自营或者为他人经营与公司主营业务有实质性竞争关系业务的,但公司章程另有规定或者全体股东另有约定的除外;

(二) 股东为了向他人通报有关信息查阅公司会计账簿,可能损害公司合法利益的;

(三) 股东在向公司提出查阅请求之日前的三年内,曾通过查阅公司会计账簿,向他人通报有关信息损害公司合法利益的;

(四) 股东有不正当目的的其他情形。

第九条 公司章程、股东之间的协议等实质性剥夺股东依据公司法第三十三条、第九十七条规定查阅或者复制公司文件材料的权利,公司以此为由拒绝股东查阅或者复制的,人民法院不予支持。

第十条 人民法院审理股东请求查阅或者复制公司特定文件材料的案件,对原告诉讼请求予以支持的,应当在判决中明确查阅或者复制公司特定文件材料的时间、地点和特定文件材料的名录。

股东依据人民法院生效判决查阅公司文件材料的,在该股东在场的情况下,可以由会计师、律师等依法或者依据执业行为规范负有保密义务的中介机构执业人员辅助进行。

第十一条　股东行使知情权后泄露公司商业秘密导致公司合法利益受到损害，公司请求该股东赔偿相关损失的，人民法院应当予以支持。

根据本规定第十条辅助股东查阅公司文件材料的会计师、律师等泄露公司商业秘密导致公司合法利益受到损害，公司请求其赔偿相关损失的，人民法院应当予以支持。

第十二条　公司董事、高级管理人员等未依法履行职责，导致公司未依法制作或者保存公司法第三十三条、第九十七条规定的公司文件材料，给股东造成损失，股东依法请求负有相应责任的公司董事、高级管理人员承担民事赔偿责任的，人民法院应当予以支持。

第十三条　股东请求公司分配利润案件，应当列公司为被告。

一审法庭辩论终结前，其他股东基于同一分配方案请求分配利润并申请参加诉讼的，应当列为共同原告。

第十四条　股东提交载明具体分配方案的股东会或者股东大会的有效决议，请求公司分配利润，公司拒绝分配利润且其关于无法执行决议的抗辩理由不成立的，人民法院应当判决公司按照决议载明的具体分配方案向股东分配利润。

第十五条　股东未提交载明具体分配方案的股东会或者股东大会决议，请求公司分配利润的，人民法院应当驳回其诉讼请求，但违反法律规定滥用股东权利导致公司不分配利润，给其他股东造成损失的除外。

第十六条　有限责任公司的自然人股东因继承发生变化时，其他股东主张依据公司法第七十一条第三款规定行使优先购买权的，人民法院不予支持，但公司章程另有规定或者全体股东另有约定的除外。

第十七条　有限责任公司的股东向股东以外的人转让股权，应就其股权转让事项以书面或者其他能够确认收悉的合理方式通知其他股东征求同意。其他股东半数以上不同意转让，不同意的股东不购买的，人民法院应当认定视为同意转让。

经股东同意转让的股权，其他股东主张转让股东应当向其以书面或者其他能够确认收悉的合理方式通知转让股权的同等条件的，人民法院应当予以支持。

经股东同意转让的股权，在同等条件下，转让股东以外的其他股东主张优先购买的，人民法院应当予以支持，但转让股东依据本规定第二十条放弃转让的除外。

第十八条　人民法院在判断是否符合公司法第七十一条第三款及本规定所称的"同等条件"时，应当考虑转让股权的数量、价格、支付方式及期限等因素。

第十九条 有限责任公司的股东主张优先购买转让股权的，应当在收到通知后，在公司章程规定的行使期间内提出购买请求。公司章程没有规定行使期间或者规定不明确的，以通知确定的期间为准，通知确定的期间短于三十日或者未明确行使期间的，行使期间为三十日。

第二十条 有限责任公司的转让股东，在其他股东主张优先购买后又不同意转让股权的，对其他股东优先购买的主张，人民法院不予支持，但公司章程另有规定或者全体股东另有约定的除外。其他股东主张转让股东赔偿其损失合理的，人民法院应当予以支持。

第二十一条 有限责任公司的股东向股东以外的人转让股权，未就其股权转让事项征求其他股东意见，或者以欺诈、恶意串通等手段，损害其他股东优先购买权，其他股东主张按照同等条件购买该转让股权的，人民法院应当予以支持，但其他股东自知道或者应当知道行使优先购买权的同等条件之日起三十日内没有主张，或者自股权变更登记之日起超过一年的除外。

前款规定的其他股东仅提出确认股权转让合同及股权变动效力等请求，未同时主张按照同等条件购买转让股权的，人民法院不予支持，但其他股东非因自身原因导致无法行使优先购买权，请求损害赔偿的除外。

股东以外的股权受让人，因股东行使优先购买权而不能实现合同目的的，可以依法请求转让股东承担相应民事责任。

第二十二条 通过拍卖向股东以外的人转让有限责任公司股权的，适用公司法第七十一条第二款、第三款或者第七十二条规定的"书面通知""通知""同等条件"时，根据相关法律、司法解释确定。

在依法设立的产权交易场所转让有限责任公司国有股权的，适用公司法第七十一条第二款、第三款或者第七十二条规定的"书面通知""通知""同等条件"时，可以参照产权交易场所的交易规则。

第二十三条 监事会或者不设监事会的有限责任公司的监事依据公司法第一百五十一条第一款规定对董事、高级管理人员提起诉讼的，应当列公司为原告，依法由监事会主席或者不设监事会的有限责任公司的监事代表公司进行诉讼。

董事会或者不设董事会的有限责任公司的执行董事依据公司法第一百五十一条第一款规定对监事提起诉讼的，或者依据公司法第一百五十一条第三款规定对他人提起诉讼的，应当列公司为原告，依法由董事长或者执行董事代表公司进行诉讼。

第二十四条 符合公司法第一百五十一条第一款规定条件的股东，依据公司法第一百五十一条第二款、第三款规定，直接对董事、监事、高级管理人员或者他人提起诉讼的，应当列公司为第三人参加诉讼。

一审法庭辩论终结前，符合公司法第一百五十一条第一款规定条件的其他股东，以相同的诉讼请求申请参加诉讼的，应当列为共同原告。

第二十五条 股东依据公司法第一百五十一条第二款、第三款规定直接提起诉讼的案件，胜诉利益归属于公司。股东请求被告直接向其承担民事责任的，人民法院不予支持。

第二十六条 股东依据公司法第一百五十一条第二款、第三款规定直接提起诉讼的案件，其诉讼请求部分或者全部得到人民法院支持的，公司应当承担股东因参加诉讼支付的合理费用。

第二十七条 本规定自2017年9月1日起施行。

本规定施行后尚未终审的案件，适用本规定；本规定施行前已经终审的案件，或者适用审判监督程序再审的案件，不适用本规定。

最高人民法院
关于适用《中华人民共和国公司法》
若干问题的规定（五）

(2019年4月22日最高人民法院审判委员会第1766次会议审议通过
根据2020年12月23日最高人民法院审判委员会第1823次会议通过的
《最高人民法院关于修改〈最高人民法院关于破产企业国有划拨土地使用权
应否列入破产财产等问题的批复〉等二十九件商事类司法解释的决定》修正）

为正确适用《中华人民共和国公司法》，结合人民法院审判实践，就股东权益保护等纠纷案件适用法律问题作出如下规定。

第一条 关联交易损害公司利益，原告公司依据民法典第八十四条、公司法第二十一条规定请求控股股东、实际控制人、董事、监事、高级管理人员赔偿所造成的损失，被告仅以该交易已经履行了信息披露、经股东会或者股东大会同意等法律、行政法规或者公司章程规定的程序为由抗辩的，人民法院不予支持。

公司没有提起诉讼的，符合公司法第一百五十一条第一款规定条件的股东，可以依据公司法第一百五十一条第二款、第三款规定向人民法院提起诉讼。

第二条 关联交易合同存在无效、可撤销或者对公司不发生效力的情形，公司没有起诉合同相对方的，符合公司法第一百五十一条第一款规定条件的股东，可以依据公司法第一百五十一条第二款、第三款规定向人民法院提起诉讼。

第三条 董事任期届满前被股东会或者股东大会有效决议解除职务，其主张解除不发生法律效力的，人民法院不予支持。

董事职务被解除后，因补偿与公司发生纠纷提起诉讼的，人民法院应当依据法律、行政法规、公司章程的规定或者合同的约定，综合考虑解除的原因、剩余任期、董事薪酬等因素，确定是否补偿以及补偿的合理数额。

第四条 分配利润的股东会或者股东大会决议作出后，公司应当在决议载明的时间内完成利润分配。决议没有载明时间的，以公司章程规定的为准。决议、章程中均未规定时间或者时间超过一年的，公司应当自决议作出之日起一年内完成利润分配。

决议中载明的利润分配完成时间超过公司章程规定时间的，股东可以依据民法典第八十五条、公司法第二十二条第二款规定请求人民法院撤销决议中关于该时间的规定。

第五条 人民法院审理涉及有限责任公司股东重大分歧案件时，应当注重调解。当事人协商一致以下列方式解决分歧，且不违反法律、行政法规的强制性规定的，人民法院应予支持：

（一）公司回购部分股东股份；

（二）其他股东受让部分股东股份；

（三）他人受让部分股东股份；

（四）公司减资；

（五）公司分立；

（六）其他能够解决分歧，恢复公司正常经营，避免公司解散的方式。

第六条 本规定自 2019 年 4 月 29 日起施行。

本规定施行后尚未终审的案件，适用本规定；本规定施行前已经终审的案件，或者适用审判监督程序再审的案件，不适用本规定。

本院以前发布的司法解释与本规定不一致的，以本规定为准。

最高人民法院关于适用《中华人民共和国民法典》有关担保制度的解释

法释〔2020〕28号

（2020年12月25日最高人民法院审判委员会第1824次会议通过 2020年12月31日最高人民法院公告公布 自2021年1月1日起施行）

为正确适用《中华人民共和国民法典》有关担保制度的规定，结合民事审判实践，制定本解释。

一、关于一般规定

第一条 因抵押、质押、留置、保证等担保发生的纠纷，适用本解释。所有权保留买卖、融资租赁、保理等涉及担保功能发生的纠纷，适用本解释的有关规定。

第二条 当事人在担保合同中约定担保合同的效力独立于主合同，或者约定担保人对主合同无效的法律后果承担担保责任，该有关担保独立性的约定无效。主合同有效的，有关担保独立性的约定无效不影响担保合同的效力；主合同无效的，人民法院应当认定担保合同无效，但是法律另有规定的除外。

因金融机构开立的独立保函发生的纠纷，适用《最高人民法院关于审理独立保函纠纷案件若干问题的规定》。

第三条 当事人对担保责任的承担约定专门的违约责任，或者约定的担保责任范围超出债务人应当承担的责任范围，担保人主张仅在债务人应当承担的责任范围内承担责任的，人民法院应予支持。

担保人承担的责任超出债务人应当承担的责任范围，担保人向债务人追偿，债务人主张仅在其应当承担的责任范围内承担责任的，人民法院应予支持；担保人请求债权人返还超出部分的，人民法院依法予以支持。

第四条 有下列情形之一，当事人将担保物权登记在他人名下，债务人不履行到期债务或者发生当事人约定的实现担保物权的情形，债权人或者其受托人主张就该财产优先受偿的，人民法院依法予以支持：

（一）为债券持有人提供的担保物权登记在债券受托管理人名下；

（二）为委托贷款人提供的担保物权登记在受托人名下；

（三）担保人知道债权人与他人之间存在委托关系的其他情形。

第五条 机关法人提供担保的，人民法院应当认定担保合同无效，但是经国务院批准为使用外国政府或者国际经济组织贷款进行转贷的除外。

居民委员会、村民委员会提供担保的，人民法院应当认定担保合同无效，但是依法代行村集体经济组织职能的村民委员会，依照村民委员会组织法规定的讨论决定程序对外提供担保的除外。

第六条 以公益为目的的非营利性学校、幼儿园、医疗机构、养老机构等提供担保的，人民法院应当认定担保合同无效，但是有下列情形之一的除外：

（一）在购入或者以融资租赁方式承租教育设施、医疗卫生设施、养老服务设施和其他公益设施时，出卖人、出租人为担保价款或者租金实现而在该公益设施上保留所有权；

（二）以教育设施、医疗卫生设施、养老服务设施和其他公益设施以外的不动产、动产或者财产权利设立担保物权。

登记为营利法人的学校、幼儿园、医疗机构、养老机构等提供担保，当事人以其不具有担保资格为由主张担保合同无效的，人民法院不予支持。

第七条 公司的法定代表人违反公司法关于公司对外担保决议程序的规定，超越权限代表公司与相对人订立担保合同，人民法院应当依照民法典第六十一条和第五百零四条等规定处理：

（一）相对人善意的，担保合同对公司发生效力；相对人请求公司承担担保责任的，人民法院应予支持。

（二）相对人非善意的，担保合同对公司不发生效力；相对人请求公司承担赔偿责任的，参照适用本解释第十七条的有关规定。

法定代表人超越权限提供担保造成公司损失，公司请求法定代表人承担赔偿责任的，人民法院应予支持。

第一款所称善意，是指相对人在订立担保合同时不知道且不应当知道法定代表人超越权限。相对人有证据证明已对公司决议进行了合理审查，人民法院应当认定其构成善意，但是公司有证据证明相对人知道或者应当知道决议系伪造、变造的除外。

第八条 有下列情形之一，公司以其未依照公司法关于公司对外担保的规定作出决议为由主张不承担担保责任的，人民法院不予支持：

（一）金融机构开立保函或者担保公司提供担保；

（二）公司为其全资子公司开展经营活动提供担保；

（三）担保合同系由单独或者共同持有公司三分之二以上对担保事项有表决权的股东签字同意。

上市公司对外提供担保，不适用前款第二项、第三项的规定。

第九条 相对人根据上市公司公开披露的关于担保事项已经董事会或者股东大会决议通过的信息，与上市公司订立担保合同，相对人主张担保合同对上市公司发生效力，并由上市公司承担担保责任的，人民法院应予支持。

相对人未根据上市公司公开披露的关于担保事项已经董事会或者股东大会决议通过的信息，与上市公司订立担保合同，上市公司主张担保合同对其不发生效力，且不承担担保责任或者赔偿责任的，人民法院应予支持。

相对人与上市公司已公开披露的控股子公司订立的担保合同，或者相对人与股票在国务院批准的其他全国性证券交易场所交易的公司订立的担保合同，适用前两款规定。

第十条 一人有限责任公司为其股东提供担保，公司以违反公司法关于公司对外担保决议程序的规定为由主张不承担担保责任的，人民法院不予支持。公司因承担担保责任导致无法清偿其他债务，提供担保时的股东不能证明公司财产独立于自己的财产，其他债权人请求该股东承担连带责任的，人民法院应予支持。

第十一条 公司的分支机构未经公司股东（大）会或者董事会决议以自己的名义对外提供担保，相对人请求公司或者其分支机构承担担保责任的，人民法院不予支持，但是相对人不知道且不应当知道分支机构对外提供担保未经公司决议程序的除外。

金融机构的分支机构在其营业执照记载的经营范围内开立保函，或者经有权从事担保业务的上级机构授权开立保函，金融机构或者其分支机构以违反公司法关于公司对外担保决议程序的规定为由主张不承担担保责任的，人民法院不予支持。金融机构的分支机构未经金融机构授权提供保函之外的担保，金融机构或者其分支机构主张不承担担保责任的，人民法院应予支持，但是相对人不知道且不应当知道分支机构对外提供担保未经金融机构授权的除外。

担保公司的分支机构未经担保公司授权对外提供担保，担保公司或者其分支机构主张不承担担保责任的，人民法院应予支持，但是相对人不知道且不应当知道分支机构对外提供担保未经担保公司授权的除外。

公司的分支机构对外提供担保，相对人非善意，请求公司承担赔偿责任的，参照本解释第十七条的有关规定处理。

第十二条　法定代表人依照民法典第五百五十二条的规定以公司名义加入债务的，人民法院在认定该行为的效力时，可以参照本解释关于公司为他人提供担保的有关规则处理。

第十三条　同一债务有两个以上第三人提供担保，担保人之间约定相互追偿及分担份额，承担了担保责任的担保人请求其他担保人按照约定分担份额的，人民法院应予支持；担保人之间约定承担连带共同担保，或者约定相互追偿但是未约定分担份额的，各担保人按照比例分担向债务人不能追偿的部分。

同一债务有两个以上第三人提供担保，担保人之间未对相互追偿作出约定且未约定承担连带共同担保，但是各担保人在同一份合同书上签字、盖章或者按指印，承担了担保责任的担保人请求其他担保人按照比例分担向债务人不能追偿部分的，人民法院应予支持。

除前两款规定的情形外，承担了担保责任的担保人请求其他担保人分担向债务人不能追偿部分的，人民法院不予支持。

第十四条　同一债务有两个以上第三人提供担保，担保人受让债权的，人民法院应当认定该行为系承担担保责任。受让债权的担保人作为债权人请求其他担保人承担担保责任的，人民法院不予支持；该担保人请求其他担保人分担相应份额的，依照本解释第十三条的规定处理。

第十五条　最高额担保中的最高债权额，是指包括主债权及其利息、违约金、损害赔偿金、保管担保财产的费用、实现债权或者实现担保物权的费用等在内的全部债权，但是当事人另有约定的除外。

登记的最高债权额与当事人约定的最高债权额不一致的，人民法院应当依据登记的最高债权额确定债权人优先受偿的范围。

第十六条 主合同当事人协议以新贷偿还旧贷，债权人请求旧贷的担保人承担担保责任的，人民法院不予支持；债权人请求新贷的担保人承担担保责任的，按照下列情形处理：

（一）新贷与旧贷的担保人相同的，人民法院应予支持；

（二）新贷与旧贷的担保人不同，或者旧贷无担保新贷有担保的，人民法院不予支持，但是债权人有证据证明新贷的担保人提供担保时对以新贷偿还旧贷的事实知道或者应当知道的除外。

主合同当事人协议以新贷偿还旧贷，旧贷的物的担保人在登记尚未注销的情形下同意继续为新贷提供担保，在订立新的贷款合同前又以该担保财产为其他债权人设立担保物权，其他债权人主张其担保物权顺位优先于新贷债权人的，人民法院不予支持。

第十七条 主合同有效而第三人提供的担保合同无效，人民法院应当区分不同情形确定担保人的赔偿责任：

（一）债权人与担保人均有过错的，担保人承担的赔偿责任不应超过债务人不能清偿部分的二分之一；

（二）担保人有过错而债权人无过错的，担保人对债务人不能清偿的部分承担赔偿责任；

（三）债权人有过错而担保人无过错的，担保人不承担赔偿责任。

主合同无效导致第三人提供的担保合同无效，担保人无过错的，不承担赔偿责任；担保人有过错的，其承担的赔偿责任不应超过债务人不能清偿部分的三分之一。

第十八条 承担了担保责任或者赔偿责任的担保人，在其承担责任的范围内向债务人追偿的，人民法院应予支持。

同一债权既有债务人自己提供的物的担保，又有第三人提供的担保，承担了担保责任或者赔偿责任的第三人，主张行使债权人对债务人享有的担保物权的，人民法院应予支持。

第十九条 担保合同无效，承担了赔偿责任的担保人按照反担保合同的约定，在其承担赔偿责任的范围内请求反担保人承担担保责任的，人民法院应予支持。

反担保合同无效的，依照本解释第十七条的有关规定处理。当事人仅以担保合同无效为由主张反担保合同无效的，人民法院不予支持。

第二十条　人民法院在审理第三人提供的物的担保纠纷案件时,可以适用民法典第六百九十五条第一款、第六百九十六条第一款、第六百九十七条第二款、第六百九十九条、第七百条、第七百零一条、第七百零二条等关于保证合同的规定。

第二十一条　主合同或者担保合同约定了仲裁条款的,人民法院对约定仲裁条款的合同当事人之间的纠纷无管辖权。

债权人一并起诉债务人和担保人的,应当根据主合同确定管辖法院。

债权人依法可以单独起诉担保人且仅起诉担保人的,应当根据担保合同确定管辖法院。

第二十二条　人民法院受理债务人破产案件后,债权人请求担保人承担担保责任,担保人主张担保债务自人民法院受理破产申请之日起停止计息的,人民法院对担保人的主张应予支持。

第二十三条　人民法院受理债务人破产案件,债权人在破产程序中申报债权后又向人民法院提起诉讼,请求担保人承担担保责任的,人民法院依法予以支持。

担保人清偿债权人的全部债权后,可以代替债权人在破产程序中受偿;在债权人的债权未获全部清偿前,担保人不得代替债权人在破产程序中受偿,但是有权就债权人通过破产分配和实现担保债权等方式获得清偿总额中超出债权的部分,在其承担担保责任的范围内请求债权人返还。

债权人在债务人破产程序中未获全部清偿,请求担保人继续承担担保责任的,人民法院应予支持;担保人承担担保责任后,向和解协议或者重整计划执行完毕后的债务人追偿的,人民法院不予支持。

第二十四条　债权人知道或者应当知道债务人破产,既未申报债权也未通知担保人,致使担保人不能预先行使追偿权的,担保人就该债权在破产程序中可能受偿的范围内免除担保责任,但是担保人因自身过错未行使追偿权的除外。

二、关于保证合同

第二十五条　当事人在保证合同中约定了保证人在债务人不能履行债务或者无力偿还债务时才承担保证责任等类似内容,具有债务人应当先承担责任的意思表示的,人民法院应当将其认定为一般保证。

当事人在保证合同中约定了保证人在债务人不履行债务或者未偿还债务时即承担保

证责任、无条件承担保证责任等类似内容，不具有债务人应当先承担责任的意思表示的，人民法院应当将其认定为连带责任保证。

第二十六条　一般保证中，债权人以债务人为被告提起诉讼的，人民法院应予受理。债权人未就主合同纠纷提起诉讼或者申请仲裁，仅起诉一般保证人的，人民法院应当驳回起诉。

一般保证中，债权人一并起诉债务人和保证人的，人民法院可以受理，但是在作出判决时，除有民法典第六百八十七条第二款但书规定的情形外，应当在判决书主文中明确，保证人仅对债务人财产依法强制执行后仍不能履行的部分承担保证责任。

债权人未对债务人的财产申请保全，或者保全的债务人的财产足以清偿债务，债权人申请对一般保证人的财产进行保全的，人民法院不予准许。

第二十七条　一般保证的债权人取得对债务人赋予强制执行效力的公证债权文书后，在保证期间内向人民法院申请强制执行，保证人以债权人未在保证期间内对债务人提起诉讼或者申请仲裁为由主张不承担保证责任的，人民法院不予支持。

第二十八条　一般保证中，债权人依据生效法律文书对债务人的财产依法申请强制执行，保证债务诉讼时效的起算时间按照下列规则确定：

（一）人民法院作出终结本次执行程序裁定，或者依照民事诉讼法第二百五十七条第三项、第五项的规定作出终结执行裁定的，自裁定送达债权人之日起开始计算；

（二）人民法院自收到申请执行书之日起一年内未作出前项裁定的，自人民法院收到申请执行书满一年之日起开始计算，但是保证人有证据证明债务人仍有财产可供执行的除外。

一般保证的债权人在保证期间届满前对债务人提起诉讼或者申请仲裁，债权人举证证明存在民法典第六百八十七条第二款但书规定情形的，保证债务的诉讼时效自债权人知道或者应当知道该情形之日起开始计算。

第二十九条　同一债务有两个以上保证人，债权人以其已经在保证期间内依法向部分保证人行使权利为由，主张已经在保证期间内向其他保证人行使权利的，人民法院不予支持。

同一债务有两个以上保证人，保证人之间相互有追偿权，债权人未在保证期间内依法向部分保证人行使权利，导致其他保证人在承担保证责任后丧失追偿权，其他保证人主张在其不能追偿的范围内免除保证责任的，人民法院应予支持。

第三十条　最高额保证合同对保证期间的计算方式、起算时间等有约定的，按照其约定。

最高额保证合同对保证期间的计算方式、起算时间等没有约定或者约定不明，被担保债权的履行期限均已届满的，保证期间自债权确定之日起开始计算；被担保债权的履行期限尚未届满的，保证期间自最后到期债权的履行期限届满之日起开始计算。

前款所称债权确定之日，依照民法典第四百二十三条的规定认定。

第三十一条　一般保证的债权人在保证期间内对债务人提起诉讼或者申请仲裁后，又撤回起诉或者仲裁申请，债权人在保证期间届满前未再行提起诉讼或者申请仲裁，保证人主张不再承担保证责任的，人民法院应予支持。

连带责任保证的债权人在保证期间内对保证人提起诉讼或者申请仲裁后，又撤回起诉或者仲裁申请，起诉状副本或者仲裁申请书副本已经送达保证人的，人民法院应当认定债权人已经在保证期间内向保证人行使了权利。

第三十二条　保证合同约定保证人承担保证责任直至主债务本息还清时为止等类似内容的，视为约定不明，保证期间为主债务履行期限届满之日起六个月。

第三十三条　保证合同无效，债权人未在约定或者法定的保证期间内依法行使权利，保证人主张不承担赔偿责任的，人民法院应予支持。

第三十四条　人民法院在审理保证合同纠纷案件时，应当将保证期间是否届满、债权人是否在保证期间内依法行使权利等事实作为案件基本事实予以查明。

债权人在保证期间内未依法行使权利的，保证责任消灭。保证责任消灭后，债权人书面通知保证人要求承担保证责任，保证人在通知书上签字、盖章或者按指印，债权人请求保证人继续承担保证责任的，人民法院不予支持，但是债权人有证据证明成立了新的保证合同的除外。

第三十五条　保证人知道或者应当知道主债权诉讼时效期间届满仍然提供保证或者承担保证责任，又以诉讼时效期间届满为由拒绝承担保证责任或者请求返还财产的，人民法院不予支持；保证人承担保证责任后向债务人追偿的，人民法院不予支持，但是债务人放弃诉讼时效抗辩的除外。

第三十六条　第三人向债权人提供差额补足、流动性支持等类似承诺文件作为增信措施，具有提供担保的意思表示，债权人请求第三人承担保证责任的，人民法院应当依照保证的有关规定处理。

第三人向债权人提供的承诺文件，具有加入债务或者与债务人共同承担债务等意思表示的，人民法院应当认定为民法典第五百五十二条规定的债务加入。

前两款中第三人提供的承诺文件难以确定是保证还是债务加入的，人民法院应当将其认定为保证。

第三人向债权人提供的承诺文件不符合前三款规定的情形，债权人请求第三人承担保证责任或者连带责任的，人民法院不予支持，但是不影响其依据承诺文件请求第三人履行约定的义务或者承担相应的民事责任。

三、关于担保物权

（一）担保合同与担保物权的效力

第三十七条 当事人以所有权、使用权不明或者有争议的财产抵押，经审查构成无权处分的，人民法院应当依照民法典第三百一十一条的规定处理。

当事人以依法被查封或者扣押的财产抵押，抵押权人请求行使抵押权，经审查查封或者扣押措施已经解除的，人民法院应予支持。抵押人以抵押权设立时财产被查封或者扣押为由主张抵押合同无效的，人民法院不予支持。

以依法被监管的财产抵押的，适用前款规定。

第三十八条 主债权未受全部清偿，担保物权人主张就担保财产的全部行使担保物权的，人民法院应予支持，但是留置权人行使留置权的，应当依照民法典第四百五十条的规定处理。

担保财产被分割或者部分转让，担保物权人主张就分割或者转让后的担保财产行使担保物权的，人民法院应予支持，但是法律或者司法解释另有规定的除外。

第三十九条 主债权被分割或者部分转让，各债权人主张就其享有的债权份额行使担保物权的，人民法院应予支持，但是法律另有规定或者当事人另有约定的除外。

主债务被分割或者部分转移，债务人自己提供物的担保，债权人请求以该担保财产担保全部债务履行的，人民法院应予支持；第三人提供物的担保，主张对未经其书面同意转移的债务不再承担担保责任的，人民法院应予支持。

第四十条 从物产生于抵押权依法设立前，抵押权人主张抵押权的效力及于从物的，人民法院应予支持，但是当事人另有约定的除外。

从物产生于抵押权依法设立后，抵押权人主张抵押权的效力及于从物的，人民法院不予支持，但是在抵押权实现时可以一并处分。

第四十一条 抵押权依法设立后，抵押财产被添附，添附物归第三人所有，抵押权人主张抵押权效力及于补偿金的，人民法院应予支持。

抵押权依法设立后，抵押财产被添附，抵押人对添附物享有所有权，抵押权人主张抵押权的效力及于添附物的，人民法院应予支持，但是添附导致抵押财产价值增加的，抵押权的效力不及于增加的价值部分。

抵押权依法设立后，抵押人与第三人因添附成为添附物的共有人，抵押权人主张抵押权的效力及于抵押人对共有物享有的份额的，人民法院应予支持。

本条所称添附，包括附合、混合与加工。

第四十二条 抵押权依法设立后，抵押财产毁损、灭失或者被征收等，抵押权人请求按照原抵押权的顺位就保险金、赔偿金或者补偿金等优先受偿的，人民法院应予支持。

给付义务人已经向抵押人给付了保险金、赔偿金或者补偿金，抵押权人请求给付义务人向其给付保险金、赔偿金或者补偿金的，人民法院不予支持，但是给付义务人接到抵押权人要求向其给付的通知后仍然向抵押人给付的除外。

抵押权人请求给付义务人向其给付保险金、赔偿金或者补偿金的，人民法院可以通知抵押人作为第三人参加诉讼。

第四十三条 当事人约定禁止或者限制转让抵押财产但是未将约定登记，抵押人违反约定转让抵押财产，抵押权人请求确认转让合同无效的，人民法院不予支持；抵押财产已经交付或者登记，抵押权人请求确认转让不发生物权效力的，人民法院不予支持，但是抵押权人有证据证明受让人知道的除外；抵押权人请求抵押人承担违约责任的，人民法院依法予以支持。

当事人约定禁止或者限制转让抵押财产且已经将约定登记，抵押人违反约定转让抵押财产，抵押权人请求确认转让合同无效的，人民法院不予支持；抵押财产已经交付或者登记，抵押权人主张转让不发生物权效力的，人民法院应予支持，但是因受让人代替债务人清偿债务导致抵押权消灭的除外。

第四十四条 主债权诉讼时效期间届满后，抵押权人主张行使抵押权的，人民法院不予支持；抵押人以主债权诉讼时效期间届满为由，主张不承担担保责任的，人民法院应予支持。主债权诉讼时效期间届满前，债权人仅对债务人提起诉讼，经人民法院判决或者调解后未在民事诉讼法规定的申请执行时效期间内对债务人申请强制执行，其向抵押人主张行使抵押权的，人民法院不予支持。

主债权诉讼时效期间届满后，财产被留置的债务人或者对留置财产享有所有权的第三人请求债权人返还留置财产的，人民法院不予支持；债务人或者第三人请求拍卖、变卖留置财产并以所得价款清偿债务的，人民法院应予支持。

主债权诉讼时效期间届满的法律后果，以登记作为公示方式的权利质权，参照适用第一款的规定；动产质权、以交付权利凭证作为公示方式的权利质权，参照适用第二款的规定。

第四十五条 当事人约定当债务人不履行到期债务或者发生当事人约定的实现担保物权的情形，担保物权人有权将担保财产自行拍卖、变卖并就所得的价款优先受偿的，该约定有效。因担保人的原因导致担保物权人无法自行对担保财产进行拍卖、变卖，担保物权人请求担保人承担因此增加的费用的，人民法院应予支持。

当事人依照民事诉讼法有关"实现担保物权案件"的规定，申请拍卖、变卖担保财产，被申请人以担保合同约定仲裁条款为由主张驳回申请的，人民法院经审查后，应当按照以下情形分别处理：

（一）当事人对担保物权无实质性争议且实现担保物权条件已经成就的，应当裁定准许拍卖、变卖担保财产；

（二）当事人对实现担保物权有部分实质性争议的，可以就无争议的部分裁定准许拍卖、变卖担保财产，并告知可以就有争议的部分申请仲裁；

（三）当事人对实现担保物权有实质性争议的，裁定驳回申请，并告知可以向仲裁机构申请仲裁。

债权人以诉讼方式行使担保物权的，应当以债务人和担保人作为共同被告。

（二）不动产抵押

第四十六条 不动产抵押合同生效后未办理抵押登记手续，债权人请求抵押人办理抵押登记手续的，人民法院应予支持。

抵押财产因不可归责于抵押人自身的原因灭失或者被征收等导致不能办理抵押登记，债权人请求抵押人在约定的担保范围内承担责任的，人民法院不予支持；但是抵押人已经获得保险金、赔偿金或者补偿金等，债权人请求抵押人在其所获金额范围内承担赔偿责任的，人民法院依法予以支持。

因抵押人转让抵押财产或者其他可归责于抵押人自身的原因导致不能办理抵押登记，债权人请求抵押人在约定的担保范围内承担责任的，人民法院依法予以支持，但是不得超过抵押权能够设立时抵押人应当承担的责任范围。

第四十七条 不动产登记簿就抵押财产、被担保的债权范围等所作的记载与抵押合同约定不一致的，人民法院应当根据登记簿的记载确定抵押财产、被担保的债权范围等事项。

第四十八条 当事人申请办理抵押登记手续时，因登记机构的过错致使其不能办理抵押登记，当事人请求登记机构承担赔偿责任的，人民法院依法予以支持。

第四十九条 以违法的建筑物抵押的，抵押合同无效，但是一审法庭辩论终结前已经办理合法手续的除外。抵押合同无效的法律后果，依照本解释第十七条的有关规定处理。

当事人以建设用地使用权依法设立抵押，抵押人以土地上存在违法的建筑物为由主张抵押合同无效的，人民法院不予支持。

第五十条 抵押人以划拨建设用地上的建筑物抵押，当事人以该建设用地使用权不能抵押或者未办理批准手续为由主张抵押合同无效或者不生效的，人民法院不予支持。抵押权依法实现时，拍卖、变卖建筑物所得的价款，应当优先用于补缴建设用地使用权出让金。

当事人以划拨方式取得的建设用地使用权抵押，抵押人以未办理批准手续为由主张抵押合同无效或者不生效的，人民法院不予支持。已经依法办理抵押登记，抵押权人主张行使抵押权的，人民法院应予支持。抵押权依法实现时所得的价款，参照前款有关规定处理。

第五十一条 当事人仅以建设用地使用权抵押，债权人主张抵押权的效力及于土地上已有的建筑物以及正在建造的建筑物已完成部分的，人民法院应予支持。债权人主张抵押权的效力及于正在建造的建筑物的续建部分以及新增建筑物的，人民法院不予支持。

当事人以正在建造的建筑物抵押，抵押权的效力范围限于已办理抵押登记的部分。当事人按照担保合同的约定，主张抵押权的效力及于续建部分、新增建筑物以及规划中尚未建造的建筑物的，人民法院不予支持。

抵押人将建设用地使用权、土地上的建筑物或者正在建造的建筑物分别抵押给不同债权人的，人民法院应当根据抵押登记的时间先后确定清偿顺序。

第五十二条 当事人办理抵押预告登记后，预告登记权利人请求就抵押财产优先受偿，经审查存在尚未办理建筑物所有权首次登记、预告登记的财产与办理建筑物所有权首次登记时的财产不一致、抵押预告登记已经失效等情形，导致不具备办理抵押登记条件的，人民法院不予支持；经审查已经办理建筑物所有权首次登记，且不存在预告登记失效等情形的，人民法院应予支持，并应当认定抵押权自预告登记之日起设立。

当事人办理了抵押预告登记，抵押人破产，经审查抵押财产属于破产财产，预告登记权利人主张就抵押财产优先受偿的，人民法院应当在受理破产申请时抵押财产的价值范围内予以支持，但是在人民法院受理破产申请前一年内，债务人对没有财产担保的债务设立抵押预告登记的除外。

（三）动产与权利担保

第五十三条 当事人在动产和权利担保合同中对担保财产进行概括描述，该描述能够合理识别担保财产的，人民法院应当认定担保成立。

第五十四条 动产抵押合同订立后未办理抵押登记，动产抵押权的效力按照下列情形分别处理：

（一）抵押人转让抵押财产，受让人占有抵押财产后，抵押权人向受让人请求行使抵押权的，人民法院不予支持，但是抵押权人能够举证证明受让人知道或者应当知道已经订立抵押合同的除外；

（二）抵押人将抵押财产出租给他人并移转占有，抵押权人行使抵押权的，租赁关系不受影响，但是抵押权人能够举证证明承租人知道或者应当知道已经订立抵押合同的除外；

（三）抵押人的其他债权人向人民法院申请保全或者执行抵押财产，人民法院已经作出财产保全裁定或者采取执行措施，抵押权人主张对抵押财产优先受偿的，人民法院不予支持；

（四）抵押人破产，抵押权人主张对抵押财产优先受偿的，人民法院不予支持。

第五十五条 债权人、出质人与监管人订立三方协议，出质人以通过一定数量、品种等概括描述能够确定范围的货物为债务的履行提供担保，当事人有证据证明监管人系受债权人的委托监管并实际控制该货物的，人民法院应当认定质权于监管人实际控制货物之日起设立。监管人违反约定向出质人或者其他人放货、因保管不善导致货物毁损灭失,债权人请求监管人承担违约责任的,人民法院依法予以支持。

在前款规定情形下,当事人有证据证明监管人系受出质人委托监管该货物,或者虽然受债权人委托但是未实际履行监管职责,导致货物仍由出质人实际控制的,人民法院应当认定质权未设立。债权人可以基于质押合同的约定请求出质人承担违约责任,但是不得超过质权有效设立时出质人应当承担的责任范围。监管人未履行监管职责,债权人请求监管人承担责任的,人民法院依法予以支持。

第五十六条 买受人在出卖人正常经营活动中通过支付合理对价取得已被设立担保物权的动产,担保物权人请求就该动产优先受偿的,人民法院不予支持,但是有下列情形之一的除外:

(一)购买商品的数量明显超过一般买受人;

(二)购买出卖人的生产设备;

(三)订立买卖合同的目的在于担保出卖人或者第三人履行债务;

(四)买受人与出卖人存在直接或者间接的控制关系;

(五)买受人应当查询抵押登记而未查询的其他情形。

前款所称出卖人正常经营活动,是指出卖人的经营活动属于其营业执照明确记载的经营范围,且出卖人持续销售同类商品。前款所称担保物权人,是指已经办理登记的抵押权人、所有权保留买卖的出卖人、融资租赁合同的出租人。

第五十七条 担保人在设立动产浮动抵押并办理抵押登记后又购入或者以融资租赁方式承租新的动产,下列权利人为担保价款债权或者租金的实现而订立担保合同,并在该动产交付后十日内办理登记,主张其权利优先于在先设立的浮动抵押权的,人民法院应予支持:

(一)在该动产上设立抵押权或者保留所有权的出卖人;

(二)为价款支付提供融资而在该动产上设立抵押权的债权人;

(三)以融资租赁方式出租该动产的出租人。

买受人取得动产但未付清价款或者承租人以融资租赁方式占有租赁物但是未付清全部租金,又以标的物为他人设立担保物权,前款所列权利人为担保价款债权或者租金的实现而订立担保合同,并在该动产交付后十日内办理登记,主张其权利优先于买受人为他人设立的担保物权的,人民法院应予支持。

同一动产上存在多个价款优先权的,人民法院应当按照登记的时间先后确定清偿顺序。

第五十八条 以汇票出质，当事人以背书记载"质押"字样并在汇票上签章，汇票已经交付质权人的，人民法院应当认定质权自汇票交付质权人时设立。

第五十九条 存货人或者仓单持有人在仓单上以背书记载"质押"字样，并经保管人签章，仓单已经交付质权人的，人民法院应当认定质权自仓单交付质权人时设立。没有权利凭证的仓单，依法可以办理出质登记的，仓单质权自办理出质登记时设立。

出质人既以仓单出质，又以仓储物设立担保，按照公示的先后确定清偿顺序；难以确定先后的，按照债权比例清偿。

保管人为同一货物签发多份仓单，出质人在多份仓单上设立多个质权，按照公示的先后确定清偿顺序；难以确定先后的，按照债权比例受偿。

存在第二款、第三款规定的情形，债权人举证证明其损失系由出质人与保管人的共同行为所致，请求出质人与保管人承担连带赔偿责任的，人民法院应予支持。

第六十条 在跟单信用证交易中，开证行与开证申请人之间约定以提单作为担保的，人民法院应当依照民法典关于质权的有关规定处理。

在跟单信用证交易中，开证行依据其与开证申请人之间的约定或者跟单信用证的惯例持有提单，开证申请人未按照约定付款赎单，开证行主张对提单项下货物优先受偿的，人民法院应予支持；开证行主张对提单项下货物享有所有权的，人民法院不予支持。

在跟单信用证交易中，开证行依据其与开证申请人之间的约定或者跟单信用证的惯例，通过转让提单或者提单项下货物取得价款，开证申请人请求返还超出债权部分的，人民法院应予支持。

前三款规定不影响合法持有提单的开证行以提单持有人身份主张运输合同项下的权利。

第六十一条 以现有的应收账款出质，应收账款债务人向质权人确认应收账款的真实性后，又以应收账款不存在或者已经消灭为由主张不承担责任的，人民法院不予支持。

以现有的应收账款出质，应收账款债务人未确认应收账款的真实性，质权人以应收账款债务人为被告，请求就应收账款优先受偿，能够举证证明办理出质登记时应收账款真实存在的，人民法院应予支持；质权人不能举证证明办理出质登记时应收账款真实存在，仅以已经办理出质登记为由，请求就应收账款优先受偿的，人民法院不予支持。

以现有的应收账款出质，应收账款债务人已经向应收账款债权人履行了债务，质权人请求应收账款债务人履行债务的，人民法院不予支持，但是应收账款债务人接到质权人要求向其履行的通知后，仍然向应收账款债权人履行的除外。

以基础设施和公用事业项目收益权、提供服务或者劳务产生的债权以及其他将有的应收账款出质，当事人为应收账款设立特定账户，发生法定或者约定的质权实现事由时，质权人请求就该特定账户内的款项优先受偿的，人民法院应予支持；特定账户内的款项不足以清偿债务或者未设立特定账户，质权人请求折价或者拍卖、变卖项目收益权等将有的应收账款，并以所得的价款优先受偿的，人民法院依法予以支持。

第六十二条 债务人不履行到期债务，债权人因同一法律关系留置合法占有的第三人的动产，并主张就该留置财产优先受偿的，人民法院应予支持。第三人以该留置财产并非债务人的财产为由请求返还的，人民法院不予支持。

企业之间留置的动产与债权并非同一法律关系，债务人以该债权不属于企业持续经营中发生的债权为由请求债权人返还留置财产的，人民法院应予支持。

企业之间留置的动产与债权并非同一法律关系，债权人留置第三人的财产，第三人请求债权人返还留置财产的，人民法院应予支持。

四、关于非典型担保

第六十三条 债权人与担保人订立担保合同，约定以法律、行政法规尚未规定可以担保的财产权利设立担保，当事人主张合同无效的，人民法院不予支持。当事人未在法定的登记机构依法进行登记，主张该担保具有物权效力的，人民法院不予支持。

第六十四条 在所有权保留买卖中，出卖人依法有权取回标的物，但是与买受人协商不成，当事人请求参照民事诉讼法"实现担保物权案件"的有关规定，拍卖、变卖标的物的，人民法院应予准许。

出卖人请求取回标的物，符合民法典第六百四十二条规定的，人民法院应予支持；买受人以抗辩或者反诉的方式主张拍卖、变卖标的物，并在扣除买受人未支付的价款以及必要费用后返还剩余款项的，人民法院应当一并处理。

第六十五条 在融资租赁合同中，承租人未按照约定支付租金，经催告后在合理期限内仍不支付，出租人请求承租人支付全部剩余租金，并以拍卖、变卖租赁物所得的价款受偿的，人民法院应予支持；当事人请求参照民事诉讼法"实现担保物权案件"的有关规定，以拍卖、变卖租赁物所得价款支付租金的，人民法院应予准许。

出租人请求解除融资租赁合同并收回租赁物，承租人以抗辩或者反诉的方式主张返还租赁物价值超过欠付租金以及其他费用的，人民法院应当一并处理。当事人对租赁物的价值有争议的，应当按照下列规则确定租赁物的价值：

（一）融资租赁合同有约定的，按照其约定；

（二）融资租赁合同未约定或者约定不明的，根据约定的租赁物折旧以及合同到期后租赁物的残值来确定；

（三）根据前两项规定的方法仍然难以确定，或者当事人认为根据前两项规定的方法确定的价值严重偏离租赁物实际价值的，根据当事人的申请委托有资质的机构评估。

第六十六条 同一应收账款同时存在保理、应收账款质押和债权转让，当事人主张参照民法典第七百六十八条的规定确定优先顺序的，人民法院应予支持。

在有追索权的保理中，保理人以应收账款债权人或者应收账款债务人为被告提起诉讼，人民法院应予受理；保理人一并起诉应收账款债权人和应收账款债务人的，人民法院可以受理。

应收账款债权人向保理人返还保理融资款本息或者回购应收账款债权后，请求应收账款债务人向其履行应收账款债务的，人民法院应予支持。

第六十七条 在所有权保留买卖、融资租赁等合同中，出卖人、出租人的所有权未经登记不得对抗的"善意第三人"的范围及其效力，参照本解释第五十四条的规定处理。

第六十八条 债务人或者第三人与债权人约定将财产形式上转移至债权人名下，债务人不履行到期债务，债权人有权对财产折价或者以拍卖、变卖该财产所得价款偿还债务的，人民法院应当认定该约定有效。当事人已经完成财产权利变动的公示，债务人不履行到期债务，债权人请求参照民法典关于担保物权的有关规定就该财产优先受偿的，人民法院应予支持。

债务人或者第三人与债权人约定将财产形式上转移至债权人名下，债务人不履行到期债务，财产归债权人所有的，人民法院应当认定该约定无效，但是不影响当事人有关提供担保的意思表示的效力。当事人已经完成财产权利变动的公示，债务人不履行到期债务，债权人请求对该财产享有所有权的，人民法院不予支持；债权人请求参照民法典关于担保物权的规定对财产折价或者以拍卖、变卖该财产所得的价款优先受偿的，人民法院应予支持；债务人履行债务后请求返还财产，或者请求对财产折价或者以拍卖、变卖所得的价款清偿债务的，人民法院应予支持。

债务人与债权人约定将财产转移至债权人名下，在一定期间后再由债务人或者其指定的第三人以交易本金加上溢价款回购，债务人到期不履行回购义务，财产归债权人所有的，人民法院应当参照第二款规定处理。回购对象自始不存在的，人民法院应当依照民法典第一百四十六条第二款的规定，按照其实际构成的法律关系处理。

第六十九条 股东以将其股权转移至债权人名下的方式为债务履行提供担保，公司或者公司的债权人以股东未履行或者未全面履行出资义务、抽逃出资等为由，请求作为名义股东的债权人与股东承担连带责任的，人民法院不予支持。

第七十条 债务人或者第三人为担保债务的履行，设立专门的保证金账户并由债权人实际控制，或者将其资金存入债权人设立的保证金账户，债权人主张就账户内的款项优先受偿的，人民法院应予支持。当事人以保证金账户内的款项浮动为由，主张实际控制该账户的债权人对账户内的款项不享有优先受偿权的，人民法院不予支持。

在银行账户下设立的保证金分户，参照前款规定处理。

当事人约定的保证金并非为担保债务的履行设立，或者不符合前两款规定的情形，债权人主张就保证金优先受偿的，人民法院不予支持，但是不影响当事人依照法律的规定或者按照当事人的约定主张权利。

五、附则

第七十一条 本解释自 2021 年 1 月 1 日起施行。

参考书目

1. 虞政平编译:《美国公司法规精选》,商务印书馆2004年版。
2. 朱伟一:《美国公司法判例解析》,中国法制出版社2000年版。
3. 沈四宝:《最新美国标准公司法》,法律出版社2006年版。
4. 毛亚敏:《公司法比较研究》,中国法制出版社2001年版。
5. [加] 布莱恩R. 柴芬思:《公司法:理论、结构和运作》,林华伟、魏旻译,法律出版社2004年版。
6. 吴建斌主编:《日本公司法规范》,法律出版社2003年版。
7. [日] 末永敏和:《现代日本公司法》,金洪玉译,人民法院出版社2000年版。
8. 王保树主编:《最新日本公司法》,于敏、杨东译,法律出版社2006年版。
9. 卞耀武主编:《法国公司法规范》,李萍译,法律出版社1999年版。
10. 吴日焕译:《韩国商法》,中国政法大学出版社1999年版。
11. 范健:《德国商法:传统框架与新规则》,法律出版社2003年版。
12. 周友苏:《公司法通论》,四川人民出版社2002年版。
13. 杜景林、卢谌:《德国新债法研究》,中国政法大学出版社2004年版。
14. 朱慈蕴:《公司法人格否认法理研究》,法律出版社1998年版。
15. [美] 彼得F. 德鲁克:《公司的概念》,罗汉、焦艳、王锐、徐正秋、潘益兴译,上海人民出版社2002年版。
16. 王文宇:《新公司与企业法》,中国政法大学出版社2003年版。
17. [美] 亨利·汉斯曼:《企业所有权论》,中国政法大学出版社2001年版。
18. 程合红:《商事人格权论——人格权的经济利益内涵及其现实与保

护》，中国人民大学出版社 2002 年版。

19. 沈四宝、王军、焦津洪：《国际商法》，对外经济贸易大学出版社 2002 年版。

20. 王保树：《中国商法》，人民法院出版社 2010 年版。

21. 王晓晔：《企业合并中的反垄断问题》，法律出版社 1996 年版。

22. ［美］弗兰克 C. 埃文斯、大卫 M. 毕晓普：《并购价值评估：非上市并购企业创造和计算》，机械工业出版社 2003 年版。

23. 何美欣：《公众公司及其股权证券》，北京大学出版社 1996 年版。

24. ［美］凯斯 R. 孙斯坦：《自由市场与社会正义》，金朝武、胡爱平、乔聪启译，中国政法大学出版社 2002 年版。

25. 钱卫清、李智慧：《成功改制：企业改制操作与诉讼实务》，法律出版社 2003 年版。

26. 刘连煜：《公司治理与公司社会责任》，中国政法大学出版社 2001 年版。

27. 刘连煜：《公司法原理》，中国政法大学出版社 2002 年版。

28. 蒋学跃：《司法介入公司治理法律问题研究》，人民法院出版社 2010 年版。

29. 傅穹：《重思公司资本制原理》，法律出版社 2004 年版。

30. 李志刚：《公司股东大会决议问题研究——团体法的视角》，中国法制出版社 2012 年版。

31. ［美］沃尔特 J. 萨蒙：《公司治理》，孙经纬、高晓峰译，中国人民大学出版社 2001 年版。

32. 王影丽：《董事责任制度》，中国财政经济出版社 2002 年版。

33. 安志达：《金融控股公司——法律、制度与实务》，机械工业出版社 2002 年版。

34. 甘培忠：《公司控制权的正当行使》，法律出版社 2006 年版。

35. 朱慈蕴：《公司法人格否认制度理论与实践》，人民法院出版社 2009 年版。

36. 杜军：《公司经理权问题研究》，法律出版社 2011 年版。

37. 柯芳枝：《公司法论》，中国政法大学出版社 2004 年版。

38. 邓峰：《普通公司法》，中国人民大学出版社 2009 年版。

39. 邓荣霖：《论公司》，中国人民大学出版社 2002 年版。

40. 赵万一：《商法基本问题研究》，法律出版社 2002 年版。

41. 蔡福华：《民事优先权新论》，人民法院出版社 2002 年版。

42. 周旺生：《立法论》，北京大学出版社 1994 年版。

43. 卓泽渊：《法理学》，法律出版社 2000 年版。

44. ［德］卡尔·拉伦茨：《法学方法论》，陈爱娥译，商务印书馆 2003 年版。

45. ［德］托马斯·莱赛尔、吕迪格·法伊尔：《德国资合公司法》，高旭军、单晓光、刘晓海、方晓敏等译，法律出版社 2005 年版。

46. ［韩］李哲松：《韩国公司法》，吴日焕译，中国政法大学出版社 2000 年版。

47. 王泽鉴：《民法总则》，中国政法大学出版社 2001 年版。

48. 王泽鉴：《债法原理》，中国政法大学出版社 2001 年版。

49. 江平主编：《民法学》，中国政法大学出版社 2011 年版。

50. 崔建远主编：《合同法》，法律出版社 2010 年版。

51. 最高人民法院民事审判第二庭编：《商事审判指导〈公司法卷〉》，中国法制出版社 2011 年版。

52. 王东敏：《新破产法疑难解读与实务操作》，法律出版社 2007 年版。

53. 王东敏：《破产案件审判实务》，人民法院出版社 1995 年版。

图书在版编目（CIP）数据

公司法审判实务与疑难问题案例解析／王东敏著．—2版．—北京：人民法院出版社，2021.5
ISBN 978－7－5109－3159－8

Ⅰ.①公… Ⅱ.①王… Ⅲ.①公司法-案例-中国 Ⅳ.①D922.291.915

中国版本图书馆CIP数据核字（2021）第075161号

公司法审判实务与疑难问题案例解析（第二版）
王东敏　著

策划编辑	韦钦平
责任编辑	张　怡
出版发行	人民法院出版社
地　　址	北京市东城区东交民巷27号（100745）
电　　话	（010）67550691（责任编辑）　67550558（发行部查询）
	65223677（读者服务部）
客服QQ	2092078039
网　　址	http://www.courtbook.com.cn
E－mail	courtpress@sohu.com
印　　刷	北京雅昌艺术印刷有限公司
经　　销	新华书店
开　　本	787毫米×1092毫米　1/16
字　　数	546千字
印　　张	35
版　　次	2021年5月第1版　2022年4月第2次印刷
书　　号	ISBN 978－7－5109－3159－8
定　　价	105.00元

版权所有　侵权必究